AF872044

Lecture Notes in Economics and Mathematical Systems

(Vol. 1–15: Lecture Notes in Operations Research and Mathematical Economics, Vol. 16–59: Lecture Notes in Operations Research and Mathematical Systems) For information about Vols. 1–29, please contact your bookseller or Springer-Verlag

Vol. 30: H. Noltemeier, Sensitivitätsanalyse bei diskreten linearen Optimierungsproblemen. VI, 102 Seiten. 1970.

Vol. 31: M. Kühlmeyer, Die nichtzentrale t-Verteilung. II, 106 Seiten. 1970.

Vol. 32: F. Bartholomes und G. Hotz, Homomorphismen und Reduktionen linearer Sprachen. XII, 143 Seiten. 1970. DM 18,–

Vol. 33: K. Hinderer, Foundations of Non-stationary Dynamic Programming with Discrete Time Parameter. VI, 160 pages. 1970.

Vol. 34: H. Störmer, Semi-Markoff-Prozesse mit endlich vielen Zuständen. Theorie und Anwendungen. VII, 128 Seiten. 1970.

Vol. 35: F. Ferschl, Markovketten. VI, 168 Seiten. 1970.

Vol. 36: M. J. P. Magill, On a General Economic Theory of Motion. VI, 95 pages. 1970.

Vol. 37: H. Müller-Merbach, On Round-Off Errors in Linear Programming. V, 48 pages. 1970.

Vol. 38: Statistische Methoden I. Herausgegeben von E. Walter. VIII, 338 Seiten. 1970.

Vol. 39: Statistische Methoden II. Herausgegeben von E. Walter. IV, 157 Seiten. 1970.

Vol. 40: H. Drygas, The Coordinate-Free Approach to Gauss-Markov Estimation. VIII, 113 pages. 1970.

Vol. 41: U. Ueing, Zwei Lösungsmethoden für nichtkonvexe Programmierungsprobleme. IV, 92 Seiten. 1971.

Vol. 42: A. V. Balakrishnan, Introduction to Optimization Theory in a Hilbert Space. IV, 153 pages. 1971.

Vol. 43: J. A. Morales, Bayesian Full Information Structural Analysis. VI, 154 pages. 1971.

Vol. 44: G. Feichtinger, Stochastische Modelle demographischer Prozesse. IX, 404 Seiten. 1971.

Vol. 45: K. Wendler, Hauptaustauschschritte (Principal Pivoting). II, 64 Seiten. 1971.

Vol. 46: C. Boucher, Leçons sur la théorie des automates mathématiques. VIII, 193 pages. 1971.

Vol. 47: H. A. Nour Eldin, Optimierung linearer Regelsysteme mit quadratischer Zielfunktion. VIII, 163 Seiten. 1971.

Vol. 48: M. Constam, FORTRAN für Anfänger. 2. Auflage. VI, 148 Seiten. 1973.

Vol. 49: Ch. Schneeweiß, Regelungstechnische stochastische Optimierungsverfahren. XI, 254 Seiten. 1971.

Vol. 50: Unternehmensforschung Heute – Übersichtsvorträge der Züricher Tagung von SVOR und DGU, September 1970. Herausgegeben von M. Beckmann. IV, 133 Seiten. 1971.

Vol. 51: Digitale Simulation. Herausgegeben von K. Bauknecht und W. Nef. IV, 207 Seiten. 1971.

Vol. 52: Invariant Imbedding. Proceedings 1970. Edited by R. E. Bellman and E. D. Denman. IV, 148 pages. 1971.

Vol. 53: J. Rosenmüller, Kooperative Spiele und Märkte. III, 152 Seiten. 1971.

Vol. 54: C. C. von Weizsäcker, Steady State Capital Theory. III, 102 pages. 1971.

Vol. 55: P. A. V. B. Swamy, Statistical Inference in Random Coefficient Regression Models. VIII, 209 pages. 1971.

Vol. 56: Mohamed A. El-Hodiri, Constrained Extrema. Introduction to the Differentiable Case with Economic Applications. III, 130 pages. 1971.

Vol. 57: E. Freund, Zeitvariable Mehrgrößensysteme. VIII,160 Seiten. 1971.

Vol. 58: P. B. Hagelschuer, Theorie der linearen Dekomposition. VII, 191 Seiten. 1971.

Vol. 59: J. A. Hanson, Growth in Open Economies. V, 128 pages. 1971.

Vol. 60: H. Hauptmann, Schätz- und Kontrolltheorie in stetigen dynamischen Wirtschaftsmodellen. V, 104 Seiten. 1971.

Vol. 61: K. H. F. Meyer, Wartesysteme mit variabler Bearbeitungsrate. VII, 314 Seiten. 1971.

Vol. 62: W. Krelle u. G. Gabisch unter Mitarbeit von J. Burgermeister, Wachstumstheorie. VII, 223 Seiten. 1972.

Vol. 63: J. Kohlas, Monte Carlo Simulation im Operations Research. VI, 162 Seiten. 1972.

Vol. 64: P. Gessner u. K. Spremann, Optimierung in Funktionenräumen. IV, 120 Seiten. 1972.

Vol. 65: W. Everling, Exercises in Computer Systems Analysis. VIII, 184 pages. 1972.

Vol. 66: F. Bauer, P. Garabedian and D. Korn, Supercritical Wing Sections. V, 211 pages. 1972.

Vol. 67: I. V. Girsanov, Lectures on Mathematical Theory of Extremum Problems. V, 136 pages. 1972.

Vol. 68: J. Loeckx, Computability and Decidability. An Introduction for Students of Computer Science. VI, 76 pages. 1972.

Vol. 69: S. Ashour, Sequencing Theory. V, 133 pages. 1972.

Vol. 70: J. P. Brown, The Economic Effects of Floods. Investigations of a Stochastic Model of Rational Investment. Behavior in the Face of Floods. V, 87 pages. 1972.

Vol. 71: R. Henn und O. Opitz, Konsum- und Produktionstheorie II. V, 134 Seiten. 1972.

Vol. 72: T. P. Bagchi and J. G. C. Templeton, Numerical Methods in Markov Chains and Bulk Queues. XI, 89 pages. 1972.

Vol. 73: H. Kiendl, Suboptimale Regler mit abschnittweise linearer Struktur. VI, 146 Seiten. 1972.

Vol. 74: F. Pokropp, Aggregation von Produktionsfunktionen. VI, 107 Seiten. 1972.

Vol. 75: GI-Gesellschaft für Informatik e.V. Bericht Nr. 3. 1. Fachtagung über Programmiersprachen · München, 9.–11. März 1971. Herausgegeben im Auftrag der Gesellschaft für Informatik von H. Langmaack und M. Paul. VII, 280 Seiten. 1972.

Vol. 76: G. Fandel, Optimale Entscheidung bei mehrfacher Zielsetzung. II, 121 Seiten. 1972.

Vol. 77: A. Auslender, Problèmes de Minimax via l'Analyse Convexe et les Inégalités Variationelles: Théorie et Algorithmes. VII, 132 pages. 1972.

Vol. 78: GI-Gesellschaft für Informatik e.V. 2. Jahrestagung, Karlsruhe, 2.–4. Oktober 1972. Herausgegeben im Auftrag der Gesellschaft für Informatik von P. Deussen. XI, 576 Seiten. 1973.

Vol. 79: A. Berman, Cones, Matrices and Mathematical Programming. V, 96 pages. 1973.

Vol. 80: International Seminar on Trends in Mathematical Modelling, Venice, 13–18 December 1971. Edited by N. Hawkes. VI, 288 pages. 1973.

Vol. 81: Advanced Course on Software Engineering. Edited by F. L. Bauer. XII, 545 pages. 1973.

Vol. 82: R. Saeks, Resolution Space, Operators and Systems. X, 267 pages. 1973.

continuation on page 335

Lecture Notes
in Economics and
Mathematical Systems

Managing Editors: M. Beckmann and H. P. Künzi

Mathematical Economics

195

Heinrich W. Ursprung

Die elementare Katastrophentheorie: Eine Darstellung aus der Sicht der Ökonomie

Springer-Verlag
Berlin Heidelberg New York 1982

Auf die Oekonomie bezogen, will dies nicht etwa heissen, dass die traditionellen Modelle der mathematischen Wirtschaftstheorie unzweckmässig sind. Es bedeutet lediglich, dass diese Modelle sich darauf beschränken müssen, die quantitative Entwicklung gegebener ökonomischer Systeme zu beschreiben. Qualitative Systemänderungen, die sich z.B. eben in einem diskontinuierlichen oder divergenten Systemverhalten äussern, werden demgegenüber in der traditionellen mathematischen Wirtschaftstheorie notgedrungen vernachlässigt, es sei denn, man versuche derartige Systembrüche mit unschönen ad hoc Methoden, wie z.B. Schwellenwerten, zu überbrücken.

Der Umstand, dass die herkömmlichen mathematischen Instrumente nicht in der Lage sind, den für die Oekonomie so bedeutenden Aspekt der qualitativen Systemänderung zu formalisieren, führt oft zur Ansicht, die Oekonomie sei eine unexakte Wissenschaft. Demgegenüber neigen insbesondere verbal orientierte Oekonomen eher dazu, die Nützlichkeit der Mathematik a priori in Frage zu stellen.[5] In diesem Sinn äussert sich z.B. auch N. GEORGESCU-ROEGEN:[6]

> "The usefulness of the analytical models that represent similies of actual processes (divested, however, of any qualitative change) cannot be denied. But what matters most in the case of evolutionary structures is the emergence of novelties, of qualitative changes. For these aspects we have no other solution than that of a dialectical approach, involving in particular structural changes. This means to use words, instead of numbers, for truly qualitative changes cannot be represented by an arithmomorphic model. Qualities are not preordered, as numbers are, by their own special nature. The most relevant part of history is a story told in words, even when this is accompanied by some time series that mark the passage of time."

Es sind hier vor allem zwei Behauptungen auseinander zu halten. Erstens die zweifellos richtige und auch weitgehend unbestrittene Ansicht N. GEORGESCU-ROEGENs, dass die Modelle der mathematischen Wirtschaftstheorie keine Instrumente darstellen, mit denen sich im Prinzip die zukünftige Entwicklung sozialer Systeme unwiderruflich prognostizieren lässt. Dies ist eine Konsequenz der artefaktischen Natur dieser Systeme und somit unabhängig von der gewählten Analysemethode. Bei einer verbalen Argumentation ist eine derartige Prognose ebensowenig möglich, wie bei einer formalen. Die zweite Aussage beinhaltet die Ueberzeugung, dass qualitative Systemänderungen einer formalen Beschreibung nicht zugänglich sind. Implizit wird hier also von der Unfähigkeit der traditionellen mathematischen Wirtschaftstheorie Systemzusammenbrüche zu beschreiben, auf die Unmöglichkeit einer derartigen formalen Beschreibung geschlossen. Diese Argumentation ist natürlich nicht zulässig, denn sie berücksichtigt weder die Gesamtheit der bestehenden mathematischen Instrumente, noch die Möglichkeit von mathematischen Innovationen. Letzteres ist jedoch in diesem Zusammenhang von entscheidender Bedeutung. So schreibt z.B. O. MORGENSTERN in 'THE LIMITS OF THE USE OF MATHEMATICS IN ECONOMICS':[7]

> "It is not likely that the cause of economics will be significantly advanced by relying on the mathematics already 'on hand'. Though this latter kind has happened on rare occasions in physics, there is no guarantee that there will be a repetition for physics or the social sciences. On the contrary, all signs point in the opposite direction."

Zusammenfassend kann man also festhalten, dass die elementare Katastrophentheorie den Anspruch erhebt, dazu beizutragen, eine erhebliche Lücke in der dynamischen Systemtheorie zu schliessen. Diesen Anspruch belegen auch die beiden folgenden Aussprüche, in denen E.C. ZEEMAN die elementare Katastrophentheorie apostrophiert: "The general mathematical theory of discontinuous behaviour arising from continuous underlying forces is called catastrophe theory."[8]..."Catastrophe theory thus provides a mathematical language for the hitherto 'inexact' sciences."[9]

Obwohl die elementare Katastrophentheorie erst gute zehn Jahre alt ist, erschienen bisher doch schon einige hundert 'research papers', die mathematische Verfeinerungen oder Anwendungen der elementaren Katastrophentheorie beinhalten. Einen Ueberblick über diese Literatur geben die beiden umfangreichsten Bibliographien der elementaren Katastrophentheorie in MANNING (1975) und POSTON/STEWART (1978a). Letztere bemerken dazu: "To compile such a bibliography is now quite hard, with the literature scattered from the physical chemistry to the town planning journals. In a few years time it will be not only impossible, but a pointless excercise."[10]

Was die angewandte elementare Katastrophentheorie anbelangt, so haben von Anfang an die Anwendungen in der Physik eine wichtige Rolle gespielt. Inzwischen können viele physikalische Phänomene als Elementarkatastrophen interpretiert werden. Eine der ersten derartigen Anwendungen enthält die auch für physikalische Laien leicht zugängliche Arbeit von D.H. FOWLER (1972), die sich mit Phasenübergängen beschäftigt. Die elementare Katastrophentheorie wurde jedoch nicht eigentlich für die Analyse physikalischer Systeme entwickelt, denn diese weisen im allgemeinen keine Diskontinuitäten oder Divergenzen auf. Für derartige Systeme, die man als 'well behaved' bezeichnen kann, ist die Analysis ein weitgehend angemessenes mathematisches Analyseinstrument. Die Absicht, die R. THOM ursprünglich mit der Entwicklung der elementaren Katastrophentheorie verfolgte, wird schon durch den Titel seines 1972 erschienenen Hauptwerks 'STABILITÉ STRUCTURELLE ET MORPHOGÉNÈSE' umrissen. Das Ziel ist eine allgemeine Theorie der Morphologie bzw. Morphogenese natürlicher Phänomene. Der gewählte Ansatz geht im wesentlichen von den drei folgenden Prinzipien aus. (1) Die Morphologie jedes natürlichen Phänomens wird durch seine raum-zeitliche Begrenzung, d.h. durch die Diskontinuitäten der Eigenschaften des betrachteten Mediums definiert. (2) Damit eine derartige Morphologie überhaupt als solche perzeptiert werden kann, muss sie notwendigerweise eine gewisse qualitative Beständigkeit aufweisen. Diese qualitative Beständigkeit lässt sich mit der mathematischen Konzeption der strukturellen Stabilität adäquat formalisieren. (3) Elementare natürliche Phänomene werden durch einen Optimierungskalkül gesteuert.

Wegen des diskontinuierlichen Charakters natürlicher Phänomene (Prinzip 1), kann eine formale morphologische Theorie nicht auf die klassische angewandte Mathematik (Analysis) zurückgreifen, denn jedes quantitative Modell, das auf expliziten Differentialgleichungen aufgebaut ist, involviert notwendigerweise analytische und damit stetige Funktionen.[11] Der Ansatz von R. THOM stützt sich deshalb auf die 1881 von H: POINCARÉ begründete qualitative Theorie dynamischer Systeme, auf der auch die Mathematik der strukturellen Stabilität (A.A. ANDRONOV und L.S. PONTRJAGIN, 1937) aufbaut (Prinzip 2).[12] Das dritte Prinzip, das in noch stärkerer Form schon von L. EULER, J.L. LAGRANGE und D'A.W. THOMPSON vertreten wurde,[13] offenbart den Konnex zum Klassifikationstheorem. In gewisser Weise wird damit unterstellt, "that theories are where the theorems are."[14] Die aus diesen drei Prinzipien abgeleitete grundlegende These von R. THOMs Ansatz besagt, dass die Elementarkatastrophen die elementarsten Bausteine darstellen, aus denen sich die Entstehung, Wandlung und Zerstörung aller natürlichen Formen zusammensetzt.

Damit gelingt R. THOM zumindest ansatzweise eine Verwirklichung der auf den Biologen D'ARCY THOMPSON zurückgehenden Idee,[15] "(to) construct an abstract, purely geometric theory of morphogenesis, independent of the substrate of forms and the forces that created them."[16] R. THOM beschäftigt sich denn auch in seiner 'STABILITÉ STRUCTURELLE ET MORPHOGÉNÈSE' hauptsächlich mit biologischen Anwendungen. Daraus darf man aber nicht etwa schliessen, dass es sich dabei lediglich um eine theoretisch-biologische Arbeit handelt. R. THOMs Buch ist auch eine naturphilosophische und wissenschaftstheoretische Abhandlung. Diese unorthodoxe Kombination von fortgeschrittener Mathematik, Biologie, Naturphilosophie und Wissenschaftstheorie ist denn auch - zusammen mit der notorisch nachlässigen Argumentation - dafür verantwortlich, dass dieses "mature work of the imagination"[17] für jedermann so schwer zugänglich ist.

In den Sozialwissenschaften ist die elementare Katastrophentheorie, von einigen wenigen Ausnahmen abgesehen, erst nach dem Erscheinen des inzwischen berühmt gewordenen SCIENTIFIC AMERICAN Artikels von E.C. ZEEMAN (1976) als potentielles Werkzeug der angewandten Mathematik erkannt worden. Es ist deshalb nicht erstaunlich, dass die meisten der inzwischen publizierten Anwendungen der elementaren Katastrophentheorie in den Sozialwissenschaften dem Argumentationsmuster der wegweisenden Arbeiten von E.C. ZEEMAN folgen.[18] Dieser interpretiert die elementare Katastrophentheorie, im Gegensatz zu R. THOM, ganz im Sinn der positivistischen Wissenschaftstradition. Die elementare Katastrophentheorie reduziert sich beim Ansatz von E.C. ZEEMAN auf eine Methode zur Modellierung und Analyse realwissenschaftlicher Systeme, wobei im Prinzip immer die empirische Ueberprüfung, die Prognosefähigkeit und letztlich die Verifikation angestrebt wird. Sein Grundprinzip ist dabei folgendes: Jedes diskontinuierliche oder divergente Verhalten eines (sozialen) Systems kann als qualitative Systemänderung interpretiert werden, wobei in den meisten Fällen ein elementares Katastrophenmodell zur Beschreibung und Erklärung herangezogen werden kann. Die Bibliographie am Ende dieser Arbeit soll unter anderem einen Eindruck von der Vielfalt der inzwischen erschienenen sozialwissenschaftlichen Anwendungen der elementaren Katastrophentheorie vermitteln.

Die Arbeiten von R. THOM und insbesondere auch diejenigen von E.C. ZEEMAN sind bei Mathematikern und mathematisch orientierten Natur- und Sozialwissenschaftlern sofort auf aussergewöhnliches Interesse gestossen. Dabei hat man die elementare

Katastrophentheorie - so wie dies bei jedem neuen methodischen Ansatz in einem gewissen Ausmass der Fall zu sein scheint [19] - anfänglich im allgemeinen überbewertet. So wurde die elementare Katastrophentheorie z.B. als 'intellectual revolution' [20] oder als 'the most important development in mathematics since the invention of calculus 300 years ago' [21] bezeichnet und 'STABILITÉ STRUCTURELLE ET MORPHOGÉNÈSE' mit NEWTONs 'PRINCIPIA' verglichen.[22] Die anfängliche Euphorie wich jedoch sehr schnell einer von H. SUSSMANN initiierten Auseinandersetzung über die Nützlichkeit der <u>angewandten</u> elementaren Katastrophentheorie, die vor allem von den Gegnern mit einiger Erbitterung und Polemik geführt wurde. Ein aussenstehender Beobachter charakterisierte sie denn auch genüsslich als "the most glorious of controversies within applied mathematics."[23] Die Position der Gegner der angewandten elementaren Katastrophentheorie fassen H. SUSSMANN und R. ZAHLER in 'CATASTROPHE THEORY AS APPLIED TO THE SOCIAL AND BIOLOGICAL SCIENCES: A CRITIQUE', dem wichtigsten Beitrag dieser Kontroverse, folgendermassen zusammen:[24]

> "Although we too admire the ingenuity that characterizes the best of ACT (applied catastrophe theory), we are sceptical. We feel that the claims of ACT are exaggerated and its real accomplishments so far are meager. In fact, in dealing with problems in the biological and social sciences, catastrophe theorists have
> - misused the basic mathematics in ways that lead to indefensible arguments;
> - offered models which are based on unreasonable assumptions and which lead to implausible conclusions;
> - made predictions which are frequently vacuous, tautologous, vague, or impossible to test experimentally."

In der Zwischenzeit haben sich die Wogen der Auseinandersetzung wieder geglättet. Die Zeit scheint somit reif für eine objektivere Einschätzung der angewandten elementaren Katastrophentheorie. Die vorliegende Arbeit beabsichtigt, eine derartige Einschätzung zu liefern. Dabei beschränkt sie sich allerdings darauf, die elementare Katastrophentheorie aus der Sicht der Oekonomie zu beurteilen.

1.2. INHALTSUEBERSICHT

Die vorliegende Arbeit lässt sich am besten mit dem angelsächsischen Ausdruck 'first generation survey' umschreiben. Darunter versteht man im allgemeinen eine Aufarbeitung der Grundlagen, sowie eine erste Beurteilung der Nützlichkeit der betrachteten Theorie. Ein 'first generation survey' der elementaren Katastrophentheorie aus der Sicht der Oekonomie muss somit im wesentlichen die drei folgenden Komplexe abdecken: (1) Erläuterung der mathematischen Grundlagen der elementaren Katastrophentheorie auf einem Niveau, das dem mathematisch orientierten Oekonomen zugänglich ist, (2) Integration der elementaren Katastrophentheorie in das Gebäude der herkömmlichen ökonomischen Analysemethoden und (3) Aufzeigen der potentiellen Anwendungsmöglichkeiten der elementaren Katastrophentheorie anhand einer Darstellung und kritischen Beurteilung der bereits vorhandenen ökonomischen Katastrophenmodelle.

Dem ersten Programmpunkt, der Erläuterung der mathematischen Grundlagen der elementaren Katastrophentheorie, kommt dabei eine ganz besondere Bedeutung zu. Bei den meisten Sozialwissenschaftlern, die sich bisher mit der elementaren Katastrophentheorie beschäftigten, herrscht nämlich die Meinung vor, dass sich die ganze elementare Katastrophentheorie im wesentlichen auf die Aussage des Klassifikationstheorems reduzieren liesse und ein tieferes Verständnis der mathematischen Grundlagen für den anwendungsorientierten Realwissenschaftler somit nicht unbedingt erforderlich sei. Diese Ansicht geht auf E.C. ZEEMAN zurück, der in seinem SCIENTIFIC AMERICAN Artikel folgendes schreibt: "The proof of Thom's theorem is a difficult one, but the results of the proof are relatively easy to comprehend. The elementary catastrophes themselves can be understood and applied to problems in the sciences without reference to the proof."[25]

Aus zweierlei Gründen kann dieser Auffassung nicht beigepflichtet werden. Erstens erschliesst sich die ganze Tragweite des Klassifikationstheorems nur dem, der zumindest über einige elementare differentialtopologische Kenntnisse verfügt. Diverse unhaltbare Interpretationen des Klassifikationstheorems zeugen von diesem Sachverhalt.[26] Zweitens und vielleicht wichtiger ist der Umstand, dass bei den Anwendungen mathematischer Theorien, die 'tiefliegenden' Theoreme oft nur eine untergeordnete Rolle spielen. So kommt z.B. dem Mittelwertsatz der Differentialrechnung bzw. dem Minimax-Theorem in der angewandten Differentialrechnung bzw. Spieltheorie keine grosse Bedeutung zu. Von zentraler Bedeutung sind vielmehr die in der Mathematik entwickelten Konzeptionen, sowie die Ideen, die hinter den mathematischen Theoremen stecken. Nur ein profundes Verständnis dieser Konzeptionen und Ideen erlaubt es, mathematische Theorien sinnvoll 'anzuwenden'.[27] In diesem Sinn äussern sich auch T. POSTON und I. STEWART im Vorwort von 'CATASTROPHE THEORY AND ITS APPLICATIONS':[28]

> "Unless one understands in some detail the precise mathematical hypotheses involved, and the way in which they lead to the conclusions, one will fail to have an adequate feel for what the theory can or cannot be made to do. It has been said more than once that it is possible to apply Thom's theorem without understanding the mathematics behind it: we disagree. In fact we disagree with the implication that it is Thom's theorem that should be applied: analysis of the most solid and successful applications shows that the methods and concepts that lie behind the theorem are often of greater importance than the result itself."

Dies bedeutet, dass die Erläuterung der mathematischen Grundlagen der elementaren Katastrophentheorie sich nicht auf eine oberflächliche Darstellung des Klassifikationstheorems beschränken darf. Um dem Anspruch eines 'first generation surveys' gerecht zu werden, ist vielmehr zweierlei notwendig. Erstens müssen einige Elemente der Differentialtopologie eingeführt werden, damit das Klassifikationstheorem (a) in seiner ganzen Tragweite erfasst und (b) in sein natürliches singularitäts- bzw. systemtheoretisches Umfeld eingebettet werden kann. Zweitens ist es unumgänglich zu zeigen, wie die Aussage des Klassifikationstheorems zustande kommt.

Die meisten bisher erschienenen einschlägigen Abhandlungen erwecken den Eindruck, es handle sich bei der angewandten elementaren Katastrophentheorie um eine vollkommen neuartige Analysemethode, die sich mit keiner anderen mathematischen Methode vergleichen liesse. Diese Auffassung wird hier nicht geteilt. Es wird vielmehr der Versuch unternommen, die elementare Katastrophentheorie in das Gebäude der herkömmlichen <u>Analysemethoden der mathematischen Wirtschaftstheorie</u> zu integrieren. Dabei zeigt sich, dass sich die elementare Katastrophentheorie entweder als ein etwas ärmliches Instrument der <u>Komparativ-Dynamik</u> oder aber als eine Erweiterung der <u>Komparativ-Statik</u> interpretieren lässt.[29]

Bevor auf die konkrete Gliederung des Inhalts eingegangen wird, drängt sich eine kurze Uebersicht über die verschiedenen bereits vorhandenen Darstellungen der elementaren Katastrophentheorie auf. Diese lassen sich im wesentlichen in drei Gruppen einteilen. Die Darstellungen der ersten Gruppe wenden sich entweder an den interessierten Laien oder versuchen den Fachleuten der verschiedensten Disziplinen einen ersten Einblick in die elementare Katastrophentheorie zu verschaffen. All diese Arbeiten sind von der Konzeption her zu oberflächlich, um einen abgerundeten Eindruck von der elementaren Katastrophentheorie vermitteln zu können. Es sind hier vor allem die folgenden Arbeiten zu nennen: CHILLINGWORTH (1975 und 1976b), EKELAND (1977), FARARO (1978), SEWELL (1977), STEWART (1975 und 1977), WOODCOCK (1977), WOODCOCK/DAVIS (1978) und ZEEMAN (1972b und 1976c).[30]

Bei der zweiten Gruppe handelt es sich um die mathematischen Darstellungen der elementaren Katastrophentheorie. Diese Arbeiten stellen alle extrem hohe mathematische Anforderungen und sind daher praktisch nur den Spezialisten zugänglich. Die erste rigorose Darstellung ist diejenige von J.N. MATHER (1968-1971); MICHOR (1976) und ZEEMAN/TROTMAN (1976) sind jedoch konziser. Etwas mehr Hintergrundmaterial enthalten BROECKER/LANDER (1975), GOLUBITSKY/GUILLEMIN (1973) und LU (1976).

Die Darstellungen der dritten Gruppe - das sind diejenigen Darstellungen, die die mathematischen Grundlagen der elementaren Katastrophentheorie zwar eingehend erläutern, dabei jedoch auf die Möglichkeiten der anwendungsorientierten Realwissenschaftler Rücksicht nehmen - sind nicht eben zahlreich. BRUTER (1974) und GOLUBITSKY (1976) verfolgen beide diese Absicht, sind aber entweder zu kurz (GOLUBITSKY) oder vernachlässigen wesentliche Aspekte der mathematischen Grundlagen (BRUTER).[31] SUSSMANN (1975) will ebenfalls den Nichtmathematiker in die grundlegenden Ideen der elementaren

Katastrophentheorie einführen. Die formale Argumentation ist aber stellenweise zu anspruchsvoll, um diesem Ziel gerecht werden zu können. In dieser Hinsicht einigermassen zu befriedigen, vermag einzig T. POSTON und I. STEWARTs 'CATASTROPHE THEORY AND ITS APPLICATIONS', eine Erweiterung von 'TAYLOR EXPANSIONS AND CATASTROPHES'.[32] Es kann deshalb nicht erstaunen, dass sich in der vorliegenden Arbeit mancherlei Spuren dieses wichtigen Werks finden, was ängstlich zu vermeiden einer derartigen Darstellung ja auch nicht gut tun könnte. Die folgenden Erläuterungen der mathematischen Grundlagen der elementaren Katastrophentheorie unterscheiden sich jedoch in dreierlei Hinsichten ganz entscheidend von denjenigen von POSTON/STEWART (1976 bzw. 1978a).

- T. POSTON und I. STEWART sehen in der elementaren Katastrophentheorie im wesentlichen eine Weiterentwicklung der Analysis, wobei - wie der Titel von 'TAYLOR EXPANSIONS AND CATASTROPHES' schon andeutet - Taylorentwicklungen von Funktionen im Mittelpunkt der Argumentation stehen. Von der differentialtopologischen Fundierung wird weitgehend abstrahiert. Demgegenüber basiert die vorliegende Darstellung auf einer eingehenden Erläuterung der differentialtopologischen Fundierung der elementaren Katastrophentheorie.

- Obwohl sich der zweite Teil von POSTON/STEWART (1978a) mit den verschiedensten Anwendungen der elementaren Katastrophentheorie beschäftigt, wird in der Darstellung der mathematischen Grundlagen der Bezug zur dynamischen Systemtheorie nicht herausgearbeitet. Da der systemtheoretische Aspekt der elementaren Katastrophentheorie jedoch für die sozialwissenschaftlichen Anwendungen von entscheidender Bedeutung ist, wird hier darauf ganz besonderes Gewicht gelegt, zumal die systemtheoretische Interpretation es erlaubt, die elementare Katastrophentheorie als Weiterentwicklung der herkömmlichen Komparativ-Statik zu betrachten.

Die Vernachlässigung der differentialtopologischen und systemtheoretischen Fundierung der elementaren Katastrophentheorie in POSTON/STEWART (1978a) bemängelte schon D. BERLINSKI in einem Besprechungsaufsatz. Er schreibt dort:[33]

> "The mathematical account is not especially broad. Poston and Stewart see catastrophe theory in the context of the calculus, and this is all the good. However catastrophe theory is also bound up with general developments in differential topology, algebraic topology, and the qualitative theory of ordinary differential equations. There is no word in this volume of Smale and Peixoto, Mather's research is not mentioned and no connection is drawn between the general topic of dynamic systems theory and catastrophe theory proper... Time is short, of course, and space shorter, but the reader who consults only this volume will come away with the conviction that catastrophe theory does not exist in a recognizable cultural setting."

Der dritte wesentliche Unterschied zu den Arbeiten von T. POSTON und I. STEWART betrifft den <u>Beweis des Klassifikationstheorems</u>. Der hier verwendete Ansatz wurde zwar im Prinzip von 'TAYLOR EXPANSIONS AND CATASTROPHES' übernommen, ist jedoch in Bezug auf die inhaltliche Vollständigkeit und die mathematische Stringenz stark überarbeitet worden.

Die Arbeit ist im einzelnen wie folgt gegliedert. *Kapitel 2* bietet eine Darstellung der elementaren Katastrophentheorie aus der Sicht der reinen Mathematik, d.h. aus der Sicht der <u>Singularitätstheorie</u>. Alle <u>differentialtopologischen Konzeptionen</u>, die für die singularitätstheoretische Argumentation relevant sind, werden in *Abschnitt 2.1* eingeführt.[33] Desweitern enthält Abschnitt 2.1 die vier 'tiefliegenden' topologischen Theoreme, auf denen das Klassifikationstheorem im wesentlichen aufbaut. Es handelt sich dabei um den Determiniertheitstest, den Universalitätstest, das Transversalitätstheorem und das 'Stratifikationstheorem' (Theorem 6). Alle vier Theoreme sind mit elementaren Mitteln nicht zu beweisen. Es muss deshalb auf einen Beweis verzichtet werden. Im Fall der beiden letzteren Theoreme fällt dies auch nicht schwer, denn ihre Aussagen leuchten ohne weiteres ein. Was den Determiniertheitstest und den Universalitätstest anbelangt, so wird versucht, diese beiden eng miteinander verwandten Theoreme dadurch glaubhaft zu machen, dass in Abschnitt 2.2 verschiedene mit elementaren Mitteln beweisbare Spezialfälle des Determiniertheitstests angeführt werden.[34] Inhaltlich beschäftigt sich *Abschnitt 2.2* mit den qualitativen Eigenschaften, d.h. im wesentlichen mit den Singularitäten differenzierbarer Funktionen. Dabei zeigt sich, dass das Klassifikationstheorem aus der Sicht der Singularitätstheorie die bisher auf diesem Gebiet erzielten Ergebnisse in natürlicher Weise ergänzt. Das Klassifikationstheorem aus der Sicht der Singularitätstheorie wird allerings erst in Kapitel 3 genau beschrieben, denn die Konzeption der strukturellen Stabilität, die dabei von zentraler Bedeutung ist, lässt sich im Rahmen der dynamischen Systemtheorie viel anschaulicher einführen.

Das mehr anwendungsorientierte *Kapitel 3* stellt die elementare Katastrophentheorie aus systemtheoretischer Sicht dar. Da die dynamische Systemtheorie den vielleicht wichtigsten Teil der mathematischen Wirtschaftstheorie ausmacht, kann gleichzeitig demonstriert werden, inwiefern die elementare Katastrophentheorie die herkömmlichen Analysemethoden der mathematischen Wirtschaftstheorie bereichert. In Abschnitt 3.1 wird in aller Kürze der Begriff und die Lösung des dynamischen Systems rekapituliert. Daran schliesst ein Exkurs in die statische und komparativ-statische Systemanalyse an (Abschnitt 3.2). In diesem Exkurs wird unter anderem darauf hingewiesen, dass Optimierungsmodelle einer komparativ-statischen Analyse besonders leicht zugänglich sind. Systemtheoretisch lassen sich diese Modelle, die in der Oekonomie von zentraler Bedeutung sind, als Gradientensysteme interpretieren. In Abschnitt 3.3 wird dann auf die eigentliche qualitative Theorie dynamischer Systeme eingegangen. Hier wird vor allem die Konzeption der strukturellen Stabilität dynamischer Systeme erläutert, wobei dem komparativ-dynamischen Aspekt dieser Konzeption besondere Beachtung geschenkt wird. Mit den Eigenschaften strukturell instabiler dynamischer Systeme beschäftigt sich Abschnitt 3.4. Bezieht sich die Analyse der strukturellen Stabilität auf ganz allgemeine dynamische Systeme, so spricht man von allgemeiner Katastrophentheorie. Demgegenüber beschränkt sich die elementare Katastrophentheorie auf die Analyse strukturell instabiler Gradientensysteme. Es wird gezeigt, dass sich die strukturelle Stabilitätsanalyse bei den Gradientensystemen auf eine entsprechende Analyse der Potentialfunktionen reduziert, die diesen Systemen zugrunde liegen. Das systemtheoretische Problem wird damit auf ein singularitätstheoretisches Problem zurückgeführt, dessen Lösung das Klassifikationstheorem aus der Sicht der Singularitätstheorie liefert. Das Klassifikationstheorem aus der Sicht der qualitativen

Theorie dynamischer Systeme ergibt sich dann daraus als Korollar. Da die systemtheoretische Bedeutung des Klassifikationstheorems nicht ohne weiteres ersichtlich ist, enthält *Abschnitt* 3.5 einige klärende Anmerkungen. In diesem Abschnitt wird nicht so sehr der komparativ-dynamische, sondern vielmehr der komparativ-statische Aspekt der elementaren Katastrophentheorie betont. Abschliessend wird dann in *Abschnitt* 3.6 die Geometrie der Elementarkatastrophen diskutiert.

Für den Beweis des Klassifikationstheorems ist eine verallgemeinerte und formalisierte Version des sogenannten 'Transversalitätsprinzips' von hervorragender Bedeutung. Das Transversalitätsprinzip besagt, dass sich zwei Linien in einer Ebene früher oder später schneiden, während dies im Raum im allgemeinen nicht der Fall sein wird. Algebraisch interpretiert entspricht das Transversalitätsprinzip dem 'Abzählen von Gleichungen und Unbekannten', einem Verfahren, das seit L. WALRAS jedem Oekonomen wohlvertraut sein dürfte. Das ganze *Kapitel* 4 enthält eine Beweisskizze des Klassifikationstheorems aus der Sicht der Singularitätstheorie. Die Grundidee zu dieser Beweisskizze stammt von T. POSTON und I. STEWART,[35] die dazu folgendes bemerken:[36]

> "(The) understanding of the relation between the transversality principle and the conclusions of Thom's theorem is essential for coherent application of the techniques... Papers that use Thom's theorem as a magic wand, on the basis of accounts that do nothing to trace this connection, have often seriously misunderstood it."

Die Beweisskizze von Kapitel 4 ist jedoch mathematisch stringenter und ausführlicher als die ursprüngliche Version von T. POSTON und

I. STEWART. So berücksichtigen z.B. diese Autoren in ihren Ausführungen weder das Transversalitätstheorem noch das 'Stratifikationstheorem' und argumentieren anstatt mit ($R^n \rightarrow R$)-Funktionen weitgehend mit dem Spezialfall n=2. Darüber hinaus ist die Beweisskizze von Kapitel 4 auch inhaltlich vollständiger als diejenige von POSTON/STEWART (1976 bzw. 1978a).[37]

In *Abschnitt 4.1* wird die Grundidee des Klassifikationstheorems vorgestellt und in *Abschnitt 4.2* die Klassifikation der Elementarkatastrophen vorbereitet. Die Klassifikation der sogenannten 'Spitzenkatastrophen' erfolgt dann in *Abschnitt 4.3*, diejenige der sogenannten 'Nabelschnurkatastrophen' in *Abschnitt 4.4*. Die Ausführungen der Abschnitte 4.1 bis 4.3 reichen eigentlich aus, um einen Eindruck vom Gebrauch des Transversalitätsprinzips zu vermitteln. Der etwas anspruchsvollere Abschnitt 4.4 kann deshalb bei der Lektüre ohne grösseren Nachteil weggelassen werden. *Abschnitt 4.5* fasst schliesslich die verschiedenen in diesem Kapitel erarbeiteten Ergebnisse zusammen.

Alle Hilfssätze des Klassifikationstheorems werden bewiesen. Eine Ausnahme bildet lediglich Lemma 7, weil in Abschnitt 2.2.2 ein ähnlicher Satz (Theorem 11) hergeleitet wird. Demgegenüber sind die Theoreme im zweiten und dritten Kapitel im allgemeinen nicht mit einem Beweis versehen, sei es, weil kein elementarer Beweis existiert (Theoreme 3 bis 6), sei es, weil die Theoreme allgemein bekannt sind bzw. nur illustrativen Charakter aufweisen (Theoreme 2, 7 und 16 bzw. 17 und 18). Eine dritte Gruppe von Theoremen - es handelt sich dabei um die Theoreme 1, 8, 9, 10, 13, 14 und 15 -

ist zwar mit elementaren Mitteln durchaus beweisbar. Um die Darstellung nicht unnötig aufzublähen, werden jedoch lediglich die Theoreme 8 und 9 als Beispiel hergeleitet. Für die übrigen Theoreme möge ein entsprechender Literaturhinweis genügen.

Das letzte Kapitel, *Kapitel 5*, befasst sich mit den konkreten Anwendungsmöglichkeiten der elementaren Katastrophentheorie. In *Abschnitt 5.1* wird der komparativ-statische Aspekt der elementaren Katastrophentheorie anhand des klassischen Modells der individuellen Güternachfrage eingehend erläutert. Darauf geht *Abschnitt 5.2* auf die eigentliche Katastrophenmodellierung ein. Von Katastrophenmodellierung spricht man dann, wenn man realwissenschaftliche Phänomene direkt, d.h. ohne dabei auf die den jeweiligen Phänomenen zugrunde liegenden Kräfte einzugehen, mit Hilfe von Elementarkatastrophen modellmässig beschreibt. *Abschnitt 5.3* beschäftigt sich dann mit den wichtigsten Einwänden, die in der einschlägigen Literatur gegen die Katastrophenmodellierung vorgebracht worden sind. In *Abschnitt 5.4* wird die sogenannte Katastrophenanalyse vorgestellt. Die Katastrophenanalyse geht von Modellen aus, deren Strukturen wohlspezifiziert sind und versucht dann von diesen Modellstrukturen auf das entsprechende Modellverhalten zu schliessen. Dabei richtet sie das Augenmerk im Gegensatz zu den traditionellen Analysemethoden vor allem auf das eventuelle Auftreten von qualitativen Systemänderungen. Das Verhalten der so analysierten Modelle wird mithin durch deren Strukturen erklärt, währenddem die eigentlichen Katastrophenmodelle das Modellverhalten lediglich beschreiben. Der abschliessende *Abschnitt 5.5* enthält schliesslich eine Zusammenfassung der Ergebnisse dieser Untersuchung.

FUSSNOTEN ZU KAPITEL 1

1) Siehe RENFREW (1979), S. 422.

2) Einige interessante Insider-Informationen zur 'Geschichte der Katastrophentheorie' finden sich in WOODCOCK/DAVIS (1978), Kapitel 2, S. 14-31.

3) Als Einführung in die Differentialtopologie bzw. Singularitätstheorie sind vor allem CHILLINGWORTH (1976a) und WALLACE (1968) bzw. LU (1976) zu empfehlen.

4) Die Konzeption der strukturellen Stabilität ist in der mathematischen Wirtschaftstheorie erstmals von G. DEBREU in seinem wegweisenden Artikel "Economies with a finite set of equilibria" (Econometrica, 38, 1970, S. 387-392) verwendet worden.

5) Vgl. dazu z.B. L. HURWICZ: "Mathematics in Economics: Language and Instrument", in J.C. CHARLESWORTH (Hrsg.): Mathematics and the Social Sciences. The Utility and Inutility of Mathematics in the Study of Economics, Political Science, and Sociology (Philadelphia, 1963).

6) Siehe N. GEORGESCU-ROEGEN: "Methods in Economic Science", Journal of Economic Issues, 13, 1979, S. 317-328. S. 325.

7) Siehe O. MORGENSTERN: "Limits of the Use of Mathematics in Economics", in A. SCHOTTER (Hrsg.): Selected Economic Writings of Oskar Morgenstern (New-York, N.Y. University Press, 1976), S. 441-458. S. 443.

8) Siehe ZEEMAN et al. (1976), S. 67.

9) Siehe ZEEMAN (1976c), S. 65.

10) Siehe POSTON/STEWART (1978a), S. 426.

11) Vgl. dazu THOM (1970), S. 89f.

12) Es wird hier Bezug genommen auf H. POINTCARÉ: Sur les courbes

par une equation différentielle. Œvres complètes, Vol. 1 (Paris, Gauthier-Villars, 1881) und A.A. ANDRONOV und L.S. PONTRJAGIN: "Systèmes grossiers", Doklady Akademii Nauk SSSR, 14, 1937, S. 247-251.

13) Vgl. WOODCOCK (1978), S. 390f und LU (1976), S. 96.

14) Siehe BERLINSKI (1978a), S. 405.

15) D'A. W. THOMPSON: On Growth and Form (Cambridge, Cambridge University Press, 1917).

16) Siehe THOM (1975b), S. 8.

17) Siehe BERLINSKI (1978a), S. 403.

18) Es sind hier vor allem ZEEMAN (1973, 1974b und 1976c) zu nennen.

19) Eine ähnlich Entwicklung hat z.B. auch die Spieltheorie durchgemacht. Vgl. dazu A. SCHOTTER und G. SCHWOEDIAUER: "Economics and Game Theory: A Survey", Journal of Economic Literature, 18, S. 479-527.

20) Siehe STEWART (1975), S. 447.

21) Siehe SMALE (1978), S. 1360.

22) ebenda

23) Siehe BERLINSKI (1978a), S. 403.

24) Siehe SUSSMANN/ZAHLER (1978b), S. 118.

25) Siehe ZEEMAN (1976c), S. 65.

26) Vgl. dazu POSTON (1979), S. 432f.

27) In Abschnitt 5.5 wird diese Argumentation weiter ausgeführt.

28) Siehe POSTON/STEWART (1978a), S. viii.

29) Erste Ansätze zu einer derartigen Integration finden sich in

FARARO (1978). Den komparativ-statischen Aspekt der elementaren Katastrophentheorie betonte schon SMALE (1978) und vor allem auch MARKUS (1976).

30) Der Katastrophentheorie wurde zum Teil auch in den Massenmedien Beachtung geschenkt. Vgl. z.B. ZEEMAN (1971) (Times Literary Supplement), FREI (1976) (Neue Zürcher Zeitung), NEWSWEEK (1976) und DER SPIEGEL (1976).

31) Das Buch von C.P. BRUTER enthält eine an sich sehr gute Einführung in die relevanten differentialtopologischen Konzeptionen. Die mathematischen Anforderungen dürften jedoch etwas zu gering sein. Desweitern sind die Ausführungen zu wenig stark auf die elementare Katastrophentheorie ausgerichtet. Der Hauptmangel besteht jedoch darin, dass weder der Bezug des Klassifikationstheorems zur Singularitätstheorie herausgearbeitet, noch ein Beweis des Klassifikationstheorems geliefert wird.

32) Siehe POSTON/STEWART (1978a) und POSTON/STEWART (1976).

33) Eine Ausnahme bildet lediglich die Konzeption der strukturellen Stabilität von C^{∞}-Funktionen, die in Abschnitt 3.4 definiert wird.

34) Es handelt sich dabei um die Theoreme 8, 10 und 14.

35) Siehe POSTON/STEWART (1976), Kapitel 2, S. 27-76 oder POSTON/STEWART (1978a), Kapitel 7, S. 99-122.

36) Siehe POSTON/STEWART (1978b), S. 323.

37) So wird z.B. die Klassifikation der Nabelschnurkatastrophen in POSTON/STEWART (1976 bzw. 1978a) nur angedeutet.

"It is not likely that the cause of economics will be significantly advanced by relying on the mathematics already 'on hand'."

O. MORGENSTERN [1]

KAPITEL 2

DIE ELEMENTARE KATASTROPHENTHEORIE AUS DER SICHT DER SINGULARITAETSTHEORIE

2.1. ELEMENTE DER DIFFERENTIALTOPOLOGIE

2.1.1. TOPOLOGISCHE RAEUME UND VERWANDTE BEGRIFFE

Der Terminus Topologie ist vom griechischen Wort τοποζ, das soviel wie Ort oder Stelle bedeutet, abgeleitet. Früher verstand man in der Mathematik unter Topologie die Untersuchung der Situation, d.h. der Lage und der Gestalt geometrischer Gebilde. Man verwendete deshalb auch den Ausdruck analysis situs. In letzter Zeit hat sich die Topologie von einem Teilgebiet der Geometrie zu einer eigenständigen mathematischen Theorie entwickelt.

In diesem Abschnitt soll der wichtigste und gleichzeitig allgemeinste Begriff der modernen Topologie, der Begriff des topologischen Raums, eingeführt werden. Den Ausgangspunkt bildet dabei die heute allgemein akzeptierte Ansicht, dass topologische Konzeptionen überall dort verwendet werden können, wo in einer Menge ein Stetigkeitsbegriff definiert ist. So schreibt z.B. S. LEFSCHETZ in seiner 'INTRODUCTION TO TOPOLOGY': "Topology begins where sets are implemented with some cohesive properties enabling one to define continuity."[2] Das konkrete Vorgehen ist das folgende. Zuerst wird kurz die Stellung beschrieben, die die Topologie in der modernen Mathematik einnimmt.[3] Es folgen dann einige Ueberlegungen zum Stetigkeitsbegriff von Funktionen bzw. Abbildungen in euklidischen Räumen. Diese Ueberlegungen führen unmittelbar zu einer Verallgemeinerung des Raumbegriffs: Es resultiert die Konzeption des metrischen Raums. In den metrischen Räumen hängt die Stetigkeit von einem abstrakten Distanzbegriff ab. Sie kann aber auch mittels noch elementarerer Konzeptionen erklärt werden, die selbst wiederum zu einer weiteren Verallgemeinerung des Raumbegriffs Anlass geben. Obwohl in diesen allgemeinsten Räumen kein Distanzbegriff mehr erklärt ist, kann trotzdem noch von Stetigkeit gesprochen werden. Solche Räume heissen eben topologische Räume. Abschliessend werden dann noch einige Begriffe eingeführt, die mit der Konzeption des topologischen Raums eng verwandt sind.

Die neuere Auffassung vom Aufbau der Mathematik (BOURBAKI) löst das Nebeneinander abgeschlossener mathematischer Disziplinen auf.[4] Der topologische Raum ist bei dieser Betrachtungsweise nur ein Glied in der Kette der abstrakten Raumkonstruktionen, die das Fundament des modernen mathematischen Denkens bilden. All diesen Konstruktionen liegt eine gemeinsame Auffassung eines Raums zugrunde, die auf die Beschreibung einer oder mehrerer Mengen und der axiomatisch beschriebenen Beziehungen zwischen den Elementen dieser Mengen hinausläuft. Dabei kommt es nur auf diese Beziehungen an, nicht aber auf die Natur der betreffenden Elemente. Dies ist natürlich der Standpunkt, der erstmals von D. HILBERT in seinen 'GRUNDLAGEN DER GEOMETRIE' vertreten wurde.[5]

Die verschiedenen Teilgebiete der Mathematik gründen also einerseits auf der Mengenlehre und andererseits auf Axiomen, d.h. auf als wahr postulierten Aussagen, auf die bei den folgenden Beweisen zurückgegriffen werden darf. Alle Beweise sind damit letztlich auf auf Axiome zurückführbar. Was aus einem Axiomensystem ableitbar ist, hängt ferner davon ab, für welches Logiksystem man sich entscheidet, welche Schlussfolgerungen, die von wahren zu wieder wahren Aussagen führen sollen, man zulassen will.

Die traditionellen Disziplinen der Mathematik lassen sich auf drei Grundstrukturen von Axiomen und aus den aus ihnen gebildeten multiplen Strukturen unter Hinzunahme weiterer Axiome entwickeln. Diese drei Grundstrukturen sind die algebraische Struktur, die Ordnungsstruktur und die topologische Struktur.

- Einer Menge M wird eine algebraische Struktur aufgeprägt, wenn in ihr eine oder mehrere Verknüpfungen, d.h ($\Omega \times M \rightarrow M$)-Abbildungen mit bestimmten Eigenschaften erklärt sind. Ist $\Omega = M$, so spricht man von einer inneren Verknüpfung (z.B. Grundoperationen in $M=R$). Ist $\Omega \neq M$, so nennt man Ω Operatorenbereich und spricht von einer äusseren Verknüpfung (z.B. Skalarprodukt mit $\Omega=R$ und $M=R^n$). Die wichtigsten algebraischen Strukturen sind: Halbgruppe, Gruppe, Ring, Körper, Modul, Vektorraum. Mit der Untersuchung algebraischer Strukturen beschäftigt sich vorwiegend die Algebra.
- Einer Menge wird eine Ordnungsstruktur aufgeprägt, wenn es in ihr im weitesten Sinn nach bestimmten Regeln vergleichbare Elemente gibt, wie dies im speziellen Fall bei der Menge R der reellen Zahlen durch die Relation '$\leq$' geschieht. Geordnete Mengen

spielen in verschiedenen Bereichen der mathematischen Wirtschaftstheorie eine hervorragende Rolle. Man denke z.B. nur an die Wohlfahrtstheorie (Präferenztheorie), an die Social Choice Theorie oder an die Theorie der strategischen Spiele.

● Einer Menge wird eine topologische Struktur aufgeprägt, wenn in ihr ein System von Teilmengen mit bestimmten Eigenschaften ausgezeichnet wird (z.B. offene Intervalle in R).

● Eine multiple Struktur ist eine aus den drei Grundstrukturen gebildete Mischstruktur. So treten z.B. algebraische Strukturen zusammen mit Ordnungsstrukturen oder topologischen Strukturen auf. Die Menge R der reellen Zahlen besitzt z.B. alle drei Grundstrukturen.

Eine Menge, der eine topologische Struktur aufgeprägt ist, heisst topologischer Raum. Die Untersuchung allgemeiner und spezieller topologischer Räume ist das Hauptanliegen der Topologie. Im folgenden soll nun der topologische Raum axiomatisch festgelegt werden, indem der Stetigkeitsbegriff von $(R \to R)$-Funktionen auf möglichst allgemeine Mengen übertragen wird.

Der allgemeinverständliche Begriff der Stetigkeit einer Funktion $f: R \to R$ wird üblicherweise wie folgt präzis gefasst.

DEFINITION: Stetigkeit einer Funktion $f: R \to R$

Eine Funktion $f: R \to R$ heisst stetig an der Stelle $\bar{x} \varepsilon R$, wenn es zu jedem $\varepsilon \varepsilon R^+$ ein $\delta \varepsilon R^+$ derart gibt, dass für alle $x \varepsilon R$ mit $|x-\bar{x}|<\delta$ die Ungleichung $|f(x)-f(\bar{x})|<\varepsilon$ befriedigt ist. f heisst stetig, wenn f an jeder Stelle x von R stetig ist. ▲

Diese Definition lässt sich leicht auf Abbildungen f: $R^m \to R^n$ verallgemeinern, wenn man die Distanzen $|x-\bar{x}|$ bzw. $|f(x)-f(\bar{x})|$ des eindimensionalen euklidischen Raums durch die entsprechenden Distanzen $^+\sqrt{\Sigma(x_i-\bar{x}_i)^2}$ bzw. $^+\sqrt{\Sigma(f(x_i)-f(\bar{x}_i))^2}$ des R^m bzw. R^n ersetzt.

Bei der Definition der Stetigkeit von $(R^m \to R^n)$-Abbildungen wird die algebraische Struktur dieser Räume zwar verwendet, aber eigentlich nur, um in den Mengen R^t (t=m,n) einen Distanzbegriff zu erklären, formal gesprochen also eine Funktion d: $R^t \times R^t \to R^+$. Existieren in zwei beliebigen Räumen E und F derartige Distanzfunktionen, so lässt sich der Begriff der Stetigkeit von $(R^m \to R^n)$-Abbildungen unmittelbar auf $(E \to F)$-Abbildungen übertragen. Es hat sich nun aber als sinnvoll erwiesen, nicht jede $(E \times E \to R^+)$-Funktion als Distanzfunktion der Menge E zu betrachten, sondern nur Funktionen, die gewisse elementare Eigenschaften mit der euklidischen Distanzfunktion teilen. Anstatt von einer Distanzfunktion spricht man auch von einer Metrik.

DEFINITION: Metrik, metrischer Raum

Eine Funktion d_E: $E \times E \to R^+$ heisst Metrik auf der Menge E, wenn d_E folgende Eigenschaften aufweist $(a,b,c \in E)$:

(1) $d_E(a,b) = 0 \rightleftarrows a = b$

(2) $d_E(a,b) = d_E(b,a)$ und

(3) $d_E(a,b) + d_E(b,c) \geq d_E(a,c)$.

Ist auf einer Menge E eine Metrik d_E erklärt, so bezeichnet man (E,d_E) als metrischen Raum. ▲

Der Uebertragung des Begriffs der stetigen Abbildung von euklidischen auf metrische Räume steht nun nichts mehr im Weg.

<u>DEFINITION: Stetigkeit einer Abbildung zwischen metrischen Räumen</u>

Es seien E und F metrische Räume mit den Metriken d_E und d_F. Eine Abbildung f: E $\to$ F heisst stetig an der Stelle $\bar{x}\varepsilon E$, wenn es zu jedem $\varepsilon\varepsilon R^+$ ein $\delta\varepsilon R^+$ derart gibt, dass für alle $x\varepsilon E$ mit $d_E(\bar{x},x)<\delta$ die Ungleichung $d_F(f(\bar{x}),f(x))<\varepsilon$ befriedigt ist. f heisst stetig, wenn f an jeder Stelle x von E stetig ist. ▲

Die Einführung des Begriffs der Metrik verhilft also zu einer Verallgemeinerung der Konzeption der stetigen Abbildung von euklidischen auf metrische Räume. Auch eine weitere elementare Konzeption des euklidischen Raums lässt sich derart auf metrische Räume übertragen, nämlich die Konzeption der <u>offenen Menge</u>.

<u>DEFINITION: offene Menge des euklidischen Raums</u>

Eine Teilmenge W von R^n heisst offen, wenn es zu jedem Punkt $\bar{x}\varepsilon W$ ein $\delta\varepsilon R^+$ derart gibt, dass die δ-Umgebung $U_\delta(\bar{x})$ von $\bar{x}$, $U_\delta(\bar{x}) = \{x\varepsilon R^n \mid +\sqrt{\Sigma(x_i-\bar{x}_i)^2} <\delta\}$, in W enthalten ist: $U_\delta(\bar{x}) \subset W$. ▲

<u>DEFINITION: offene Menge des metrischen Raums</u>

Es sei E ein metrischer Raum mit der Metrik d_E. Eine Teilmenge W von E heisst offen, wenn es zu jedem Punkt $\bar{x}\varepsilon W$ ein $\delta\varepsilon R^+$ derart gibt, dass die δ-Umgebung $U_\delta(\bar{x})$ von $\bar{x}$, $U_\delta(\bar{x}) = \{x\varepsilon E \mid d_E(\bar{x},x)<\delta\}$, in W enthalten ist: $U_\delta(\bar{x}) \subset W$. ▲

Mit der Konzeption der offenen Menge des metrischen Raums gelingt nun eine extrem einfache Charakterisierung der stetigen Abbildung zwischen metrischen Räumen.

<u>THEOREM 1</u>

Es seien E und F metrische Räume. Eine Abbildung f: E $\to$ F ist genau dann stetig, wenn die Urbildmenge $f^{-1}(V)$ in E immer dann offen ist, wenn V in F offen ist.[6] ▲

Es wurde bisher gezeigt, dass für die Definition der Stetigkeit von ($R^m \to R^n$)-Abbildungen nicht die algebraische Struktur der euklidischen Räume wesentlich ist, sondern nur der mittels dieser Struktur erklärte euklidische Distanzbegriff. Durch die Verallgemeinerung der euklidischen Metrik konnte die Konzeption der stetigen Abbildung von den euklidischen Räumen auf die viel allgemeineren metrischen Räume übertragen werden. Diese Räume besitzen im allgemeinen keine algebraische Struktur. Für die Definition der Stetigkeit ist es aber essentiell, dass die Metrik d_E der Produktmenge E×E eine Ordnungsstruktur aufprägt. Theorem 1 zeigt nun, dass auch der Distanzbegriff bzw. die Ordnungsstruktur für die Stetigkeitsdefinition nicht unbedingt notwendig ist. Grundlegend ist vielmehr die Familie der offenen Mengen, die mit Hilfe des Distanzbegriffs erklärt wird. Die Familie der offenen Mengen eines metrischen Raums wird auch Topologie genannt.

Analog zum Vorgehen bei der ersten Verallgemeinerung des Stetigkeitsbegriffs, kann nun der Begriff der Topologie auf beliebige Mengen A übertragen werden, indem gewisse Teilmengen von A als offene Mengen ausgezeichnet werden. Die Verallgemeinerung der Stetigkeitsdefinition folgt dann unmittelbar aus Theorem 1. Wie bei der Verallgemeinerung des euklidischen Distanzbegriffs, hat es sich auch bei der Verallgemeinerung des metrischen Topologiebegriffs als sinnvoll erwiesen, gewisse Einschränkungen vorzunehmen. D.h. es werden nicht alle Familien von Teilmengen als Topologien bezeichnet, sondern nur solche, die gewisse elementare Eigenschaften mit den Topologien metrischer Räume teilen.

DEFINITION: Topologie, topologischer Raum, offene Menge des topologischen Raums

Es sei τ eine Familie von Teilmengen einer Menge A: $\tau \subseteq \mathcal{P}(A)$.[7] τ heisst Topologie auf A, wenn τ den drei folgenden Axiomen genügt.

(1) Die Menge A und die leere Menge $\emptyset$ sind Elemente von τ.

(2) Der Durchschnitt zweier Elemente von τ ist ein Element von τ.

(3) Die Vereinigung beliebig vieler Elemente von τ ist ein Element von τ.

Ist auf einer Menge A eine Topologie τ erklärt, so bezeichnet man (A,τ) als topologischen Raum. Die Elemente von τ heissen offene Mengen des topologischen Raums (A,τ). ▲

DEFINITION: Stetigkeit einer Abbildung zwischen topologischen Räumen

Es seien A und B topologische Räume. Eine Abbildung $f: A \to B$ heisst stetig, wenn die Urbildmenge $f^{-1}(V)$ in A immer dann offen ist, wenn V in B offen ist. ▲

Grundlegend für die Konzeption des topologischen Raums ist also die Familie der offenen Mengen. Zum Abschluss werden nun noch einige mit der Konzeption der offenen Menge eng verwandte Begriffe eingeführt und zum Teil kurz diskutiert.

DEFINITION: offene Umgebung, Umgebung, abgeschlossene Menge, Häufungspunkt, abgeschlossene Hülle, Dichtheit

Es sei A ein topologischer Raum.

- Eine offene Menge V von A heisst offene Umgebung eines Punktes $x \in A$, wenn x ein Element von V ist. Eine beliebige Teilmenge U von A heisst Umgebung von x, wenn U eine offene Umgebung von x enthält.
- Eine Teilmenge von A heisst abgeschlossen, wenn ihr Komplement offen ist.
- Ein Punkt $x \in A$ heisst Häufungspunkt einer Teilmenge W von

A, wenn jede Umgebung von x mindestens einen von x verschiedenen Punkt aus W enthält.[8]

- Die Vereinigung $\bar{W}$ einer Teilmenge W von A mit all ihren Häufungspunkten heisst abgeschlossene Hülle von W.
- Es sei C eine Teilmenge von B und B eine Teilmenge von A. C heisst dicht in B, wenn die abgeschlossene Hülle $\bar{C}$ von C die Menge B enthält. ▲

Ist eine Teilmenge C von B mit dem Attribut 'dicht in B' versehen, so verbindet sich damit gern die Vorstellung, dass C praktisch alle Elemente von B enthält und die Eigenschaften der Elemente von C somit als <u>typisch</u> für die Eigenschaften der Elemente von B angesehen werden können. Dass dem nicht so zu sein braucht, sieht man z.B. schon daran, dass sowohl die Menge Q der rationalen wie auch die Menge I der irrationalen Zahlen dicht ist in der Menge R der reellen Zahlen. Es können aber wohl nicht beide Eigenschaften, d.h. Rationalität und Irrationalität als typisch für die reellen Zahlen angesehen werden. Da es, populär ausgedrückt, viel mehr irrationale als rationale Zahlen gibt, ist es aber sicher sinnvoll, die Irrationalität als typische Eigenschaft von reellen Zahlen zu betrachten.[9] Es fragt sich nur, wie man den Begiff der 'typischen Eigenschaft' präzis definieren soll. Nur Dichtheit zu verlangen, geht offenbar zu wenig weit. Dichtheit verbunden mit Offenheit würde zweifellos genügen, um dem anschaulichen Begriff der typischen Eigenschaft gerecht zu werden. Durch eine derartige Definition würden aber einige Eigenschaften ausgeschlossen, die durchaus als typisch angesehen werden, z.B. eben die der Irrationalität reeller Zahlen. Die folgende Definition hat sich als sinnvoll erwiesen.

DEFINITION: generische Eigenschaft

Es sei A ein topologischer Raum und B eine Teilmenge von A. Eine Eigenschaft $\mathcal{E}$ der Elemente von B heisst generisch, wenn die Menge C aller Elemente von B, die die Eigenschaft $\mathcal{E}$ aufweisen, folgendermassen beschaffen ist:

(1) C ist dicht in B und

(2) C ist gleich dem Durchschnitt einer abzählbaren Anzahl von offenen und dichten Teilmengen von B.

Man sagt auch die Menge C sei generisch in der Menge B. ▲

BEISPIEL 2.1

Es ist nicht schwer einzusehen, dass die Irrationalität eine generische Eigenschaft der reellen Zahlen im Sinn der obigen Definition ist.

Da die Menge Q der rationalen Zahlen abzählbar ist, $Q = \{q_1, q_2, \ldots\}$, kann man abzählbar viele Mengen $S_i = R \setminus q_i$ bilden. Diese Mengen sind natürlich offen und dicht in R. Die Menge I der irrationalen Zahlen ist nun aber definitionsgemäss gleich der Menge $R \setminus Q$ und damit gleich dem Durchschnitt aller Mengen S_i. Desweitern ist I dicht in R. Daraus folgt aber unmittelbar, dass I generisch ist in R. ▲

2.1.2. TOPOLOGISCHE AEQUIVALENZ

Der vorhergehende Abschnitt beschäftigte sich vor allem mit der Definition des toplogischen Raums. Danach besteht ein topologischer Raum aus einer Menge A und einer Familie τ von Teilmengen von A, die als offene Mengen ausgezeichnet werden. Dies bedeutet, dass zwei toplogische Räume (A,τ_A) und (B,τ_B) aus der Sicht der Topologie ununterscheidbar bzw. identisch sind, wenn jedem Element von A genau ein Element von B und jeder offenen Menge von τ_A genau eine offene Menge von τ_B entspricht und umgekehrt. Man nennt solche Räume topologisch aequivalent oder homöomorph. Mit Hilfe der Konzeption der stetigen Abbildung, der ja die Korrespondenz offener Mengen zugrunde liegt, gelangt man zu folgender einfacher Definition.

> DEFINITION: Homöomorphismus, homöomorphe Räume und Punktemengen
> Es seien A und B topologische Räume. Eine bijektive Abbildung f: A → B heisst topologische Abbildung oder Homöomorphismus, wenn f und f^{-1} stetig sind.[10]
> Zwei topologische Räume bzw. zwei Punktemengen heissen topologisch aequivalent oder homöomorph, wenn sie durch einen Homöomorphismus aufeinander abgebildet werden können können. ▲

In der vorliegenden Arbeit beschränkt sich die Argumentation im wesentlichen auf euklidische Räume, die (zusammen mit ihren gewöhnlichen Topologien) den Prototypen der allgemeinen topologischen Räume entsprechen. In diesen natürlich sehr speziellen topologischen Räumen wird oft auf eine stärkere Konzeption als die der Stetigkeit von Abbildungen zurückgegriffen, nämlich auf die der Differenzierbarkeit.[11] Man kann dann sowohl auf die

Ergebnisse der Topologie wie auch auf diejenigen der Analysis zurückgreifen. Die mathematische Theorie, die sich in diesem 'Durchschnitt' von Topologie und Analysis bewegt, wird Differentialtopologie genannt. Dem Homöomorphismusbegriff der Topologie entspricht der Diffeomorphismusbegriff in der Differentialtopologie.

DEFINITION: Diffeomorphismus, diffeomorphe Punktemengen
Eine Abbildung f: $R^n \to R^n$ heisst differentialtopologische Abbildung oder Diffeomorphismus, wenn f und f^{-1} C^∞-Abbildungen sind.
Zwei Punktemengen heissen differentialtopologisch aequivalent oder diffeomorph, wenn sie durch einen Diffeomorphismus aufeinander abgebildet werden können. ▲

Aus der Sicht der Geometrie besteht die Aufgabe der Topologie des R^n nun darin, Eigenschaften von Punktemengen zu finden, die allein mit Hilfe der topologischen Struktur von R^n beschrieben werden können. Dies sind natürlich genau diejenigen Eigenschaften, die bei einer Anwendung topologischer Abbildungen bestehen bleiben. Man nenn sie deshalb auch topologische Eigenschaften oder topologische Invarianten.[12]

Bei dieser Betrachtungsweise stellen sich automatisch zwei Fragen. Erstens: Wie sehen topologisch aequivalente Punktemengen aus? und zweitens: Welche gemeinsamen Eigenschaften besitzen topologisch aequivalente Punktemengen, oder anders gefragt, welche Eigenschaften von Punktemengen sind topologisch?

Zwei Punktemengen U und V sind definitionsgemäss topologisch aequivalent, wenn es eine topologische Abbildung h gibt, die

U auf V abbildet. Die Wirkung von h lässt sich am besten als reversible, elastische Verformung beschreiben; reversibel, weil h bijektiv ist und elastisch, weil h offene Mengen auf offene Mengen abbildet. Topologisch aequivalente Punktemengen kann man also als Punktemengen charakterisieren, die sich durch reversible, elastische Verformungen auseinander erzeugen bzw. ineinander überführen lassen.

Diesem Umstand ist es zuzuschreiben, dass in populären oder einführenden Abhandlungen die Topologie gern als 'Gummigeometrie' verstanden wird.[13] Diese Umschreibung zeigt sehr anschaulich die Analogie zwischen der euklidischen Geometrie und der Topologie des R^n. Während in der euklidischen Geometrie, etwa des R^2, Punktemengen mit Hilfe von Eigenschaften beschrieben werden, die bei der Anwendung von Kongruenz- bzw. Aehnlichkeitsabbildungen invariant bleiben (geometrische Invarianten), so denkt man sich in der Topologie des R^2 diese Punktemengen aus elastischen Material hergestellt und fragt sich, welche Eigenschften dieser Punktemengen bei einer umkehrbaren, elastischen Verformung erhalten bleiben.

Da Kongruenz- und Aehnlichkeitsabbildungen spezielle topologische Abbildungen darstellen, ist natürlich jede topologische Eigenschaft einer Punktemenge auch eine geometrische Eigenschaft, während umgekehrt viele geometrische Eigenschaften keine topologischen Eigenschaften sind. Es ist offensichtlich, dass nur ganz elementare geometrische Eigenschaften einer Punktemenge topologische Invarianten sein können. Man könnte vielleicht sogar auf den ersten Blick vermuten, es gäbe gar keine topologischen Invarianten. Glücklicherweise ist dies nicht der Fall. So bleiben z.B. bei einer reversiblen, elastischen Verformung benachbarte Punkte benachbart, was unter anderem zur Folge hat, dass die Eigenschaft einer Punktemenge, zusammenhängend zu sein, eine topologische Invariante darstellt. Demgegenüber ist bei einer elastischen Verformung im allgemeinen das Bild einer Strecke nicht wieder eine Strecke. Dies macht deutlich, dass in einer 'Geometrie der reversiblen, elastischen Verformungen' die Begriffe Strecke, Gerade, Winkel und die damit verbundenen Begriffe nur eine untergeordnete Rolle spielen können. Dasselbe gilt für die daraus abgeleiteten <u>quantitativen</u> Konzeptionen der Längen-, Flächen- und Winkelfunktion. An ihre Stelle treten Begriffe wie Umgebung eines Punktes, innerer Punkt, äusserer Punkt, Häufungspunkt, offene Menge, abgeschlossene Menge, abgeschlossene Hülle, zusammenhängende Menge, kompakte (=abgeschlossene und beschränkte) Menge, dichte Menge etc... All diese Begriffe sind geeignet, zur Beschreibung topologischer Eigenschaften von Punktemengen beizutragen - Eigenschaften, die man mit dem etwas vagen Terminus '<u>qualitativ</u>' umschreiben kann.

Die beiden anschaulichen Begriffe 'quantitativ' und 'qualitativ' lassen sich nun präzis fassen, wenn man die Argumentationslinie umkehrt. Danach nennt man diejenigen Eigenschaften von Punktemengen 'quantitativ', die von einer <u>algebraischen Struktur</u> abhängen. Alle anderen Eigenschaften heissen 'qualitativ', wobei man zwischen qualitativ im topologischen Sinn und qualitativ im ordinalen Sinn unterscheiden kann, jenachdem ob die bereffende

Eigenschaft von einer topologischen Struktur oder von einer Ordnungsstruktur abhängt. Wenn im folgenden von einer qualitativen Eigenschaft schlechthin gesprochen wird, so ist immer eine topologische Eigenschaft gemeint.

Zusammenfassend kann man also festhalten, dass topologisch aequivalente Punktemengen qualitativ gleich sind und topologische Invarianten qualitative Eigenschaften von Punktemengen beschreiben.

BEISPIEL 2.2

Die in Abbildung 2.1 dargestellten Punktemengen $U = \{(x,y) \in R^2 \mid (x-\frac{3}{2})^2+(y-\frac{3}{2})^2 \leq \frac{1}{4}\}$ und $V = \{(u,v) \in R^2 \mid (\frac{2u}{v}-\frac{3}{2})^2+(\frac{v^2}{2u}-\frac{3}{2})^2 \leq \frac{1}{4}\}$ sind differentialtopologisch aequivalent bzw. diffeomorph, denn es gibt einen Diffeomorphismus $f: (R^+)^2 \rightarrow (R^+)^2$, der U auf V abbildet: f(U) = V. f ist dabei folgendermassen definiert: $f(x,y) = (\frac{1}{2}x^2y, xy) = (u,v)$. Dass es sich bei f um einen Diffeomorphismus in $(R^+)^2$ handelt, sieht man daran, dass sowohl f(x,y) wie auch $f^{-1}(u,v) = (\frac{2u}{v}, \frac{v}{2u})$ in $(R^+)^2$ differenzierbar sind. ▲

Anmerkung: Ein Diffeomorphismus von R^n auf sich selbst bewirkt natürlich eine reversible, elastische Verformung der ursprünglichen Koordinaten. Abbildung 2.1 illustriert auch dies. Man spricht deshalb auch von einem umkehrbaren, differenzierbaren Koordinatenwechsel.

Soviel zur topologischen Aequivalenz von Punktemengen. Für die Darstellung der elementaren Katastrophentheorie ist nun eine Konzeption, die mit der topologischen Aequivalenz von Punktemengen eng verwandt ist, von zentraler Bedeutung. Es handelt sich dabei um die topologische Aequivalenz von differenzierbaren Abbildungen bzw. Funktionen. Es gibt in der Differentialtopologie verschiedene Aequivalenzbegriffe für Abbildungen. Der

Abbildung 2.1

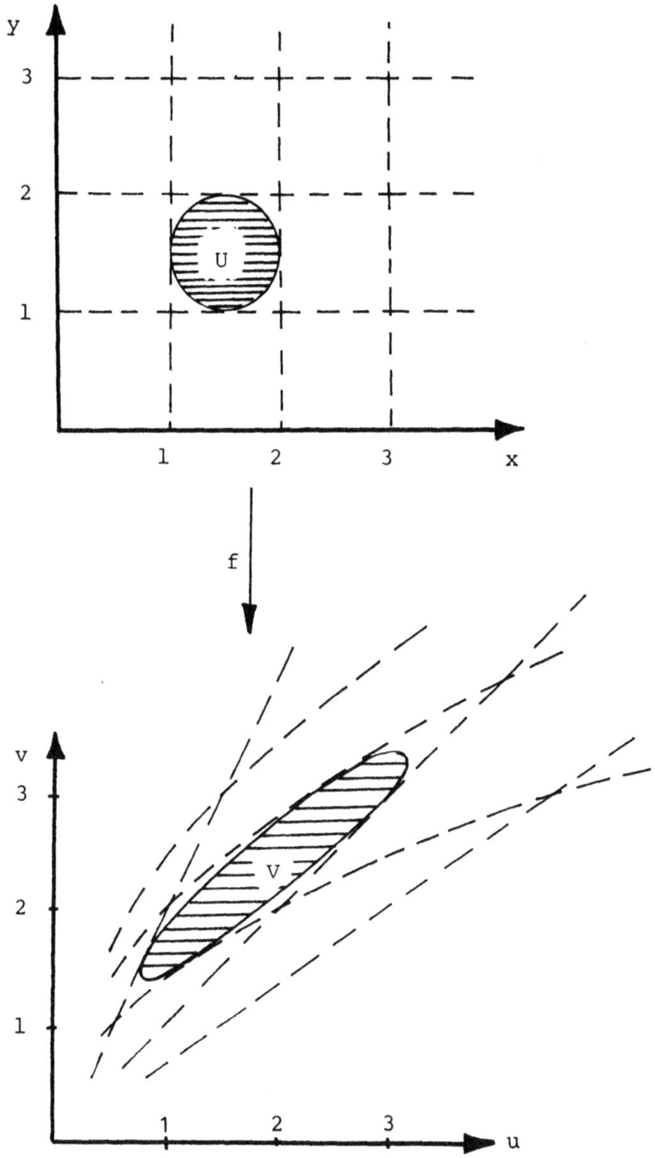

allgemeinste ist der der <u>links-rechts-Aequivalenz</u>. Man bezeichnet zwei differenzierbare Abbildungen f: $R^n \to R^m$ und g: $R^n \to R^m$ als (topologisch) links-rechts-aequivalent, wenn auf dem Definitions- und Wertebereich einer der beiden Abbildungen umkehrbare und differenzierbare Koordinatenwechsel derart vorgenommen werden können, dass nach den Koordinatenwechseln beide Abbildungen übereinstimmen. Das Attribut 'links-rechts' erklärt sich aus der Art und Weise, wie die verschiedenen Abbildungen in der exakten Definition miteinander verknüpft werden.

<u>DEFINITION: topologische links-rechts-Aequivalenz von C^∞-Abbildungen</u>
Es seien f: $R^n \to R^m$ und g: $R^n \to R^m$ C^∞-Abbildungen. f und g heissen (topologisch) links-rechts-aequivalent, wenn es zwei Diffeomorphismen α: $R^n \to R^n$ und β: $R^m \to R^m$ derart gibt, dass $g = \beta \circ f \circ \alpha$ gilt.[14] ▲

Das folgende Beispiel hat zum Ziel, den Begriff der links-rechts-Aequivalenz für den besonders wichtigen Spezialfall m=1, d.h. für Funktionen zu veranschaulichen.

<u>BEISPIEL 2.3</u>
Im ersten Quadranten von Abbildung 2.2 ist eine beliebige differenzierbare Funktion f: R → R dargestellt. Auf dem Definitionsbereich der Funktion f(x) wird in Quadrant II gemäss dem Diffeomorphismus α ein Koordinatenwechsel vorgenommen. Im dritten Quadranten werden diese neuen Koordinaten mit Hilfe des 45°-Strahls auf die Ordinatenachse des vierten Quadranten übertragen. Ordnet man diesen Koordinaten die Funktionswerte von f der entsprechenden ursprünglichen Koordinaten zu, so gelangt man zur Funktion $(f \circ \alpha)(y)$. Im nächsten Quadranten (V) werden durch den Diffeomorphismus β im Wertebereich der Funktion $(f \circ \alpha)(y)$ neue Koordinaten eingeführt. Wiederum werden diese Koordinaten übertragen (Quadrant VI) und den Urbildern der entsprechenden alten Funk-

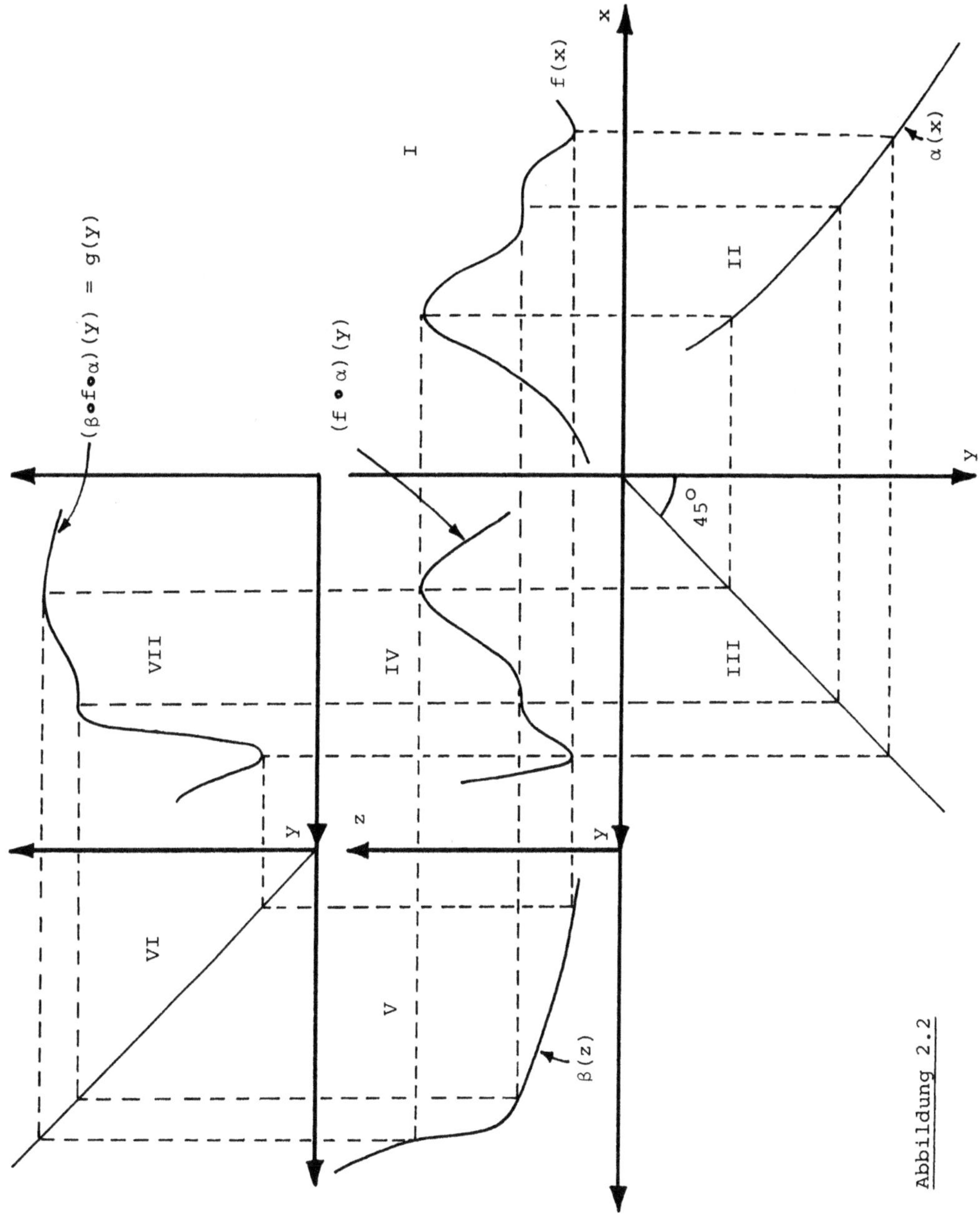

Abbildung 2.2

tionswerte zugeordnet. Im letzten Quadranten (VII) resultiert dann die zu f links-rechts-aequivalente Funktion $(\beta\circ f\circ\alpha)(y) = \beta((f\circ\alpha)(y)) = g(y)$. ▲

Dieses Beispiel macht auf intuitive Weise klar, dass die Konfiguration der Singularitäten bei links-rechts-aequivalenten Funktionen übereinstimmt, denn f und g weisen beide jeweils einen kritischen Wendepunkt und zwei relative Extrema auf. Die Konfiguration der Singularitäten kann demnach als eine topologische bzw. qualitative Eigenschaft einer Funktion bezeichnet werden. Des weitern wird die unterschiedliche Bedeutung der beiden Diffeomorphismen α und β deutlich. Während β nur dazu dient, die kritischen Werte der beiden Funktionen zur Uebereinstimmung zu bringen, bleibt der Rest der benötigten Anpassung dem Diffeomorphismus α überlassen. Diese Asymmetrie wird besonders deutlich, wenn man sich auf eine lokale Betrachtungsweise beschränkt, wenn man also die Uebereinstimmung von f und g nur lokal erzielen will. Bei solchermassen lokal links-rechts-aequivalenten Funktionen lässt sich der Diffeomorphismus $\beta(z)$ immer als eine Funktion von der Form $\beta(z) = \pm z + k$ schreiben. Es gilt also $g(y) = (\beta\circ f\circ\alpha)(y) = \beta((f\circ\alpha)(y)) = \pm(f\circ\alpha)(y) + k$.

BEISPIEL 2.4

In Abbildung 2.3 wird anhand der beiden links-rechts-aequivalenten Funktionen f und g aus Beispiel 2.3 gezeigt, dass in den Umgebungen $U(x_0)$ und $V(y_0)$ die Beziehung $g(y) = (\beta\circ f\circ\alpha)(y)$ auch dann befriedigt werden kann, wenn $\beta(z) = \pm z + k$ gelten muss. Der Diffeomorphismus α und damit auch die Funktion $(f\circ\alpha)(y)$ sind natürlich nicht identisch mit den entsprechenden Funktionen von Abbildung 2.3. ▲

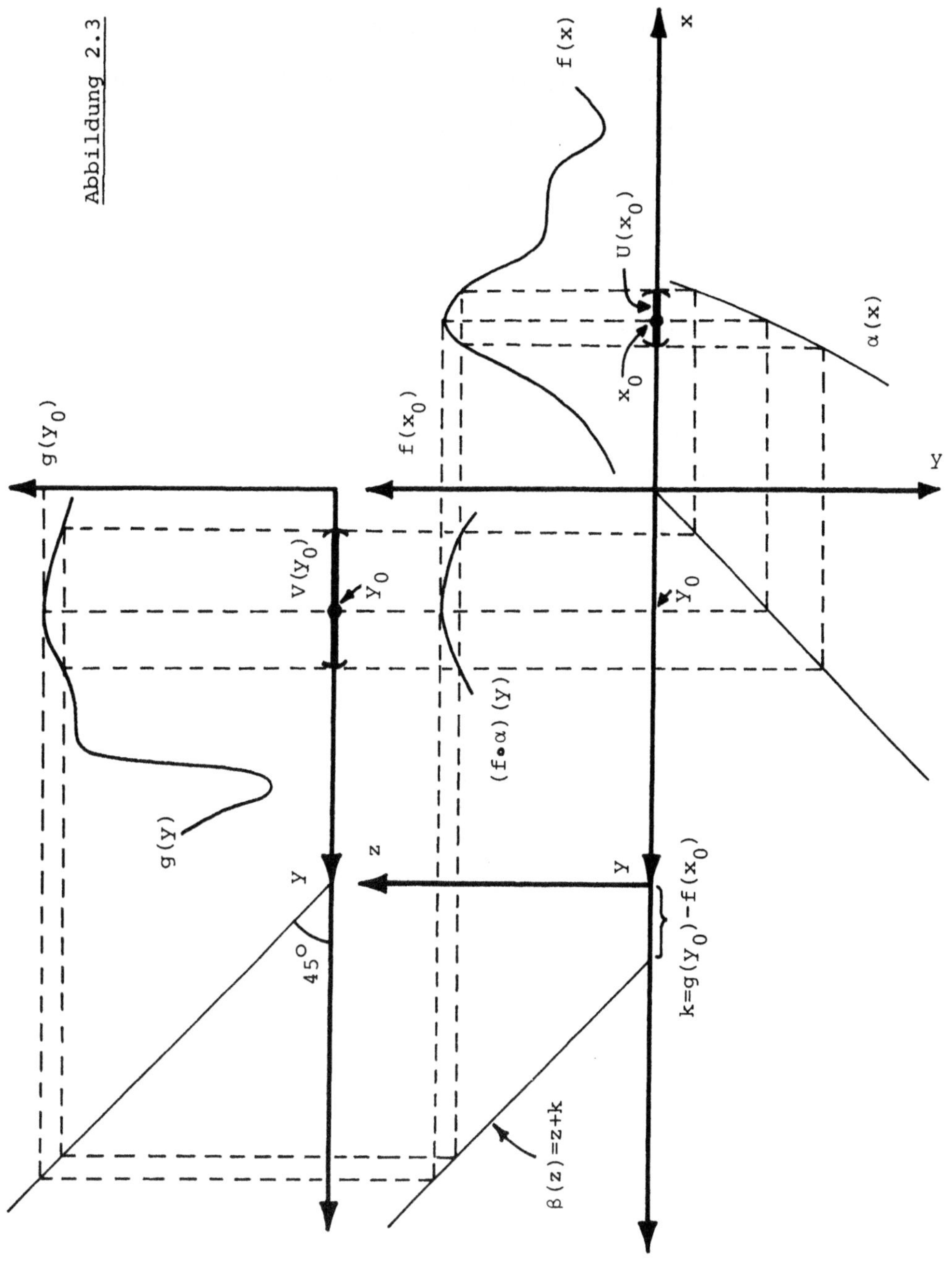

Abbildung 2.3

Die vorangegangenen Ueberlegungen führen unmittelbar zum Begriff der topologischen Rechtsaequivalenz, bei der nur noch ein Koordinatenwechsel im Definitionsbereich von f zugelassen wird, um Uebereinstimmung mit g zu erzielen. Die Transformation $\beta(z) = \pm z + k$ im Wertebereich von f fällt also weg. Dies bewirkt z.B. im Spezialfall m=1, dass relative Maxima und relative Minima - im Gegensatz zur links-rechts-Aequivalenz - nicht mehr aequivalent sind, eine Unterscheidung, die sicher auch bei einer qualitativen Betrachtungsweise berechtigt ist. Eine Unterscheidung nach absoluten Funktionswerten ist hingegen zweifellos nicht sinnvoll. Der Term k soll deshalb auch beim neuen Aequivalenzbegriff beibehalten werden.

In der elementaren Katastrophentheorie wird ausschliesslich der Begriff der Rechtsaequivalenz verwendet. Dies darum, weil lokal argumentiert wird und in diesem Fall der Begriff der Rechtsaequivalenz mit dem allgemeineren der links-rechts-Aequivalenz praktisch übereinstimmt. Topologische Aequivalenz von Abbildungen bedeutet daher im folgenden immer Rechtsaequivalenz. Die präzise Definition sieht folgendermassen aus.

DEFINITION: (topologische) Rechtsaequivalenz von C^∞-Abbildungen
Zwei C^∞-Abbildungen $f: R^n \to R^m$ und $g: R^n \to R^m$ heissen (topologisch) rechtsaequivalent oder einfach aequivalent, wenn es einen Diffeomorphismus $\alpha: R^n \to R^n$ und einen Vektor $k \in R^m$ derart gibt, dass $g = f \circ \alpha + k$ gilt.▲

2.1.3. KEIME, JETS UND DETERMINIERTHEIT

Die Aufgabe der elementaren Katastrophentheorie besteht aus der Sicht der Singularitätstheorie unter anderem darin, die Gestalten, d.h. die qualitativen Eigenschaften von differenzierbaren Abbildungen $f: R^n \to R^m$, lokal zu beschreiben.[15] Gegenstand der Untersuchung sind demnach beliebig kleine Umgebungen $U(\bar{x}) \subset R^n$ bzw. die auf diesen Umgebungen definierten 'Ausschnitte' $f|U(\bar{x})$ von f. Das Verhalten von f ausserhalb von $U(\bar{x})$ ist also irrelevant und man könnte ebenso gut irgendeine von f verschiedene Abbildung betrachten, wenn sie nur auf $U(\bar{x})$ mit f übereinstimmt. Es ist deshalb naheliegend für derartige Abbildungen einen speziellen Begriff zu prägen, einen Begriff, der zudem die verbale Formulierung vereinfacht.

DEFINITION: Keimaequivalenz, Keim
Es seien $f: R^n \to R^m$ und $g: R^n \to R^m$ zwei C^∞-Abbildungen. f und g heissen keimaequivalent an der Stelle $\bar{x} \in R^n$, wenn $\bar{x}$ eine Umgebung $U(\bar{x}) \subset R^n$ aufweist, in der f und g übereinstimmen: $f|U(\bar{x}) = g|U(\bar{x})$. Die der Keimaequivalenz entsprechenden Aequivalenzklassen nennt man Keime von differenzierbaren $(R^n \to R^m)$-Abbildungen an der Stelle $\bar{x}$. Die Menge dieser Keime wird mit $E^\infty_{\bar{x}}(R^n, R^m)$ bezeichnet. $E^\infty_0(R^n, R)$ wird auch mit $E(n)$ abgekürzt. ▲

Der Rest dieses Abschnitts befasst sich ausschliesslich mit Funktionskeimen. Sind zwei differenzierbare $(R^n \to R)$-Funktionen f und g an einer Stelle $\bar{x}$ keimaequivalent, so sind natürlich auch alle ihre partiellen Ableitungen an dieser Stelle identisch. Es ist daher durchaus sinnvoll, anstatt von den Ableitungen eines Repräsentanten eines Funktionskeims von den Ableitungen des Funktionskeims selbst zu sprechen. Da Funktionskeime $f \varepsilon E^{\infty}_{\bar{x}}(R^n,R)$ definitionsgemäss nur auf einer beliebig kleinen Umgebung $U(\bar{x}) \subset R^n$ erklärt sind, kann man sogar sagen, dass neben dem Funktionswert $f(\bar{x})$ die partiellen Ableitungen $(\partial^i f / \partial x_1^{\alpha_1} \partial x_2^{\alpha_2} \ldots \partial x_n^{\alpha_n})(\bar{x})$ $(\alpha_j \varepsilon N,\ \Sigma\alpha_j = i)$ das einzig Greifbare von f darstellen. Es stellt sich daher automatisch die folgende Frage:

Ist es möglich, allein aus den partiellen Ableitungen $(\partial^i f / \partial x_1^{\alpha_1} \ldots \partial x_n^{\alpha_n})(\bar{x})$ eines $E^{\infty}_{\bar{x}}(R^n,R)$-Funktionskeims f, Rückschlüsse auf dessen Gestalt zu ziehen?

Ein wohlbekanntes Theorem in dieser Richtung ist das Theorem von Taylor.

THEOREM 2: Theorem von Taylor

Es sei $f: R^n \supset U \to R$ eine C^{∞}-Funktion. Weiter seien $\bar{x}$ und x Elemente von R^n derart, dass $\bar{x}$ und x in einer konvexen Teilmenge V von U liegen.

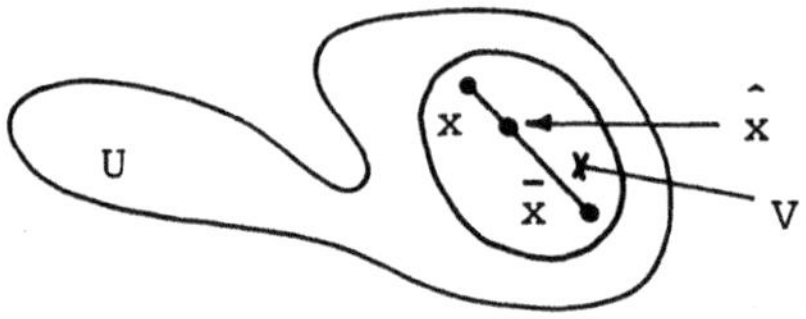

Schreibt man nun die sogenannte Taylor-Entwicklung

$$f(x) = \frac{1}{1!}\sum_{\alpha=1}^{n} \frac{\partial f}{\partial x_\alpha}(\bar{x})\cdot(x_\alpha - \bar{x}_\alpha) + \frac{1}{2!}\sum_{\alpha=1}^{n}\sum_{\beta=1}^{n} \frac{\partial^2 f}{\partial x_\alpha \partial x_\beta}(\bar{x})\cdot(x_\alpha - \bar{x}_\beta)(x_\alpha - \bar{x}_\beta) +$$

$$\ldots + \frac{1}{k!}\underbrace{\sum_{\alpha=1}^{n}\sum_{\beta=1}^{n}\ldots\sum_{\gamma=1}^{n}}_{k} \frac{\partial^k f}{\partial x_\alpha \partial x_\beta \ldots \partial x_\gamma}(\bar{x})\cdot(x_\alpha - \bar{x}_\alpha)\ldots(x_\gamma - \bar{x}_\gamma) +$$

$$f(\bar{x}) + R_k(x),$$

so gilt für das Restglied $R_k(x)$ die Beziehung

$$R_k(x) = \frac{1}{(k+1)!} \sum_{\alpha=1}^{n} \sum_{\beta=1}^{n} \dots \sum_{\gamma=1}^{n} \sum_{\delta=1}^{n} \frac{\partial^{k+1} f}{\partial x_\alpha \partial x_\beta \dots \partial x_\gamma \partial x_\delta}(\hat{x}) \cdot (x_\alpha - \bar{x}_\alpha) \dots (x_\delta - \bar{x}_\delta),$$

mit $\hat{x} = (1-\xi)\bar{x} + \xi x$ und $0 \leq \xi \leq 1$.[16] ▲

Die Taylorentwicklung konvergiert also genau dann gegen den Funktionswert $f(x)$, wenn der Grenzwert $\lim_{k\to\infty} R_k(x)$ verschwindet. Geschieht dies für alle x in einer Umgebung von $\bar{x}$, so nennt man f analytisch an der Stelle $\bar{x}$. Dies bedeutet, dass ein an der Stelle $\bar{x}$ definierter analytischer Funktionskeim f vollständig rekonstruiert werden kann, wenn sowohl der Funktionswert $f(\bar{x})$ wie auch alle partiellen Ableitungen $(\partial^i f/\partial x_1^{\alpha_1} \dots \partial x_n^{\alpha_n})(\bar{x})$ bekannt sind. Dieses Resultat übertrifft natürlich einerseits das angestrebte Ziel, denn eine quantitative Rekonstruktion von f wurde ja gar nicht angestrebt. Andererseits gilt es nur für die sehr speziellen analytischen Funktionskeime und impliziert darüber hinaus die Betrachtung einer unendlichen Reihe, was wegen der damit verbundenen Informationsproblematik immer unangenehm ist.

Man kann natürlich auch für nicht analytische Funktionskeime eine Taylorentwicklung angeben. Die Taylorentwicklungen nicht-analytischer Funktionskeime konvergieren jedoch nicht mehr gegen die jeweiligen Funktionswerte, ja sind überhaupt nicht unbedingt konvergent. Dies ist für eine qualitative Betrachtungsweise aber auch gar nicht erforderlich. Bei dieser Betrachtungsweise drängt sich vielmehr die Frage auf, ob nicht schon der Anfang der Taylorentwicklung genügt, um die Gestalt eines Funktionskeims zu determinieren. Mit Hilfe der beiden folgenden Definitionen lässt sich diese Frage noch konziser formulieren.

DEFINITION: Jet

Es sei f ein Element von $E_{\bar{x}}^{\infty}(R^n,R)$. Der aus den ersten k Termen der Taylorentwicklung von f bestehende $E_{\bar{x}}^{\infty}(R^n,R)$-Funktionskeim $j_{\bar{x}}^k f$ heisst k-Jet von f:

$$j_{\bar{x}}^k f(x) = \frac{1}{1!}\sum_{\alpha=1}^{n}\frac{\partial f}{\partial x_\alpha}(\bar{x})\ (x_\alpha-\bar{x}_\alpha)\ +\dots$$

$$+\frac{1}{k!}\sum_{\alpha=1}^{n}\dots\sum_{\gamma=1}^{n}\frac{\partial^k f}{\partial x_\alpha\dots\partial x_\gamma}(\bar{x})\ (x_\alpha-\bar{x}_\alpha)\dots(x_\gamma-\bar{x}_\gamma).$$ [17] ▲

DEFINITION: determinierter k-Jet, k-determinierter Funktionskeim

Ein an der Stelle $\bar{x}$ definierter k-Jet ψ heisst determiniert, wenn alle $E_{\bar{x}}^{\infty}(R^n,R)$-Funktionskeime, die ψ als k-Jet haben, aequivalent sind. Ein Funktionskeim, dessen k-Jet determiniert ist, wird k-determiniert oder determiniert genannt. ▲

Die oben aufgeworfene Frage lautet nun in der Terminologie dieser beiden Definitionen folgendermassen:

1. Gibt es determinierte k-Jets bzw. k-determinierte Funktionskeime und wenn ja:
2. Gibt es Kriterien, womit man entscheiden kann, ob ein gegebener Funktionskeim determiniert ist oder nicht?

Der mit 'Elemente der Singularitätstheorie' überschriebene zweite Teil dieses Kapitels befasst sich eingehend mit diesen Fragen. Es wird dort unter anderem gezeigt, dass reguläre bzw. nichtdegenerierte, singuläre Funktionskeime 1- bzw. 2-determiniert sind.[18,19] Ebenfalls determiniert sind alle $E_{\bar{x}}^{\infty}(R,R)$-Funktionskeime, die eine nichtverschwindende partielle Ableitung $(d^i f/dx^i)(\bar{x})$ aufweisen.[20] Diese Resultate sind aber nur Spezialfälle eines viel allgemeineren Determiniertheitstests.

THEOREM 3: Determiniertheitstest

Es sei f ein beliebiger E(n)-Keim.[21] Mit Hilfe des folgenden Verfahrens kann die Determiniertheit von f getestet werden.

1. Berechne den Gradienten $\frac{\partial f}{\partial x}(0)$ von f an der Stelle 0:

   $$\frac{\partial f}{\partial x}(0) = \left(\frac{\partial f}{\partial x_1}(0), \frac{\partial f}{\partial x_2}(0), \ldots, \frac{\partial f}{\partial x_n}(0)\right).$$

   Verschwindet $\frac{\partial f}{\partial x}(0)$ nicht, so ist f 1-determiniert.

2. Gilt $\frac{\partial f}{\partial x}(0) = 0$, so berechne die Hessesche Determinante $|H_0^f|$ von f an der Stelle 0. Verschwindet $|H_0^f|$ nicht, so ist f 2-determiniert.

3. Gilt $|H_0^f| = 0$, so setze anfänglich k=3 und berechne die folgendermassen definierten Funktionen f_i $(i=1,\ldots,n)$: $f_i(x_1,x_2,\ldots,x_n) = \partial(j_0^k f)/\partial x_i$. Jede Funktion f_i ist, wie man leicht einsieht, ein Polynom von der Form

   $$\sum_{j=1}^{s} a_j\, x_1^{\alpha_1(i)}\, x_2^{\alpha_2(i)} \cdots x_n^{\alpha_n(i)}$$

   und es gilt $1 \leq \sum_{m=1}^{n} \alpha_m(i) \leq k+1$.

4. Es sei m(x) ein beliebiges Polynom von der Form $x_1^{\alpha_1} \ldots x_n^{\alpha_n}$ mit $\Sigma\alpha_m \geq 2$. Berechne alle möglichen Ausdrücke

   $$P_\ell = {}^{k+1}\overline{f_i(x) \cdot m(x)}.$$

   Der Querbalken bedeutet, dass alle Terme von P_ℓ, deren Grad k+1 übersteigt, weggelassen werden. Die Anzahl der Polynome P_ℓ wird mit N bezeichnet.

5. Wenn alle Polynome m(x) mit $\Sigma\alpha_m = k+1$ als lineare Kombination der Polynome P_ℓ geschrieben werden können,

   $$m(x) = \sum_{\ell=1}^{N} p_\ell P_\ell, \quad p_\ell \in R,$$

   so ist f k-determiniert.*

6. Lässt sich ein Polynom m(x) mit $\Sigma\alpha_m = k+1$ nicht als lineare Kombination der Polynome P_ℓ schreiben, so

wird in Punkt (3) k um eins erhöht und das ganze Verfahren wiederholt.

*<u>Anmerkung</u>: Das kleinste k, für das der Determiniertheitstest erfüllt ist, ist nicht unbedingt das kleinste k für das f k-determiniert ist. Ist der Determiniertheitstest zum ersten Mal für k+1 erfüllt, so ist f aber höchstens k-determiniert. ▲

Dieses Theorem wurde erst in den letzten Jahren (1968-1971) von J.N. MATHER entwickelt. Ein Beweis würde den Rahmen dieser Arbeit sprengen.[22] Die schon erwähnte ausführliche Darstellung von Spezialfällen in Abschnitt 2.2 erscheint jedoch geeignet, die Aussage dieses Theorems glaubhaft zu machen.

<u>BEISPIEL 2.5</u>
Es sei $j_0^3 f = x^2y \pm y^3$ der 3-Jet des E(2)-Funktionskeims f. $j_0^3 f$ ist determiniert. Diese Behauptung soll hier mit Hilfe des Determiniertheitstests bewiesen werden.

1. $(\partial f/\partial x)(0) = 0$, denn $j_0^3 f$ weist keine <u>linearen</u> Terme auf.
2. $|H_0^f| = 0$, denn $j_0^3 f$ weist keine <u>quadratischen</u> Terme auf.
3. $j_0^3 f(x,y) = x^2y \pm y^3$

   $\rightarrow f_1(x,y) = 2xy$ und

   $f_2(x,y) = x^2 \pm 3y^2$
4. $P_1 = \overline{2xy \cdot x^2} = 2x^3y$ $\qquad P_4 = \overline{(x^2 \pm 3y^2)x^2} = x^4 \pm 3x^2y^2$

   $P_2 = \overline{2xy \cdot xy} = 2x^2y^2$ $\qquad P_5 = \overline{(x^2 \pm 3y^2)xy} = x^3y \pm 3xy^3$

   $P_3 = \overline{2xy \cdot y^2} = 2xy^3$ $\qquad P_6 = \overline{(x^2 \pm 3y^2)y^2} = x^2y^2 \pm 3y^4$
5. $x^4 = P_4 \mp (3/2)P_2$ $\qquad xy^3 = (1/2)P_3$

   $x^3y = (1/2)P_1$ $\qquad y^4 = \pm(1/3)P_6 \mp (1/6)P_2$

   $x^2y^2 = (1/2)P_2$

▲

<u>BEISPIEL 2.6</u>
Es sei $j_0^3 f = x^2y$ der 3-Jet des E(2)-Funktionskeims f. $j_0^3 f$ ist nicht determiniert, denn der Determiniertheitstest fällt negativ aus.

1. $(\partial f/\partial x)(0) = 0$

2. $|H_0^f| = 0$

3. $j_0^3 f(x,y) = x^2 y$

$\rightarrow f_1(x,y) = 2xy$ und $f_2(x,y) = x^2$

5. y^5 kann nicht als lineare Kombination der Polynome P_ℓ geschrieben werden, weil sowohl f_1 wie auch f_2 eine x-Komponente enthalten. ▲

2.1.4. ENTFALTUNGEN

Die beiden letzten Abschnitte beschäftigten sich hauptsächlich mit einzelnen Funktionen bzw. Funktionskeimen. In diesem Abschnitt soll nun von ganzen Familien solcher Funktionskeime die Rede sein. Anstatt von Keimfamilien spricht man auch von Entfaltungen.

DEFINITION: Entfaltung, Kodimension, Organisationszentrum
Ein $E^{\infty}_{(\bar{x},0)}(R^n \times R^k, R)$-Keim $F(x,a)$ heisst Entfaltung des $E^{\infty}_{\bar{x}}(R^n, R)$-Keims f, wenn $F(x,0) = f(x)$ gilt. Man schreibt oft $F_a(x) = F(x,a)$ und betrachtet $F_a(x)$ als eine k-Parameter Familie von $E^{\infty}_{\bar{x}}(R^n,R)$-Keimen. k heisst Kodimension der Entfaltung F. Um die Kodimension hervorzuheben wird für F auch die Notation (F,k) verwendet. Der Funktionskeim $F(x,0) = f(x)$ wird Organisationszentrum der Entfaltung $F(x,a)$ genannt. ▲

Der Begriff der topologischen Aequivalenz lässt sich in natürlicher Weise von Funktionskeimen auf Entfaltungen übertragen. Danach bezeichnet man zwei Entfaltungen (F,k) und (G,k) dann als aequivalent, wenn die $F_a(x)$- und $G_b(y)$-Keime von F und G paarweise zueinander aequivalent sind und die entsprechende Zuordnung systematisch erfolgt.

DEFINITION: Aequivalenz von Entfaltungen
Zwei Entfaltungen $F(x,a)$ und $G(y,b)$ heissen aequivalent, $F \sim G$, wenn es einen Diffeomorphismus $e: R^k \to R^k$, eine C^{∞}-Funktion $k: R^k \to R$ und eine durch R^k parametrisierte Diffeomorphismusfamilie $\alpha: R^n \times R^k \to R^n$ derart gibt, dass die Beziehung

$$G_b(y) = (F_{e(b)} \circ \alpha_b)(y) + k(b)$$

für alle $G_b(y)$-Keime befriedigt ist. ▲

Die in der obigen Definition vorgenommene Uebertragung des Aequivalenzbegriffs von Funktionskeimen auf Entfaltungen ist in jeder Beziehung konsequent und zwingend. Trotzdem erscheint die Definition auf den ersten Blick recht komplex. Mit Hilfe des folgenden Zahlenbeispiels soll deshalb versucht werden, die Konzeption der Aequivalenz von Entfaltungen zu veranschaulichen.

<u>BEISPIEL 2.7</u>

Die Abbildungen 2.4(a) bis (f) zeigen die Graphen verschiedener $F_a(x)$- und $G_b(y)$-Funktionskeime der an den Stellen $\bar{x}=0$ und $\bar{y}=\sqrt{3}/3$ definierten Kodimension-1 Entfaltungen

$$F(x,a) = \frac{1}{3}x^3 + ax \text{ und}$$

$$G(y,b) = \frac{1}{4}y^4 - \frac{1}{2}y^2 + (b + \frac{2\sqrt{3}}{9})\,y.$$

Anhand dieser Abbildungen kann nun leicht plausibel gemacht werden, dass F und G aequivalent sind. Ist nämlich b positiv, so weisen die $G_b(y)$-Keime in einer Umgebung von $\bar{y}$ keine singulären Stellen auf. Da es aber bei der Aequivalenz von Funktionskeimen auf die Singularitäten ankommt, ist jeder $G_b(y)$-Keim mit b>0 zu einem $F_a(x)$-Keim mit a>0 aequivalent, denn auch die $F_a(x)$-Keime besitzen bei positivem a in U(0) keine Singularitäten. $G_0(y)$ ist aequivalent zu $F_0(x)$, weil beide Funktionskeime in $U(\bar{y})$ bzw. in U(0) einen kritischen Wendepunkt aufweisen. Schliesslich ist jeder $G_b(y)$-Keim mit b<0 zu genau einem $F_a(x)$-Keim mit a<0 aequivalent. Dies darum, weil sowohl $F_a(x)$ wie auch $G_b(y)$ bei negativen Parameterwerten in U(0,0) bzw. $U(\bar{y},0)$ ein relatives Maximum und ein relatives Minimum besitzen und die Differenz D zwischen den beiden relativen Extremalwerten mit abnehmendem a bzw. b grösser wird. Dies bedeutet aber, dass es zu jedem $G_b(y)$-Keim genau einen $F_a(x)$-Keim gibt, der dieselbe Differenz D auf-

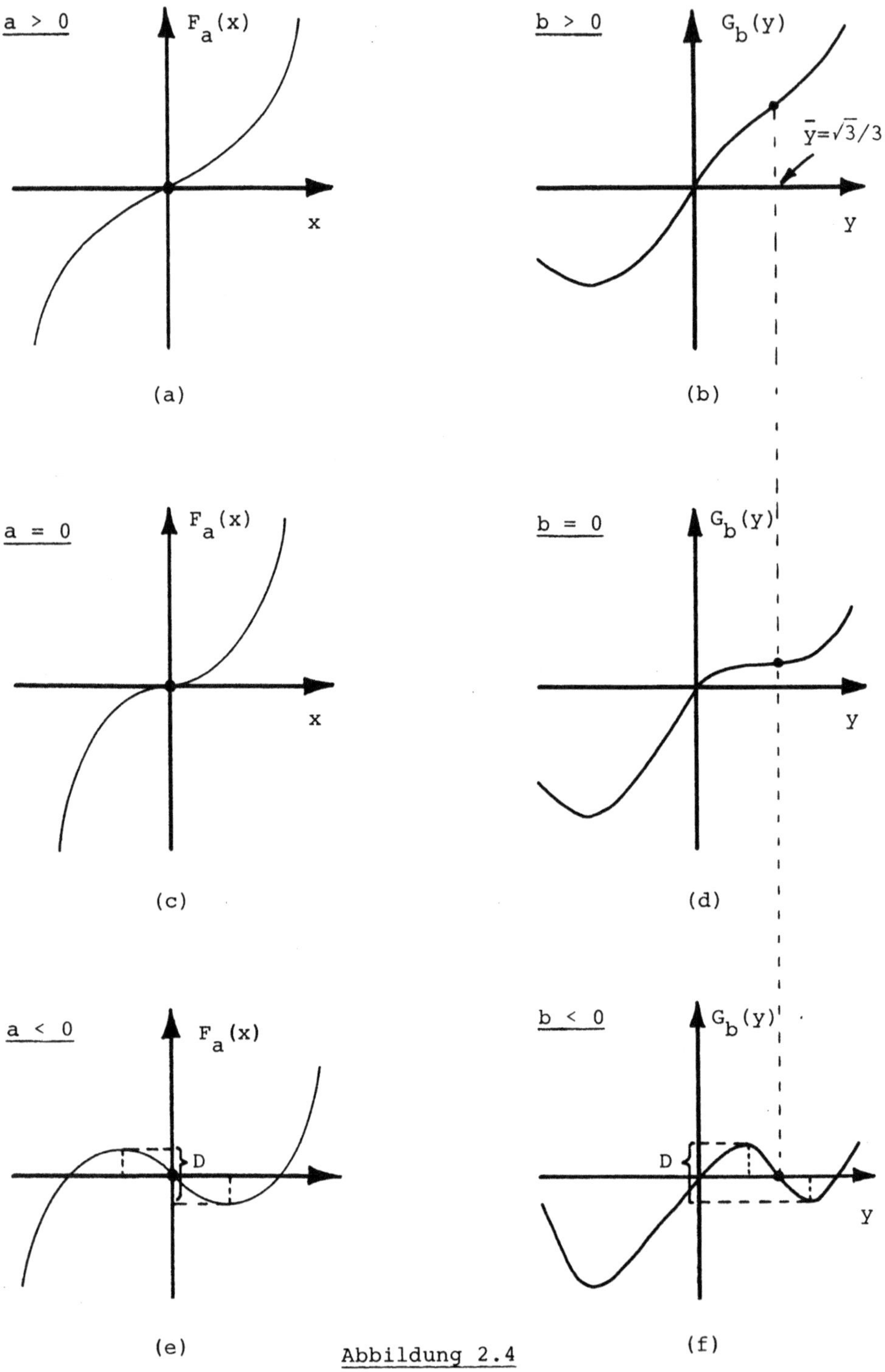

Abbildung 2.4

weist wie $G_b(y)$ und somit zu diesem aequivalent ist. Dass die Abbildungen e, k und α, die dieser Zuordnung entsprechen, Diffeomorphismen darstellen bzw. differenzierbar sind, leuchtet ebenfalls ohne weiteres ein. ▲

Der Umstand, dass bei der Aequivalenz von Entfaltungen die Singularitäten entscheidend sind, führt dazu, dass man sich bei der qualitativen Analyse von Entfaltungen weniger mit den einzelnen Funktionskeimen als mit dem Zusammenhang zwischen singulären Stellen und Parameterkonstellationen befasst. Bei den Entfaltungen F und G von Beispiel 2.7 interessieren also vor allem die Beziehungen

$$\frac{dF}{dx} = x^2 + a = 0 \text{ und}$$

$$\frac{dG}{dy} = y^3 - y + b + \frac{2\sqrt{3}}{9} = 0$$

bzw. die in Abbildung 2.5 dargestellten Punktemengen $M_F = \{(x,a)\varepsilon R^2 \mid dF/dx = 0\}$ und $M_G = \{(y,b)\varepsilon R^2 \mid dG/dy = 0\}$.

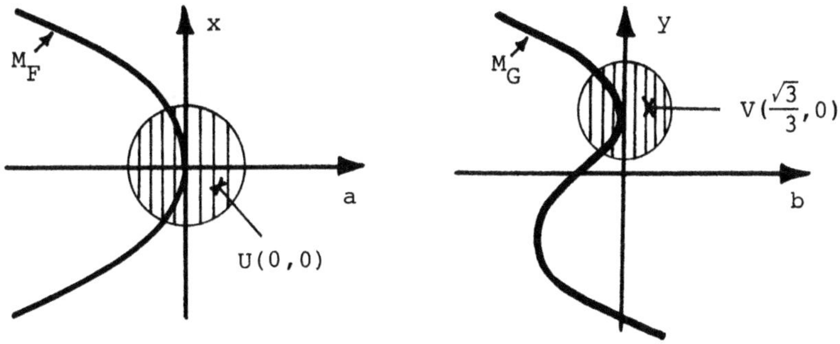

Abbildung 2.5

Abbildung 2.5 macht auf intuitive Weise klar, dass es einen Diffeomorphismus h: $R^2 \to R^2$ gibt, der die Punktemenge M_F in einer Umgebung U(0,0) auf die Punktemenge M_G in einer Umgebung $V(\frac{\sqrt{3}}{3},0)$ derart abbildet, dass Vertikalen der Urbildmenge auf Vertikalen der Bildmenge abgebildet werden. Dabei ist die Einschränkung auf gewisse Umgebungen wesentlich, denn eine globale Aequivalenz der beiden Punktemengen ist in der beschriebenen Art offensichtlich nicht gegeben. Eine genaue Betrachtung der Definition der Aequivalenz von Entfaltungen zeigt, dass dieses Ergebnis allgemeingältig ist. Zu zwei aequivalenten Entfaltungen F und G existiert also immer ein vertikalenerhaltender Diffeomorphismus h, der die Punktemenge $M_F = \{(x,a) \mid dF/dx = 0\}$ auf die Punktemenge $M_G = \{(y,b) \mid dG/dy = 0\}$ abbildet.[23] Im folgenden wird in diesem Zusammenhang auch von strenger Aequivalenz der Punktemengen M_F und M_G gesprochen und $M_F \overset{s}{\sim} M_G$ geschrieben.

Eng mit dem Begriff der Aequivalenz von Entfaltungen verwandt ist der Begriff der induzierten Entfaltung, der einer Abschwächung des Aequivalenzbegriffs gleichkommt. Diese Abschwächung hat zum Ziel, zwei Entfaltungen (F,k) und (G,ℓ) eines beliebigen Funktionskeims f auch dann als qualitativ gleich gelten zu lassen, wenn die Kodimensionen der beiden Entfaltungen nicht übereinstimmen ($k \neq \ell$). Es wird natürlich weiterhin verlangt, dass die F_a- und G_b-Keime einander in gewisser Weise entsprechen.

DEFINITION: induzierte Entfaltung
Es seien (F,k) und (G,ℓ) Entfaltungen desselben Funktionskeims f. (G,ℓ) heisst von (F,k) induziert, wenn im wesentlichen die Bedingungen für die Aequivalenz von (G,ℓ) und (F,k) erfüllt sind, mit der Ausnahme, dass die Abbildung e nicht bijektiv zu sein braucht. ▲

BEISPIEL 2.8
Die Entfaltung $H(z,c,d) = z^3 + cz^2 + dz$ ist von der Entfaltung $F(x,a) = x^3 + ax$ induziert. Dass dem so ist, wird später bewiesen.[24] In diesem Beispiel soll lediglich die

Konzeption der induzierten Entfaltung illustriert werden. Dazu interpretiert man den E(3)-Keim H(z,c,d) nicht wie üblich als 2-Parameter Familie von E(1)-Keimen, $H(z,c,d) = H_{c,d}(z)$, sondern als 1-Parameter Familie von Kodimension-1 Entfaltungen. Es gibt natürlich verschiedenen Möglichkeiten dies zu tun. Eine Möglichkeit ist z.B. $H(z,c,d) = H_c(z,d)$. Aus dieser Zerlegung lässt sich ohne weiteres entnehmen, dass jede Kodimension-1 Entfaltung $H_c(z,d)$ zu F(x,a) aequivalent ist. Dass dem so ist, kann man durch einen paarweisen Vergleich der $H_{\bar{c},d}(z)$- und $F_a(x)$-Keime plausibel machen, so wie dies im Prinzip in Beispiel 2.7 demonstriert wurde. Zum gleichen Ergebnis führt auch eine Analyse der in Abbildung 2.6 dargestellten Punktemengen $M_F = \{(x,a) | dF/dx = 0\}$ und $M_{H_c} = \{(z,c,d) | dH_c/dz = 0\}$. Man sieht nämlich sofort, dass M_F und M_{H_c} für alle c streng aequivalent sind.

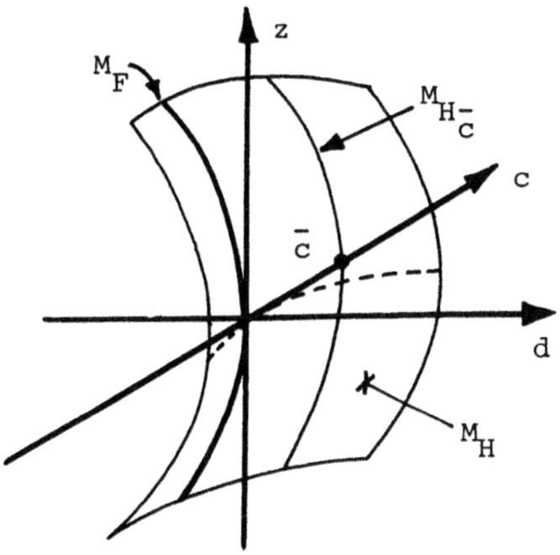

Abbildung 2.6

Eine genaue Betrachtung der Definition der induzierten Entfaltung zeigt nun, dass die von einer Kodimension-k Entfaltung F(x,a) induzierten Kodimension-ℓ Entfaltungen $G(y,\tilde{b})$ immer in eine Familie von Kodimension-k Entfaltungen $G_{\hat{b}}(y,\tilde{b})$ derart zerlegt werden können, dass alle $G_{\hat{b}}(y,\tilde{b})$-Entfaltungen zu F(x,a) aequivalent sind. Dabei wird natürlich die Zerlegung $G_{\hat{b}}(y,\tilde{b})$ im allgemeinen nicht so einfach zu bewerkstelligen sein, wie dies bei H(z,c,d) der Fall war. ▲

Der Begriff der induzierten Entfaltung führt automatisch zur Frage, ob ein bestimmter Funktionskeim f eine Entfaltung besitzt, die alle überhaupt möglichen Keimmuster enthält, die in Entfaltungen von f auftreten können. Präziser formuliert: Gibt es, und wenn ja, wie erkennt man Entfaltungen eines Funktionskeims f, von der alle anderen Entfaltungen von f induziert sind?

DEFINITION: universelle Entfaltung

Eine Entfaltung (F,k) eines $E_{\bar{x}}^{\infty}(R^n,R)$-Keims f heisst universell, wenn alle Entfaltungen des Funktionskeims f von (F,k) induziert sind und k der kleinste Wert ist, für den eine derartige Entfaltung existiert.▲

Die Analogie der obigen Frage zum Problem der Determiniertheit von Jets ist unverkennbar. Die beiden Konzeptionen der Determiniertheit von Jets und der Universalität von Entfaltungen sind denn auch eng verwandt und die Antwort auf die eben aufgeworfene Frage besteht in einem Theorem, das ebenso wie der Determiniertheitstest von J.N. MATHER zwischen 1968 und 1971 entwickelt wurde.[25] Wie beim Determiniertheitstest soll auch hier auf einen Beweis dieses Universalitätstests verzichtet werden.[26]

THEOREM 4: Universalitätstest

Es sei F(x,a) eine Entfaltung eines E(n)-Keims f.[27] Mit dem folgenden Verfahren kann geprüft werden, ob F universell ist.

1. Bestimme mit Hilfe des Determiniertheitstests ein möglichst kleines k, für das f k-determiniert ist.
2. Berechne die Funktionen $f_i(x) = \partial j_{\bar{x}}^k f/\partial x_i$ für $i=1,\dots,n$.
3. Bezeichne diejenigen Terme von $j_0^{k+1}F$, die bezüglich der Parameter a_j linear sind, mit $a_j T_j(x)$ $(1 \leq j \leq r)$.

4. Es sei m(x) ein beliebiges Polynom von der Form $x_1^{\alpha_1}\ldots x_n^{\alpha_n}$ mit $\Sigma\alpha_m \geq 0$. Berechne alle möglichen Ausdrücke

$$J_\ell = \overline{{}^{k}f_i(x)\cdot m(x)}.$$

Der Querbalken über $f_i(x)\, m(x)$ bedeutet, dass alle Terme von J_ℓ, deren Grad k übersteigt, weggelassen werden. Die Anzahl der Polynome J_ℓ wird mit s bezeichnet.

5. F(x,a) ist genau dann eine universelle Entfaltung von f, wenn jeder Ausdruck m(x) mit $1 \leq \Sigma\alpha_m \leq k$ als lineare Kombination

$$\sum_{j=1}^{r} p_j T_j + \sum_{\ell=1}^{s} q_\ell J_\ell \quad ; \; p_j, q_\ell \in R$$

geschrieben werden kann und dabei jedes T_j gebraucht wird. ▲

BEISPIEL 2.9

Behauptung:
$F(x,a_1,a_2,\ldots,a_n) = x^k + \sum_{i=1}^{k-2} a_i x^i$ ist eine universelle Entfaltung des E(n)-Keims $f(x) = x^k$.

Beweis:
1. Das Organisationszentrum $f(x) = x^k$ ist trivialerweise k-determiniert, weil $f(x) = j_0^k f(x) = x^k$ gilt.
2. $j_0^k f(x) = f(x) = x^k \rightarrow f_1(x) = dj_0^k f/dx = kx^{k-1}$
3. $j_0^{k+1} F = F \rightarrow T_1 = x,\ T_2 = x^2, \ldots,\ T_{k-2} = x^{k-2}$
4. $J_1 = \overline{{}^{k}kx^{k-1}x^0} = kx^{k-1},\ J_2 = \overline{{}^{k}kx^{k-1}x^1} = kx^k$
5. $x = T_1,\ x^2 = T_2, \ldots,\ x^{k-2} = T_{k-2},\ x^{k-1} = \frac{1}{k}J_1,\ x^k = \frac{1}{k}J_2$

Da alle T_j $(j=1,\ldots,k-2)$ gebraucht werden, ist die Behauptung richtig. ▲

BEISPIEL 2.10

Behauptung:
$F(x,y,a_1,a_2,a_3) = x^2y \pm y^3 + a_1x + a_2y + a_3x^2$ sind universelle Entfaltungen der E(2)-Keime $f(x,y) = x^2y \pm y^3$.

Beweis:

1. Das Organisationszentrum $f(x,y) = x^2y \pm y^3$ ist trivialerweise 3-determiniert, d.h. es gilt $k=3$.

2. $j_0^3 f(x,y) = f(x,y) = x^2y \pm y^3 \rightarrow f_1 = \partial j_0^3 f/\partial x = 2xy$

   $f_2 = \partial j_0^3 f/\partial y = x^2 \pm 3y^2$

3. $j_0^4 F = F \rightarrow T_1 = x,\ T_2 = y,\ T_3 = x^2$

4. $J_1 = 2xy\ ,\quad J_2 = x^2 \pm 3y^2$

   $J_3 = 2x^2y,\quad J_4 = x^3 \pm 3xy^2$

   $J_5 = 2xy^2,\quad J_6 = x^2y \pm 3y^3$

5. $x = T_1,\ y = T_2$

   $x^2 = T_3,\ xy = (1/2)J_1,\ y^2 = \pm(1/3)J_2 \mp (1/3)T_3$

   $x^3 = \pm J_4 \mp (3/2)J_5,\ x^2y = (1/2)J_3,\ xy^2 = (1/2)J_5,\ y^3 = \pm\frac{1}{3}J_6 \mp \frac{1}{6}J_3$

   Da T_1, T_2 und T_3 gebraucht werden, ist die Behauptung richtig. ▲

2.1.5. MANNIGFALTIGKEITEN, TRANSVERSALITAET UND STRATIFIKATIONEN

Beschränkt man sich auf die Betrachtung euklidischer Räume, so lassen sich die Methoden der Topologie und diejenigen der Analysis natürlich problemlos simultan anwenden. Eine zweite Möglichkeit, Topologie und Analysis gemeinsam zu betreiben, erschliesst sich, wenn man davon ausgeht, dass die Eigenschaften des euklidischen Raums nur lokal zur Definition von Ableitungen gebraucht werden.[28] Dementsprechend definiert man topologische Räume, die diese Eigenschaften eben nur lokal aufweisen. Solche Räume, die lokal aussehen wie ein euklidischer Raum, nennt man Mannigfaltigkeiten.

DEFINITION: Mannigfaltigkeiten
Eine auf einen euklidischen Raum modellierte Mannigfaltigkeit ist ein topologischer Raum S, auf dem eine Familie $\{U_i\}$ von offenen Mengen mit $\cup U_i = S$ derart existiert, dass jede dieser offenen Mengen U_i homöomorph ist zu einer offenen Teilmenge $\bar{U}_i$ von R^n. ▲

BEISPIEL 2.11
Abbildung 2.7 zeigt zwei Mannigfaltigkeiten und eine Punktemenge, die keine Mannigfaltigkeit darstellt.

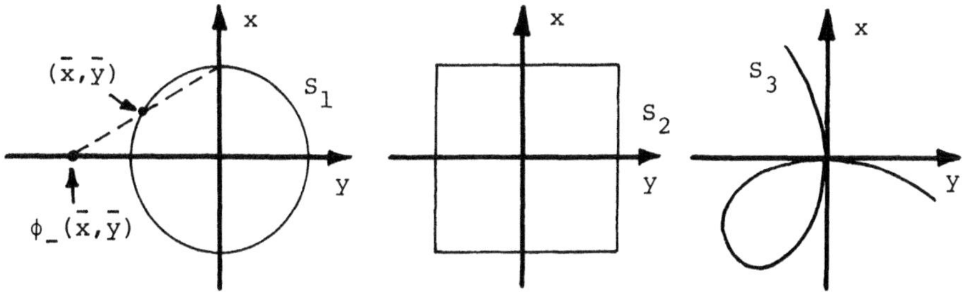

$S_1=\{(x,y) \mid x^2+y^2=1\}$ $S_2=\{(x,y) \mid \sup(|x|, |y|)=1\}$ $S_3=\{(x,y) \mid xy + (x+y)^3=0\}$

Abbildung 2.7

S_1 ist das Standardbeispiel einer Mannigfaltigkeit, denn auf der Tatsache, dass eine Kugel (Kreis) lokal aussieht wie eine Ebene (Gerade), beruht ja z.B. die naive Fehleinschätzung der globalen Gestalt der Erde. Dass S_1 auch der formalen Definition der Mannigfaltigkeit entspricht, sieht man am besten, wenn man die beiden offenen Mengen $U_+ = S_1 \setminus (0,-1)$ und $U_- = S_1 \setminus (0,+1)$ zusammen mit den Homöomorphismen

$$\phi_+ : U_+ \to R \quad \text{mit} \quad \phi_+(x,y) = x/(1+y) \quad \text{und}$$
$$\phi_- : U_- \to R \quad \text{mit} \quad \phi_-(x,y) = x/(1-y)$$

betrachtet.

S_2 ist ebenfalls eine Mannigfaltigkeit, denn S_2 ist homöomorph zu S_1 - z.B. durch eine radiale Projektion von Nullpunkt aus - und eine Zusammensetzung von Homöomorphismen ist natürlich selbst wiederum ein Homöomorphismus. S_3 ist dagegen keine Mannigfaltigkeit, denn die 'Kreuzung' beim Nullpunkt hat kein Aequivalent in einem euklidischen Raum. ▲

Wenn man die beiden Mannigfaltigkeiten S_1 und S_2 miteinander vergleicht, so fällt einem sofort auf, dass S_2 im Gegensatz zu S_1 'Ecken' aufweist. Derartige Ecken verhindern zwar nicht die Anwendung der Differentialrechnung auf Mannigfaltigkeiten, denn sie sind ja aus der Sicht der Mannigfaltigkeiten, d.h. ohne Betrachtung des Raums, in den die Mannigfaltigkeiten eingebettet sind, überhaupt nicht erkennbar. Die Ecken erschweren aber die Einführung der Konzeption der <u>Transversalität</u> ungemein, weil die Definition des Begriffs des <u>Tangentialraums</u>, der für die Konzeption der Transversalität grundlegend ist, nicht mehr intuitiv erfolgen kann.[29] Glücklicherweise werden für die folgende Argumentation aber nur 'Mannigfaltigkeiten ohne Ecken', die sogenannten <u>Untermannigfaltigkeiten euklidischer Räume</u>, benötigt.

DEFINITION: Untermannigfaltigkeiten euklidischer Räume
Eine Teilmenge S von R^n heisst k-dimensionale Untermannigfaltigkeit von R^n, wenn es zu jedem Punkt $x \varepsilon S$ eine Umgebung $U(x) \subset R^n$ und einen Diffeomorphismus $\phi: U(x) \to \bar{U} \subset R^n$ derart gibt, dass $\phi(S \cap U(x)) = \bar{U} \cap R^k$ gilt, wobei R^k als $R^k \times 0$ in $R^k \times R^{n-k} = R^n$ aufgefasst wird. Die Zahl n-k heisst Kodimension der Untermannigfaltigkeit. Man sagt dafür kurz: Die Untermannigfaltigkeit S liegt in R^n lokal wie R^k in R^n. ▲

Diese Definition impliziert offensichtlich, dass k-dimensionale Untermannigfaltigkeiten S von R^n keine 'Ecken' aufweisen, oder, was auf dasselbe hinausläuft, dass bei jedem Punkt $x \varepsilon S$ genau ein k-dimensionaler Tangentialraum $T_x S$ erklärt ist. Abbildung 2.8 möge diese Ueberlegung illustrieren.

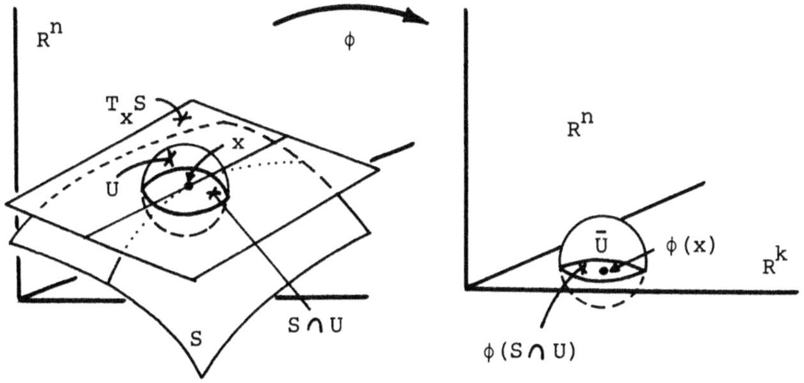

Abbildung 2.8

Mit Hilfe des Begriffs des Tangentialraums kann nun folgende einfache Definition der Transversalität zweier Untermannigfaltigkeiten des euklidischen Raums gegeben werden.

DEFINITION: Transversalität von Untermannigfaltigkeiten von R^n
Zwei Untermannigfaltigkeiten S und Q von R^n mit den Dimensionen s und q verlaufen transversal zueinander, wenn entweder $S \cap Q = \emptyset$ oder aber $\dim(T_x S \cap T_x Q) = s+q-n$ für alle $x \varepsilon S \cap Q$ gilt. Man schreibt dafür auch $S \pitchfork Q$. ▲

Verlaufen zwei Untermannigfaltigkeiten S und Q von R^n transversal zueinander, so sagt man auch S und Q befinden sich in <u>allgemeiner Lage</u>. Diese Ausdrucksweise beschreibt sehr schön die in Abbildung 2.9 illustrierte Idee, die hinter dem formalen Transversalitätsbegriff steckt.

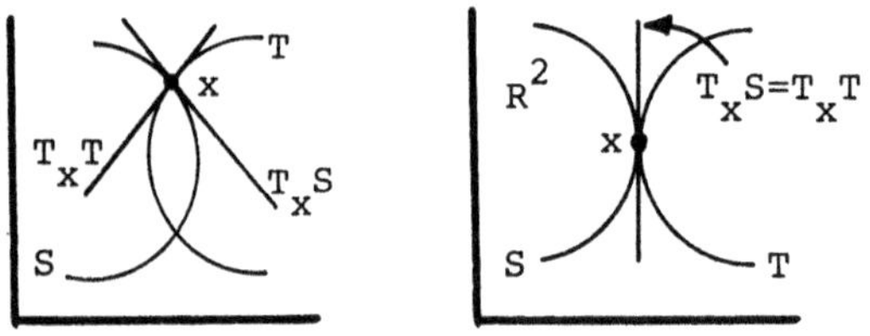

Abbildung 2.9

$\dim(T_xS \cap T_xT) =$ $= 0 = 1+1-2 \to S \pitchfork T$

$\dim(T_xS \cap T_xT) = 1 \neq$ $1+1-2 = 0 \to \neg(T \pitchfork S)$

Das fundamentale Theorem über die Transversalität, das beim Beweis des Klassifikationstheorems in Kapitel 4 verschiedentlich benützt wird, ist das sogenannte <u>elementare Transversalitätstheorem</u>. Diese Theorem beinhaltet eine Rechtfertigung der synonymen Verwendung der Ausdrücke 'transversal' und 'in allgemeiner Lage'. Den Bedürfnissen dieser Arbeit entspricht die folgende, vereinfachte Version.

<u>THEOREM 5: Elementares Transversalitätstheorem</u>
Es sei S eine geschlossene Untermannigfaltigkeit von R^n und W eine Untermannigfaltigkeit von R^m. Die Menge alle C^∞-Abbildungen f: $R^m \to R^n$ bzw. f: $W \to R^n$,[30] deren Graphen zu S transversal verlaufen, ist eine offene und dichte Teilmenge von $\{R^m \xrightarrow{C^\infty} R^n\}$ bzw. $\{W \xrightarrow{C^\infty} R^n\}$.[31] ▲

Wenn in diesem Theorem von einer offenen und dichten Teilmenge von $\{R^m \xrightarrow{C^\infty} R^n\}$ die Rede ist, so wird dabei implizit von einer <u>Topologie</u> auf dieser Menge ausgegangen. Eine geeignete Topologie ist z.B. die sehr anschauliche C^k-Topologie.[32]

<u>DEFINITION: C^k-Topologie</u>
Es seien f und g C^∞-Abbildungen von $U \subset R^m$ auf R^n: $f(x_1,\ldots,x_m) = (f_1(x),\ldots,f_n(x))$ und $g(x_1,\ldots,x_m) = (g_1(x),\ldots,g_n(x))$. Als d(f,g) bezeichnet man die reelle Zahl

$$\sup_{\substack{x \in U \\ 1 \leq i \leq m \\ 1 \leq \Sigma\alpha_\ell \leq k}} \left| \frac{\partial^{\alpha_1+\ldots+\alpha_m} f_i}{\partial x_1^{\alpha_1} \ldots \partial x_m^{\alpha_m}}(x) - \frac{\partial^{\alpha_1+\ldots+\alpha_m} g_i}{\partial x_1^{\alpha_1} \ldots \partial x_m^{\alpha_m}}(x) \right| .$$

Die Topologie auf $\{U \to R^n\}$, die durch die Metrik d induziert wird, heisst C^k-Topologie. ▲

Nach der Definition des Begriffs der Untermannigfaltigkeiten von euklidischen Räumen und der Erörterung der gegenseitigen Lage zweier Untermannigfaltigkeiten von R^n, d.h. der Analyse der Eigenschaften der Transversalität, soll nun gezeigt werden, dass diese Konzeption keine beziehungslose, topologische Konstruktion ist. Es ist vielmehr so, dass Untermannigfaltigkeiten von R^n schon bei elementarmathematischen Problemstellungen in natürlicher Weise auftreten.

Wie schon die bei der Definition der Mannigfaltigkeiten angeführten Beispiele zeigten, bestehen gewisse Beziehungen zwischen den Nullpunktmengen differenzierbarer Funktionen und den Untermannigfaltigkeiten von R^n. Solche Nullpunktmengen können (z.B. $S_1 = \{(x,y) \varepsilon R^2 | f(x,y) = x^2+y^2-1 = 0\}$), müssen aber nicht (n-1)-dimensionalen Untermannigfaltigkeiten von R^2 entsprechen (z.B. $S_3 = \{(x,y) \varepsilon R^2 | f(x,y) = xy+(x+y)^3 = 0\}$). Die Punktemenge S_3 ist zwar keine Untermannigfaltigkeit von R^2, sie kann aber immerhin in vier disjunkte Untermannigfaltigkeiten von R^2 zerlegt werden: $S_3 = M_1 \cup M_2 \cup M_3 \cup M_4$ mit $M_1 = \{(0,0)\}$, $M_2 = \{(x,y) \varepsilon S_3 | x,y<0\}$, $M_3 = \{(x,y) \varepsilon S_3 | x<0, y>0\}$

und $M_4 = \{(x,y) \varepsilon S_3 | \; x>0, \; y<0\}$. Dieser Tatbestand lässt die Vermutung aufkommen, dass die Nullpunktmengen aller differenzierbaren Funktionen eine derartige Zerlegung erlauben. Dass dem wirklich so ist, wurde 1965 von H. WHITNEY bewiesen. Um diesen Sachverhalt in Theorem 6 präzis formulieren zu können,[33] wird in der folgenden Definition die unterstellte Art der Zerlegung genau beschrieben. Ein konkretes Zahlenbeispiel bildet dann den Abschluss dieser ersten Kapitelhälfte.

<u>DEFINITION: Stratifikation</u>
Eine Punktemenge $S \subset R^n$ heisst Stratifikation von R^n, wenn die beiden folgenden Bedingungen erfüllt sind.

1. S lässt sich in endlich viele disjunkte Untermannigfaltigkeiten M_i von R^n zerlegen, die Strata genannt werden.
2. Sind x und y zwei Punkte eines beliebigen Stratums M_i, so gibt es Umgebungen $U(x) \subset R^n$ und $V(y) \subset R^n$ derart, dass die Punktemengen $M_j \cap U(x)$ und $M_j \cap V(y)$ für alle j homöomorph sind. ▲

<u>THEOREM 6</u>
Es seien f_i $(i=1,\dots,s)$ analytische $(R^n \to R)$-Funktionen. Die gemeinsame Nullpunktmenge $S = \{x \varepsilon R^n | \; f_i(x) = 0 \text{ für } i=1,\dots,s\}$ ist eine Stratifikation von R^n. ▲

<u>BEISPIEL 2.12</u>
$f(x,y,z) = z(x^2-y^2)+x^4+y^4$ ist eine analytische $(R^3 \to R)$-Funktion. Nach Theorem 6 muss also die Punktemenge $S = \{(x,y,z) \varepsilon R^3 | f(x,y,z) = 0\}$ eine Stratifikation von R^3 sein. Abbildung 2.10 zeigt, dass dem in der Tat so ist. ▲

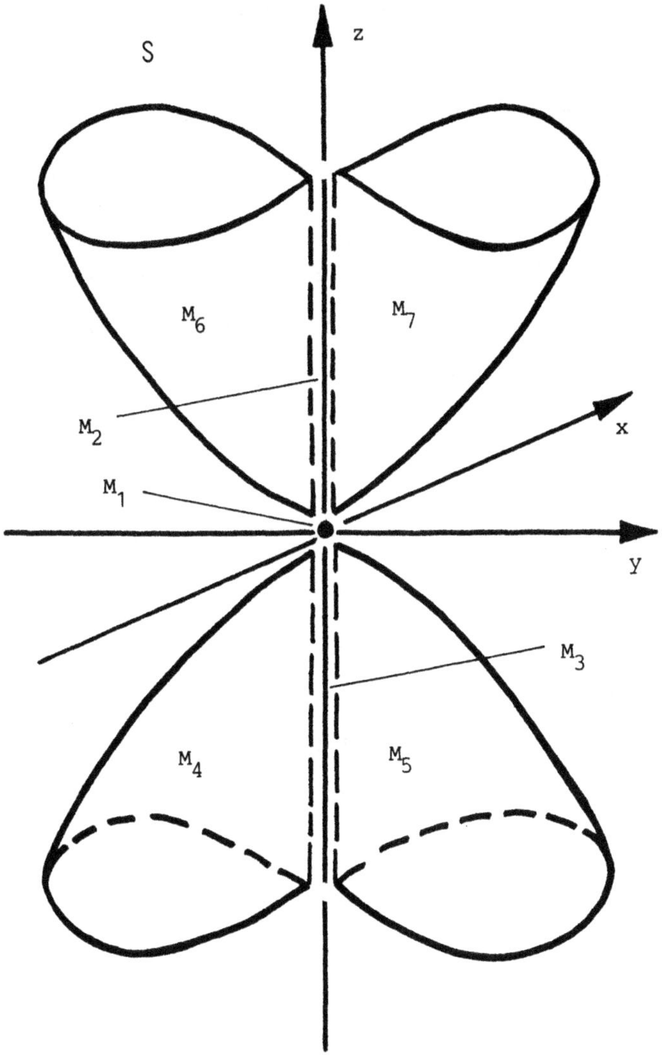

Abbildung 2.10

2.2. ELEMENTE DER SINGULARITAETSTHEORIE

Die folgenden Ueberlegungen beschäftigen sich mit der Analyse der lokalen Gestalt von differenzierbaren Funktionen. Man sagt dabei, zwei Funktionen sehen gleich aus bzw. besitzen dieselbe Gestalt, wenn sie aequivalent sind. Da für die Aequivalenz von Funktionen, wie in Abschnitt 2.1.1 gezeigt wurde, die Singularitäten entscheidend sind, wird dieses Teilgebiet der Differentialtopologie als Singularitätstheorie bezeichnet.

Jede differenzierbare Funktion f: $R^n \to R$ lässt sich in eine Menge von unendlich vielen Funktionskeimen zerlegen, wenn f an jeder Stelle x des Definitionsbereichs als E(n)-Keim $f_x(y) = f(x+y)$ aufgefasst wird. Die zentrale Frage der Singularitätstheorie reduziert sich bei dieser Betrachtungsweise auf die Klassifikation aller E(n)-Keime. Eine ideale Lösung wäre natürlich eine vollständige Zerlegung von E(n) in eine 'überschaubare' Anzahl von Aequivalenzklassen. Eine derartige Zerlegung ist leider nicht möglich. Es liegen jedoch einige Resultate vor, die in diese Richtung gehen.

2.2.1. REGULAERE E(n)-KEIME

Es sei f ein beliebiger E(n)-Keim mit $(\frac{\partial f}{\partial x_1}(0),\ldots,\frac{\partial f}{\partial x_n}(0)) \neq 0$. Derartige Funktionskeime werden regulär genannt. Die 1-Jets $j_0^1 f$ regulärer E(n)-Keime weisen also folgende Gestalt auf: $j_0^1 f(x) = \sum_{i=1}^{n} \frac{\partial f}{\partial x_i}(0)\, x_i \not\equiv 0$. Es ist nun nicht schwer zu zeigen, dass f zu $j_0^1 f$ aequivalent ist. Dies bedeutet, dass jeder reguläre Funktionskeim durch einen umkehrbaren, differenzierbaren Koordinatenwechsel in seine eigene lineare Approximation überführt werden kann. Der formale Beweis argumentiert im wesentlichen mit dem <u>Inversen Funktionentheorem</u>.

<u>THEOREM 7: Inverses Funktionentheorem</u>
Es sei f eine C^∞-Abbildung f: $R^n \supset V \to R^n$ und $\bar{x}$ ein Element der offenen Menge V. Verschwindet die Jacobideterminante $|J^f_{\bar{x}}|$ der Abbildung f an der Stelle $\bar{x}$ nicht, so ist f in einer Umgebung $U(\bar{x})$ von $\bar{x}$ ein Diffeomorphismus.[34] ▲

<u>THEOREM 8</u>
Jeder reguläre E(n)-Funktionskeim f ist zu seinem 1-Jet $j^1_0 f$ aequivalent.

<u>Beweis</u>:

1. Anstatt des Funktionskeims f betrachtet man den folgendermassen definierten Abbildungskeim F: $R^n \supset V \to R^n$: $F(x_1, x_2, \ldots, x_n) = (f(x), x_2, \ldots, x_n)$.

2. Voraussetzungsgemäss gibt es mindestens eine nichtverschwindende partielle Ableitung $(\partial f/\partial x_i)(0)$. O.B.d.A. gelte $(\partial f/\partial x_1)(0) \neq 0$. Die Jacobi Determinante des Abbildungskeims F sieht dann folgendermassen aus:

$$|J^F_0| = \begin{vmatrix} \frac{\partial f}{\partial x_1}(0) & \frac{\partial f}{\partial x_2}(0) & \frac{\partial f}{\partial x_3}(0) \ldots & \frac{\partial f}{\partial x_n}(0) \\ 0 & 1 & 0 \quad \ldots & 0 \\ 0 & 0 & 1 \quad \ldots & 0 \\ \vdots & \vdots & \vdots \quad \ddots & \vdots \\ 0 & 0 & 0 \quad \ldots & 1 \end{vmatrix} .$$

   Durch Entwicklung nach der ersten Zeile erhält man sofort $|J^F_0| = (\partial f/\partial x_1)(0) \neq 0$.

3. Aus dem Inversen Funktionentheorem folgt nun, das F in einer Umgebung $U(0) \subset V$ ein Diffeomorphismus-Keim ist.

4. Die lineare Abbildung DF: $R^n \supset V \to R^n$ mit $DF(x) = (J_0^F)x$ ist natürlich ebenfalls ein Diffeomorphismus, denn es gilt ja $|J_0^{DF}| = |J_0^F| \neq 0$.

5. Die Zusammensetzung zweier Diffeomorphismen ist wiederum ein Diffeomorphismus. Aus den Punkten (3) und (4) folgt demnach, dass der Abbildungskeim $G = DF^{-1} \circ F$ ein Diffeomorphismus ist: $G(x) = (G_1(x),\dots,G_n(x)) = DF^{-1}(F(x))$.

6. Aus der Beziehung $G(x) = DF^{-1}(F(x))$ ergibt sich unmittelbar die Beziehung $F(x) = (f(x),x_2,\dots,x_n) = DF(G(x)) = (J_0^F)G(x) = (\Sigma(\partial f/\partial x_i)(0)\cdot G_i(x),G_2(x),\dots,G_n(x))$. Es gilt also $f(x) = \Sigma(\partial f/\partial x_i)(0)\cdot G_i(x) = j_0^1 f \circ G(x)$, wobei $G(x)$ ein Diffeomorphismus darstellt. Dies bedeutet aber, dass f zu $j_0^1 f$ aequivalent ist. ▲

Theorem 8 lässt sich auch folgendermassen formulieren: Reguläre Funktionskeime sind 1-determiniert. Vergleicht man diese Aussage mit dem Determiniertheitstest, so sieht man sofort, dass sie unmittelbar aus den Punkten (3) bis (5) des Determiniertheitstests hervorgeht. Theorem 8 wurde deshalb als Punkt (1) in den Determiniertheitstest integriert. Wenn der Beweis dieses Satzes hier trotzdem ausgeführt wurde, so deshalb, weil dies dazu beitragen soll, die Aussage des Determiniertheitstests glaubwürdig zu machen.

<u>BEISPIEL 2.13</u>

$f(x)=x^2$ ist ein regulärer $E_1^\infty(R,R)$-Keim, denn $df/dx = 2x$ verschwindet an der Stelle x=1 nicht. Da gemäss Theorem 8 jeder reguläre Funktionskeim zu seinem 1-Jet aequivalent ist, muss $f = j_1^1 f \circ \gamma$ gelten, wobei $\gamma(x)$ für einen Diffeomorphismus in U(1) steht. Dass dem wirklich so ist, lässt sich leicht nachprüfen:

- $j_1^1 f(x) = 2(x-1) = -2+2x$
- $j_1^1 f \circ \gamma = -2+2(\gamma(x)) = f(x) = x^2 \to \gamma(x) = \frac{x^2}{2} + 1$
- $\gamma(x)$ ist in U(1) ein Diffeomorphismus, denn es gilt $\frac{d\gamma}{dx}(1)=1$. ▲

Bisher wurde gezeigt, dass jeder reguläre E(n)-Keim f zu seinem 1-Jet aequivalent ist. Da diese 1-Jets aber von der Form $j_0^1 f(x) = \sum_{i=1}^{n} \lambda_i x_i \not\equiv 0$ sind, kann die Analyse der regulären Funktionskeime mit Hilfe des folgenden einfachen Theorems abgeschlossen werden.

THEOREM 9

Jede nichtkonstante, lineare Funktion h: $R^n \to R$ ist zur Funktion $f(x_1,...,x_n) = x_n$ aequivalent.

Beweis:

Ist σ eine nichtkonstante, lineare Abbildung des endlichdimensionalen Vektorraums V in einen Vektorraum V', so gilt die Beziehung

$$\dim(\text{Ker } \sigma) + \dim(\text{Bild } \sigma) = \dim V.$$

Dies ist ein wohlbekanntes Ergebnis aus der linearen Algebra.[35] Für die Funktion $h(x) = \Sigma\lambda_i x_i + k$ bedeutet dies, dass dim(Ker h) = n-1 gilt. Es sei nun $(\vec{u}_1,...,\vec{u}_{n-1})$ eine Basis des Kerns von h: $h(\vec{u}_1) = ... = h(\vec{u}_{n-1}) = 0$. Diese Basis lässt sich zu einer Basis von R^n erweitern, wenn man einen von den Vektoren $\vec{u}_1$ bis $\vec{u}_{n-1}$ linear unabhängigen Vektoren $\vec{u}_n$ hinzufügt. $h(\vec{u}_n)$ ist natürlich ungleich null und der Betrag von $\vec{u}_n$ kann derart gewählt werden, dass $h(\vec{u}_n) = 1$ gilt. Durch einen linearen Koordinatenwechsel im Definitionsbereich von h erhält diese Funktion also die Gestalt $h(u_1,...,u_n) = u_n$, d.h. es gilt $h \sim f$. ▲

BEISPIEL 2.14

Der Kern der nichtkonstanten, linearen Funktion f: $R^2 \to R$ mit f(x,y) = x+y entspricht der Punktemenge Ker f = $\{(x,y) \in R^2 | f(x,y) = x+y = 0\}$, d.h. der Geraden y=-x. Eine Basis für diesen Raum ist z.B. der Vektor $\vec{u} = (1/2)\vec{x}-(1/2)\vec{y}$. Es gilt natürlich $f(\vec{u}) = f(1/2,-1/2) = 0$. Ein Vektor $\vec{v}$ mit der Eigenschaft $f(\vec{v}) = 1$ ist leicht zu finden. Der Vektor $\vec{v} = (1/2)\vec{x}+(1/2)\vec{y}$ erfüllt z.B. diese Forderung: $f(\vec{v}) = f(1/2, 1/2) = 1$. Der durch die Bestimmungsgleichung der Vektoren $\vec{u}$ und $\vec{v}$ beschriebene lineare Koordinatenwechsel, der eine

Drehung des ursprünglichen Koordinatensystems um 45° im Uhrzeigersinn und eine Streckung der beiden Koordinatenachsen mit dem Faktor $\sqrt{2}/2$ beinhaltet (siehe Abbildung 2.11), bringt die Funktion f in die gewünschte Form:

$$f(u,v) = f(u\cdot\vec{u} + v\cdot\vec{v}) = f(\frac{u}{2}\vec{x} - \frac{u}{2}\vec{y} + \frac{v}{2}\vec{x} + \frac{v}{2}\vec{y}) =$$

$$= f(\frac{u+v}{2}\vec{x} + \frac{v-u}{2}\vec{y}) = f(\frac{u+v}{2},\frac{v-u}{2}) = v. \blacktriangle$$

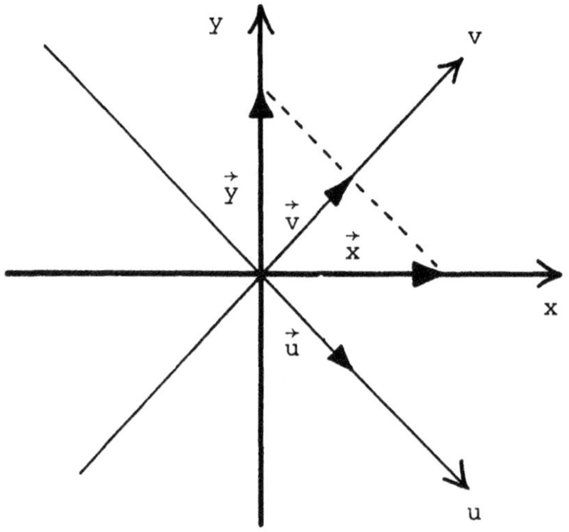

Abbildung 2.11

Zusammenfassend kann man also festhalten, das - vom differentialtoplogischen Standpunkt aus gesehen - alle regulären E(n)-Keime gleich aussehen, nämlich so wie die Funktion $f(x_1,\ldots,x_n) = x_n$. Für den Topologen sind diese Funktionskeime dementsprechend uninteressant. Viel interessanter sind dagegen die singulären E(n)-Keime, mit denen sich der Rest dieses Kapitels beschäftigt.

2.2.2. NICHTDEGENERIERTE, SINGULAERE E(n)-KEIME

Im vorhergehenden Abschnitt wurde gezeigt, dass im Definitionsbereich $U(0) \subset R^n$ jedes E(n)-Keims f ein differenzierbarer Koordinatenwechsel derart vorgenommen werden kann, dass f nach dem Koordinatenwechsel gleich aussieht wie seine lineare Approximation $f(0)+j_0^1 f$ vor dem Koordinatenwechsel, vorausgesetzt, dass $j_0^1 f$ nicht identisch null ist. In den beiden folgenden Abschnitten sollen nun singuläre E(n)-Keime analysiert werden, d.h. E(n)-Keime, deren lineare Approximation $f(0)+j_0^1 f$ konstant ist. Es ist klar, dass unter diesen Umständen $j_0^1 f$ keine interessanten Informationen über die Gestalt von f liefert. Wenn aber die ersten Terme der Taylorentwicklung nicht weiterhelfen, so gelingt dies vielleicht bei Hinzunahme der quadratischen Terme, denn $f(0)+j_0^2 f$ stellt ja schon eine viel bessere Näherungsfunktion für f dar als $f(0)+j_0^1 f$. Ein Theorem 8 entsprechendes Resultat wäre:

$$[\, f \in E(n),\ j_0^1 f \equiv 0,\ j_0^2 f \not\equiv 0 \,] \rightarrow f \sim j_0^2 f.$$

Dies ist leider im allgemeinen falsch. Richtig ist diese Folgerung jedoch für die sogenannten <u>nichtdegenerierten, singulären E(n)-Keime</u>.

<u>DEFINITION: degenerierte und nichtdegenerierte Singularitäten</u>
Eine singuläre Stelle $\bar{x} \in U$ einer differenzierbaren Funktion $f: R^n \supset U \rightarrow R$ heisst degeneriert bzw. nichtdegeneriert, wenn die Hessesche Determinante von f an der Stelle $\bar{x}$ verschwindet bzw. nicht verschwindet. Der duch die Funktion f an der Stelle $\bar{x}$ definierte Funktionskeim heisst degenerierte bzw. nichtdegenerierte Singularität. Man spricht auch von degenerierten und nichtdegenerierten, singulären E(n)-Keimen. ▲

THEOREM 10

Jeder nichtdegenerierte, singuläre E(n)-Funktionskeim f ist zu seinem 2-Jet $j_0^2 f$ aequivalent. ▲

Ebenso wie Theorem 9 ist auch diese Theorem ein Spezialfall der Punkte (3) bis (5) des Determiniertheitstests und wurde deshalb als Punkt (2) in den Determiniertheitstest aufgenommen. Dass Theorem 10 aus den Punkten (3) bis (5) des Determiniertheitstests folgt, kann folgendermassen gezeigt werden.

Der 2-Jet von f ist von der Form $j_0^2 f(x) = (1/2)x^t(H_0^f)x$. Die ersten partiellen Ableitungen des betrachteten Jets wurden im Determiniertheitstest mit f_i bezeichnet. Für den Jet $j_0^2 f$ nehmen diese die folgenden Formen an: $f_i(x) = \frac{\partial j_0^2 f}{\partial x_i}(x) = \sum_{j=1}^{n} \frac{\partial^2 f}{\partial x_j \partial x_i}(0)\ x_j$ $(i=1,\ldots,n)$. Es gilt also $(f_1,\ldots,f_n)^t = (H_0^f)x$ und, da (H_0^f) nach Voraussetzung regulär ist, $x = (H_0^f)^{-1}(f_1,\ldots,f_n)^t$. Bezeichnet man den k-ten Zeilenvektor von $(H_0^f)^{-1}$ mit b_k, so kann man $x_k = b_k(f_1,\ldots,f_n)^t$ schreiben. Es sei nun $m^3(x)$ ein beliebiger Ausdruck von der Form $m^3(x) = x_1^{\alpha_1} x_2^{\alpha_2} \ldots x_n^{\alpha_n}$ mit $\Sigma\alpha_m=3$. O.B.d.A. sei $x_j \neq 0$. Es gilt dann $m^3(x) = m^2(x)x_j$, wobei $m^2(x)$ ein Ausdruck von der Form $m^2(x) = x_1^{\alpha_1} x_2^{\alpha_2} \ldots x_n^{\alpha_n}$ mit $\Sigma\alpha_m=2$ ist. $m^3(x) = m^2(x)x_j$ kann auch als $m^2(x)\ b_j(f_1,\ldots,f_n)^t = \sum_{i=1}^{n} b_{j,i} f_i m^2(x)$ geschrieben werden. Da f_i ein Polynom vom Grad 1 ist, ist $f_i m^2(x)$ ein Polynom vom Grad 3 und es gilt $P_i = \overline{f_i m^2(x)}^{3} = f_i m^2(x)$. Zusammengefasst bedeutet dies, dass jeder Ausdruck $m^3(x)$ als lineare Kombination $\sum_{i=1}^{n} b_{j,i} P_i$ geschrieben werden kann. Der Determiniertheitstest fällt also positiv aus. D.h. $j_0^2 f$ ist determiniert und es gilt $f \sim j_0^2 f$ bzw. Theorem 10.

Theorem 10 kann jedoch auch mit elementaren Mitteln bewiesen werden. Ein einfacher Beweis findet sich z.B. in POSTON/STEWART (1978a).[36] Dies mag dazu beitragen, die Aussage des Determiniertheitstests weiter zu plausibilisieren.

BEISPIEL 2.15

Der E(2)-Keim $f(x,y) = \cos x - xy - 1$ ist singulär, denn die beiden ersten partiellen Ableitungen verschwinden an der Stelle 0: $(\partial f/\partial x)(0) = (-\sin x - y)(0) = (\partial f/\partial y)(0) = (-x)(0) = 0$. Da die Hessesche Determinante an dieser Stelle jedoch ungleich null ist, hat man es mit einer nichtdegenerierten Singularität zu tun.

$$|H_0^f| = \begin{vmatrix} \partial f/\partial x^2 & \partial f/\partial x\partial y \\ \partial f/\partial y\partial x & \partial f/\partial y^2 \end{vmatrix}_0 = \begin{vmatrix} -\cos x & -1 \\ -1 & 0 \end{vmatrix} = -1 \neq 0.$$

Theorem 10 besagt nun, dass f zu seinem 2-Jet $j_0^2 f(x,y) = (-1/2)x^2 - xy$ aequivalent ist. Mit Hilfe des Determiniertheitstests gelangt man zum selben Ergebnis. Dies zeigen die folgenden formalen Ueberlegungen.

$$\begin{bmatrix} f_1 \\ f_2 \end{bmatrix} = \begin{bmatrix} -1 & -1 \\ 0 & -1 \end{bmatrix} \begin{bmatrix} x \\ y \end{bmatrix} \rightarrow \begin{bmatrix} x \\ y \end{bmatrix} = \begin{bmatrix} -1 & +1 \\ 0 & -1 \end{bmatrix} \begin{bmatrix} f_1 \\ f_2 \end{bmatrix}$$

$$x^3 = x^2 x = x^2(-1,+1) \begin{bmatrix} f_1 \\ f_2 \end{bmatrix} = x^2(-1,+1) \begin{bmatrix} -x-y \\ -y \end{bmatrix} =$$

$$=(-1,+1) \begin{bmatrix} -x^3-x^2y \\ -x^2y \end{bmatrix} = (-1,+1) \begin{bmatrix} P_a \\ P_b \end{bmatrix} = x^3+x^2y-x^2y = x^3$$

Die Herleitung der entsprechenden Beziehungen für x^2y, xy^2 und y^3 sei dem Leser überlassen. ▲

Bisher wurde also gezeigt, dass jeder nichtdegenerierte E(n)-Keim f zu seinem 2-Jet $j_0^2 f$ aequivalent ist. Da der der 1-Jet $j_0^1 f$ im Gegensatz zum zu $j_0^2 f$ identisch null ist, weist $j_0^2 f$ folgende Gestalt auf: $j_0^2 f(x) = \sum_{ij}^{n} \lambda_{ij} x_i x_j \neq 0$. Die 2-Jets $j_0^2 f$ sind also quadratische Formen in den Variablen x_1 bis x_n. Ebenso wie in Theorem 9 die 1-Jets, können nun die 2-Jets endlich klassifiziert werden. Allerdings ist die Klassifikation der 2-Jets nicht mehr so trivial, wie die der 1-Jets, wo nur gerade eine Aequivalenzklasse existierte.

THEOREM 11

Jede nichtkonstante, quadratische Form $\Lambda(x) = \sum_{ij}^{n} \lambda_{ij}x_i x_j = x^t\Lambda x$ ist zu einer Funktion von der Form

$$g(x_1,\ldots,x_n) = x_1^2 + x_2^2 + \ldots +x_r^2 - x_{r+1}^2 - \ldots - x_s^2,$$

mit $0 \leq r \leq n$ und $r \leq s \leq n$ aequivalent.

Beweis:

Gibt es ein $\lambda_{ii}\neq 0$ auf der Hauptdiagonalen von Λ, so kann man durch den Koordinatenwechsel $g(x_1,\ldots,x_n)=(y_1,\ldots,y_n)= (x_i,x_2,\ldots,x_{i-1},x_1,x_{i+1},\ldots,x_n)$ erreichen, dass λ_{11} ungleich null wird. Gibt es kein $\lambda_{ii}\neq 0$, so geht man von einem beliebigen $\lambda_{ij}\neq 0$ aus und gelangt mit Hilfe des Koordinatenwechsels $h(x_1,\ldots,x_n)=(y_1,\ldots,y_n)=(x_1,\ldots,x_{i-1},(1/2)(x_i+x_j),x_{i+1},\ldots \ldots,x_{j-1},(1/2)(x_i-x_j),x_{j+1},\ldots,x_n)$ bzw. den daraus abgeleiteten Beziehungen $x_i=y_i+y_j$ und $x_j=y_i-y_j$ zu den $(\lambda_{ij}+\lambda_{ji})x_i x_j$ entsprechenden Termen $(\lambda_{ij}+\lambda_{ji})(y_i+y_j)(y_i-y_j)=(\lambda_{ij}+\lambda_{ji})(y_i^2-y_j^2)$ und das erste Argument kann angewandt werden. Mit anderen Worten: Man kann ohne Beschränkung der Allgemeinheit davon ausgehen, dass $\lambda_{11}\neq 0$ gilt.

$\Lambda(x) = \Sigma\lambda_{ij}x_i x_j$ kann also folgendermassen geschrieben werden:

$$\Lambda(x) = \lambda_{11}(y_1^2+2\sum_{j=2}^{n}\mu_{1j}y_1 y_j+\sum_{i,j\neq 1}^{n}\mu_{ij}y_i y_j).$$

Durch den Koordinatenwechsel $k(y_1,\ldots,y_n)=(z_1,\ldots,z_n)= (y_1+\Sigma\mu_{1j}y_j,y_2,\ldots,y_n)$ und der daraus abgeleiteten Gleichung $y_1=z_1-\Sigma\mu_{1j}z_j$ gelangt man zur Beziehung

$$\Lambda(x) = \lambda_{11}((z_1^2 - 2\sum_{j=2}^{n}\mu_{1j}z_1 z_j + \sum_{i,j\neq 1}^{n}\upsilon_{ij}z_i z_j) + 2(\sum_{j=2}^{n}\mu_{1j}z_1 z_j +$$

$$+ \sum_{i,j\neq 1}^{n} \zeta_{ij} z_i z_j) + \sum_{i,j\neq 1}^{n} \mu_{ij} z_i z_j) = \lambda_{11} z_1^2 + \sum_{i,j\neq 1}^{n} \sigma_{ij} z_i z_j .$$

Dieser Prozess kann so lange wiederholt werden, bis $\Lambda(x)$ die Form $d_1 z_1^2 + \ldots + d_s z_s^2$ annimmt. Der einfache Koordinatenwechsel $u_i = z_i \sqrt{|d_i|}$ für alle z_i, die mit einem $d_i \neq 0$ verknüpft sind und eine Umstellung der Reihenfolge der Koordinaten führt zum angestrebten Ausdruck

$$\Lambda(x) = u_1^2 + u_2^2 + \ldots + u_r^2 - u_{r+1}^2 - \ldots - u_s^2 = g(u).$$

Alle Koordinatenwechsel, die bei der Herleitung dieser Form von $\Lambda(x)$ verwendet wurden, sind linear (!) und somit umkehrbar und differenzierbar. Dies bedeutet aber, dass $\Lambda(x)$ zu $g(x)$ aequivalent ist. ▲

BEISPIEL 2.16

$\Lambda(x_1,x_2,x_3) = 3x_1x_2 + x_1x_2 + 4x_2x_3$

d.h. $\lambda_{11} = \lambda_{22} = \lambda_{33} = 0$, aber $\lambda_{12} = 3 \neq 0$.

$h(x_1,x_2,x_3) = (y_1,y_2,y_3) = ((1/2)(x_1+x_2),(1/2)(x_1-x_2),x_3)$

bzw. $x_1 = y_1+y_2$ und $x_2 = y_1-y_2$, $(x_3=y_3)$

$$\begin{aligned}\Lambda(x_1,x_2,x_3) &= 3(y_1+y_2)(y_1-y_2)+(y_1+y_2)y_3+4(y_1-y_2)y_3 = \\ &= 3y_1^2+5y_1y_3-3y_2^2-3y_2y_3 = 3(y_1^2+2\tfrac{5}{6}y_1y_3-y_2^2-y_2y_3)\end{aligned}$$

$k(y_1,y_2,y_3) = (z_1,z_2,z_3) = (y_1+\frac{5}{6}y_3,y_2,y_3)$ bzw. $y_1=z_1-\frac{5}{6}z_3$

$$\begin{aligned}\Lambda(x_1,x_2,x_3) &= 3((z_1-\tfrac{5}{6}z_3)^2+\tfrac{5}{3}(z_1-\tfrac{5}{6}z_3)z_3-z_2^2-z_2z_3) = \\ &= 3z_1^2 + 3z_2^2 - 3z_2z_3 - \tfrac{25}{12}z_3^2, \text{ etc.} \ldots\end{aligned}$$ ▲

Theorem 10 besagt, dass jeder nichtdegenerierte, singuläre E(n)-Keim f zu seinem 2-Jet aequivalent ist. Aus Theorem 11 folgt weiter, dass $j_0^2 f$ zu einer Funktion von der Form $g(x)=x_1^2+\ldots+x_r^2-\ldots-x_s^2$ aequivalent ist. Fasst man diese beiden Ergebnisse zusammen, so sieht man sofort, dass f ebenfalls zu einer dieser g-Funktionen aequivalent sein muss. Da f voraussetzungsgemäss nichtdegeneriert ist muss natürlich auch die zu f aequivalente kanonische Form nichtdegeneriert sein. Dies ist aber nur dann möglich, wenn s=n gilt, denn nur dann verschwindet die Hessesche Determinante von g nicht.

$$|H_0^g| = \begin{vmatrix} 2 & & & & & & & 0 \\ & \ddots & & & & & & \\ & & 2 & & & & & \\ & & & -2 & & & & \\ & & & & \ddots & & & \\ & & & & & -2 & & \\ & & & & & & 0 & \\ 0 & & & & & & & \ddots \; 0 \end{vmatrix} \begin{matrix} \left.\vphantom{\begin{matrix}1\\1\\1\end{matrix}}\right\} r \\ \left.\vphantom{\begin{matrix}1\\1\\1\end{matrix}}\right\} s-r \\ \left.\vphantom{\begin{matrix}1\\1\end{matrix}}\right\} s \end{matrix}$$

Diese Ueberlegungen sind im folgenden Theorem, das als <u>Morse-Lemma</u> bezeichnet wird, zusammengefasst.

<u>THEOREM 12: Morse-Lemma</u>
Jeder nichtdegenerierte, singuläre Funktionskeim f ist zu genau einer der n+1 kanonischen Formen $g(x) \in E(n)$ mit

$$g(x_1, \ldots, x_n) = x_1^2 + \ldots + x_r^2 - x_{r+1}^2 - \ldots - x_n^2$$

aequivalent. Die natürliche Zahl r wird als <u>Index</u> von $f \sim g$ bezeichnet. ▲

Vom topologischen Standpunkt aus gesehen gibt es also genau n+1 verschiedene nichtdegenerierte, singuläre E(n)-Keime. Für n=1 sind dies <u>Maximum</u> ($g(x)=x^2$) und <u>Minimum</u> ($g(x)=-x^2$), für n=2, Maximum ($g(x,y)=x^2+y^2$), <u>Sattelpunkt</u> ($g(x,y)=x^2-y^2$) und Minimum ($g(x,y)= -x^2-y^2$).

2.2.3. DEGENERIERTE, SINGULAERE E(n)-KEIME

BEISPIEL 2.17

Der E(2)-Funktionskeim $f(x,y) = -\cos x + y^3 + 1$ ist singulär, denn es gilt $(\partial f/\partial x)(0) = (\partial f/\partial y)(0) = 0$ und die Hessesche Determinante $|H_0^f|$ verschwindet:

$$|H_0^f| = \begin{vmatrix} 1 & 0 \\ 0 & 0 \end{vmatrix} = 0.$$

Abbildung 2.12 zeigt den Graphen dieses degenerierten, singulären Funktionskeims. ▲

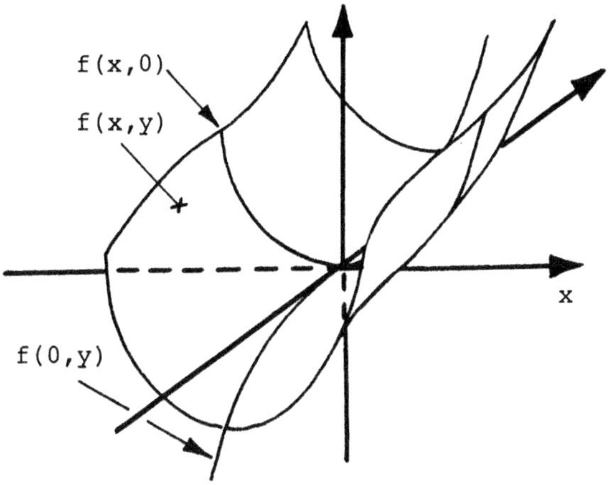

Abbildung 2.12

Im letzten Abschnitt wurde gezeigt, dass ein nichtdegenerierter, singulärer E(n)-Keim aussieht wie eine der Funktionen $g(x) = x_1^2+\ldots+x_r^2-\ldots-x_n^2$. Der Rang bzw. Korang der Hesseschen Matrix H_0^f eines solchen Keims ist gleich n bzw. gleich 0. D.h. die Hessesche Determinante $|H_0^f|$ verschwindet nicht und der Kern der linearen Abbildung $D^2f\colon R^n \to R^n$ mit $D^2f(x) = (H_0^f)x$ besteht lediglich aus dem Nullpunkt.

Ist der Korang der Hesseschen Matrix H_0^f gleich $m \neq 0$, so besteht der Kern von D^2f aus einer m-dimensionalen Hyperebene von R^n. In Beispiel 2.17 entspricht dem Kern von D^2f die Punktemenge

$\{(x,y) \in R^2 | x = 0\}$, d.h. die y-Achse, denn es gilt $\begin{bmatrix}1 & 0\\0 & 0\end{bmatrix}\begin{bmatrix}0\\y\end{bmatrix}=\begin{bmatrix}0\\0\end{bmatrix}$. Betrachtet man nun nur diejenigen Richtungen, die senkrecht zum Kern stehen, im betrachteten Beispiel also die x-Achse, so reduziert sich der Kern der Abbildung D^2f auf den Nullpunkt und der Funktionskeim f kann wenigstens in der x-Koordinate auf die Morse-Normalform gebracht werden: $f(x,0) = -\cos x - 1 \sim +x^2$. In der Richtung des Kerns bleibt ein <u>vollkommen degenerierter</u> E(1)-Keim zurück, ein Funktionskeim $\hat{f}$ also mit $r(H_0^{\hat{f}}) = 0$: $\hat{f}(y) = f(0,y) = y^3$, $r(H_0^{\hat{f}}) = (\partial^2\hat{f}/\partial y^2)(0) = 0$.

Es fragt sich nun natürlich, ob eine derartige Zerlegung eines degenerierten E(n)-Keims f mit $r(H_0^f)=m$ in einen m-dimensionalen Morse-Teil und einen (n-m)-dimensionalen, vollkommen degenerierten Teil immer möglich ist. Dies ist in der Tat der Fall. Das entsprechende Theorem, das in der einschlägigen Literatur als <u>Splitting-Lemma</u> bezeichnet wird, wurde 1969 von D. GROMOLL und W. MEYER bewiesen.[37] Dabei ist erstaunlich, dass der Beweis mit ausschliesslich <u>elementaren</u> Mitteln geführt werden kann.[38]

<u>THEOREM 13: Splitting-Lemma</u>
Es sei f ein degenerierter, singulärer E(n)-Keim. Der Rang der Hesseschen Matrix H_0^f sei gleich m $(0 \leq m \leq n)$. f ist dann zu genau einem E(n)-Keim von der Form

$$f(x) = x_1^2+\ldots+x_p^2-\ldots-x_m^2 + \hat{f}(x_{m+1},\ldots,x_n)$$

aequivalent, wobei $\hat{f} \in E(n-m)$ vollkommen degeneriert ist, d.h. es gilt $r(H_0^{\hat{f}})=0$. ▲

Die bisher in Abschnitt 2.2 hergeleiteten Ergebnisse seien hier kurz zusammengefasst.

1. Ist ein E(n)-Funktionskeim regulär, so ist er zu seinem

1-Jet aequivalent.

2. Die 1-Jets regulärer E(n)-Keime und damit wegen (1) auch die E(n)-Keime selbst, lassen sich endlich klassifizieren (eine Aequivalenzklasse).
3. Ist ein E(n)-Keim singulär, aber nicht degeneriert, so ist er zu seinem 2-Jet aequivalent.
4. Die 2-Jets nichtdegenerierter, singulärer E(n)-Keime und damit wegen (3) auch die nichtdegenerierten E(n)-Keime selbst, lassen sich endlich klassifizieren (n+1 Aequivalenzklassen).
5. Ist ein singulärer E(n)-Keim degeneriert, so ist er zur Summe $\tilde{f} + \hat{f}$ zweier singulärer E(n)-Keime aequivalent, wobei $\tilde{f} \in E(m)$ nichtdegeneriert und $\hat{f} \in E(n-m)$ vollkommen degeneriert ist.

Das Problem der Klassifikation der E(n)-Keime ist also sowohl für Funktionskeime mit nichtkonstantem 1-Jet wie auch für Funktionskeime mit nichtkonstantem 2-Jet gelöst. Im zweiten Fall allerdings nur insofern, als das Problem zumindest teilweise, d.h. bei degenerierten Singularitäten, auf die Klassifikation von Funktionskeimen mit nichtkonstantem Jet höherer Ordnung (≥ 3) zurückgeführt wird, denn der 2-Jet eines vollkommen degenerierten Funktionskeims ist natürlich konstant.

Für die E(1)-Keime bedeutet dies, dass Funktionskeime mit nichtkonstantem 1-Jet bzw. 2-Jet zu x bzw. $\pm x^2$ aequivalent sind. Es liegt nun nahe anzunehmen, dass E(1)-Keime zu $\pm x^k$ aequivalent sind, wenn der k-Jet der erste nichtkonstante Jet ist. Diese Vermutung ist richtig.

THEOREM 14

Ist f ein E(1)-Funktionskeim mit $j_0^{k-1}f \equiv 0$ und $j_0^k f \not\equiv 0$, so ist f zum E(1)-Funktionskeim $g(x) = (\pm 1)^{k+1}x^k$ aequivalent. ▲

Auch das Theorem 14 kann mit elementaren Mitteln bewiesen werden [39] und rechtfertigt daher - zusammen mit den Theoremen 8 und 10 - in gewisser Weise die Anwendung des Determiniertheitstests in Kapitel 4. Dies darum, weil ebenso wie die Theoreme 8 und 10 auch dieses Theorem einen Spezialfall des Determiniertheitstests darstellt. Dass dem so ist, kann man leicht einsehen, wenn man bedenkt, dass die Ableitung f_1 des k-Jets $j_0^k f = ax^k$ $(a \neq 0)$ nach x von der Form akx^{k-1} ist. x^{k+1} kann dann natürlich als $pP = \overline{\frac{1}{ak} f_1 x^2} = \frac{1}{ak}(akx^{k-1}x^2) = x^{k+1}$ geschrieben werden und der Determiniertheitstest fällt positiv aus.

BEISPIEL 2.18

Die ersten vier Jets des E(1)-Keims $f(x) = x^5 - x^6 + 1$ sind identisch null: $j_0^1 f \equiv j_0^2 f \equiv j_0^3 f \equiv j_0^4 f \equiv 0$. Der 5-Jet hingegen ist nicht konstant: $j_0^5 f = x^5$. Theorem 14 besagt nun, dass f zu $j_0^5 f$ aequivalent ist. Es gilt also die Beziehung $f(x) = j_0^5 f(\gamma(x))$, wobei $\gamma(x)$ ein Diffeomorphismuskeim ist. Auch ohne Kenntnis von Theorem 14 könnte dieser Sachverhalt ohne weiteres nachgeprüft werden. Da $x^5 - x^6 = \gamma(x)^5$ gelten muss, ist $\gamma(x) = (x^5 - x^6)^{1/5}$. Dies ist in der Tat ein Diffeomorphismus in einer Umgebung von x=0, denn $d\gamma/dx$ ist für $x \neq 0$ gleich $\frac{1}{5}(x^5 - x^6)^{-4/5}(5x^4 - 6x^5) = (5-6x)/5(1-x)^{4/5}$ und $\lim_{x \to 0} \frac{d\gamma}{dx}(x) = 1$ verschwindet nicht. ▲

Für vollkommen degenerierte E(n)-Keime mit n>1 ist die Klassifikation ungleich schwieriger als es die in Theorem 14 für n=1 zusammengefassten Ergebnisse vielleicht vermuten lassen. Die Komplexität des allgemeinen Falles führt zu einer derartigen

Vielfalt an qualitativ unterschiedlichen Funktionskeimen, dass eine abschliessende, überschaubare Klassifikation nicht mehr möglich ist. Die Ansprüche an die zu entwickelnde Theorie müssen dementsprechend reduziert werden. Dies kann z.B. dadurch geschehen, dass man nicht mehr versucht alle E(n)-Keime f mit $j_0^2 f \equiv 0$ zu klassifizieren, sondern nur noch Funktionskeime, die in typischen k-Parameter Entfaltungen vorkommen.

Zur Lösung dieses weniger anspruchsvollen Problems muss das für Funktionskeime gewonnene Resultat von Theorem 13 auf Entfaltungen übertragen werden.

THEOREM 15: Splitting-Lemma für Entfaltungen
Es sei F(x,a) eine k-Parameter Entfaltung eines $E^{\infty}_{\bar{x}}(R^n,R)$-Keims. Ist der Korang der Hesseschen Matrix

$$H^F_{\bar{x}} = \left[\frac{\partial^2 F}{\partial x_i \partial x_j}\right]_{1 \leq i,j \leq n}$$

an der Stelle $(\bar{x},0)$ gleich m, so ist F zu einer Entfaltung von der Form

$$G(y_1(x,a),\ldots,y_m(x,a),a) + \sum_{i=m+1}^{n} \pm y_i^2$$

aequivalent, wobei der Rang der Hesseschen Matrix H^G_0 an der Stelle $0 \in R^n \times R^k$ verschwindet.[40] ▲

Die Klassifikation der in typischen k-Parameter Entfaltungen vorkommenden degenerierten Funktionskeime ist eine der beiden Hauptfragestellungen der elementaren Katastrophentheorie. Die zweite Hauptfragestellung ist die folgende: Wie sehen die typischen Entfaltungen selbst aus? Mit Hilfe des schon vorweggenommenen Universalitätstests ist diese Frage leicht zu beantworten, wenn die Gestalten der Organisationszentren dieser Entfaltungen bekannt sind. Beide Fragestellungen werden vom sogenannten Klassifikationstheorem von RENE THOM, dem zentralen Theorem der elementaren Katastrophentheorie, beantwortet.

Das Klassifikationstheorem kann also einerseits als wichtiges Resultat der Singularitätstheorie und mithin der reinen Mathematik aufgefasst werden. Andererseits ist das Klassifikationstheorem in der Lage, einen wichtigen Beitrag zur Stabilitätsanalyse dynamischer Systeme zu leisten. Zu zeigen, worin dieser Beitrag besteht, ist Gegenstand des nächsen Kapitels. Um den Bezug zur angewandten Mathematik bzw. zur mathematischen Wirtschaftstheorie besonders hervorzuheben, wird das Klassifikationstheorem dort nicht einfach als punktuelles Resultat der qualitativen Theorie dynamischer Systeme behandelt. Es wird vielmehr gezeigt, welche Stellung das Klassifikationstheorem im Rahmen dieses Theoriegebäudes einnimmt. Dazu werden in aller Kürze einige in diesem Zusammenhang wichtige Ergebnisse der dynamischen Systemtheorie zusammengefasst.

Der Grund dafür, dass das 'Klassifikationstheorem aus der Sicht der Singularitätstheorie' nicht schon an dieser Stelle, sondern erst in Abschnitt 3.4 präsentiert wird, liegt darin, dass für die Charakterisierung der im Klassifikationstheorem betrachteten typischen Entfaltungen, die Konzeption der strukturellen Stabilität benötigt wird. Diese könnte zwar mit den bisher entwickelten Begriffen durchaus beschrieben werden. Die Absicht, die mit der Einführung dieser Konzeption verfolgt wird, bliebe jedoch undurchsichtig. Im Gegensatz zur Singularitätstheorie, drängt sich in der qualitativen Theorie dynamischer Systeme der strukturelle Stabilitätsbegriff geradezu auf. Im nächsten Kapitel wird deshalb nach einer kurzen Einführung in die dynamische Systemtheorie (3.1) und einem Exkurs in die statische und komparativ-statische Systemanalyse (3.2) die Konzeption der strukturellen Stabilität dynamischer Systeme eingehend erläutert (3.3). Diese Definition lässt sich dann in Abschnitt 3.4 leicht auf Entfaltungen übertagen, womit der Darstellung des 'Klassifikationstheorems aus der Sicht der Singularitätstheorie' nichts mehr im Wege steht.

FUSSNOTEN ZU KAPITEL 2

1) Siehe Fussnote 7, Kapitel 1.

2) Siehe L. LEFSCHETZ: Introduction to Topology (Princeton, Princeton University Press, 1949), S. 3.

3) Vgl. dazu z.B. dtv-Atlas zur Mathematik (München, Deutscher Taschenbuchverlag, 1976).

4) Unter dem Pseudonym N. BOURBAKI unternimmt ein französisches Mathematikerteam den Versuch, alle Teilgebiete der Mathematik unter einem einheitlichen, strukturellen Gesichtspunkt axiomatisch aufzubauen. Siehe N. BOURBAKI: Eléments de mathématique (Paris, Hermann, 1939-).

5) Siehe D. HILBERT: Grundlagen der Geometrie (Stuttgart, Teubner, 1956). Erst Veröffentlichung: 1899.

6) Ein Beweis dieses Theorems findet sich z.B. in CHILLINGWORTH (1976), S. 11f.

7) $\mathcal{P}(A)$ bezeichnet die Potenzmenge von A.

8) Man beachte, dass x nicht unbedingt ein Element von W zu sein braucht.

9) Diese Ueberlegung lässt sich präzisieren, wenn man die Mächtigkeit von Q und I betrachtet. Es lässt sich nämlich leicht zeigen, dass I im Gegensatz zu Q nicht abzählbar ist, denn es gilt definitionsgemäss $I=R\setminus Q$ und R ist überabzählbar. Vgl. dazu auch dtv-Atlas zur Mathematik (München, Deutscher Taschenbuchverlag, 1976), S. 34f.

10) Man beachte, dass nur in Spezialfällen von 'f stetig und bijektiv' auf 'f^{-1} stetig' geschlossen werden darf.

11) Differenzierbare Abbildungen setzen nicht unbedingt euklidische Räume voraus. Es genügt eine spezielle Art von metrischen Räumen, die als 'normierte, lineare Räume' bezeichnet werden.

12) Man unterscheidet topologische Eigenschaften der Gestalt und der Lage von Punktemengen, je nachdem ob der Raum, in den die

Punktemengen eingebettet sind, in die Betrachtung mit einbezogen wird oder nicht.

13) Vgl. z.B. D. BERGAMINI: Die Mathematik, LIFE - Wunder der Wissenschaft (TIME-LIFE Verlag, 1963) oder B.H. ARNOLD: Elemente der Toplogie (Göttingen, Vandenhoek & Ruprecht, 1964).

14) Man spricht auch von topologischer links-rechts-Aequivalenz, wenn α und β bloss Homöomorphismen darstellen.

15) Vgl. dazu die Abschnitte 2.2.3 und 3.4.

16) Das Theorem von Taylor wird in jedem fortgeschrittenen Analysislehrbuch bewiesen.

17) Wenn man den k-Jet $j_{\bar{x}}^k f$ als Approximationsfunktion für f in einer Umgebung $U(\bar{x})$ betrachtet, so wird der Funktionswert $f(\bar{x})$ als Bestandteil des k-Jets aufgefasst: $j_{\bar{x}}^k f = f(\bar{x}) + \ldots$

18) Siehe Theorem 8 (Abschnitt 2.2.1) und Theorem 10 (Abschnitt 2.2.2).

19) Die Begriffe 'regulärer Funktionskeim' und 'degenerierter bzw. nichtdegenerierter Funktionskeim' werden ebenfalls in den Abschnitten 2.2.1 und 2.2.2 erläutert.

20) Siehe Theorem 14, Abschnitt 2.2.3.

21) Durch eine Verschiebungstransformation von der Form $y_i = x_i - \bar{x}_i$ kann jeder $E_{\bar{x}}^{\infty}(R^n, R)$-Keim zu einem E(n)-Keim gemacht werden. Der Determiniertheitstest befasst sich deshalb o.B.d.A. nur mit E(n)-Keimen.

22) Der ursprüngliche Beweis findet sich unter anderem in MATHER (1968-1971). Weitere Darstellungen enthalten z.B. BROECKER/LANDER (1975), LU (1976) und ZEEMAN/TROTMAN (1976).

23) Ein Diffeomorphismus h: $R^{n+k} \rightarrow R^{n+k}$ heisst vertikalenerhaltend, wenn es einen Diffeomorphismus h': $R^k \rightarrow R^k$ derart gibt, dass das folgende Diagramm, in dem χ und χ' Projektionen bezeichnen, kommutativ ist.

$$\begin{array}{ccc} R^{n+k} & \xrightarrow{h} & R^{n+k} \\ \downarrow \chi & & \downarrow \chi' \\ R^{k} & \xrightarrow{h'} & R^{k} \end{array}$$

24) Siehe Beispiel 2.9.

25) Vgl. dazu die in Fussnote 21 zitierte Literatur.

26) Einige interessante Ausführungen zum Universalitätstest finden sich in POSTON/STEWART (1978a), Kapitel 8.

27) O.B.d.A. werden hier nur Entfaltungen von E(n)-Keimen analysiert. Vgl. dazu auch Fussnote 21.

28) Eigentlich werden zur Definition von Ableitungen nur die Eigenschaften normierter, linearer Räume benötigt. Siehe dazu auch Fussnote 11.

29) Eine präzise Definition der Konzeption des Tangentialraums enthält z.B. CHILLINGWORTH (1976), Abschnitt 3.4, S. 162-179.

30) Es sei W eine Untermannigfaltigkeit von R^m. Eine Abbildung $f: W \to R^n$ heisst differenzierbar, wenn alle durch die Diffeomorphismen $\phi: W \supset U(x) \to \bar{U} \subset R^n$ definierten lokalen Repräsentanten $f \circ \phi^{-1}$ von f differenzierbar sind.

31) Ein Beweis des elementaren Transversalitätstheorems findet sich z.B. in GOLUBITSKY/GUILLEMIN (1973), S. 56.

32) Für die Menge $\{W \overset{C^\infty}{\hookrightarrow} R^n\}$ kann eine ganz analoge Topologie definiert werden. Das Vorgehen entspricht dabei demjenigen von Fussnote 30.

33) Theorem 6 ist etwas stärker als das ursprüngliche Theorem von H. WHITNEY. Die hier präsentierte Fassung stammt von R. THOM und J.N. MATHER. Siehe dazu LU (1976), S. 133.

34) Ein Beweis des Inversen Funktionentheorems findet sich in jedem fortgeschrittenen Analysislehrbuch.

35) Siehe z.B. R. LINGENBERG: Lineare Algebra, B-I Hochschultaschenbücher, 828 (Mannheim, B-I Wissenschaftsverlag, 1969), S. 59f.

36) Siehe POSTON/STEWART (1978a), S. 54ff.

37) Siehe D. GROMOLL und W. MEYER: "On differentiable functions with isolated critical points", Topology 8, 1969, S. 361-369.

38) Siehe POSTON/STEWART (1978a), S. 61f.

39) Siehe POSTON/STEWART (1978a), S. 57f.

40) Ein Beweis findet sich z.B. in POSTON/STEWART (1978a), S. 95ff.

"In cases where the equilibrium values of our variables can be regarded as the solution of an extremum problem, it is often possible ... to determine unambiguously the values in respect to changes of parameters."

P.A. SAMUELSON*

KAPITEL 3

DIE ELEMENTARE KATASTROPHENTHEORIE AUS DER SICHT DER QUALITATIVEN THEORIE DYNAMISCHER SYSTEME

3.1. BEGRIFF UND LOESUNG DES DYNAMISCHEN SYSTEMS

In der allgemeinen Systemtheorie wird ein System als eine Menge von Elementen definiert, die miteinander in Beziehung stehen.[1] Ist ein Element, oder wie man auch sagt, eine Systemvariable, unabhängig von allen anderen Elementen eines Systems, so bezeichnet man dieses Element als exogene Variable oder als Parameter. Hängt eine Systemvariable dagegen von anderen Systemvariablen ab, so heisst sie endogene Variable.

Die mathematische Wirtschaftstheorie beschäftigt sich im wesentlichen mit Systemen, die sich dadurch auszeichnen, dass die Zustände ihrer Systemvariablen vollständig durch reelle Zahlen beschrieben werden können. Weiter wird davon ausgegangen, dass sich die Beziehungen zwischen den Systemvariablen als differenzierbare Funktionen formulieren lassen.

Nach RAGNAR FRISCH, der in seiner Cassel-Festschrift 1933 den Grundstein zur dynamischen Wirtschaftstheorie legte,[2] bezeichnet man ein System als dynamisch, "... if its behavior over time is determined by functional equations in which 'variables at different points of time' are involved in a 'essential' way."[3,4] Das folgende System von gewöhnlichen, autonomen Differentialgleichungen erster Ordnung erfüllt diese Bedingungen und stellt die gebräuchlichste Art dar, ein <u>dynamisches System</u> bei einer kontinuierlichen Betrachtungsweise formal zu modellieren. Es wird deshalb auch dynamisches System in <u>Normalform</u> genannt.[5]

$$\dot{x}_i = x_i(x_1,\ldots,x_n,a_1,\ldots,a_k),\ i = 1,\ldots,n$$

oder kürzer

$$\dot{x} = X(x,a)$$

Die durch ein derartiges Differentialgleichungssystem charakterisierten dynamischen Systeme sind viel allgemeiner als man auf den ersten Blick vielleicht annehmen könnte. Dies darum, weil mit der Unterstellung von Differentialgleichungen erster Ordnung die Analyse von Differentialgleichungen höherer Ordnung durchaus nicht ausgeschlossen wird, denn mit einem einfachen Trick lassen sich Differentialgleichnungen höherer Ordnung zu einem System von Differentialgleichungen erster Ordnung umformen. Dies sei anhand eines Beispiels demonstriert.

<u>BEISPIEL 3.1</u>

Gegeben sei die Differentialgleichung vierter Ordnung $d^4x/dt^4=f(x,dx/dt,d^2x/dt^2,d^3x/dt^3)$. Mit Hilfe der Definitionen $x_1=x$, $x_2=\dot{x}_1$, $x_3=\dot{x}_2$, $x_4=\dot{x}_3$ und $\dot{x}_4=f(x_1,x_2,x_3,x_4)$ gelangt man zum gewünschten Ergebnis. ▲

Bei gegebener Parameterkonstellation $a \in R^k$ ordnet ein dynamisches System $\dot{x} = X(x,a)$ jedem Punkt x im Zustandsraum R^n der endogenen Variablen des Systems einen Vektor $\dot{x} \in R^n$ zu, $X: R^n \rightarrow R^n$. Man nennt X deshalb auch Vektorfeld auf R^n. Die Menge aller C^∞-Vektorfelder auf R^n wird mit $X(R^n)$ bezeichnet. Jeder einzelne Vektor eines Vektorfelds $X \in X(R^n)$ gleicht, populär ausgedrückt, einem Wegweiser, der vorschreibt, in welche Richtung und wie schnell man zu gehen hat. Es scheint plausibel, dass ein solches Wegweisersystem den Weg eines 'Verkehrsteilnehmers' bei gegebenem Ausgangspunkt genau determiniert. Durch eine Präzisierung dieses Gedankens gelangt man zur Konzeption der Lösungskurve eines dynamischen Systems.

DEFINITION: Lösungskurve eines dynamischen Systems
Im Zeitpunkt t=0 weise ein dynamisches System $X \in X(R^n)$ den Zustand $\bar{x}$ auf. Als Lösungskurve von X basierend auf $\bar{x}$ bezeichnet man eine C^∞-Abbildung $c_{\bar{x}}: R \rightarrow R^n$ mit den Eigenschaften $c_{\bar{x}}(0) = \bar{x}$ und $dc_{\bar{x}}/dt = X(c_{\bar{x}}(t))$. ▲

Die vermutete Existenz und Eindeutigkeit der Lösungskurven garantiert das sogenannte Fundamentaltheorem der gewöhnlichen Differentialgleichungen.

THEOREM 16: Fundamentaltheorem
Zu jedem dynamischen System $X \in X(R^n)$ und jeder Anfangsbedingung $\bar{x}$ gibt es genau eine Lösungskurve $c_{\bar{x}}(t)$.[6] ▲

BEISPIEL 3.2
Das Vektorfeld des dynamischen Systems $\begin{bmatrix}\dot{x}\\ \dot{y}\end{bmatrix} = X\begin{bmatrix}x\\ y\end{bmatrix} = (-x+a, x+y)^t$ ist in Abbildung 3.1 für a=0 graphisch dargestellt. Die Lösung dieses Differentialgleichungssystems besteht aus

den auf den Anfangsbedingungen $(\bar{x},\bar{y})$ basierenden Lösungskurven

$$c_{(\bar{x},\bar{y})}(t) = ((\bar{x}-a)e^{-t}+a, \frac{a-\bar{x}}{2}e^{-t}+\frac{\bar{x}+2\bar{y}+a}{2}e^{t}-a).$$

Die Gesamtheit $\phi((x,y),t) = c_{(x,y)}(t)$ aller Lösungskurven nennt man auch Fluss auf R^n. Es soll hier nicht gezeigt werden, wie man zu dieser Lösung gelangt.[7] Dass es sich tatsächlich um eine Lösung handelt, ist aber leicht einzusehen, denn es gilt

$$\frac{dc}{dt} = (-(\bar{x}-a)e^{-t}, -\frac{a-\bar{x}}{2}e^{-t}+\frac{\bar{x}+2\bar{y}+a}{2}e^{t}) = X(c(t)).$$

In Abbildung 3.2 sind die Graphen, oder wie man auch sagt, die Bahnen verschiedener Lösungskurven für a=0 dargestellt. Wie leicht nachzuprüfen ist, entsprechen die Lösungskurven den Gleichungen

$$y = \frac{a-x}{2} + \frac{(\bar{x}+2\bar{y}+a)(\bar{x}-a)}{2(x-a)} - a.$$

Die Konfiguration aller Bahnen nennt man auch Phasenportrait. ▲

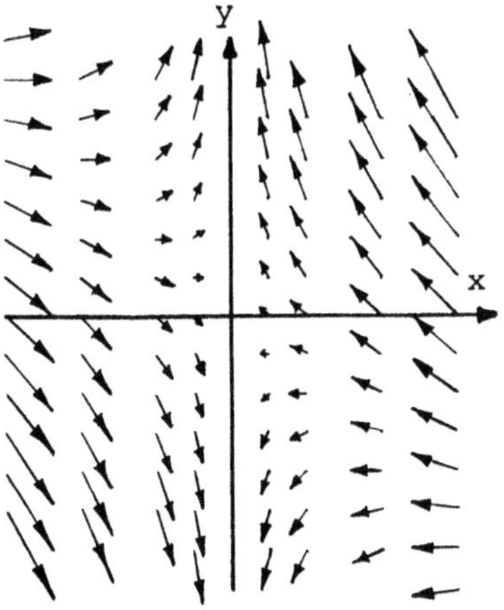

Abb. 3.1

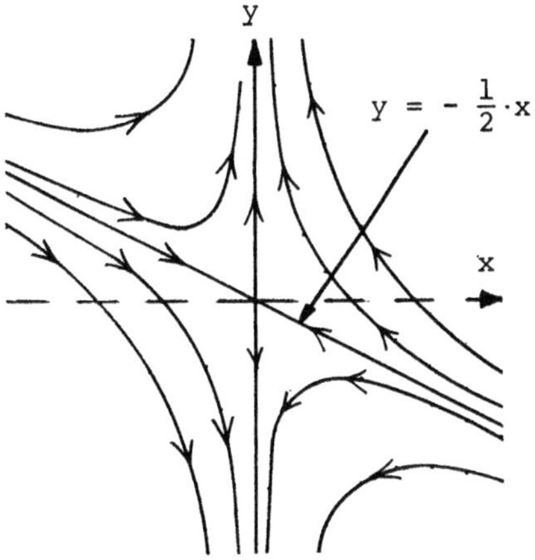

Abb. 3.2

Das Lösen dynamischer Systeme, so wie es im obigen Beispiel demonstriert wurde, setzt natürlich zumindest parametrisch spezifizierte x_i-Funktionen voraus. Diese Voraussetzung ist aber in wirtschaftstheoretischen Untersuchungen regelmässig nicht erfüllt, d.h. die Spezifikation der x_i-Funktionen beschränkt sich meistens auf die Angabe der Vorzeichen der partiellen Ableitungen $\frac{\partial X}{\partial x}$ und $\frac{\partial X}{\partial a}$. Es ist nun aber nicht etwa so, dass in solchen Fällen überhaupt nichts über die Eigenschaften eines Systems ausgesagt werden kann. Die möglichen Aussagen beschränken sich jedoch auf sogenannte <u>qualitative Eigenschaften</u> von dynamischen Systemen. Die Theorie, die sich mit der Analyse dieser Eigenschaften befasst, wird <u>qualitative Theorie dynamischer Systeme genannt</u>.

Bevor in Abschnitt 3.3 eine präzise Definition der qualitativen Eigenschaften dynamischer Systeme geliefert und auf die eigentliche qualitative Theorie dynamischer Systeme eingegangen wird, soll an dieser Stelle ein kurzer Exkurs in die statische und komparativ-statische Systemanalyse eingeschoben werden.

3.2. EXKURS IN DIE STATISCHE UND KOMPARATIV-STATISCHE SYTEMANALYSE

In der wirtschaftstheoretischen Systemanalyse ist der Gleichgewichtsbegriff von zentraler Bedeutung. Man sagt, ein dynamisches System $\dot{x} = X(x,a)$ befinde sich in einem gleichgewichtigen Zustand (x^*,a), wenn x^* das Gleichungssystem $X(x,a) = 0$ befriedigt. Die Untersuchung gleichgewichtiger Systemzustände erfolgt im Rahmen der sogenannten Gleichgewichtsanalyse oder Statik. $X(x,a) = 0$ wird als das zu $\dot{x} = X(x,a)$ korrespondierende statische System bezeichnet. Gleichgewicht ist also im wesentlichen eine dynamische Konzeption. So schreibt z.B. B. HANSEN in seinem 'SURVEY OF GENERAL EQUILIBRIUM SYSTEMS': "... far from belonging to alien and irreconcilable worlds, statics and dynamics are closely related, overlapping branches of economic theory. Statics appears as a special case of dynamics."[8] Ein gleichgewichtiger Systemzustand (x^*,a) zeichnet sich in der dynamischen Betrachtungsweise offenbar dadurch aus, dass er sich im Zeitablauf nicht verändert, denn aus $\dot{x} = X(x^*,a) = 0$ folgt trivialerweise $\phi(x^*,t) \equiv x^*$. Diese Eigenschaft ist es natürlich auch, die die Gleichgewichtszustände einer statischen, d.h. zeitlosen Analyse zugänglich macht.

Es ist offensichtlich, dass eine rein statische Analyse, sieht man einmal von der Untersuchung voll spezifizierter Systeme ab, im operationalen Sinn gehaltlos ist, denn ihre Resultate auferlegen den empirisch beobachtbaren Fakten keine Restriktionen, durch die sie widerlegt werden könnten. P.A. SAMUELSON beschreibt in den FOUNDATIONS OF ECONOMIC ANALYSIS diesen Tatbestand folgendermassen.[9]

> "... (I)n the simplest case of a partial-equilibrium market for a single commodity, the two independent relations of supply and demand, each drawn up with other prices and institutional data being taken as given, determine by their intersection the equilibrium quantities of the unknown price and quantity sold. If no more than this could be said, the economist would be truly vulnerable to the gibe that he is only a parrot taught to say "supply and demand". Simply to know that there are efficacious "laws" determining equilibrium tells us nothing of the character of these laws. In order for the analysis to be useful it must provide information concerning the way in which our equilibrium quantities will change as a result of changes in the parameters taken as independent data."

Die Untersuchung des Einflusses, den eine Parameteränderung auf das Gleichgewichtsverhalten eines Systems ausübt, nennt man <u>komparativ-statische Analyse</u>. Geht man von einer qualitativ-lokalen Betrachtungsweise aus und unterstellt man differenzierbare x_i-Funktionen, so läuft die komparativ-statische Analyse eines Systems, das sich bei einer gegebenen Parameterkonstellation a_0 in einem gleichgewichtigen Zustand (x_0^*, a_0) befindet, auf die Bestimmung der Vorzeichen der nk partiellen Ableitungen $\partial x_i^*/\partial a_j|_{(x_0^*, a_0)}$ $(i=1,\ldots,n;\ j=1,\ldots,k)$ hinaus.[10] Ein analytischer Ausdruck für diese Ableitungen, die auch <u>Multiplikatoren</u> genannt werden, lässt sich mit Hilfe des impliziten Funktionentheorems, der Kettenregel und der Cramerschen Regel leicht ableiten, sofern die Jacobi Determinante $|J^x_{(x_0^*, a_0)}|$ nicht verschwindet.[11] Es gilt

$$\frac{\partial x_i^*}{\partial a_j}\Big|_{(x_0^*,a_0)} = \frac{|J^X_{(x_0^*,a_0)}|_{i,j}}{|J^X_{(x_0^*,a_0)}|}.$$

$|J^X_{(x_0^*,a_0)}|_{i,j}$ symbolisiert dabei diejenige Determinante, die man erhält, wenn in der Jacobi Determinante $|J^X_{(x_0^*,a_0)}|$ die i-te Spalte durch den Spaltenvektor $(-\frac{\partial X}{\partial a_j}|_{(x_0^*,a_0)})$ ersetzt wird. Entsprechend dieser Formel wird jeder Multiplikator durch n(n+1) Ausdrücke determiniert, deren Vorzeichen als bekannt vorausgesetzt werden dürfen. Entwickelt man die beiden Determinanten $|J|$ und $|J|_{i,j}$ vollständig, so gelangt man zu einem Bruch, in dessen Nenner und Zähler jeweils eine Summe von n! Summanden steht. Jeder dieser Summanden besteht aus einem Produkt von n Faktoren mit bekannten Vorzeichen. Unter diesen Umständen kann es sicher nicht erstaunen, dass eine Abschätzung der Vorzeichen der Multiplikatoren, d.h. eine Bestimmung von sign $\frac{\partial x_i^*}{\partial a_j}$ nur ausnahmsweise möglich ist.[12]

Um trotz dieser Schwierigkeiten zu komparativ-statischen Aussagen zu gelangen, wird in der Wirtschaftstheorie übicherweise eine der beiden folgenden Annahmen eingeführt.

Annahme 1: Das dynamische System $\dot{x} = X(x,a)$ maximiert bzw. minimiert eine Funktion $F(x,a)$, deren abhängige Variable als Nutzen, Gewinn, Kosten, etc... interpretiert werden kann.

Annahme 2: Die betrachteten Gleichgewichtszustände des dynamischen Systems $\dot{x} = X(x,a)$ sind dynamisch stabil.

<u>Zu Annahme 1:</u> Ein dynamisches System, das (populär ausgedrückt) eine Funktion minimiert,[13] wird in der Mathematik als ein dynamisches System bezeichnet, dessen Fluss von einer Potentialfunktion geleitet wird. Die präzise Definition sieht folgendermassen aus.

> <u>DEFINITION: von Potentialfunktion geleiteter Fluss</u>
> Ein Fluss ϕ eines Vektorfeldes $X \varepsilon X(R^n)$ wird von einer Potentialfunktion geleitet, wenn es eine C^∞-Funktion $f: R^n \to R$ derart gibt, dass
> (1) die Gleichgewichtszustände von X mit den kritischen Stellen von f übereinstimmen und
> (2) der Ausdruck $df(\phi(x,t))/dt$ für alle nicht gleichgewichtigen Systemzustände x negativ ist. ▲

Als Standardbeispiel für ein dynamisches System, dessen Fluss von einer Potentialfunktion f(x) geleitet wird, dient das sogenannte <u>Gradientensystem</u> $x = \text{grad}_x f = (\frac{\partial f}{\partial x_1}, \ldots, \frac{\partial f}{\partial x_n})$.[14] Diese Klasse von Vektorfeldern nehmen bei der Modellierung von Minimierungsverhalten eine derart dominierende Stellung ein, dass oft beliebige dynamische Systeme, deren Fluss von einer Potentialfunktion geleitet wird, als Gradientensysteme bezeichnet werden.

Da die zu analysierenden Gleichgewichtszustände x* eines dynamischen Systems $\dot{x} = X(x,a)$, dessen Fluss von einer Potentialfunktion F(x,a) geleitet wird, mit den Minimalstellen $\hat{x}$ der Potentialfunktion übereinstimmen, gilt $\frac{\partial x_i^*}{\partial a_j} = \frac{\partial \hat{x}_i}{\partial a_j}$ für alle i und j. Dies bedeutet, dass durch die Einbeziehung von Annahme 1 der oft nicht abschätzbare Ausdruck $\frac{\partial x_i^*}{\partial a_j} = |J^X|_{i,j}/|J^X|$ dem Ausdruck $\frac{\partial \hat{x}_i}{\partial a_j} = |H^F|_{i,j}/|H^F|$ gleichgesetzt werden darf. Die

Beziehung $\frac{\partial \hat{x}_i}{\partial a_j} = |H^F|_{i,j}/|H^F|$ ergibt sich aus den Bedingungen erster Ordnung für ein relatives Minimum von F an der Stelle $\hat{x}$ [15] und ist sicher besser abschätzbar als $|J^X|_{i,j}/|J^X|$, denn die Bedingungen zweiter Ordnung für ein relatives Minimum an der Stelle $\hat{x}$ beziehen sich ja auf die Vorzeichen der Hauptunterdeterminanten von $|H^F|$.[16]

Zu Annahme 2: Bei komparativ-statischen Analysen wird implizit davon ausgegangen, dass die Richtung, in die sich der Gleichgewichtszustand bei einer Parameteränderung bewegt, mit der Richtung übereinstimmt, die der Systemzustand nach der Parameteränderung tatsächlich einschlägt. Dass dies nicht unbedingt der Fall zu sein braucht, lässt sich anhand des in Beispiel 3.2 untersuchten Systems zeigen. Ausgehend von $a_0=1$ und dem dieser Parameterkonstellation entsprechenden Gleichgewichtszustand $(x_0^*, y_0^*) = (1,-1)$, werde a gleich null gesetzt: $a_1=0$. Diese Aenderung bewirkt eine Verschiebung des gleichgewichtigen Systemzustands zum Punkt $(x_1^*, y_1^*) = (0,0)$. Es wäre nun offensichtlich falsch anzunehmen, dass y mit der Zeit gegen den neuen gleichgewichtigen Wert $y_1^*=0$ konvergiert, denn aus dem Phasenportrait in Abbildung 3.2 geht ohne weiteres hervor, dass y immer kleiner wird.

Der Grund für das Versagen des Multiplikators $\frac{\partial y^*}{\partial a}|_{(1,-1)} = -1<0$ [17] als Indikator für die Entwicklung des Systems nach der Parameteränderung liegt offensichtlich darin, dass der Gleichgewichtszustand $(x_1^*, y_1^*) = (0,0)$ nur von den ganz speziellen Ausgangszuständen $(\bar{x},\bar{y}) \in \{(\bar{x},\bar{y})\in R^2 |\ \bar{y} = \frac{1}{2}\bar{x}\}$ aus erreicht werden kann, denn nur für diese Ausgangszustände gilt gilt $\lim_{t\to\infty} c_{(\bar{x},\bar{y})}(t)$

= (0,0). Für die komparativ-statische Analyse optimal wäre natürlich ein Gleichgewichtszustand, zu dem alle Bahnen des Systems hinführen. Einen solchen Gleichgewichtszustand nennt man global dynamisch stabil. Untersucht man in einer komparativ-statischen Analyse jedoch nur marginale Parameteränderungen, so genügt es, wenn alle Bahnen, die von einem Zustand in einer Umgebung des Gleichgewichts ausgehen, zu diesem hinführen. Ein Gleichgewicht mit dieser Eigenschaft bezeichnet man als lokal dynamisch stabil oder einfach als dynamisch stabil.

DEFINITION: dynamische Stabilität
Es sei x^* ein gleichgewichtiger Zustand eines dynamischen Systems $X \varepsilon X(R^n)$. x^* heisst dynamisch stabil, wenn es eine Umgebung $U(x^*)$ derart gibt, dass für alle $x \varepsilon U(x^*)$ die Aussage $\lim_{t \to \infty} \phi(x,t) = x^*$ gilt. ▲

Verallgemeinernd kann also folgendes festgehalten werden: Bei einer lokalen Betrachtungsweise liefert eine komparativ-statische Analyse nur dann relevante Ergebnisse, wenn die betrachteten Gleichgewichtszustände dynamisch stabil sind. Die dynamische Stabilität von Gleichgewichtszuständen kann aber nur im Rahmen einer dynamischen Betrachtung diskutiert werden. P.A. SAMUELSON beschreibt diese Situation folgendermassen:[18]

> "We find ourselves confronted with this paradox: in order for the comparative-statics to yield fruitful results, we must first develop a theory of dynamics." Und in einer Fussnote dazu: "The point made here is not to be confused with the commonplace criticism of comparative-statics that it does not do what it is not aimed to do, namely describe the transition paths between equilibria."

Die Unterstellung dynamisch stabiler Gleichgewichtszustände spielt nun neben der Beurteilung des "Indikatorproblems" noch eine zusätzliche Rolle in der komparativ-statischen Analyse.

Das Problem der Bestimmung der Vorzeichen der Multiplikatoren kann nämlich durch dynamische Stabilitätsüberlegungen ebenfalls entschärft werden. Dies darum, weil in der qualitativen Theorie dynamischer Systeme verschiedene notwendige Bedingungen für die dynamische Stabilität von Gleichgewichtszuständen hergeleitet werden; Bedingungen, die sich direkt auf die Koeffizienten der Jacobi Determinante $|J^X|$ beziehen.[19] Geht man also davon aus, dass die betrachteten Gleichgewichtszustände dynamisch stabil sind, so können die für ein dynamisch stabiles Gleichgewicht notwendigen Bedingungen zur Abschätzung von $\text{sign}\ \frac{\partial x_i^*}{\partial a_j} = \text{sign}\ \frac{|J^X|_{i,j}}{|J^X|}$ herangezogen werden. In vielen Fällen gelingt auf diese Weise eine eindeutige Bestimmung.

Dieser enge Zusammenhang zwischen den dynamischen Stabilitätseigenschaften und der komparativ-statischen Beurteilung von Systemen wird nach P.A. SAMUELSON als Korrespondenzprinzip bezeichnet.[20]

3.3. DYNAMISCHE UND STRUKTURELLE STABILITAET

Die qualitative Theorie dynamischer Systeme beschäftigt sich mit der Analyse der qualitativen Eigenschaften von Vektorfeldern. Als qualitative Eigenschaften von Vektorfeldern kann man dabei, analog zur Definition qualitativer Eigenschaften von Punktemengen oder Abbildungen, diejenigen Eigenschaften bezeichnen, die allein von der topologischen Struktur von Vektorfeldern abhängen, oder anders formuliert, Eigenschaften, die topologich aequivalente Vektorfelder gemein haben. Welche Eigenschaften als aequivalent bezeichnet werden können, hängt also von der Definition der Aequivalenz von Vektorfeldern ab. Zu einer einleuchtenden Definition der Vektorfeldaequivalenz gelangt man, wenn man das von einem Vektorfeld erzeugte Phasenportrait als Punktemenge interpretiert und dementsprechend den Aequivalenzbegriff von Punktemengen auf Vektorfelder überträgt.

> DEFINITION: strenge Aequivalenz von Vektorfeldern
> Zwei $X(R^n)$-Vektorfelder X und Y heissen streng aequivalent, wenn es einen Homöomorphismus $h: R^n \rightarrow R^n$ gibt, der die X-Bahnen auf die Y-Bahnen abbildet und dabei der Sinn der Bahnen erhalten bleibt.[21] ▲

Aus dieser Definition wird unmittelbar klar, dass gleichgewichtige Systemzustände qualitative Eigenschaften von dynamischen Systemen darstellen, denn die auf Gleichgewichtszuständen basierenden Bahnen sind Punkte und Punkte bleiben bei einer topologischen Abbildung erhalten. Da Umgebungen und Richtungen ebenfalls topologischen Invarianten entsprechen, sind auch die dynamischen Stabilitätseigenschaften der Gleichgewichtszustände qualitativer Natur. Weist also ein Vektorfeld X einen dynamisch stabilen Gleichgewichtszustand auf und ist X streng aequivalent zu Y, so muss Y ebenfalls einen dynamisch stabilen Gleichgewichtszustand aufweisen. Dies bedeutet aber nicht, dass Vektorfelder in der Umgebung dynamisch stabiler Gleichgewichtszustände streng aequivalent sein müssen. Die qualitative Analyse erlaubt eine differenziertere Betrachtung. So sind z.B. die beiden in Abbildung 3.3 durch ihre Phasenportraits dargestellten Vektorfelder qualitativ verschieden, obwohl beide Vektorfelder genau einen dynamisch stabilen Gleichgewichtszustand aufweisen.

Abb. 3.3

Die qualitative Theorie dynamischer Systeme setzt sich unter anderem zum Ziel, alle möglichen Gestalten von Vektorfeldern in der Umgebung von Gleichgewichtszuständen zu klassifizieren, genau so wie die Singularitätstheorie alle möglichen Gestalten von Funktionen in der Umgebung von singulären Stellen zu klassifizieren versucht. Ueberraschenderweise gelten ganz analoge Theoreme. So hat z.B. P. HARTMAN 1963 (!) gezeigt, dass im allgemeinen ein $X(R^n)$-Vektorfeld zu seiner <u>Linearisierung</u> $\dot{x} = J^X \cdot x$ lokal streng aequivalent ist. Dies entspricht offensichtlich Theorem 10. Weiter lassen sich analog zu Theorem 11 die linearen dynamischen Systeme $(x,y) = A\cdot(x,y)^t$ endlich klassifizieren. Es gilt also so etwas wie ein 'Morse-Lemma für dynamische Systeme'.

<u>THEOREM 17: HARTMAN's theorem</u>

Weist die Jacobimatrix $J^X_{x^*}$ des $X(R^n)$-Vektorfeldes $\dot{x}=X(x)$ keine rein imaginären oder verschwindende Eigenwerte auf, so ist das Vektorfeld X in einer Umgebung des Gleichgewichtszustands x* zu seiner Linearisation $\dot{x}=J^X_{x^*}\cdot x$ streng aequivalent.[22] ▲

<u>THEOREM 18</u>

Es sei A eine reelle 2×2-Matrix, deren Eigenwerte nicht rein imaginär sind und nicht verschwinden. Die Menge der linearen dynamischen Systeme von der Form $\dot{x} = Ax$ lässt sich dann in genau fünf Aequivalenzklassen zerlegen, nämlich in die dynamisch stabilen bzw. instabilen Knotenpunkte, die dynamisch stabilen bzw. instabilen Strudelpunkte und die Sattelpunkte.[23] ▲

Die Frage nach den dynamischen Stabilitätseigenschaften der Gleichgewichtszustände beliebiger dynamischer Systeme reduziert sich im Licht von Theorem 17 im allgemeinen auf die Frage nach der dynamischen Stabilität der linearen Differentialgleichungssysteme $\dot{x} = Ax$. Die quantitative Analyse dieser speziellen Vektorfelder ist aber relativ einfach, d.h. es können sowohl allgemeine Lösungsansätze wie auch notwendige und hinreichende Bedingungen für die dynamische Stabilität des Gleichgewichtszustands $x^* = 0$ hergeleitet werden.[24]
Zusammenfassend kann man also feststellen, dass die (<u>lokalen</u>) dynamischen Stabilitätseigenschaften dynamischer Systeme

$\dot{x} = X(x,a)$ weitgehend erforscht sind. Ueber das *globale* Verhalten dynamischer Systeme lässt sich allerdings weit weniger aussagen als über das lokale Verhalten.[25]

Sowohl die Analyse der dynamischen Stabilität im speziellen wie auch die dynamische Analyse im allgemeinen betrachten die *Beschaffenheit* von dynamischen Systemen, genau so wie die Gleichgewichtsanalyse die Beschaffenheit von statischen Systemen untersucht. Demgegenüber fragt sich die komparativ-statische Analyse, inwiefern sich die Beschaffenheit eines statischen Systems ändert, wenn die Struktur des Systems gestört wird. Ganz analog kann nun natürlich auch bei der dynamischen Analyse das Augenmerk auf die durch eine Störung der Systemstruktur induzierte *Aenderung der Systembeschaffenheit* gelenkt werden. Die zentrale Fragestellung bei einer qualitativen Betrachtungsweise im Rahmen dieser sogenannten *komparativ-dynamischen Analyse* lautet dann: Aendert sich bei einer geringfügigen Störung der *Struktur* eines dynamischen Systems die Gestalt des Phasenportraits? Wenn diese Frage verneint werden kann, so sagt man das dynamische System sei *strukturell stabil*.

> *DEFINITION: strukturelle Stabilität von Vektorfeldern*
> Ein Vektorfeld $X \varepsilon X(R^n)$ heisst strukturell stabil, wenn es eine Umgebung $U(X)$ in der C^k-Topologie von $X(R^n) = \{C^\infty \ni f: R^n \to R^n\}$ gibt, die nur zu X (streng) aequivalente Vektorfelder enthält. ▲

Mit der folgenden Zusammenfassung der besprochenen Analyseformen von Systemen soll hervorgehoben werden, dass der für die Entwicklung der folgenden Ueberlegungen grundlegende Begriff der strukturellen Stabilität von dynamischen Systemen in natürlicher Weise auftaucht, wenn die Idee der komparativ-statischen Analyse von der statischen auf die dynamische Betrachtungsweise von Systemen übertragen wird.

Analyseobjekt / Betrachtungsweise	Zustand der Systembeschaffenheit	Aenderung der Systembeschaffenheit
statisch	Gleichgewichtsanalyse	komparativ-statische Analyse
dynamisch (allgemein)	dynamische Analyse	komparativ-dynamische Analyse
dynamisch (qualitativ)	Analyse der dynamischen Stabilität bzw. Instabilität	Analyse der strukturellen Stabilität bzw. Instabilität

Obwohl P.A. SAMUELSON der komparativ-statischen Analyse und seinem Korrespondenzprinzip wahrscheinlich mehr vertraute als seine Nachfolger,[26] war er sich der Beschränktheit dieser Analysemethode durchaus bewusst und hat deswegen in den Schlussfolgerungen seiner 'FOUNDATIONS OF ECONOMIC ANALYSIS' die komparativ-dynamische Analyse propagiert:[27]

> "The further development of analytical economics along the lines of comparative dynamics must rest with the future. It is to be hoped that it will aid in the attack upon diverse problems - from the trivial behavior of a single small commodity, to the fluctuations of important components of the business cycle, and even to the majestic problems of economic development."

Was die qualitative Theorie anbelangt, d.h. die Analyse der strukturellen Stabilität, so sind diese Ideen erst etwa zwanzig Jahre später aufgenommen worden, nachdem die reine Mathematik begonnen hat, sich mit diesen Problemen zu beschäftigen. Es haben sich dabei zwei Forschungsrichtungen herausgebildet. Die eine beschäftigt sich mit den strukturell stabilen, die andere mit den strukturell instabilen dynamischen Systemen.

Die Analyse der strukturellen Stabilitätseigenschaften dynamischer Systeme wurde in den sechziger Jahren von M.M. PEIXOTO und S. SMALE initiiert. Zentral ist dabei die Frage unter welchen Bedingungen dynamische Systeme strukturell stabil sind, oder etwas weniger weit gehend, unter welchen Bedingungen strukturelle Stabilität eine <u>generische Eigenschaft</u> von dynamischen Systemen darstellt. Zu diesen Fragestellungen sind in der Zwischenzeit verschiedene interessante Ergebnisse erzielt worden.[28] Es würde jedoch zu weit führen, hier darauf einzugehen, denn nicht die Analyse der strukturellen Stabilität, sondern vielmehr die Analyse der strukturellen Instabilität dynamischer Systeme ist das Anliegen dieser Arbeit.

3.4. STRUKTURELLE INSTABILITAET: KATASTROPHENTHEORIE

Die Menge $X(R^n)$ der differenzierbaren dynamischen Systeme $X: R^n \rightarrow R^n$ lässt sich in die beiden disjunkten Teilmengen S und Σ der strukturell stabilen und der strukturell instabilen Systeme zerlegen: $X(R^n) = S \cup \Sigma$. Die Menge Σ der strukturell instabilen Systeme, die auch Abzweigungsmenge genannt wird, ist der geometrische Ort aller Punkte in $X(R^n)$ bei denen das Phasenportrait eines dynamischen Systems X seine Gestalt ändert, wenn X sich im Raum $X(R^n)$ bewegt. Eine Aenderung der Gestalt des Phasenportraits bezeichnet man auch als Abzweigung oder in der Terminologie von R. THOM eben auch als Katastrophe. Die in der von R. THOM begründeten Analyse der Abzweigungsmenge erzielten Resultate werden unter dem Begriff 'Katastrophentheorie' zusammengefasst. Obwohl die Analyse der Abzweigungsmengen ganz allgemeiner dynamischer Systeme schon zu einigen interessanten Ergebnissen geführt hat,[29] kann die sogenannte allgemeine Katastrophentheorie als noch weitgehend unerforschtes Gebiet betrachtet werden.

Im Gegensatz zur allgemeinen Katastrophentheorie befasst sich die elementare Katastrophentheorie nur mit dynamischen Systemen, deren Fluss von einer Potentialfunktion geleitet wird. Abbildung 3.4 zeigt, welchen Platz die elementare Katastrophentheorie damit innerhalb der ökonomischen Analysemethoden einnimmt.[30]

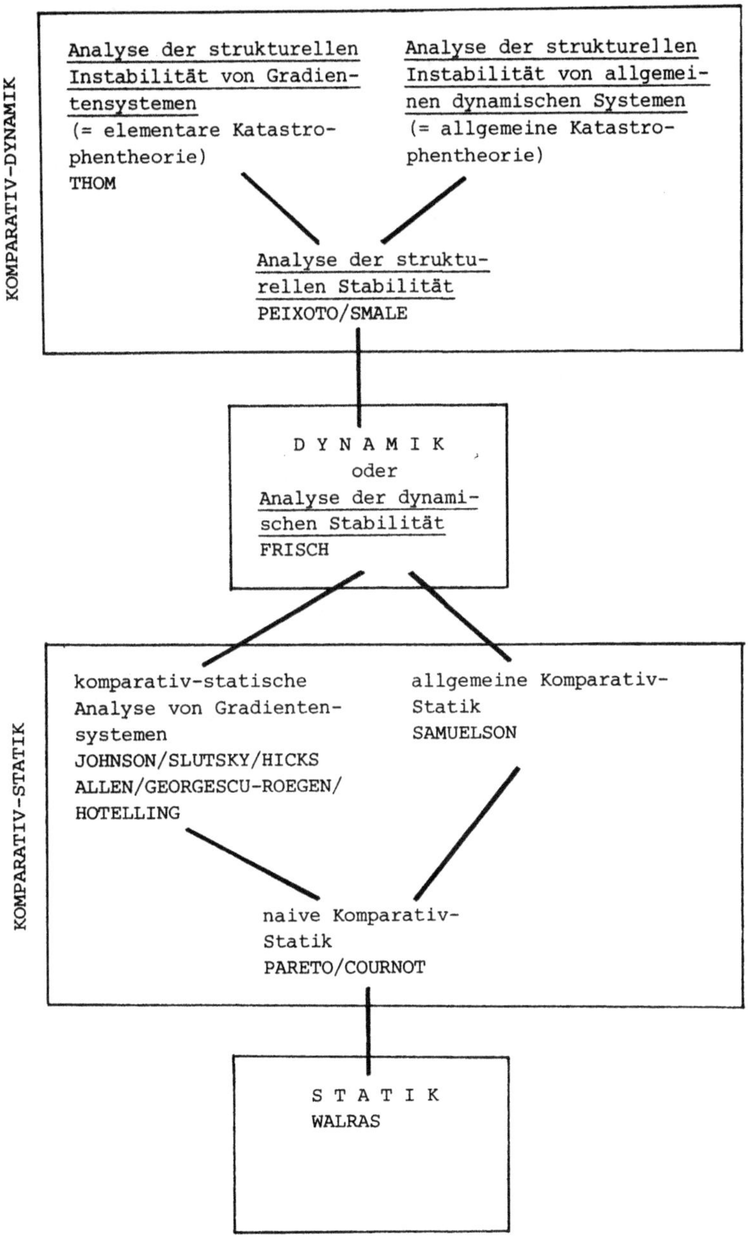
KOMPARATIV-DYNAMIK
Analyse der strukturellen Instabilität von Gradientensystemen (= elementare Katastrophentheorie) THOM
Analyse der strukturellen Instabilität von allgemeinen dynamischen Systemen (= allgemeine Katastrophentheorie)
Analyse der strukturellen Stabilität PEIXOTO/SMALE
D Y N A M I K oder Analyse der dynamischen Stabilität FRISCH
KOMPARATIV-STATIK
komparativ-statische Analyse von Gradientensystemen JOHNSON/SLUTSKY/HICKS ALLEN/GEORGESCU-ROEGEN/ HOTELLING
allgemeine Komparativ-Statik SAMUELSON
naive Komparativ-Statik PARETO/COURNOT
S T A T I K WALRAS

Abb. 3.4

Neben der Beschränkung auf Gradientensysteme nimmt die elementare Katastrophentheorie noch eine zweite vereinfachende Einschränkung vor. Sie abstrahiert nämlich bei der Aequivalenzbetrachtung dynamischer Systeme von der exakten Gestalt des Phasenportraits und kümmert sich nur noch um die Menge und um die dynamischen Stabilitätseigenschaften der gleichgewichtigen Systemzustände. Man bezeichnet dies auch als die Gleichgewichtskonfiguration eines dynamischen Systems. Anstelle des Begriffs der strengen Aequivalenz von Vektorfeldern tritt der weiter gefasste Begriff der Aequivalenz von Vektorfeldern schlechthin.[31]

DEFINITION: Aequivalenz von Vektorfeldern
Zwei $X(R^n)$-Vektorfelder X und Y heissen aequivalent, wenn es einen Diffeomorphismus $h: R^n \to R^n$ gibt, der die Gleichgewichtskonfiguration von X auf die Gleichgewichtskonfiguration von Y abbildet. ▲

Der Sinn dieser beiden Einschränkungen liegt darin, dass die beim abgschwächten Aequivalenzbegriff zu berücksichtigenden Eigenschaften eines Gradientensystems, nur noch von der Gestalt, oder präziser, von der Singularitätsstruktur der diesem System zugrunde liegenden Potentialfunktion abhängen. Dies darum, weil die dynamisch stabilen bzw. instabilen Gleichgewichtszustände eines Gradientensystems mit den relativen Minima bzw. mit den relativen Maxima, den Sattelpunkten und den Wendepunkten der Potentialfunktion übereinstimmen. Die Analyse der strukturellen Instabilität von Gradientensystemen reduziert sich damit auf eine entsprechende

Untersuchung der Potentialfunktionen. Der strukturellen Instabilität eines dynamischen Systems X: $R^n \rightarrow R^n$, dessen Fluss von einer Potentialfunktion f: $R^n \rightarrow R$ geleitet wird, steht die strukturelle Instabilität der Potentialfunktion f selbst gegenüber, wobei die strukturelle Stabilität einer Funktion f: $R^n \rightarrow R$ ganz analog zur strukturellen Stabilität eines Vektorfelds definiert werden kann.

DEFINITION: strukturelle Stabilität einer Funktion
Eine C^∞-Funktion f: $R^n \rightarrow R$ heisst strukturell stabil, wenn es in der C^k-Topologie der Menge aller C^∞-Funktionen $R^n \rightarrow R$ eine Umgebung U(f) derart gibt, dass alle Funktionen $g \varepsilon U(f)$ zu f aequivalent sind. ▲

Die Untersuchung der strukturellen Instabilität von C^∞-Funktionen, die Untersuchung des Einflusses also, den eine Parameteränderung auf die Singularitätsstruktur einer differenzierbaren Funktion ausüben kann, ist natürlich eine Aufgabe der Singularitätstheorie. Damit wird der Zusammenhang zwischen der elementaren Katastrophentheorie und der Singularitätstheorie offensichtlich.

Am Anfang des vierten Kapitels dieser Arbeit wird bewiesen, dass nichtdegenerierte Funktionen strukturell stabil sind. Die Analyse strukturell instabiler Funktionen kommt damit der Analyse von degenerierten Funktionen gleich. Bei einer lokalen Betrachtungsweise stehen dann die beiden folgenden Fragen im Vordergrund:

1. Wie sehen degenerierte bzw. strukturell instabile Funktionskeime aus?

2. Inwiefern beeinflussen Parameteränderungen die Singularitätsstruktur dieser degenerierten bzw. strukturell instabilen Funktionskeime? Oder präziser formuliert: Wie sehen die universellen Entfaltungen degenerierter Funktionskeime aus, sofern sie überhaupt welche haben?

Wenn man sich auf degenerierte Funktionskeime beschränkt, die in typischen k-Parameter Entfaltungen vorkommen, so entsprechen diese beiden Fragen genau den in Abschnitt 2.2.3. formulierten Hauptfragestellungen der elementaren Katastrophentheorie aus der Sicht der Singularitätstheorie. Die Antwort auf diese etwas weniger anspruchsvollen Fragen liefert, wie schon bemerkt, das sogenannte Klassifikationstheorem, dessen Gültigkeit R. THOM schon 1963 vermutete.[32] Ein erster rigoroser Beweis wurde allerdings erst einige Jahre später von J. MATHER geliefert.[33] Das ganze vierte Kapitel dieser Arbeit enthält eine Beweisskizze dieses für die elementare Katastrophentheorie zentralen Theorems.

THEOREM 19: Klassifikationstheorem aus der Sicht der Singularitätstheorie

(1) Nichtdegenerierte (d.h. reguläre und nichtdegenerierte, singuläre) Funktionskeime sind strukturell stabil.

(2) Jede Entfaltung eines nichtdegenerierten Funktionskeims ist entweder von der Entfaltung $F_I(x,a) = x_1$ (regulär) oder von der Entfaltung $F_{II}(x,a) = \Sigma \pm x^2$ (nichtdegeneriert, singulär) induziert.

(3) Es bezeichne $(\mathcal{F},k)$ die Menge der k-Parameter Entfaltungen und $(\mathcal{F},k\leq 5)$ die Menge der Entfaltungen, die fünf oder weniger Parameter aufweisen. Die Menge $(\mathcal{F},k\leq 5)$ enthält eine offene und dichte Teilmenge $(\mathcal{F}_0,k\leq 5)$ mit folgenden Eigenschaften:

(3.1) Jeder degenerierte E(n)-Funktionskeim $f_{(x,a)}(y)= F(x+y,a)$ einer $(\mathcal{F}_0,k\leq 5)$-Entfaltung $(F,k)=F(x,a)$ ist, dem untenstehenden Schema gemäss, zu genau einem strukturell instabilen E(n)-Funktionskeim $f_i(x)$ $(i=1,...,11)$ aequivalent.[34]

(3.2) Jede $(\mathcal{F}_0,k\leq 5)$-Entfaltung (F,k) eines degenerierten Funktionskeims ist -- wiederum dem untenstehenden Schema gemäss -- von genau einer E(n+k)-Entfaltung $F_i(x,a)$ $(i=1,...,11)$ induziert. Oder anders formuliert: Die Entfaltungen $F_i(x,a)$ von $f_i(x)$ $(i=1,...$ $...,11)$ sind universell.

(3.3) Die $(\mathcal{F}_0,k\leq 5)$-Entfaltungen sind strukturell stabil.

Familie	Name	k	*	Organisationszentrum	Entfaltung
SPITZEN	Falte	1	1	$f_1=x_1^3+M$	$F_1=x_1^3+a_1x_1+M$ **
	Spitze	2	1	$f_2=\pm x_1^4+M$	$F_2=\pm(x_1^4+a_2x_1^2+a_1x_1)+M$
	Schwalbenschwanz	3	1	$f_3=x_1^5+M$	$F_3=x_1^5+a_3x_1^3+a_2x_1^2+a_1x_1+M$
	Schmetterling	4	1	$f_4=\pm x_1^6+M$	$F_4=\pm(x_1^6+a_4x_1^4+a_3x_1^3+a_2x_1^2+a_1x_1)+M$
	Wigwam	5	1	$f_5=x_1^7+M$	$F_5=x_1^7+a_5x_1^5+a_4x_1^4+a_3x_1^3+a_2x_1^2+a_1x_1+M$

NABELSCHNUERE	elliptische NS	3	2	$f_6=x_1^2x_2-x_2^3+N$	$F_6=x_1^2x_2-x_2^3+a_3x_1^2+a_2x_2+a_1x_1+N$ ***
	hyperbolische NS	3	2	$f_7=x_1^2x_2+x_2^3+N$	$F_7=x_1^2x_2+x_2^3+a_3x_1^2+a_2x_2+a_1x_1+N$
	parabolische NS	4	2	$f_8=\pm(x_1^2x_2+x_2^4)+N$	$F_8=\pm(x_1^2x_2+x_2^4+a_4x_2^2+a_3x_1^2+a_2x_2+a_1x_1)+N$
	2. elliptische NS	5	2	$f_9=x_1^2x_2-x_2^5+N$	$F_9=x_1^2x_2-x_2^5+a_5x_2^4+a_4x_2^2+a_3x_1^2+a_2x_2+a_1x_1+N$
	2. hyperbolische NS	5	2	$f_{10}=x_1^2x_2+x_2^5+N$	$F_{10}=x_1^2x_2+x_2^5+a_5x_2^4+a_4x_2^2+a_3x_1^2+a_2x_2+a_1x_1+N$
	symbolische NS	5	2	$f_{11}=\pm(x_1^3+x_2^4)+N$	$F_{11}=\pm(x_1^3+x_2^4+a_5x_1x_2^2+a_4x_2^2+a_3x_1x_2+a_2x_2+a_1x_1)+N$

* Anzahl der wesentlichen (d.h. nicht-Morse-) Variablen

** $M = x_2^2+\ldots+x_s^2-\ldots-x_n^2$

*** $N = x_3^2+\ldots+x_t^2-\ldots-x_n^2$

S c h e m a

k \ i	1	2	3	4	5	6	7	8	9	10	11
0											
1	*										
2	*	*									
3	*	*	*			*	*				
4	*	*	*	*		*	*	*			
5	*	*	*	*	*	*	*	*	*	*	*

Sind zwei Entfaltungen F(x,a) und G(x,a) aequivalent, so weisen sie , wie in Abschnitt 2.1.4. gezeigt wurde, streng aequivalente Punktemengen $M_F = \{(x,a) | \frac{\partial F}{\partial x} = 0\}$ und $M_G = \{(x,a) | \frac{\partial G}{\partial x} = 0\}$ auf. Beachtet man dies, so ergibt sich das folgende Theorem, das man als Klassifikationstheorem aus der Sicht der qualitativen Theorie dynamischer Systeme bezeichnen kann, als Korollar aus Theorem 20.

THEOREM 20: Klassifikationstheorem aus der Sicht der qualitativen Theorie dynamischer Systeme

Die Menge der Potentialfunktionskeime $(\mathcal{F}, k \leq 5)$ enthält eine offene und dichte Teilmenge $(\mathcal{F}_0, k \leq 5)$ mit folgenden Eigenschaften:

(1) Ist $\dot{x}=X(x,a)$ ein differenzierbares dynamisches System, dessen Fluss von einer Potentialfunktion $F(x,a) \in (\mathcal{F}_0, k \leq 5)$ geleitet wird, so gibt es einen vertikalenerhaltenden Diffeomorphismus $h: R^{n+k} \to R^{n+k}$, der die Gleichgewichtskonfiguration $M_F = \{(x,a) | \frac{\partial F}{\partial x}=0\}$ von $\dot{x}=X(x,a)$ -- dem in Theorem 19 angegebenen Schema gemäss -- auf genau eine Gleichgewichtskonfiguration $M_{F_i} = \{(x,a) | \frac{\partial F_i}{\partial x}=0\}$ $(i=I,II,1,\ldots,11)$ abbildet.[35]

(2) Jeder Potentialfunktionskeim $F \in (\mathcal{F}_0, k \leq 5)$ hat in der C^k-Topologie eine Umgebung U(F) derart, dass für alle $G \in U(F)$ die Aussage $M_G \overset{s}{\sim} M_F$ richtig ist. ▲

Die Bedeutung dieses Theorems ist nicht ohne weiteres ersichtlich. Der nächste Abschnitt enthält deshalb einige klärende Anmerkungen.

3.5. ANMERKUNGEN ZUM KLASSIFIKATIONSTHEOREM

Die Menge M_X aller Gleichgewichtszustände eines beliebigen differenzierbaren dynamischen Systems $\dot{x} = X(x,a)$ wird im (n+k)-dimensionalen Raum R^{n+k} der Variablen x und a durch n Gleichungen definiert:

$$M_X = \{(x,a) \mid X(x,a) = 0\}.$$

Dies bedeutet, dass M_X in nicht-pathologischen Fällen einer k-dimensionalen Untermannigfaltigkeit von R^{n+k} entspricht.[36] M_X wird deshalb auch <u>Gleichgewichtsfläche</u> genannt. Ist X ein dynamisches System, dessen Fluss von einer Potentialfunktion F geleitet wird, so gilt natürlich $M_X = M_F$.

Aus der Sicht der qualitativen Theorie dynamischer Systeme besteht die Aussage des Klassifikationstheorems im wesentlichen darin, die Gleichgewichtskonfigurationen typischer Gradientensysteme <u>lokal</u> zu klassifizieren. Das Klassifikationstheorem beschreibt also die Gestalten der Gleichgewichtsflächen und die dynamischen Stabilitätseigenschaften der Gleichgewichtszustände, die in der Nähe von beliebigen Zuständen (x,a) typischer Gradientensysteme auftreten können. Die folgenden Ausführungen setzen sich mit diesem Resultat auseinander.

Die erste Gestalt, die die Gleichgewichtsfläche eines typischen Gradientensystems in der Umgebung U(x,a) eines Systemzustands (x,a) annehmen kann, wird durch $M_{F_I} = \{(x,a) \in U(0,0) \mid \frac{\partial F_I}{\partial x} = 0\}$ beschrieben. Da $\frac{\partial F_I}{\partial x} \equiv 1$ gilt, ist M_{F_I} leer. Dies hat zwei Konsequenzen:

1. Der Systemzustand (0,0) ist ungleichgewichtig.
2. Der ungleichgewichtige Systemzustand (0,0) weist im Zustandsraum R^{n+k} eine Umgebung U(0,0) von lauter ungleichgewichtigen Systemzuständen auf.

Da alle andern kanonischen Formen M_{F_i} (i=1,...,11) an der Stelle (0,0) einen Gleichgewichtszustand aufweisen, stellt M_{F_I} den Prototyp der Gleichgewichtskonfigurationen dar, die in der Umgebung von <u>ungleichgewichtigen Systemzuständen</u> typischer Gradientensysteme auftreten können.

Jeder der n+1 durch $M_{F_{II}}$ beschriebenen Gleichgewichtskonfigurationen liegt dieselbe Gleichgewichtsfläche zugrunde, nämlich die (0,a)-Hyperebene des Zustandsraums R^{n+k}:

$$M_{F_{II}} = \{(x,a) \in U(0,0) \mid \frac{\partial F_{II}}{\partial x_i} = \frac{\partial(x_1^2+\ldots+x_s^2-\ldots-x_n^2)}{\partial x_i} = \pm 2x_i = 0,$$

$$i=1,\ldots,n\} = \{(0,a)\}.$$

Demnach weisen die Gleichgewichtskonfigurationen $M_{F_{II}}$ die folgenden <u>qualitativen Eigenschaften</u> auf.

1. Ist der gleichgewichtige Systemzustand (0,0) dynamisch stabil (s=n) bzw. instabil (s<n),[37] so sind dies auch alle Gleichgewichtszustände $(x^*,a) \in M_{F_{II}}$ in U(0,0), denn es gilt $|H^{F_{II}}_{(0,0)}| = |H^{F_{II}}_{(0,a)}|$.
2. Die Gleichgewichtszustände $x^* \in U(0,0)$ hängen trivialerweise funktional von der Parameterkonstellation a ab: $x^*=\xi(a)=0$, wobei ξ differenzierbar ist.
3. Die Jacobideterminante $|J^{\partial F_{II}/\partial x}_{(x^*,a)}|$ verschwindet für $(x^*,a) \in M_{F_{II}} \cap U(0,0)$ nicht: $|J^{\partial F_{II}/\partial x}_{(x^*,a)}| = |H^{F_{II}}| = 2^s(-2)^{n-s} = \pm 2^n$.[38]

Dies bedeutet, dass die Gradientensysteme, deren Gleichgewichtskonfigurationen in einer Umgebung $U(x_0^*,a_0)$ durch $M_{F_{II}}$ repräsentiert werden, wie z.B. das Gradientensystem, dessen Gleichgewichtskonfiguration $M_{\hat{F}_{II}}$ in Abbildung 3.5 dargestellt ist, ebenfalls diese Eigenschaften in $U(x_0^*,a_0)$ aufweisen. Demzufolge sind alle Gleichgewichtszustände $(x^*,a) \varepsilon U(x_0^*,a_0)$ dynamisch stabil, wenn nur (x_0^*,a_0) dynamisch stabil ist (Eigenschaft 1) und die Auswirkungen von Parameteränderungen können aufgrund der Existenz der C^∞-Abbildung ξ komparativ-statisch analysiert werden (Eigenschaft 2).

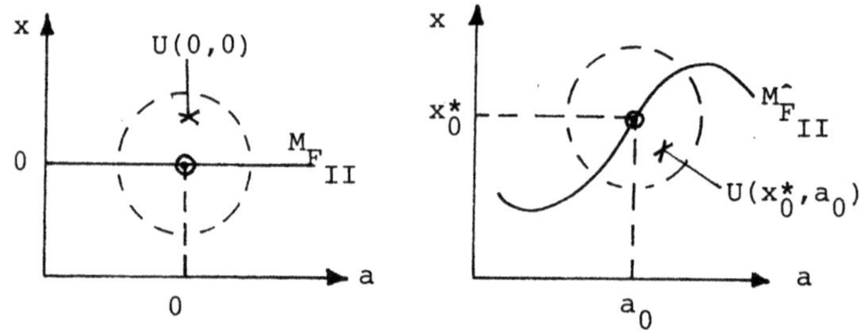

Abb. 3.5

Natürlich überträgt sich auch die dritte qualitative Eigenschaft von $M_{F_{II}}$ auf $M_{\hat{F}_{II}}$, d.h. es gilt $|J_{(x^*,a)}^{\partial F_{II}/\partial x}| \neq 0$ für $(x^*,a) \varepsilon M_{\hat{F}_{II}} \cap U(x_0^*,a_0)$. Ganz allgemein bezeichnet man einen Gleichgewichtszustand $(x^*,a) \varepsilon M_X$ eines beliebigen $X(R^n)$-Vektorfeldes $\dot{x}=X(x,a)$ als regulär, wenn $|J_{(x^*,a)}^X|$ bzw. $|J_{(x^*,a)}^{\partial F/\partial x}|$ nicht verschwindet. Es lässt sich leicht nachprüfen, dass die Gleichgewichtszustände $(0,0) \varepsilon M_{F_i}$ $(i=1,...,11)$ nicht regulär, oder wie man auch sagt, singulär sind. Es handelt sich bei $M_{F_{II}}$ also um die kanonischen Formen der Gleichgewichtskonfigurationen, die in der Umgebung von regulären Gleichgewichtszuständen typischer Gradientensysteme auftreten können.

Dass sich in einer Umgebung eines dynamisch stabilen, regulären Gleichgewichtzustands komparativ-Statik betreiben lässt, gilt natürlich nicht nur für Gradientensysteme. Ist nämlich (x_0^*, a_0) ein regulärer Gleichgewichtszustand eines beliebigen $X(R^n)$-Vektorfelds $\dot{x} = X(x,a)$, so garantiert das Implizite Funktionentheorem, dass in einer Umgebung $U(x_0^*, a_0)$ differenzierbare Funktionen $x^* = \xi(a)$ existieren, die $X(x,a) = 0$ befriedigen.

Bei der komparativ-statischen Analyse wird oft davon ausgegangen, dass die durch eine Parameteränderung induzierten Anpassungsprozesse der endogenen Variablen im Vergleich zur Parameteränderung relativ schnell ablaufen. Diese Annahme, so schreibt P.A. SAMUELSON "... constitutes the justification for the use of comparative statics rather than explicit dynamics. If one can be sure that the system is stable and strongly damped, there is no great harm in neglecting to analyse the exact path from one equilibrium to another, and in taking refuge in a mutatis mutandis assumption."[39] Im Idealfall bedeutet dies, dass die Anpassungsgeschwindigkeit $1/\varepsilon$ eines dynamischen Systems $\dot{x} = X(x,a) = \frac{1}{\varepsilon}\hat{X}(x,a)$ alle Grenzen überschreitet: $\varepsilon = 0$. Unter diesen Umständen befindet sich das System immer in einem Gleichgewichtszustand und die Wirkung einer Parameteränderung $a(t)$ auf den Systemzustand x kann vollständig beschrieben werden: $x = \xi(a(t))$. Dies gilt natürlich nur dann, wenn (x_0^*, a_0) ein dynamisch stabiler Gleichgewichtszustand ist, im Fall eines typischen Gradientensystems also für $s=n$, und solange $a(t)$ eben in einer Umgebung $U(a_0)$ bleibt, möglicherweise also nur für kurze Zeit. Der Grund für diese zweite Einschränkung liegt darin, dass nur in einer Umgebung eines regulären Gleichgewichtszustands das Auftreten singulärer Gleichgewichtszustände ausgeschlossen werden kann.

Zusammenfassend kann also festgehalten werden, dass $M_{F_{II}}$ insbesondere das Verhalten von typischen Gradientensystemen in Umgebungen regulärer, dynamisch stabiler Gleichgewichtszustände beschreibt (s=n), in Umgebungen also, in denen auch bei beliebigen dynamischen Systemen die komparativ-statische Analyse angewandt werden kann. Für s<n sind alle Gleichgewichtszustände von $M_{F_{II}}$ dynamisch instabil. Diese Fälle sind somit aus systemanalytischer Sicht von untergeordneter Bedeutung.

Die Menge der singulären Gleichgewichtszustände eines beliebigen $X(R^n)$-Vektorfelds $\dot{x} = X(x,a)$ ist in R^{n+k} durch die n+1 Gleichungen $X(x,a) = 0$ und $|J^X|=0$ definiert. Aus diesen n+1 Gleichungen lassen sich die n endogenen Variablen x eliminieren und es bleibt eine einzige Beziehung für die k Parameter übrig. Dies bedeutet, dass die Menge K_X aller Parameterkonstellationen, bei denen ein singulärer Gleichgewichtszustand auftritt, eine (k-1)-dimensionale reguläre Stratifikation im Parameterraum R^k bildet. Da die Bildmenge einer Parameteränderung a(t) eindimensional ist, kann nicht ausgeschlossen werden, dass im Zuge einer Parameteränderung der Gleichgewichtszustand eines dynamischen Systems in isolierten Zeitpunkten singulär wird.[40] Diese Ueberlegung illustriert Abbildung 3.6.

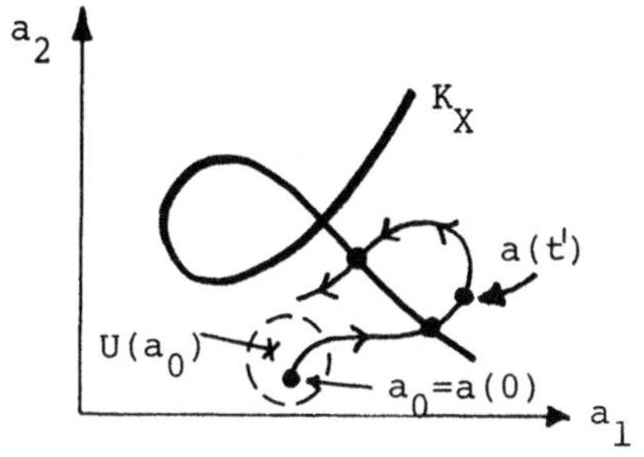

Abb. 3.6

Da bei Parameteränderungen das Auftreten singulärer Gleichgewichtszustände durchaus typisch ist, muss die Beschränkung der komparativ-statischen Analyse auf reguläre Gleichgewichtszustände bzw. auf Umgebungen regulärer Gleichgewichtszustände, als sehr restriktiv empfunden werden. Das folgende Beispiel zeigt, inwiefern sich das Systemverhalten bei singulären Gleichgewichtszuständen von demjenigen bei regulären Gleichgewichtszuständen unterscheidet.

BEISPIEL 3.3

Das dynamische System $\dot{x}=X(x,a)=(1/\varepsilon)(-x^3+x-a)$ befindet sich immer in einem Gleichgewichtszustand, wenn ε gegen null geht. Die Menge $M_X = \{(x,a)\,|\,a=-x^3+x\}$ der Gleichgewichtszustände dieses Systems ist zusammen mit den 'degenerierten Anpassungspfaden' in Abbildung 3.7 dargestellt.

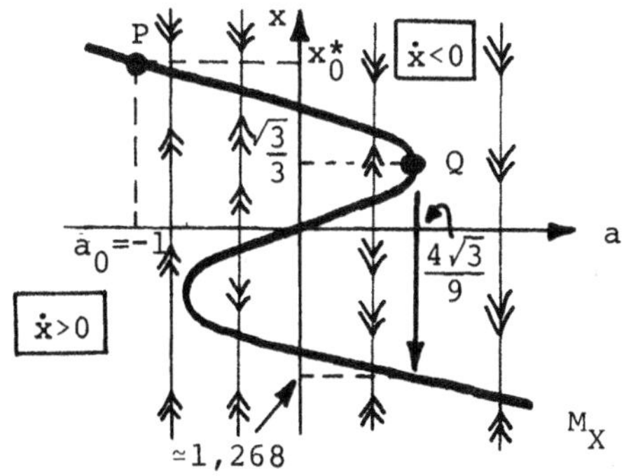

Abb. 3.7

Weist im Zeitpunkt t=0 der Parameter a z.B. den Wert -1 auf, $a_0=-1$, so nimmt die endogene Variable x augenblicklich den bei dieser Parameterkonstellation einzigen gleichgewichtigen Wert $x_0^* \simeq 1,325$ an. Der Gleichgewichtszustand $P=(x_0^*, a_0)$ ist dynamisch stabil und regulär, denn $|J^X| = \frac{\partial X}{\partial x} = (-3x^2+1)$ ist für alle $x>\sqrt{3}/3$ positiv. Dies bedeutet, dass eine Parameteränderung innerhalb des Intervalls $(-\infty, 4\sqrt{3}/9)$ komparativ-statisch analysiert werden kann, d.h. stetige Parameteränderungen a(t) bewirken stetige Aenderungen des Systemverhaltens x(t) = $= x^*(t) = \xi(a(t))$ mit $\partial\xi/\partial a = (\partial X/\partial a)/(\partial X/\partial x) = (1-3x^2)^{-1}$. Wird im Zuge der Parameteränderung der Wert $a = 4\sqrt{3}/9$ bzw. der Punkt $Q = (\sqrt{3}/3, 4\sqrt{3}/3)$ erreicht, so kann nicht mehr im herkömmlichen Sinn komparativ-statisch argumentiert werden, denn Q ist ein singulärer Gleichgewichtszustand: $|J_Q^X| = \frac{\partial X}{\partial x}|_Q = 0$. Aus Abbildung 3.7 ist aber ohne weiteres ersichtlich, dass sich der Systemzustand $x=x^*$ bei Q sofort von $\sqrt{3}/3$ auf ungefähr -1,268 reduziert. ▲

Singuläre Gleichgewichtszustände zeichnen sich mithin dadurch aus, dass bei ihnen stetige Parameteränderungen zu Diskontinuitäten im Systemverhalten führen, wenn eine unendlich schnelle Anpassung unterstellt wird. Aus einleuchtenden Gründen bezeichnet man derartige Sprünge im Systemverhalten als Katastrophen. Diese Bezeichnung deckt sich mit der am Anfang von Abschnitt 3.4 gegebenen Definition, denn bei der Parameterkonstellation $a = 4\sqrt{3}/9$ ändert sich die Anzahl der Gleichgewichtszustände und dies entspricht natürlich einer qualitativen Aenderung der Gleichgewichtskonfiguration und damit auch einer Aenderung der Gestalt des Phasenportraits. Weiter bezeichnet man die Menge K_X der Parameterkonstellationen a eines dynamischen Systems $\dot{x}=X(x,a)$, bei denen ein singulärer Gleichgewichtszustand definiert ist, als Katastrophenmenge: $K_X = \{a\varepsilon R^k |\ X(x,a) = |J^X_{(x,a)}| = 0\}$ bzw. $K_X = \{a\varepsilon R^k |\ \frac{\partial F}{\partial x} = |J^{\partial F/\partial x}_{(x,a)}| = 0\}$.

Parameterkonstellationen $a \in K_X$ werden Katastrophenpunkte genannt.

Die Gleichgewichtsflächen M_{F_i} (i=1,...,11) weisen, wie schon bemerkt, an der Stelle $(0,0) \in M_{F_i}$ einen singulären Gleichgewichtszustand und damit an der Stelle $0 \in R^k$ einen Katastrophenpunkt auf. Es sind dies also die kanonischen Formen der Gleichgewichtskonfigurationen, die in der Nähe von singulären Gleichgewichtszuständen typischer Gradientensysteme auftreten können. Die durch M_{F_i} beschriebenen Gleichgewichtskonfigurationen und manchmal auch die Potentialfunktionen F_i selbst (i=1,...,11), werden als Elementarkatastrophen bezeichnet. Da die Gleichgewichtskonfiguration eines dynamischen Systems dessen komparativ-statisches Verhalten vollständig determiniert, kann man zusammenfassend festhalten, dass die Elementarkatastrophen die qualitativen, komparativ-statischen Eigenschaften typischer Gradientensysteme in der Umgebung singulärer Gleichgewichtszustände beschreiben. Die elementare Katastrophentheorie kann insofern als Erweiterung der herkömmlichen komparativ-statischen Analyse aufgefasst werden, die ja nur in der Umgebung regulärer Gleichgewichtszustände anwendbar ist. Die Geometrie der Elementarkatastrophen wird im nächsten Abschnitt diskutiert.

3.6. DIE GEOMETRIE DER ELEMENTARKATASTROPHEN

Im letzten Abschnitt wurde unter anderem das Verhalten typischer Gradientensysteme in der Umgebung ungleichgewichtiger Systemzustände bzw. in der Umgebung regulärer Gleichgewichtszustände untersucht. Die Abbildungen 3.8 (a), (b) und (c) illustrieren die dabei gewonnenen Ergebnisse für den Fall n=1 und k=2.

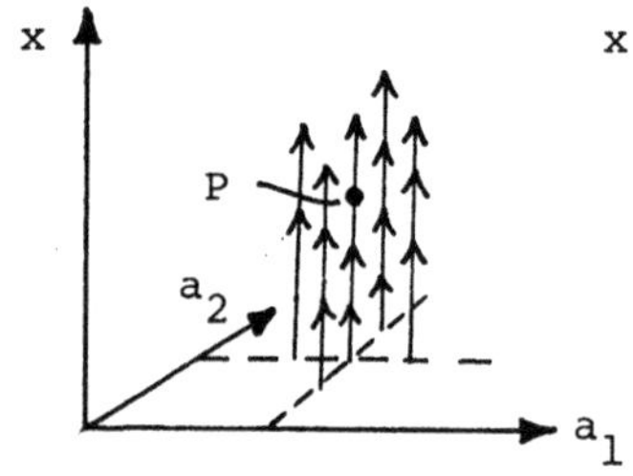

P: ungleichgewichtiger Systemzustand

Abb. 3.8 (a)

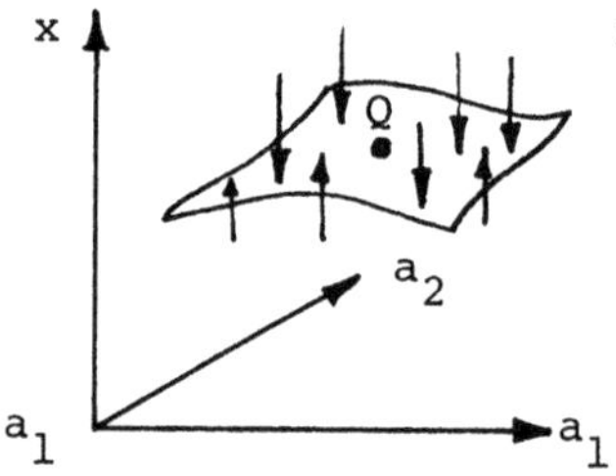

Q: dynamisch stabiler Gleichgewichtszustand

Abb. 3.8 (b)

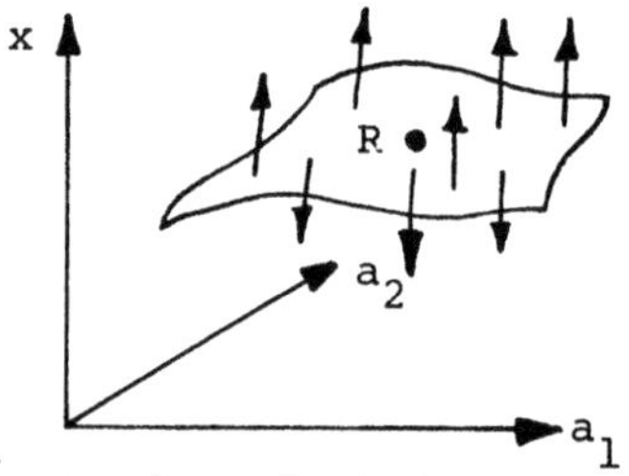

R: dynamisch instabiler Gleichgewichtszustand

Abb. 3.8 (c)

Es bleibt somit noch zu zeigen übrig, wie sich typische Gradientensysteme in der Nähe von singulären Gleichgewichtszuständen verhalten. Dies wird durch die kanonischen Formen der Elementarkatastrophen beschrieben.

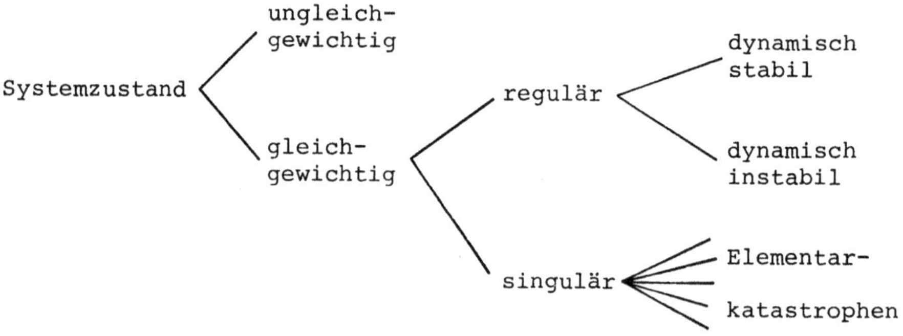

Die folgenden Ausführungen beinhalten eine Diskussion der verschiedenen geometrischen Strukturen, die durch die kanonischen Formen der Elementarkatastrophen definiert werden.

Was die Sozialwissenschaften anbelangt, so haben sich die Anwendungen der elementaren Katastrophentheorie bis anhin ausschliesslich mit der Familie der Spitzen (exklusive Wigwam) beschäftigt.[41] Eine Beschränkung der Diskussion auf die ersten vier Elementarkatastrophen scheint daher sinnvoll zu sein, zumal in verschiedenen einschlägigen Arbeiten auf die Katastrophengeometrie eingegangen wird. Neben WOODCOCK/POSTON (1974), der ausführlichsten Darstellung, sind hier vor allem AMSON (1975), BROECKER/LANDER (1975), CALLAHAN (1976), POSTON/STEWART (1978a) und natürlich auch THOM (1975b) zu nennen.

3.6.1. DIE FALTE

Die kanonische Form der Faltenkatastrophe $F_1(x,a) = x^3 + ax$ kann als Familie von $(R \rightarrow R)$-Funktionen $F_1^a(x) = F_1(x,a)$ aufgefasst werden.[42] Ist a negativ, so hat $dF_1^a/dx = 3x^2+a = 0$ zwei reelle Wurzeln $x_{1/2} = \pm\sqrt{-a/3}$. An der kritischen Stelle x_1 bzw. x_2 von $F_1^a(x)$ ist ein relatives Maximum bzw. ein relatives Minimum definiert, denn es gilt $(d^2F_1^a/dx^2)|_{x_1} = 6x_1 < 0$ bzw. $(d^2F_1^a/dx^2)|_{x_2} = 6x_2 > 0$. Für positive a hat $dF_1^a/dx = 3x^2+ax = 0$ keine reelle Wurzel, d.h. $F_1^a(x)$ enthält keine Singularität. Abbildung 3.9 zeigt alle Gestalten, die die Repräsentanten $F_1^a(x)$ von $F_1(x,a)$ annehmen können.

Die Falte ist die einzige Elementarkatastrophe, deren Graph in einem 3-dimensionalen Diagramm dargestellt werden kann. Der Graph der kanonischen Form $F_1(x,a)$ ist in Abbildung 3.10 wiedergegeben. Die Gleichgewichtsfläche $M_{F_1} = \{(x,a)|dF_1/dx=0\} = \{(x,a)|a = -3x^2\}$ erscheint in dieser Abbildung als Bildmenge der Projektion der Singularitäten von F_1 auf die (x,a)-Ebene. Die Katastrophenmenge $K_{F_1} = \{a\varepsilon R^1|dF_1/dx = d^2F_1/dx^2 = 0\}$ besteht aus dem Punkt a=0, denn nur bei diesem Parameterwert enthält $F_1^a(x)$ eine degenerierte Singularität. Da die Funktionswerte von F_1 aus systemtheoretischer Sicht von untergeordneter Bedeutung sind, zeigt Abbildung 3.11 nur die (x,a)-Ebene.

Diese Abbildung enthält alle Informationen, die zur Beschreibung des qualitativen Systemverhaltens der Faltenkatastrophen notwendig sind. Unterstellt man der Einfachheit halber sofortige Anpassung an die jeweiligen Gleichgewichtszustände, so tritt beobachtbares Systemverhalten nur bei negativen Parameterwerten a

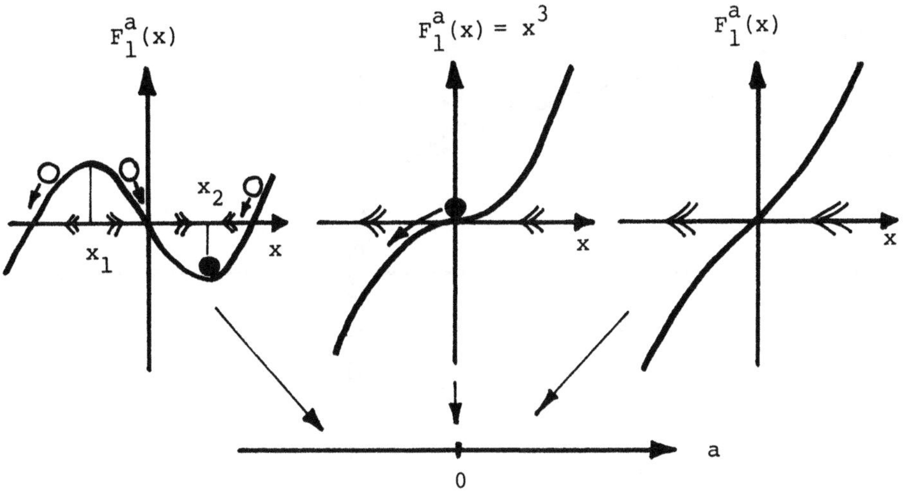

Abb. 3.9

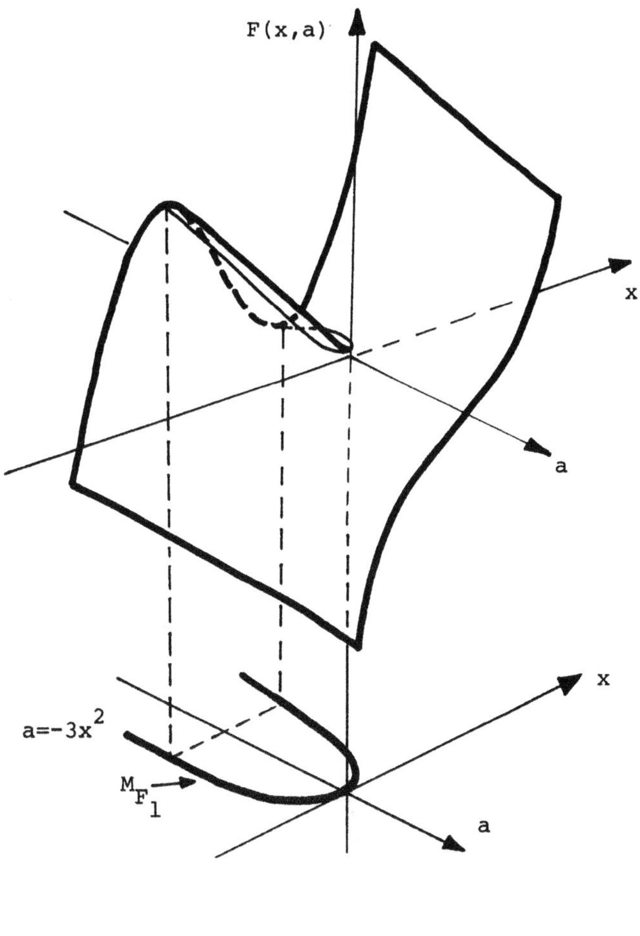

Abb. 3.10

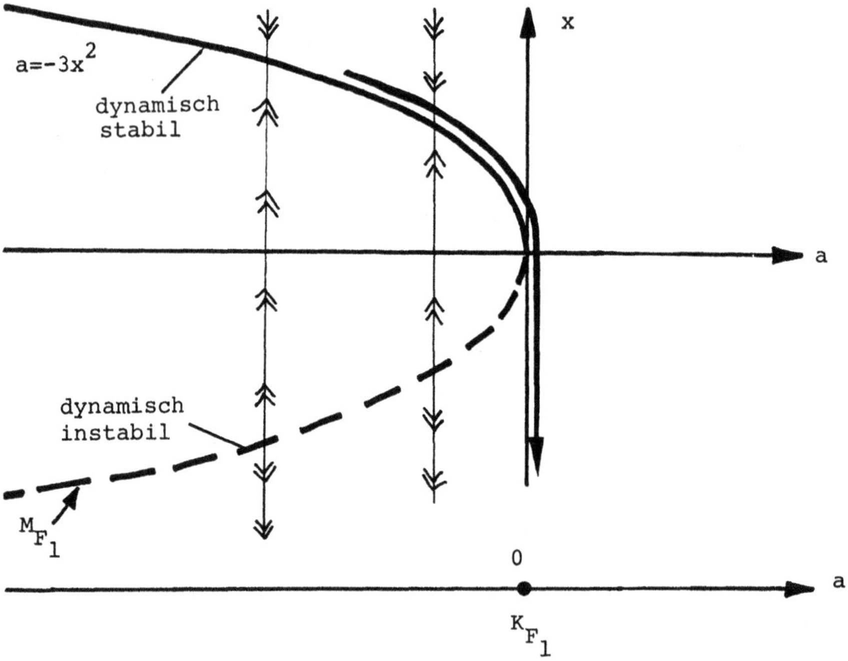

Abb 3.11

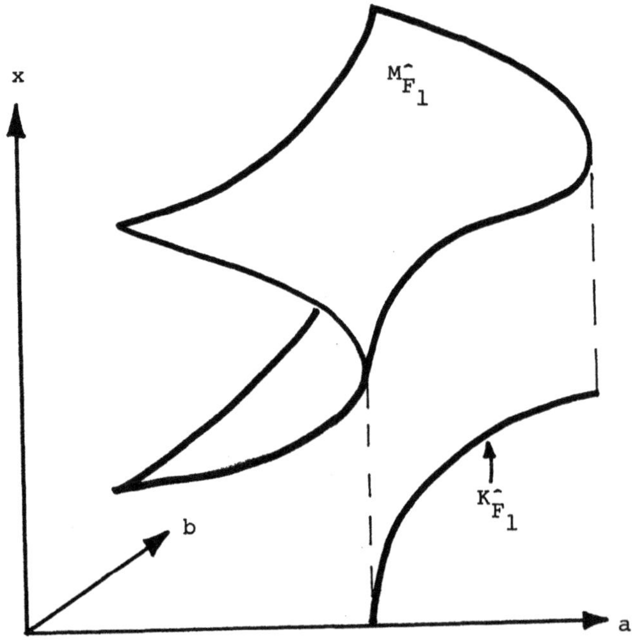

Abb. 3.12

auf, bei denen $F_1^a(x)$ ein lokales Minimum aufweist. Aus Abbildung 3.9 ist ersichtlich, das die Gleichgewichtszustände auf dem oberen Ast von M_{F_I} dynamisch stabil bzw. beobachtbar, diejenigen auf dem unteren Ast von M_{F_I} jedoch dynamisch instabil und somit nicht beobachtbar sind. Nähert sich der Parameterwert a dem Katastrophenpunkt a=0, so vermindert sich der Wert x des Systemzustands mit zunehmender Geschwindigkeit und geht beim Katastrophenpunkt gegen $-\infty$. Dies ist nicht unbedingt mit dem Zusammenbruch des ganzen Systems gleichzusetzen, es bedeutet lediglich, das das System im Rahmen dieser lokalen Betrachtungsweise nicht mehr beschrieben werden kann.

Gemäss Klassifikationstheorem können Faltenkatastrophen auch als Gleichgewichtskonfigurationen typischer Gradientensysteme auftreten, deren Parameterraum R^k mehrdimensional ist. Ein Beispiel mit k=2 wird in Abbildung 3.12 gegeben. Dieses Beispiel liefert auch eine Erklärung für den Namen der Faltenkatastrophen.

3.6.3. DIE SPITZE [43]

Die Graphen der Spitzenkatastrophen sind 3-dimensionale Untermannigfaltigkeiten von R^4. Man muss sich deshalb bei der Diskussion der kanonischen Form $F_2(x,a,b) = x^4+ax^2+bx$ der Spitzenkatastrophe auf die Darstellung der Gleichgewichtsfläche $M_{F_2} = \{(x,a,b)|dF_2/dx = 4x^3+2ax+b = 0\} \subset R^3$, der Katastrophenmenge K_{F_2} und der Graphen einiger Repräsentanten $F_2^{a,b}(x) = F_2(x,a,b)$ der Funktionenfamilie $F_2(x,a,b)$ beschränken. Die Gleichgewichtsfläche M_{F_2} ist in Abbildung 3.13 wiedergegeben.[44]

Die Katastrophenpunkte (a,b) befriedigen definitionsgemäss die beiden Bedingungen

$$dF_2/dx = 4x^3+2ax+b = 0 \text{ und}$$
$$d^2F_2/dx^2 = 12x^2+2a = 0.$$

Aus der zweiten Bedingung folgt $x_{1/2} = \pm\sqrt{-a/6}$. Setzt man dieses Resultat in die erste Bedingung ein, so erhält man nach einigen Umformungen $b = \pm\sqrt{-(8/27)a^3}$. Die Menge aller Parameterkonstellationen, die diese Gleichung erfüllen, ist die Katastrophenmenge $K_{F_2} = \{(a,b)|b=\pm\sqrt{-(8/27)a^3}\} \subset R^2$. In Abbildung 3.14 ist K_{F_2} im Parameterraum R^2 dargestellt. Darüberhinaus zeigt diese Abbildung die Graphen der bei einigen repräsentativen Parameterkostellationen (a,b) definierten $(R \to R)$-Funktionen $F_2^{a,b}(x)$.

Die Spitzenkatastrophen weisen vier interessante qualitative Eigenschaften auf, die im folgenden anhand der kanonischen Form erläutert werden. Dabei wird wiederum sofortige Anpassung an die jeweiligen Gleichgewichtszustände unterstellt.

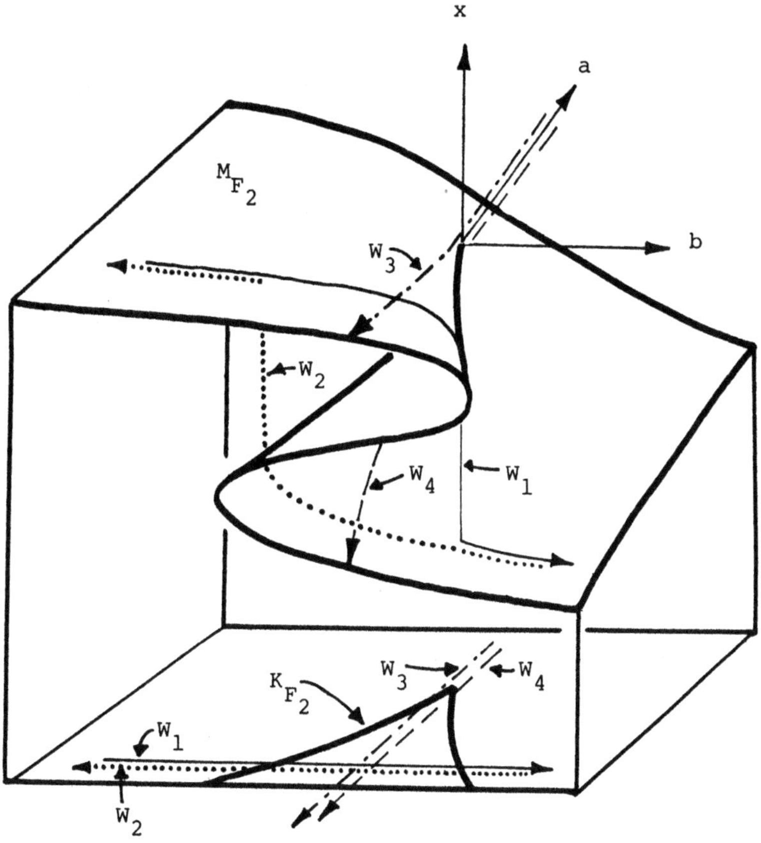

Abb. 3.13

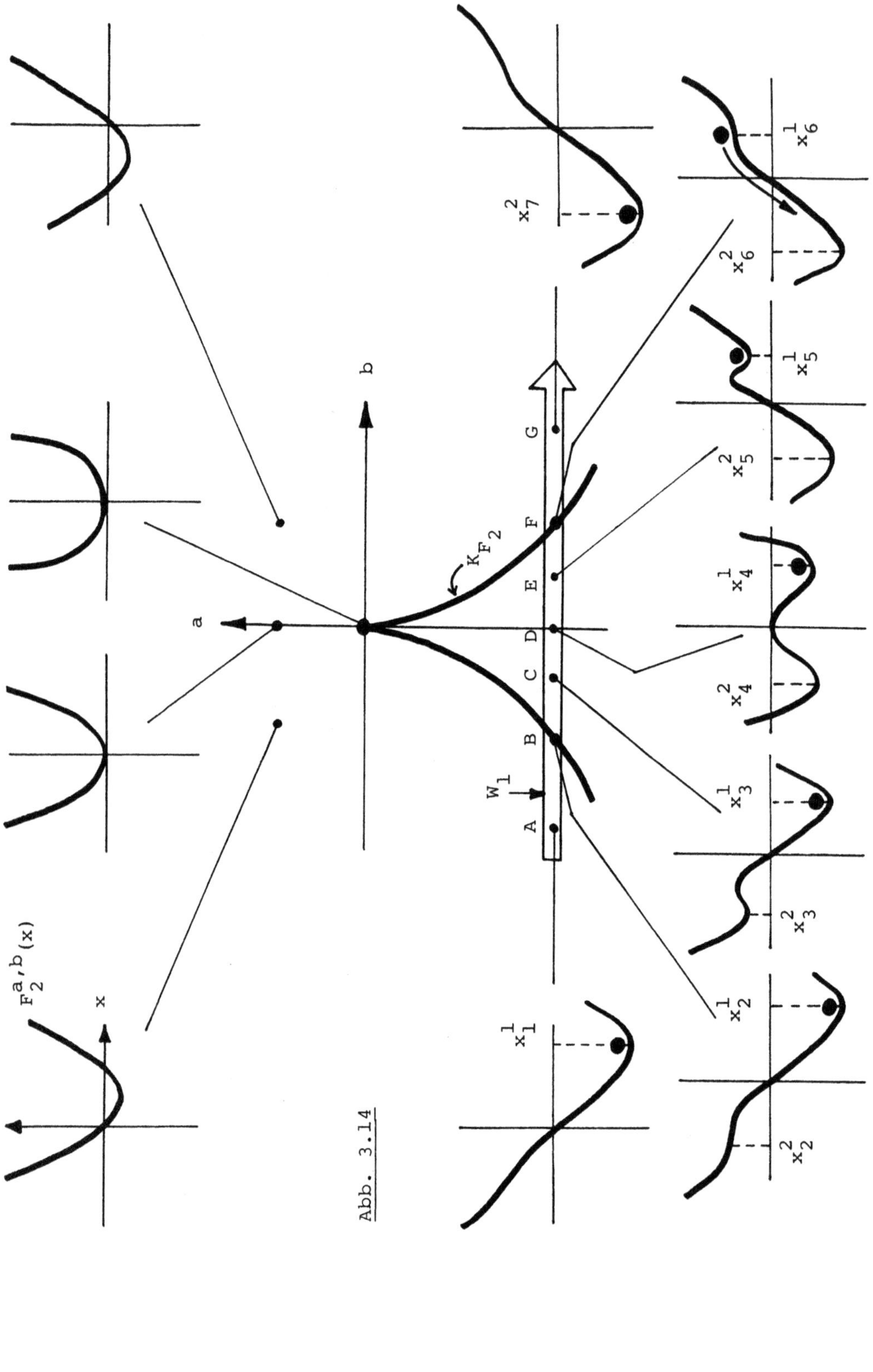
$F_2^{a,b}(x)$
x
a
b
A
B
C
D
E
F
G
W_1
K_{F_2}
x_1^1
x_2^1
x_2^2
x_3^1
x_3^2
x_4^1
x_4^2
x_5^1
x_5^2
x_6^1
x_6^2
x_7^2

Abb. 3.14

<u>(a) Bimodalität:</u> Bei Parameterkonstellationen (a,b) innerhalb der durch die Katastrophenmenge beschriebenen '<u>Spitze</u>' (!), d.h. bei $(a,b) \varepsilon \{(a,b)|a<0,|b|<\sqrt{-(8/27)a^3}\}$, besitzt $F_2^{a,b}(x)$ zwei relative Minima und ein relatives Maximum. Die Spitzenkatastrophe weist demnach bei diesen Parameterkonstellationen neben einem dynamisch instabilen zwei verschiedene dynamisch stabile Gleichgewichtszustände auf. Die Menge der dynamisch instabilen Gleichgewichtszustände entspricht natürlich der mittleren Schicht der Falte von M_{F_2} (siehe Abbildung 3.13).

<u>(b) Diskontinuität:</u> Beschreibt die Parameterkonstellation z.B. den in Abbildung 3.14 eingezeichneten Weg W_1, so durchläuft die das System steuernde Potentialfunktion $F_2^{a,b}(x)$ bzw. der Systemzustand x die folgenden Stadien.

(A) $F_2^A(x)$ weist nur eine Singularität auf, nämlich an der Stelle x_1^1. x_1^1 entspricht also dem einzigen gleichgewichtigen Systemzustand. Dieser Systemzustand ist dynamisch stabil, da es sich bei der Singularität um ein relatives Minimum handelt. Dies bedeutet, dass das System bei der Parameterkonstellation A den Zustand $x=x_1^1$ annimmt.

(B) Bei der Parameterkonstellation B bildet sich eine zweite Singularität an der Stelle x_2^2. Dieser zweiten Singularität, einem Wendepunkt, entspricht ein zweiter gleichgewichtiger Systemzustand, der aber dynamisch instabil ist. Es gilt $x=x_2^1$.

(C) Der Wendepunkt, der bei der Parameterkonstellation B aufgetaucht ist, hat sich in ein relatives Minimum und ein relatives Maximum aufgeteilt. Das System weist nun zwei dynamisch stabile Gleichgewichtszustände auf. Das alte relative Minimum ist kleiner als das neue: $F_2^C(x_3^1) < F_2^C(x_3^2)$. Es gilt $x=x_3^1$.

(D) Bei dieser Parameterkonstellation sind die beiden Minima gleich gross: $F_2^D(x_4^1) = F_2^D(x_4^2)$. Es gilt $x=x_4^1$.

(E) Das zweite relative Minimum ist bei E kleiner als das erste: $F_2^E(x_5^2) < F_2^E(x_5^1)$. Der Systemzustand verharrt trotzdem bei x_5^1, da das System ja die Potentialfunktion F_2 lokal minimiert.

(F) Das erste relative Minimum verschmilzt mit dem relativen Maximum und wird dabei zu einem Wendepunkt. Der an der Stelle x_6^1 definierte Gleichgewichtszustand ist somit dynamisch instabil. Dies bedeutet, dass der Systemzustand x bei der kleinsten Erhöhung von b zum dynamisch stabilen Gleichgewichtszustand an der Stelle x_6^2 springt.

(G) Der Wendepunkt ist verschwunden und F_2 weist nur noch ein relatives Minimum auf, dem der einzige (dynamisch stabile) Gleichgewichtszustand entspricht: $x=x_7^2$.

Sehr anschaulich lässt sich die eben geschilderte Entwicklung des Systems auch anhand der Gleichgewichtsfläche M_{F_2} in Abbildung 3.13 beschreiben. Man beachte, dass hier - im Gegensatz zur Diskontinuität, die durch die Faltenkatastrophe beschrieben wird -

der Systemzustand nicht aus dem Blickfeld verschwindet.

(c) Hysterese: Wird die eben geschilderte Patameteränderung rückgängig gemacht (siehe Weg W_2 in Abbildung 3.13), so springt der Systemzustand x nicht bei der Parameterkonstellation F, sondern erst bei der Parameterkonstellation B auf die obere Schicht der Gleichgewichtsfläche M_{F_2}. Dieses Phänomen wird als Hysterese bezeichnet.

(d) Divergenz: Abbildung 3.15 zeigt die Menge $M_{F_2}^{b=0} = \{(x,a) \mid (\partial F_2(x,a,0)/\partial x) = 4x^3+2ax = 0\}$ der gleichgewichtigen Systemzustände (x^*,a,b), wenn $b=0$ gilt. $M_{F_2}^{b=0}$ besteht aus der a-Achse und aus der Parabel $a=-2x^2$. Die durch die Parabel definierten Gleichgewichtszustände sind dynamisch stabil, denn es gilt $(\partial^2F_2/\partial x^2) = 12x^2+2a = 12x^2-4x^2 = 8x^2 > 0$. Demgegenüber sind die durch die a-Achse definierten Gleichgewichtszustände nur dann dynamisch stabil, wenn $a>0$ gilt. Dies folgt unmittelbar aus der Beziehung $(\partial^2F_2/\partial x^2) = 12x^2+2a = 2a \gtrless 0 \Leftrightarrow a \gtrless 0$.

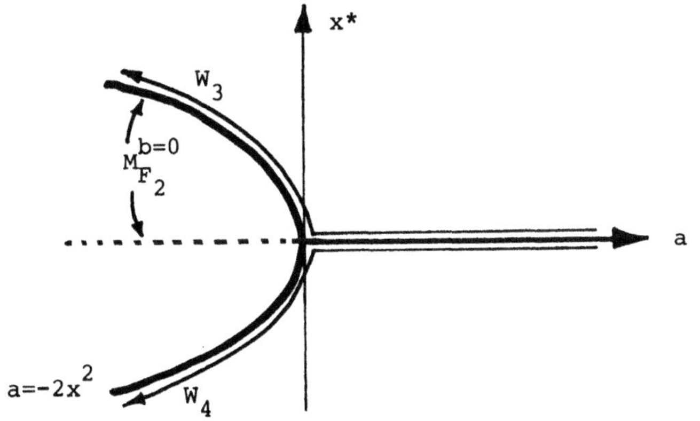

Abb. 3.15

Vermindert man nun, ausgehend von einer Parameterkonstellation (a,0) mit a>0 den Parameterwert a, so bleibt der Systemzustand solange unverändert (x=0), bis a verschwindet. Bei der Parameterkonstellation a=b=0 kann der Systemzustand entweder dem oberen oder dem unteren Ast der Parabel folgen. Der Systemzustand x erhöht oder vermindert sich also ständig, wenn a gegen $-\infty$ geht. Dieses Phänomen wird als Divergenz bezeichnet. Wiederum lässt sich dieses Systemverhalten auch anhand der Gleichgewichtsfläche M_{F_2} in Abbildung 3.13 beschreiben, denn $M_{F_2}^{b=0}$ entspricht ja der Schnittmenge $M_{F_2} \cap \{(x,a,0)\}$.

3.6.3. DER SCHWALBENSCHWANZ

Die Gleichgewichtsfläche $M_{F_3} = \{(x,a,b,c) \mid \frac{dF_3}{dx} = 0\}$ der kanonischen Form der Schwalbenschwanzkatastrophe ist eine 3-dimensionale Untermannigfaltigkeit von R^4. Einen Eindruck von der Gestalt von M_{F_3} erhält man, wenn man z.B. die 2-dimensionalen Schnitte $M_{F_3}^{\bar{a}} = M_{F_3} \cap \{(x,a,b,c) \mid a = \bar{a}\}$ von M_{F_3} im R^3 analysiert.

Ist $\bar{a}$ positiv, so gleicht die in Abbildung 3.16 dargestellte Gleichgewichtsfläche $M_{F_3}^{\bar{a}} = \{(x,b,c) \mid \frac{dF_3}{dx} = 5x^4+3\bar{a}x^2+2bx+c = 0\} = \{(x,b,c) \mid c = -(5x^4+3\bar{a}x^2+2bx)\}$ einer Falte. Dies erkennt man am besten, wenn man die eindimensionalen Schnitte $M_{F_3}^{\bar{a},\bar{b}} = M_{F_3} \cap \{(x,a,b,c) \mid a = \bar{a},\ b = \bar{b}\}$ von M_{F_3} im R^2, d.h. die Graphen der $(R \to R)$-Funktionen $c = -(5x^4+3\bar{a}x^2+2\bar{b}x)$ betrachtet. Die Graphen dreier charakteristischer c-Funktionen zeigt Abbildung 3.17.

Abb. 3.17

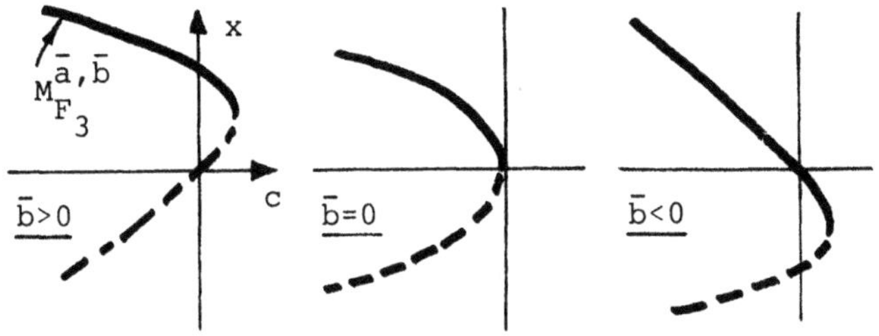

Bei negativem $\bar{a}$ ist die Analyse etwas aufwendiger, denn die c-Funktionen können nun auch zwei relative Maxima aufweisen. Dies ist genau dann der Fall, wenn die Funktion dc/dx drei Nullstellen besitzt. Die Funktion $dc/dx = -(20x^3+6\bar{a}x+2\bar{b})$ weist an den Stellen $x_{1/2} = \pm\sqrt{-\bar{a}/10}$ ein lokales Maximum bzw. ein lokales Minimum auf, denn es gilt $d^2c/dx^2|_{x_{1/2}} = -(60x^2+6\bar{a})|_{x_{1/2}} = 0$ und $d^3c/dx^3|_{x_1} = -120x_1 < 0$ bzw. $d^3c/dx^3|_{x_2} = -120x_2 > 0$. Die Anzahl der Nullstellen von $c' = dc/dx$ hängt somit allein vom Parameter $\bar{b}$ ab. Diesen Zusammenhang illustriert Abbildung 3.18.

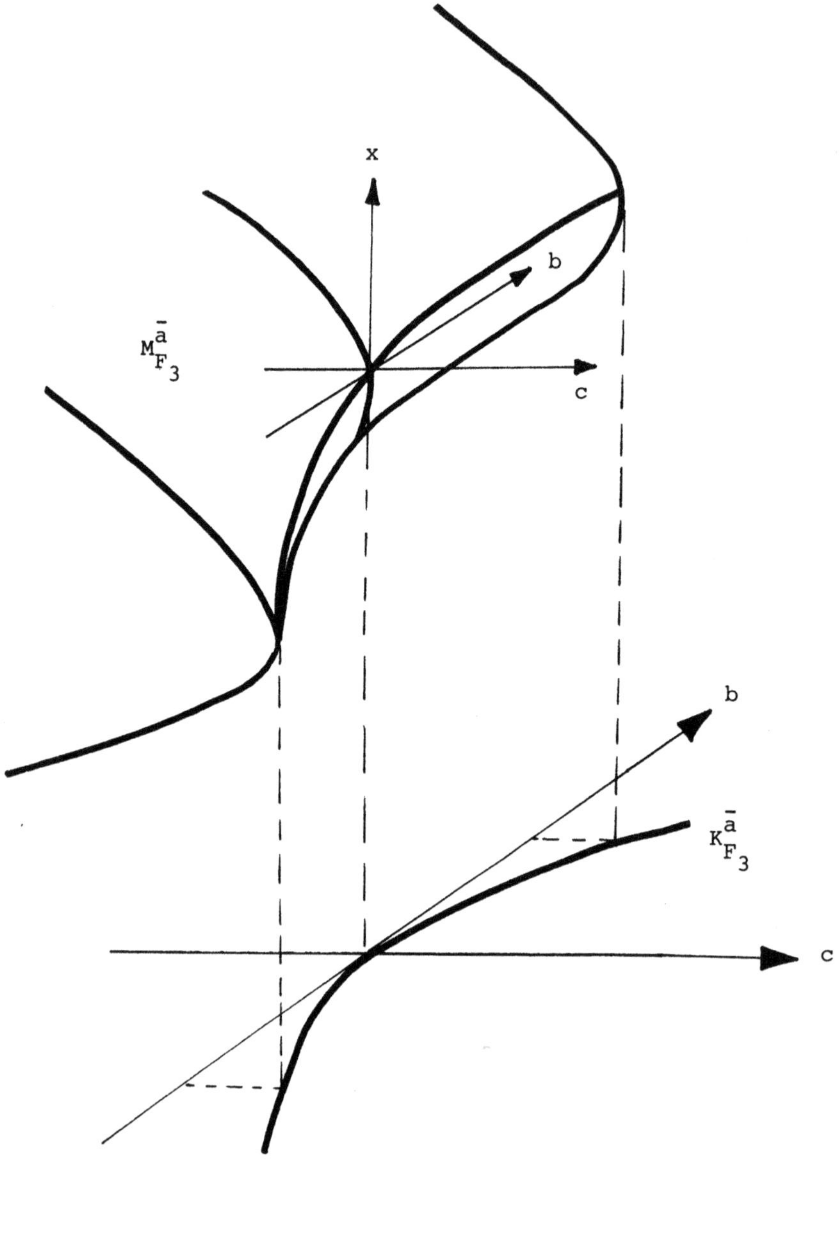

Abb. 3.16

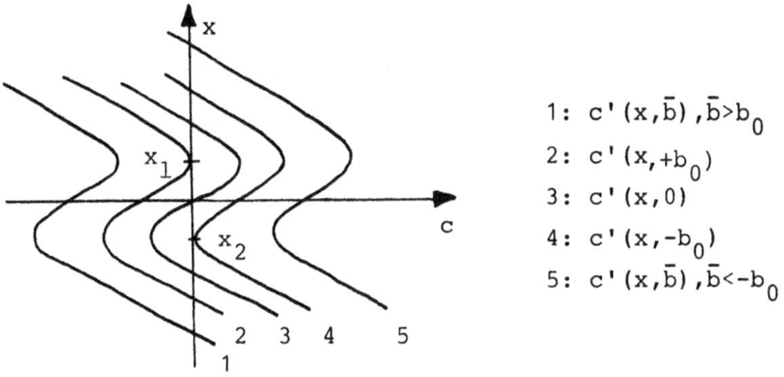

Abb. 3.18

In den beiden Grenzfällen $\bar b = \pm b_0$ tangieren die Graphen der c'-Funktionen die x-Achse an der Stelle x_1 bzw. x_2. Es gilt also $dc/dx = -(20\,{}^{\pm}\sqrt{-\bar a/10}^{\,3} + 6\bar a\,{}^{\pm}\sqrt{-\bar a/10} + 2b_0) = 0$, woraus nach einigen Umformungen $b_0 = \pm\sqrt{-\frac{2}{5}\bar a^3}$ folgt. Mit Hilfe dieser Informationen ist es nun nicht schwer, die Gestalten der Graphen der c-Funktionen für verschiedene Parameterwerte $\bar b$ anzugeben. Dies wird in Abbildung 3.19 getan.[45]

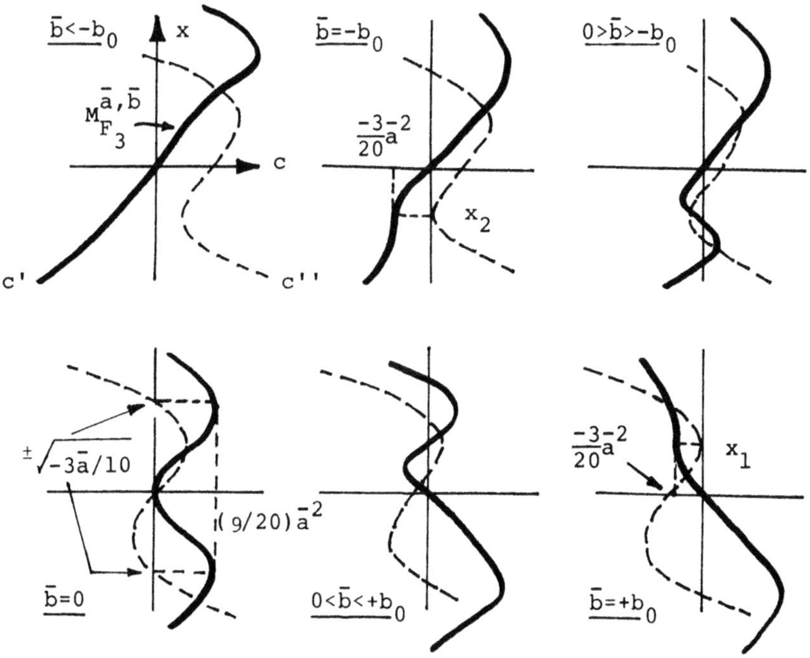

Abb. 3.19

In Abbildung 3.20 werden die verschiedenen Schnitte $M_{F_3}^{\bar{a},\bar{b}}$ zusammengesetzt. Es resultiert die Gleichgewichtsfläche $M_{F_3}^{\bar{a}}$ der kanonischen Form der Schwalbenschwanzkatastrophe für negative Parameterwerte $\bar{a}$. Glich die Gleichgewichtsfläche $M_{F_3}^{\bar{a}}$ bei $\bar{a}>0$ einer Faltenkatastrophe, so enthält sie bei $\bar{a} < 0$ zwei Spitzen. Die bei der Parameterkonstellation $(\bar{a}, -\sqrt{-\frac{2}{5}\bar{a}^3}, \frac{-3}{20}\bar{a}^2)$ definierte Spitze ist allerdings dual. Im Gegensatz zur Spitzenkatastrophe existiert beim Schwalbenschwanz nicht bei jeder Parameterkonstellation mindestens ein dynamisch stabiler, d.h. bei sofortiger Anpassung beobachtbarer Systemzustand. Es ist also durchaus möglich, dass - genau so wie bei den Faltenkatastrophen - der Systemzustand verschwindet bzw. gar kein Systemzustand beobachtbar ist. Dieser für die Modellierung von sozialen Systemen etwas unangenehmen Eigenschaft ist es zuzuschreiben, dass die Schwalbenschwanzkatastrophen bisher in den Sozialwissenschaften eine unbedeutende Rolle gespielt haben. Eine hübsche Illustration des Schwalbenschwanzes findet sich jedoch in BENNETT (1978).

Der analytische Ausdruck, der die <u>Katastrophenmenge</u> $K_{F_3} = \{(a,b,c) \mid \frac{dF_3}{dx} = 5x^4+3ax^2+2bx+c = 0,\ \frac{d^2F_3}{dx^2} = 20x^3+6ax+2b = 0\}$ definiert, trägt wenig zur Visualisierung der Gestalt von K_{F_3} bei. Mit den bisher abgeleiteten Ergebnissen kann aber in Abbildung 3.21 die Gestalt von K_{F_3} ohne weiteres skizziert werden. Dabei tritt die typische Schwalbenschwanz-Form (!) als Schnitt $K_{F_3} \cap \{(a,b,c) \mid a=\bar{a}<0\}$ auf.

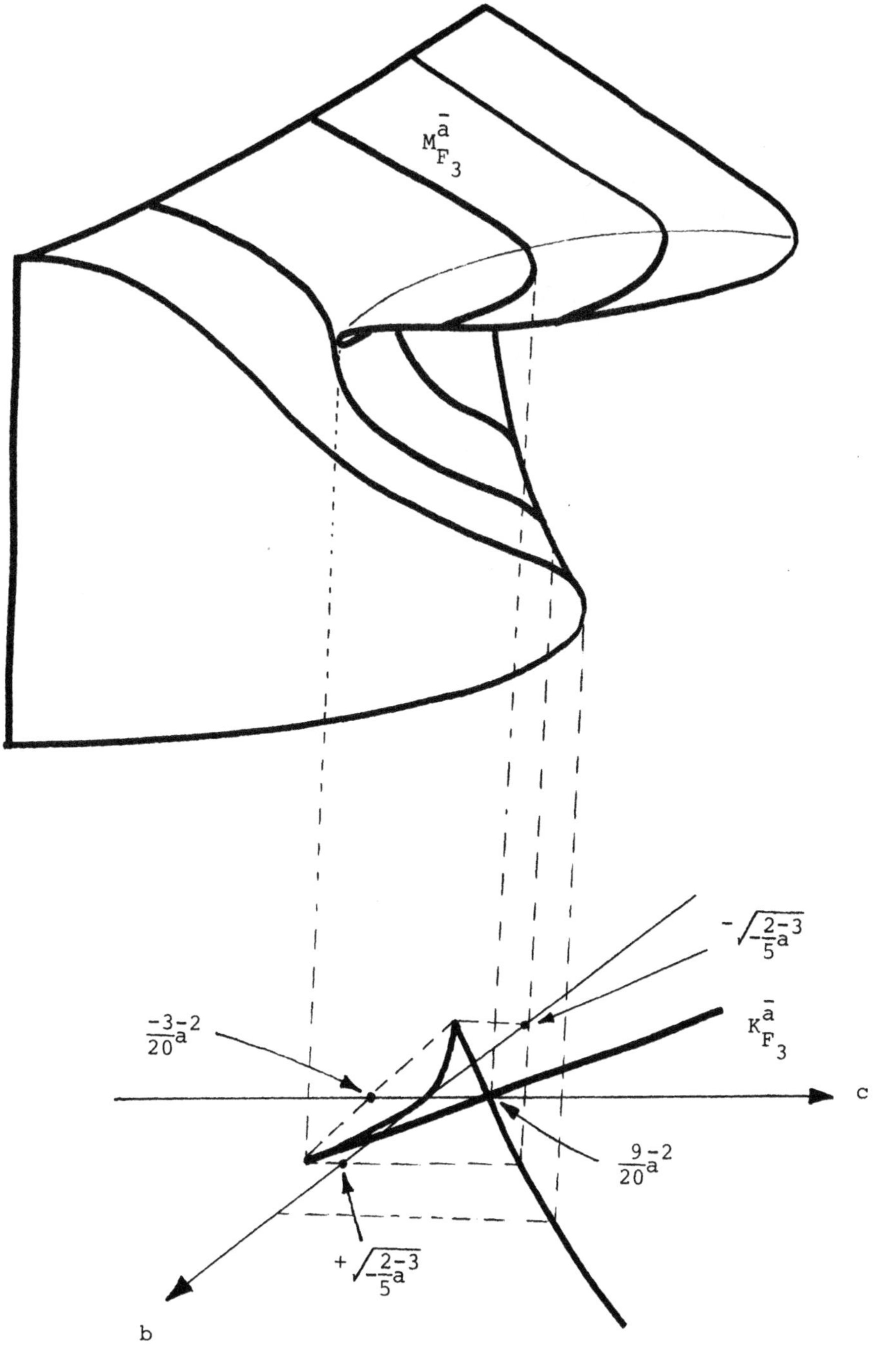

<u>Abbildung 3.20</u>

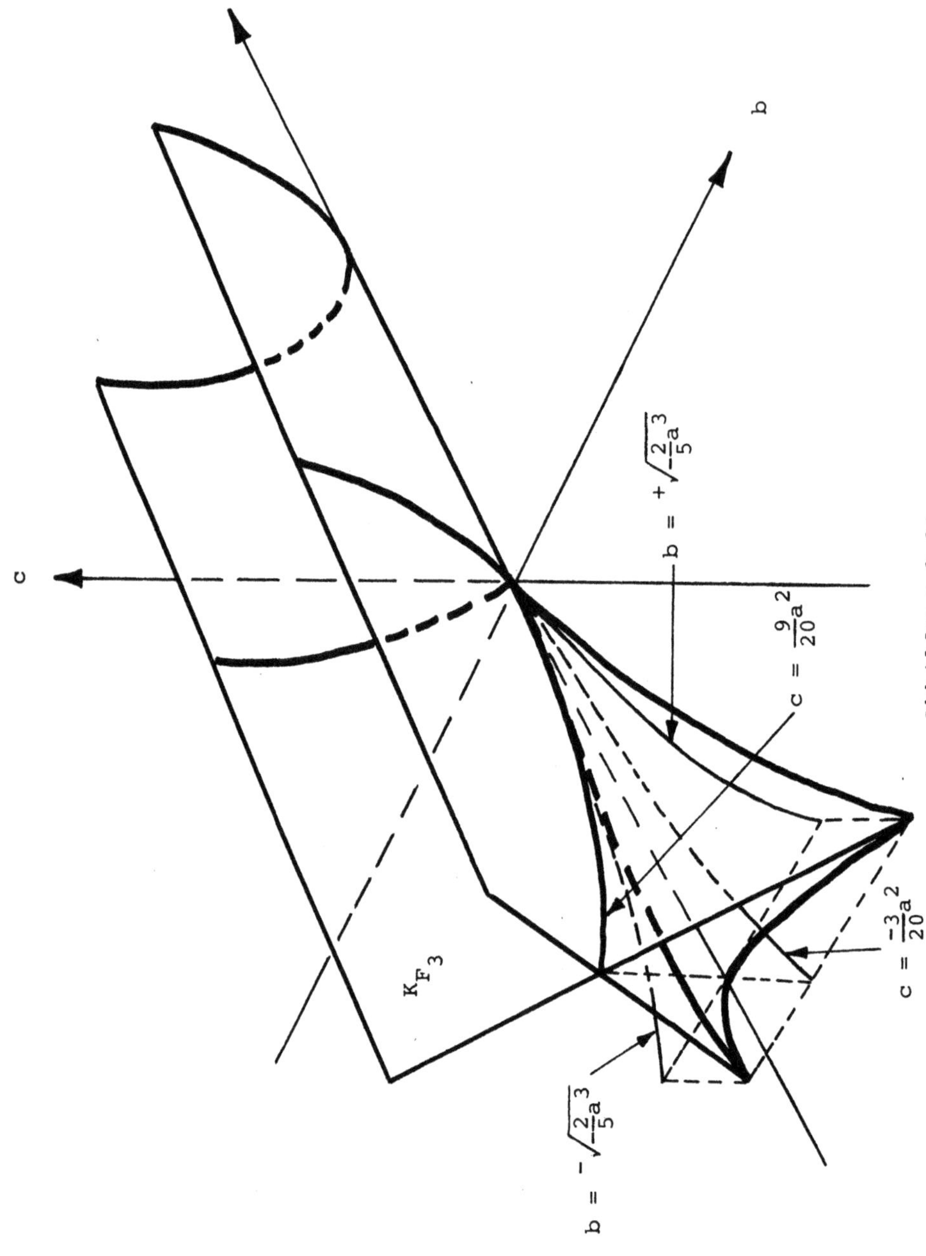

Abbildung 3.21

3.6.4. DER SCHMETTERLING [46]

Ebenso wie beim Schwalbenschwanz, kann auch bei der kanonischen Form $F_4(x,a,b,c,d) = x^6+ax^4+bx^3+cx^2+dx$ der Schmetterlingskatastrophe die 4-dimensionale Gleichgewichtsfläche $M_{F_4} = \{(x,a,b,c,d) \mid \frac{dF_4}{dx} = 0\} \subset R^5$ mittels ein- bzw. zweidimensionaler Schnitte im R^2 bzw. im R^3 visualisiert werden. Das Neue an der Schmetterlingskatastrophe besteht darin, dass bei gewissen Parameterkonstellationen (a,b,c,d) drei dynamisch stabile Gleichgewichtszustände auftreten. Dies sieht man z.B. daran, dass die in Abbildung 3.22 dargestellte Gleichgewichtsfläche $M_{F_4}^{\bar{a},\bar{b},\bar{c}} = \{(x,d) \mid d=-(6x^5+4\bar{a}x^3+3\bar{b}x^2+\bar{c}x)\}$, die dem Graphen der d-Funktion entspricht, zwei relative Maxima und zwei relative Minima aufweisen kann.

Abb. 3.22

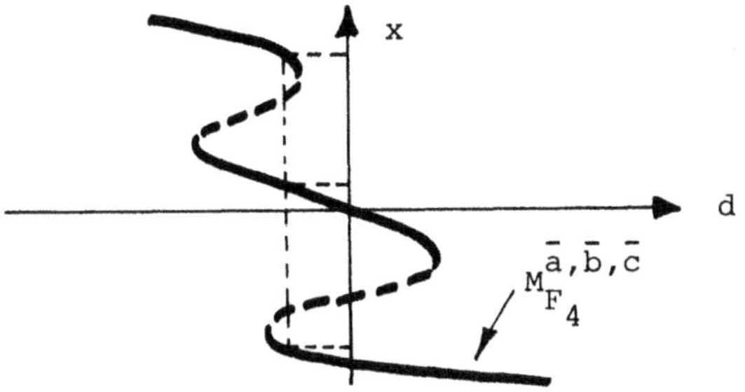

Die geometrischen Strukturen, die die kanonische Form der Schmetterlingskatastrophe definiert, erweisen sich bei negativen Parameterwerten a als am vielfältigsten. In Abbildung 3.23 ist die Gleichgewichtsfläche $M_{F_4}^{\bar{a},\bar{b}}$ für $\bar{a}<0$ und $\bar{b}=0$ dargestellt: $M_{F_4}^{\bar{a},0} = \{(x,c,d) \mid \frac{dF_4}{dx} = 6x^5+4\bar{a}x^3+2cx+d = 0\}$.[47] Aus dieser Abbildung ist ersichtlich, dass $M_{F_4}^{\bar{a},0}$ bei den Parameterkonstellationen A und B jeweils eine 'primale' Spitze und bei C eine duale Spitze enthält. Die Spitze bei A und die duale Spitze bilden zusammen eine Schwalbenschwanzkatastrophe.[48]

Graphisch befriedigende Darstellungen der verschiedenen Gleichgewichtsflächen $M_{F_4}^{\bar{a},\bar{b}}$ sind nicht leicht anzufertigen. Den besten Eindruck vermitteln sicher die Computer-Zeichnungen in WOODCOCK/POSTON (1974).[49] Es ist aber auch durchaus möglich, allein aufgrund der Katastrophenmengen $K_{F_4}^{\bar{a},\bar{b}} = K_{F_4} \cap \{(a,b,c,d) \mid a=\bar{a},\ b=\bar{b}\}$ zu einer Beurteilung der Gestalten der Gleichgewichtsflächen $M_{F_4}^{\bar{a},\bar{b}}$ zu gelangen. Abbildung 3.24 zeigt eine von BROECKER/LANDER (1975) übernommene Graphik, in der für verschieden Parameterkonstellationen $(\bar{a},\bar{b})$ die Katastrophenmengen $K_{F_4}^{\bar{a},\bar{b}}$ dargestellt sind.[50]

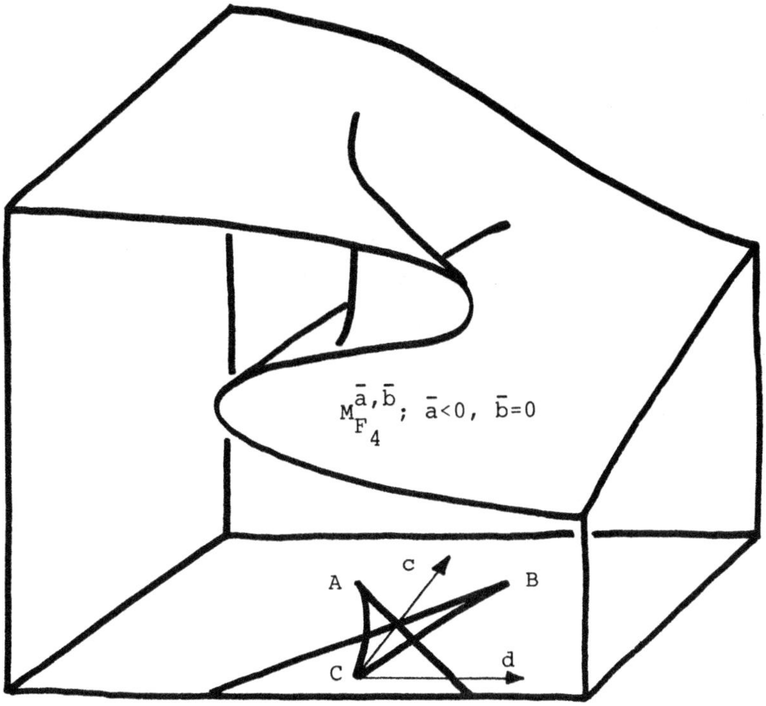

Abb. 3.23

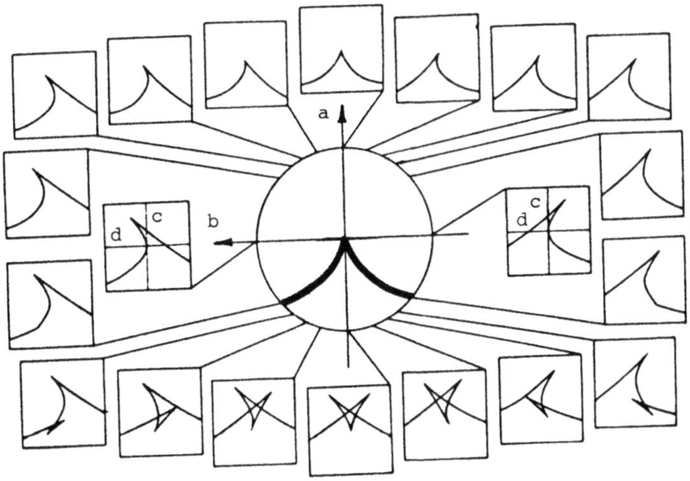

Abb. 3.24

FUSSNOTEN ZU KAPITEL 3

*) Siehe SAMUELSON (1948), S. 21.

1) Vgl. z.B. BERTALANFFY (1971), S. 55.

2) R. FRISCH: "Propagation Problems and Impulse Problems in Dynamic Economies", in R. FRISCH: Economic Essays in Honour of Gustav Cassel (London, Allen and Unwin, 1933). Wiederabgedruckt in R.A. GORDON und L.R. KLEIN (Hrsg.): Readings in Business Cycles (London, Allen and Unwin, 1966), S. 155-185.

3) Siehe R. FRISCH: "On the Notion of Equilibrium and Disequilibrium", Review of Economic Studies, 3, 1935-1936, S. 100-106. Zitiert nach SAMUELSON (1948), S. 314.

4) Einen Ueberblick über die verschiedenen in der Wirschaftstheorie gebräuchlichen Dynamik-Definitionen gibt z.B. W.J. BAUMOL: Economic Dynamics (New-York, Macmillan, 1951), S. 1-7.

5) Vgl. z.B. CHILLINGWORTH (1976), S. 179; SAMUELSON (1948), S. 282 oder BERTALANFFY (1971), S. 55.

6) Einen Beweis des Fundamentaltheorems liefern z.B. HIRSCH/SMALE (1974) in Kapitel 8, S. 159-179.

7) Entsprechende Lösungsverfahren finden sich in jedem elementaren Lehrbuch der mathematischen Wirschaftstheorie; so z.B. in CHIANG (1974), S. 607-610.

8) Siehe B. HANSEN: A Survey of General Equilibrium Systems (New-York, McGraw-Hill, 1970), S. 2.

9) Siehe SAMUELSON (1948), S. 257.

10) Man beachte, dass hier der Terminus 'qualitativ' im ordinalen Sinn verwendet wird.

11) Vgl. z.B. CHIANG (1974), S. 222ff.

12) Notwendige und hinreichende Bedingungen für die vollständige

komparativ-statische Analysierbarkeit von 'qualitativen Modellen', finden sich z.B. in QUIRK/SAPOSNIK (1968), S. 202ff.

13) Im folgenden wird o.B.d.A. immer von einem Minimierungsverhalten ausgegangen, denn ein System, das eine Funktion F maximiert, minimiert die Funktion -F.

14) Vgl. dazu auch SAMUELSON (1948), S. 301f.

15) Die Ableitungen $\partial\hat{x}_i/\partial a_j$ sind im Prinzip Multiplikatoren des Gleichungssystems $(\partial F/\partial x)(x,a)=0$, d.h. der Bedingungen erster Ordnung für ein Minimum von F. Es gilt demnach

$$\frac{\partial\hat{x}_i}{\partial a_j} = |J^{\partial F/\partial x}|_{i,j}/|J^{\partial F/\partial x}| = |H^F|_{i,j}/|H^F|.$$

16) Vgl. z.B. CHIANG (1974), S. 350f.

17) $\partial y^*/\partial a|_{(1,-1)} = |J^X|_{2,1}/|J^X| = \begin{vmatrix} -1 & -1 \\ 1 & 0 \end{vmatrix} / \begin{vmatrix} -1 & 0 \\ 1 & 1 \end{vmatrix} = -1.$

18) Siehe SAMUELSON (1948), S. 262f.

19) Die wichtigsten dieser Bedingungen finden sich z.B. in GANDOLFO (1972), S. 264ff.

20) Siehe SAMUELSON (1948), S. 284.

21) Es wird hier ausnahmsweise nicht auf der Differenzierbarkeit von h bestanden, weil die Richtigkeit von Theorem 17 und eine vernünftige Definition der strukturellen Stabilität von Vektorfeldern nur bei $h\varepsilon C^0$ gewährleistet ist. Vgl. dazu CHILLINGWORTH (1976), S. 208 und S. 229.

22) P. HARTMAN: "On the local linearization of differential equations", Proceedings of the American Mathematical Society, 14, 1963, S. 568-573. Zitiert nach CHILLINGWORTH (1976), S. 208 und S. 276.

23) Vgl. z.B. HIRSCH/SMALE (1974), S. 89-97.

24) Vgl. z.B. GANDOLFO (1972), Kapitel 8, S. 254-272.

25) Einige wichtige Resultate werden in CHILLINGWORTH (1976), S. 217-221, präsentiert.

26) Einen Ueberblick über die einschlägige Literatur geben z.B. QUIRK/SAPOSNIK (1968), S. 195-216.

27) Siehe SAMUELSON (1948), S. 351.

28) Vgl. z.B. CHILLINGWORTH (1976), S. 227-245.

29) Vgl. z.B. CHILLINGWORTH (1976), S. 254f und die dort zitierte Literatur.

30) Dieser 'Stammbaum der ökonomischen Analysemethoden' wurde z.T. von SAMUELSON (1948), S. 351, übernommen.

31) Die hier eingeführte Unterscheidung zwischen Aequivalenz und strenger Aequivalenz von Vektorfeldern ist nicht allgemeingebräuchlich.

32) Vgl. ZEEMAN (1976e), S. 263.

33) Siehe MATHER (1968-1971).

34) So kann z.B. ein $\underset{\cdot}{E}(n)$-Funktionskeim $f_a(x) = F(x,a) \varepsilon (F_0,3)$ zu f_I, f_{II}, f_1, f_2, f_3, f_6 oder f_7 aequivalent sein.

35) 'vertikal' bedeutet hier soviel wie 'normal zum Parameterraum R^k'.

36) Eine Punktemenge M_X wird hier als nicht-pathologisch bezeichnet, wenn der Rang der Matrix

$$\begin{pmatrix} \frac{\partial X}{\partial x} & \frac{\partial X}{\partial a} \\ & \\ 0 & 0 \end{pmatrix}$$

bei allen Punkten $(x,a) \varepsilon M_X$ gleich n ist.

37) F_{II} weist an der Stelle x=0 genau dann ein relatives Minimum auf, wenn n=s gilt. Für 0<s<n bzw. s=0 ist an der Stelle x=0 ein Sattelpunkt bzw. ein relatives Maximum definiert.

38) Dass es sich bei der Regularität bzw. Singularität dieser Hesseschen Matrix tatsächlich um eine qualitative Eigenschaft handelt, wird im weiteren Verlauf der Argumentation klar.

39) Siehe SAMUELSON (1948), S. 331.

40) Es sei a(t) eine typische C^{∞}-Abbildung $R \rightarrow R^k$. Dem elementaren Transversalitätstheorem gemäss verläuft dann die Bildmenge $A = \{a \varepsilon R^k \mid a = a(t),\ t \varepsilon R^+\}$ transversal zu K_X, d.h. es gilt entweder $\dim(A \cap K_X) = \dim A + \dim K_X - \dim R^k = 1 + (k-1) - k = 0$ oder $A \cap K_X = \emptyset$.

41) Eine Ausnahme bildet die Arbeit von PHILLIPS/RIMKUNAS (1978), in der ein elliptisches Nabelschnur-Modell präsentiert wird. Der Wert dieser Arbeit wird allerdings durch verschiedene Fehler ernsthaft in Frage gestellt.

42) Die unwesentlichen Variablen, die nichts zur Vielfalt der geometrischen Strukturen der Elementarkatastrophen beitragen, werden in diesem Abschnitt ignoriert.

43) Es wird hier nur die kanonische Form $F_2^+(x,a,b) = +(x^4 + ax^2 + bx)$ untersucht, denn die kanonische Form $F_2^-(x,a,b) = -(x^4 + ax^2 + bx)$, die als duale Spitze bezeichnet wird, definiert dieselben geometrischen Strukturen wie F_2^+, d.h. es gilt $M_{F_2^-} = M_{F_2^+}$ und $K_{F_2^-} = K_{F_2^+}$. Man beachte jedoch, dass wegen $F_2^+ = -F_2^-$ die dynamischen Stabilitätseigenschaften der beiden Gleichgewichtskonfigurationen unterschiedlich sind.

44) M_{F_2} entspricht dem Graphen der Funktion $b = -4x^3 - 2ax$ und weist deshalb dieselbe Gestalt auf wie der in Abbildung 3.10 wiedergegebene Graph der Funktion $F_1 = x^3 + ax$.

45) Die Werte $c = (-3/20)\bar{a}^2$ in der zweiten und sechsten, sowie die Werte $x = \pm\sqrt{-3\bar{a}/10}$ und $c = (9/20)\bar{a}^2$ in der vierten Figur ergeben sich aus den folgenden Ansätzen:

$$c = -(5 \pm\sqrt{-\bar{a}/10}^{\,4} + 3\bar{a} \pm\sqrt{-\bar{a}/10}^{\,2} + 2 \pm\sqrt{-(2/5)\bar{a}^3} \pm\sqrt{-\bar{a}/10}) = -\frac{3}{20}\bar{a}^2,$$

$$\left.\frac{dc}{dx}\right|_{b=0} = -(20x^3 + 6\bar{a}x) = 0 \rightarrow x_{1/2} = \pm\sqrt{-3\bar{a}/10} \text{ und}$$

$$c = -(5(\pm\sqrt{-3\bar{a}/10})^4 + 3\bar{a}(\pm\sqrt{-3\bar{a}/10})^2) = \frac{9}{20}\bar{a}^2.$$

46) Es wird hier nur die kanonische Form $F_4^+(x,a,b,c,d) = +(x^6+ax^4+bx^3+cx^2+dx)$ untersucht. Für die <u>duale Schmetterlingskatastrophe</u> $F_4^-(x,a,b,c,d)=-F_4^+$ gelten dieselben Ueberlegungen, die schon bei der dualen Spitzenkatastrophe angestellt wurden (vgl. FN 43).

47) Die Ableitung der Gestalt von $M_{F_4}^{\bar{a},0}$ kann ganz analog zur Ableitung der Gestalt von M_{F_3} erfolgen.

48) Die Spitze bei der Parameterkonstellation B bildet zusammen mit der dualen Spitze eine Gleichgewichtskonstellation, die einer Schwalbenschwanzkatastrophe ähnlich sieht, aber keine ist, denn die Anordnung von stabilen und instabilen Schichten ist vertauscht. Da es keinen dualen Schwalbenschwanz gibt - der Schwalbenschwanz ist selbst-dual - könnte man diese Gleichgewichtskonfiguration als falschen Schwalbenschwanz bezeichnen.

49) Siehe WOODCOCK/POSTON (1974), S. 19-21 und S. 166-192.

50) Die aufwendige, wenn auch nicht anforderungsreiche Diskussion der Katastrophenmengen $K_{F_4}^{\bar{a},\bar{b}}=\{(c,d) \mid (dF_4/dx)=(d^2F_4/dx^2=0\} = \{(c,d) \mid 6x^5+4\bar{a}x^3+3\bar{b}x^2+2cx+d=0,\ 30x^4+12\bar{a}x^2+6\bar{b}x+2c=0\}$ kann ganz analog zu derjenigen von K_{F_3} in Abschnitt 3.6.3 erfolgen. Aus Platzgründen sei hier auf eine Ausführung verzichtet.

"Unless one understands in some detail the precise mathematical hypotheses involved, and the way in which they lead to the conclusions, one will fail to have an adequate feel for what the theory can or cannot be made to do."

T. POSTON und I. STEWART [1]

KAPITEL 4

EINE BEWEISSKIZZE DES KLASSIFIKATIONSTHEOREMS

4.1. DIE GRUNDIDEE DES KLASSIFIKATIONSTHEOREMS

In Abschnitt 4 des vorhergehenden Kapitels ist das Klassifikationstheorem aus der Sicht der Singularitätstheorie dargestellt worden. Dieses zentrale Theorem der elementaren Katastrophentheorie besteht aus mehreren Aussagen, deren Zusammenhang nicht ohne weiteres ersichtlich ist. Die wichtigsten dieser Aussagen werden hier noch einmal aufgezählt.

(1) Die Entfaltungen regulärer Funktionskeime sind zur E(n+k)-Entfaltung $F_I(x,a) = x_1$ aequivalent.

(2) Die Entfaltungen nichtdegenerierter, singulärer Funktionskeime sind zur E(n+k)-Entfaltung $F_{II}(x,a) = \Sigma \pm x_i^2$ aequivalent.

(3) Reguläre und nichtdegenerierte, singuläre Funktionskeime sind strukturell stabil.

(4) Die Menge $(F,k\leq 5)$ der k-Parameter Entfaltungen mit fünf oder weniger Parametern enthält eine offene und dichte Teilmenge $(F_0,k\leq 5)$, deren Elemente gewisse Eigenschaften aufweisen (Aussagen (5) bis (9)). Ueber den Ursprung der Repräsentativität der Elemente von $(F_0,k\leq 5)$ wird nichts ausgesagt.

(5) Gilt $F(x,a) \varepsilon (F_0,k\leq 5)$, so ist jeder degenerierte E(n)-Keim $f_{(x,a)}(y) = F(x+y,a)$ strukturell instabil.

(6) Die Elemente von $(F_0,k\leq 5)$ sind strukturell stabil.

(7) Die $(F_0,k\leq 5)$-Entfaltungen degenerierter bzw. strukturell instabiler Funktionskeime lassen sich endlich klassifizieren.

(8) Die Anzahl der Aequivalenzklassen der $(F_0,k\leq l)$-Entfaltungen strukturell instabiler Funktionskeime wächst mit der grösstmöglichen Anzahl $l\leq 5$ der Parameter.

(9) Die kanonischen Formen der (F_0,k)-Entfaltungen strukturell instabiler Funktionskeime sind für $k\leq 5$ in der folgenden Tabelle zusammengefasst.

k	1	2	3	4	5
kanonische Formen der (F_0,k)-Entfaltungen strukturell instabiler Funktionskeime	F_1	F_1,F_2	F_1-F_3 F_6,F_7	F_1-F_4 F_6-F_8	F_1-F_{11}

Die folgenden Ueberlegungen sollen zeigen, wie diese Aussagen zusammenhängen bzw. aufgrund welcher Vermutungen man zur Formulierung eines derartigen Theorems gelangen kann.[2] Dabei geht es nur darum, die grundlegende Idee, die hinter dem Klassifikationstheorem steckt, aufzuzeigen, nicht aber schon eine detaillierte Beweisskizze des Theorems zu liefern. Es ist daher auch nicht erforderlich, die Ausführungen in diesem Abschnitt mit unnötigen technischen Einzelheiten zu belasten, zumal es sich zeigen wird, dass dieses intuitive Gedankengebäude sich nicht unmittelbar zu einer Beweisskizze ausbauen lässt. Allerdings kann man die Schwierigkeiten, die dies verhindern, umgehen. Wie dies im einzelnen bewerkstelligt werden kann, ist Gegenstand der eigentlichen Beweisskizze, die in den Abschnitten 2 bis 5 dieses Kapitels geliefert wird.

Das Klassifikationstheorem befasst sich im wesentlichen mit den Gestalten von k-Parameter Entfaltungen $F: R^{n+k} \supset U \to R$. Da sich jeder Funktionskeim $f: R^n \supset V \to R$ in ein n-dimensionales Kontinuum von E(n)-Keimen zerlegen lässt, wenn f an jeder Stelle x des Definitionsbereichs V als E(n)-Keim $f_x(y) = f(x+y)$ aufgefasst wird, können k-Parameter Entfaltungen F(x,a) als n+k-dimensionales Kontinuum von E(n)-Keimen $f_{(x,a)}(y) = F(x+y,a)$ interpretiert werden. Diese Beziehung zwischen dem Raum $(\mathcal{F},k)$ der k-Parameter Entfaltungen und dem Raum E(n) bildet die Grundlage der folgenden Ueberlegungen, d.h. es wird anstatt des Raums $(\mathcal{F},k)$ der eng mit diesem verwandte Raum E(n) betrachtet. Den einzelnen k-Parameter Entfaltungen F entsprechen bei dieser Betrachtungsweise die Bildmengen G(F) der sogenannten <u>globalen Keimabbildung</u> $G: (\mathcal{F},k) \to E(n)$ mit

$$G(F(x,a)) = \{f_{(x,a)}(y) \in E(n) \mid f_{(x,a)}(y) = F(x+y,a)\}.$$

Die Grundidee, die hinter dem Klassifikationstheorem steckt, geht nun davon aus, dass der Raum E(n) sich zu einem unendlich-dimensionalen euklidischen Raum R^{∞} machen lässt, wobei die Menge Σ der degenerierten E(n)-Keime zu einer Kodimension-(n+1) Stratifikation und die Bildmengen der globalen Keimabbildung zu n+k-dimensionalen Untermannigfaltigkeiten von R^{∞} werden.

Mit Hilfe von Abbildung 4.1, die diesen Gedanken illustriert, können nun die ersten acht Aussagen des Klassifikationstheorems plausibel gemacht werden. Desweitern offenbart diese Abbildung den Zusammenhang, der zwischen diesen Aussagen besteht.

Die Menge Σ der degenerierten E(n)-Keime wird in Abbildung 4.1 durch die aus den Koordinatenebenen gebildete Stratifikation symbolisiert. Σ besteht also aus drei Gruppen von Strata derselben Dimension: $\Sigma = \Sigma_1 \cup \Sigma_2 \cup \Sigma_3$. Σ_1 ist aus den zwölf 'Viertelsebenen' zusammengesetzt ($\Sigma_1 = \bigcup_{i=1}^{12} \Sigma_1^i$), Σ_2 aus den sechs 'Halbachsen' ($\Sigma_2 = \bigcup_{i=1}^{6} \Sigma_2^i$). Σ_3 ist gleich dem Nullpunkt. Der dreidimensionale euklidische Raum, in den Σ in Abbildung 4.1 eingebettet ist, symbolisiert diejenige Schnittmenge $\hat{E}(n) = E(n) \cap R^p$ (codim R^p=n), die Σ enthält: $\Sigma \subset \hat{E}(n)$.

Es wird nun von der plausiblen Annahme ausgegangen, dass qualitativ unterschiedliche, nichtdegenerierte E(n)-Keime durch Σ voneinander getrennt sind, in Abbildung 4.1 also jeder Oktant höchstens eine Aequivalenzklasse von nichtdegenerierten E(n)-Keimen symbolisiert. Analog wird für die degenerierten E(n)-Keime unterstellt, dass jedes Stratum Σ_i^j nur von einer Aequi-

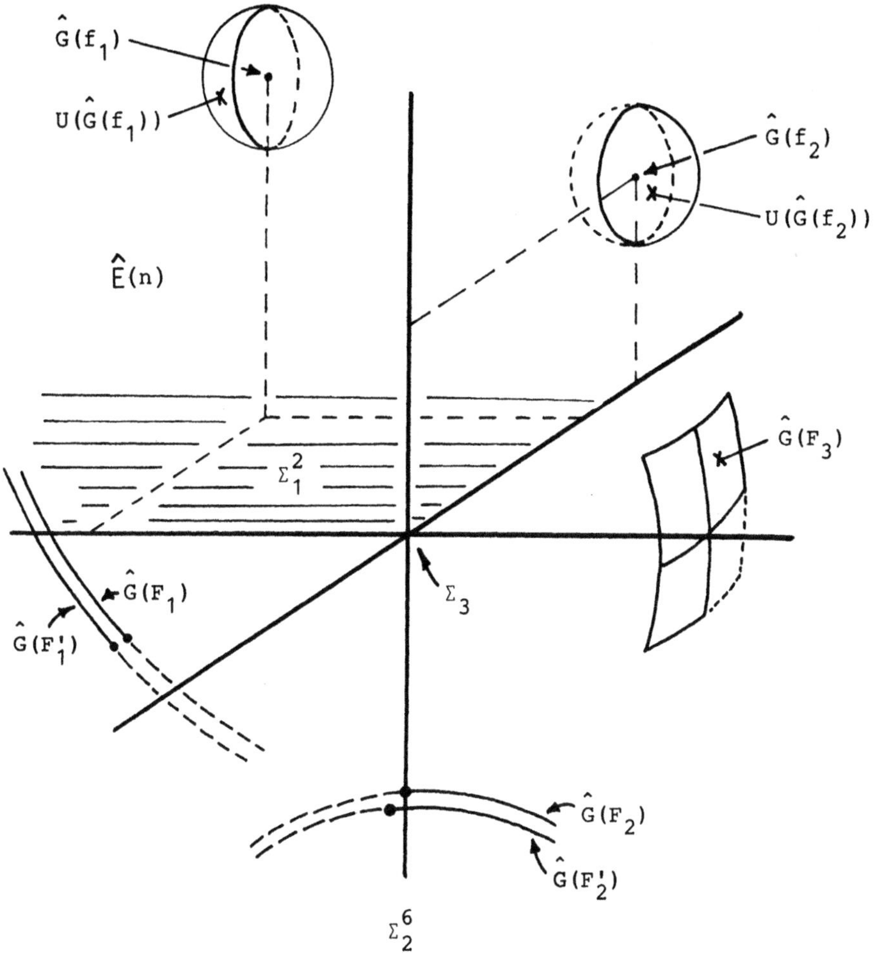

Abbildung 4.1

valenzklasse von degenerierten E(n)-Keimen besetzt ist. Darüberhinaus wird angenommen, dass die E(n)-Keime verschiedener Stratagruppen Σ_i nicht aequivalent sind und jede Stratagruppe nur eine endliche Anzahl von Aequivalenzklassen aufweist.

● Die Aussagen (1) und (2) des Klassifikationstheorems folgen unmittelbar aus den Theoremen 8, 9, 12 (Morse-Lemma) und

4 (Universalitätstest). Sie werden im Klassifikationstheorem nur der Vollständigkeit halber angeführt.

- Die Bildmenge G(F) einer beliebigen k-Parameter Entfaltung ist eine n+k-dimensionale Untermannigfaltigkeit von E(n) und und erscheint daher in $\hat{E}(n)$ als k-dimensionale Untermannigfaltigkeit $\hat{G}(F)$. Die Bildmenge eines Funktionskeims, einer 0-Parameter Entfaltung also, entspricht demnach einem Punkt in $\hat{E}(n)$. Ist f ein beliebiger nichtdegenerierter Funktionskeim, gilt also $G(f) \notin \Sigma$, so sieht man sofort, dass G(f) Umgebungen U(G(f)) besitzt, die ausschliesslich nichtdegenerierte Funktionskeime enthalten. Dieser Sachverhalt wird durch den Funktionskeim f_1 in Abbildung 4.1 illustriert. Da annahmegemäss alle E(n)-Keime $g \in U(G(f))$ aequivalent sind, ergibt sich unmittelbar <u>Aussage (3)</u>.

- Ist f ein degenerierter Funktionskeim, gilt also $\hat{G}(f) \in \Sigma$, so enthält jede Umgebung $U(\hat{G}(f)) \subset \hat{E}(n)$ nichtdegenerierte E(n)-Keime. Daraus folgt aber, dass auch jede Umgebung U(f) eines degenerierten Funktionskeims f nichtdegenerierte Funktionskeime aufweist. Da degenerierte und nichtdegenerierte Funktionskeime nicht aequivalent sein können, müssen die degenerierten Funktionskeime strukturell instabil sein (<u>Aussage (5)</u>).[3] Als Beispiel dient in Abbildung 4.1 der Funktionskeim f_2.

- Betrachtet man die Menge der $(F,k\leq 5)$-Entfaltungen im Licht des <u>elementaren Transversalitätstheorems</u>, so liegt die Vermutung nahe, dass die Menge der $(F,k\leq 5)$-Entfaltungen F, deren Bildmengen G(F) zu allen Strata von Σ transversal verlaufen, eine offene und dichte Teilmenge von $(F, k \leq 5)$ bildet. Mit dieser Menge wird im folgenden die Menge $(F_0, k \leq 5)$ identifiziert (Aussage (4)).

- Die strukturelle Stabilität der $(F_0, k \leq 5)$-Entfaltungen (Aussage (6)) sei anhand der Entfaltungen F_1 und F_1' bzw. F_2 und F_2' in Abbildung 4.1 demonstriert. F_1 ist ein Element von $(F_0, k \leq 5)$, denn es gilt $\hat{G}(F_1) \pitchfork \Sigma$. Annahmegemäss umfasst F_1 drei qualitativ verschiedene Arten von $E(n)$-Keimen. Jede Entfaltung, die wie z.B. F_1' genügend nahe bei F_1 liegt, weist dieselben Arten von $E(n)$-Keimen in derselben Anordnung auf. F_1 und F_1' sind also aequivalent, d.h. F_1 ist strukturell stabil. Dass dies für Entfaltungen, die nicht Element von $(F_0, k \leq 5)$ sind, nicht zutrifft, zeigt die Entfaltung F_2. F_2 ist kein Element von $(F_0, k \leq 5)$, weil die Bildmenge $\hat{G}(F_2)$ ihrer globalen Keimabbildung nicht transversal zum Stratum Σ_2^6 verläuft. Dies bedeutet, dass es in jeder Umgebung von F_2 Entfaltungen wie z.B. F_2' gibt, die keinen Keim von der 'Σ_2^6-Klasse' enthalten. F_2 muss also strukturell instabil sein.

- Die Stratifikation Σ in Abbildung 4.1 lässt sich in drei Stratagruppen zerlegen. In Wirklichkeit ist aber $E(n)$ ein unendlich-dimensionaler Raum und die Anzahl der Stratagruppen von Σ dementsprechend ebenfalls unendlich. Selbst wenn also die Hoffnung, dass jede Stratagruppe nur endlich viele Aequivalenzklassen von degenerierten $E(n)$-Keimen umfasst, berechtigt ist, kann daraus allein noch keine endliche Klassifikation der (F, k)-Entfaltungen, wie sie in Aussage (7) behauptet wird, abgeleitet werden. Berücksichtigt man aber die im Klassifikationstheorem vorgenommene Beschränkung der Anzahl k der Parameter, so wird sofort klar, dass die $(F_0, k \leq 5)$-Entfaltungen nur degenerierte E(n)-Keime einer endlichen Anzahl von Stratagruppen enthalten können. (Weist z.B. eine beliebige $(F_0, 1)$-Entfaltung in Abbildung 4.1 strukturell instabile E(n)-Keime auf, so müssen diese von der 'Σ_1-Klasse' sein.) Damit scheint aber eine endliche Klassifikation der $(F_0, k \leq 5)$-Entfaltungen durchaus im Bereich des Möglichen zu liegen.[4]

- Die Anzahl der Aequivalenzklassen der $(F_0, k \leq l)$-Entfaltungen wächst mit der grösstmöglichen Anzahl l der Parameter (Aussage (8)), weil die Anzahl der Stratagruppen, die von $\hat{G}(F)$ mit $F \in (F_0, k \leq l)$ geschnitten werden können, mit l zunimmt. So kann z.B. in Abbildung 4.1 die Bildmenge $\hat{G}(F_3)$ der $(F_0, 2)$-Entfaltung F_3 die Stratagruppe Σ_2 durchaus schneiden, währenddem dies für die Bildmenge $\hat{G}(F)$ einer $(F_0, 1)$-Entfaltung F nicht möglich ist.

Damit ist gezeigt, wie die verschiedenen Aussagen des Klassifikationstheorems zusammenhängen. Gleichzeitig stellen diese Ueberlegungen ein Programm dar, das zeigt, wie das Klassifikationstheorem prinzipiell bewiesen werden könnte. Leider stellt sich der Ausführung dieses Programms ein Hindernis entgegen. Es ist nämlich nicht so leicht, die Menge E(n) zu einem unendlich-dimensionalen euklidischen Raum zu machen. Ein möglicher Ausweg aus diesem Problem besteht darin, nicht die E(n)-Keime bzw. den unendlich-dimensionalen Raum E(n) zu betrachten, sondern die m-Jets $j_0^m f$ der E(n)-Keime f bzw. den Raum $\{j_0^m f\}$ der m-Jets dieser Keime. Dieses Vorgehen hat den Vorteil, dass $\{j_0^m f\}$ ohne Schwierigkeiten zu einem endlich-dimensionalen euklidischen Raum gemacht werden kann, womit die Durchführung des entworfenen Beweisprogramms (zumindest auf der Jet-Ebene) gewährleistet ist. Der einzige Nachteil dieser Betrachtungsweise liegt darin, dass die auf der Jet-Ebene gewonnenen Ergebnisse sich nicht unmittelbar auf die Keim-Ebene übertragen lassen. Es wird sich aber zeigen, dass diese Schwierigkeit mit Hilfe des Determiniertheitstests überwunden werden kann.

Die Beweisskizze ist folgendermassen aufgebaut. In Abschnitt 4.2 wird gezeigt, dass nichtdegenerierte Funktionskeime strukturell stabil sind. Desweitern werden die degenerierten $f_{(x,a)}$-Keime typischer ($\mathcal{F}$,k)-Entfaltungen F(x,a) betrachtet. Dabei stellt sich heraus, dass der Korang der Hesseschen Martix $H_0^{f_{(x,a)}}$ dieser Keime im Fall $k\leq 2$ gleich 1 und im Fall $k\leq 5$ gleich 1 oder 2 ist. Anschliessend werden die degenerierten $f_{(x,a)}$-Keime typischer ($\mathcal{F}$,$k\leq 5$)-Entfaltungen F(x,a) endlich klassifiziert und auf ihre strukturellen Stabilitätseigenschaften hin untersucht. Dies geschieht für die $f_{(x,a)}$-Keime mit $\mathrm{cor}(H_0^{f_{(x,a)}}) = 1$ in Abschnitt 4.3 und für die $f_{(x,a)}$-Keime mit $\mathrm{cor}(H_0^{f_{(x,a)}}) = 2$ in Abschnitt 4.4. Die kanonischen Formen der ersteren sind die Organisationszentren der Spitzenkatastrophen, die kanonischen Formen der letzteren die Organisationszentren der Nabelschnurkatastrophen. Daraufhin wird in Abschnitt 4.5 gezeigt, dass die in den Abschnitten 4.2 bis 4.4 betrachteten 'typischen Entfaltungen' offen und dicht sind in ($\mathcal{F}$,$k\leq 5$). Es ist dann nicht mehr schwer, abschliessend die typischen Entfaltungen selbst endlich zu klassifizieren und deren strukturelle Stabilität zu beweisen.

4.2. DIE STRUKTURELL INSTABILEN KEIME TYPISCHER ENTFALTUNGEN I: GRUNDLEGUNG

Wie sehen die strukturell instabilen E(n)-Keime $f_{(x,a)}(y) = F(x+y,a)$ typischer Entfaltungen F(x,a) aus, wenn $k \leq 5$ gilt? Auf diese Frage wird in diesem Abschnitt eine erste, noch unvollständige Antwort gegeben. Dieses Resultat dient dann in den Abschnitten 3 und 4 dieses Kapitels als Grundlage für die vollständige Bestimmung der Gestalten der gesuchten $f_{(x,a)}$-Keime.

Das plausible Lemma 1 schränkt die Menge der Funktionskeime, die möglicherweise strukturell instabil sein können, schon ganz erheblich ein.

LEMMA 1

Reguläre Funktionskeime sind strukturell stabil.

Beweis:

Es sei f ein regulärer Funktionskeim, also ein $E^{\infty}_{\bar{x}}(R^n,R)$-Keim mit $(\partial f/\partial x)(\bar{x}) = ((\partial f/\partial x_1)(\bar{x}),\ldots,(\partial f/\partial x_2)(\bar{x})) \neq 0$. Man wähle eine beliebige Umgebung $U(\bar{x}) \subset R^n$ mit $(\partial f/\partial x) \neq 0$ für alle $x \in U(\bar{x})$. Weil $\partial f/\partial x$ stetig ist, gibt es immer derartige Umgebungen. Weiter wähle man ein ε mit

$$\varepsilon < \operatorname*{Inf}_{\substack{x \in U(\bar{x}) \\ 1 \leq i \leq n}} [\,|(\partial f/\partial x)(x)|\,].$$

Ist nun g ein beliebiger $E^{\infty}_{\bar{x}}(R^n,R)$-Keim der ε-Umgebung von f, so gilt nach der Definition der C^k-Topologie $|(\partial g/\partial x_i)(x)| > |(\partial f/\partial x_i)(x)| - \varepsilon > 0$ für $i=1,\ldots,n$ und $x \in U(\bar{x})$. Dies bedeutet, dass g regulär ist. In Abschnitt

2.2.1 wurde aber gezeigt, dass alle regulären Funktionskeime aequivalent sind. Es gilt also $f \sim g$ für alle $g \in U(f)$, d.h. f ist strukturell stabil.

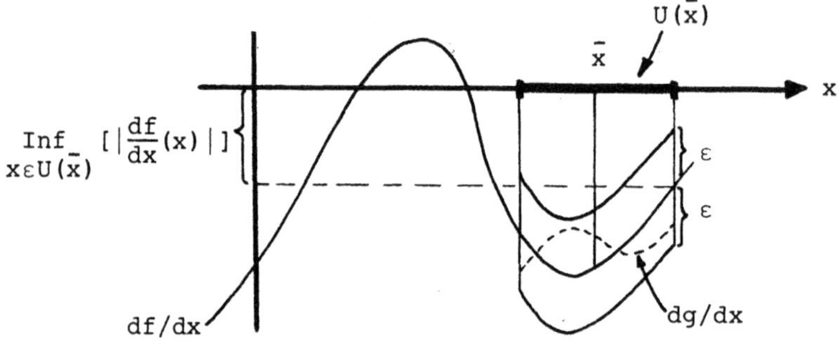

Abbildung 4.2 ▲

Wenn man also strukturell instabile $f_{(x,a)}$-Keime einer beliebigen Entfaltung F(x,a) finden will, so kann man sich auf die singulären Stellen dieser Entfaltungen konzentrieren, oder präziser ausgedrückt, auf die an diesen Stellen definierten singulären $f_{(x,a)}$- Keime. Die Menge der singulären Stellen einer Entfaltung F(x,a) wird im folgenden mit C(F) bzw. C bezeichnet. C ist definitionsgemäss gleich dem geometrischen Ort aller Punkte $(x,a) \in R^{n+k}$ bei denen die Abbildung $\partial_x F\colon R^{n+k} \to R^n$ mit $\partial_x F(x,a) = ((\partial F_a/\partial x_1)(x),\ldots,(\partial F_a/\partial x_n)) = y$ den Wert 0 annimmt. Bezeichnet man den Graphen von $\partial_x F$ mit D und die Hyperebene y=0 mit E, so kann man C auch als Durchschnitt von D und E definieren: $C = D \cap E$. D und E sind natürlich n+k-dimensionale Untermannigfaltigkeiten von R^{2n+k}.

Nach dem elementaren Transversalitätstheorem bildet die Menge der $(R^{n+k} \to R)$-Abbildungen, deren Graphen die Untermannigfaltigkeit E von R^{2n+k} transversal schneiden, eine offene und dichte Teilmenge der Menge aller $(R^{n+k} \to R^n)$-Abbildungen. Die nachfolgende Argumentation geht nun nicht nur davon aus, dass die Graphen typischer $(R^{n+k} \to R^n)$-Abbildungen transversal zu E verlaufen, sondern unterstellt darüber hinaus, dass dies auch für die $\partial_x F$-Abbildungen typischer Funktionen $F: R^{n+k} \to R$ zutrifft. Diese dem mathematischen Laien sicher plausibel erscheinende Verallgemeinerung des elementaren Transversalitätstheorems garantiert das sogenannte Thom Transversalitätstheorem, dessen Darstellung den Rahmen von Abschnitt 2.1 gesprengt hätte.[5] Die Graphen D der $\partial_x F$-Abbildungen typischer Entfaltungen F verlaufen also transversal zu E. $C = D \cap E$ ist deshalb entweder leer oder eine Untermannigfaltigkeit von R^{2n+k}. Trifft letzteres zu, so lässt sich die Dimension von von C nach der Formel $\dim C = \dim D + \dim E - \dim R^{2n+k} = (n+k)+(n+k)-(2n+k)=k$ berechnen. Abbildung 4.3 illustriert diese in Korollar 1 festgehaltenen Zusammenhänge für den einfachsten Fall, nämlich für k=n=1.

KOROLLAR 1

Jede Menge $(\mathcal{F},k)$ besitzt eine offene und dichte Teilmenge $(\mathcal{F}_1,k)$ mit folgender Eigenschaft. Ist f ein Element von $(\mathcal{F}_1,k)$, so ist die Menge $C(F) = \{(x,a) \in R^{n+k} \mid \partial_x F(x,a)=0\}$ entweder leer oder eine k-dimensionale Untermannigfaltigkeit von R^{n+k}. ▲

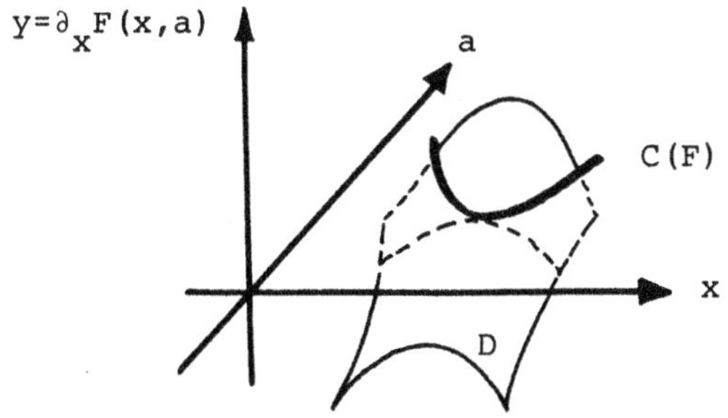

Abbildung 4.3

Da, wie schon bemerkt, strukturell instabile $f_{(x,a)}$-Keime von F nur an den singulären Stellen $(x,a)\varepsilon C(F)$ auftreten können, werden im folgenden die (singulären) E(n)-Keime $f_{(x,a)}(y) = F(x+y,a)$ mit $(x,a)\varepsilon C$ analysiert. Ist der Korang der Hesseschen Matrix $H_0^{f_{(x,a)}} = H^F_{(x,a)}$ gleich r, so ist gemäss Splitting-Lemma $f_{(x,a)}$ zu einem E(n)-Keim von der Form $\hat{f}(x_1,\ldots,x_r)+\Sigma\pm x_i^2$ mit $r(H_0^{\hat{f}})=0$ aequivalent. Die Gestalt von $f_{(x,a)}$ ist also vollständig determiniert, wenn die Singularität von $f_{(x,a)}$ nichtdegeneriert ist (r=0). Es gilt dann $f_{(x,a)} \sim \Sigma\pm x_i^2$. Es lässt sich aber zeigen, dass nichtdegenerierte, singuläre Funktionskeime strukturell stabil sind und somit nicht zur Menge der gesuchten Funktionskeime gehören.

LEMMA 2

Nichtdegenerierte, singuläre Funktionskeime sind strukturell stabil.

Beweis:

Es sei f ein nichtdegenerierter, singulärer Funktionskeim, also ein $E_{\bar{x}}(R^n,R)$-Keim mit $(\partial f/\partial x)(\bar{x})=0$ und $r(H^f_{\bar{x}})=n$. Für den Fall n=1 kann das Beweisverfahren von Lemma 1 übernommen werden.

n = 1: Man wähle eine beliebige δ-Umgebungen $U(\bar{x})$ mit $(d^2f/dx^2) \neq 0$ für alle $x\varepsilon U(\bar{x})$. Weil $(d^2f/dx^2)(x)$ stetig ist, gibt es immer derartige Umgebungen. Weiter wähle man ein ε, das kleiner ist als $\mathrm{Inf}\,[|\frac{df}{dx}(\bar{x}\pm\delta)|]$ und $\underset{x\varepsilon U(\bar{x})}{\mathrm{Inf}}[|(d^2f/dx^2)|]$.

Ist nun g ein beliebiger $E^\infty_{\bar{x}}(R,R)$-Keim der ε-Umgebung von f, so weist g nach der Definition der C^k-Topologie folgende zwei Eigenschaften auf.

1. $(dg/dx)(x)$ besitzt genau eine Nullstelle $\hat{x}$ in $U(\bar{x})$.
2. $(d^2g/dx^2)(\hat{x})$ hat dasselbe Vorzeichen wie $(d^2f/dx^2)(\bar{x})$.

Dies bedeutet, dass g an der Stelle $\hat{x}$ eine nichtdegenerierte

Singularität aufweist. g ist somit nach dem Morse-Lemma entweder zu $+x^2$ [$(d^2g/dx^2)(\hat{x})>0$] oder zu $-x^2$ [$(d^2g/dx^2)(\hat{x})<0$] aequivalent. Dies gilt aber auch für f, d.h. $f \sim g$ und f ist strukturell stabil.

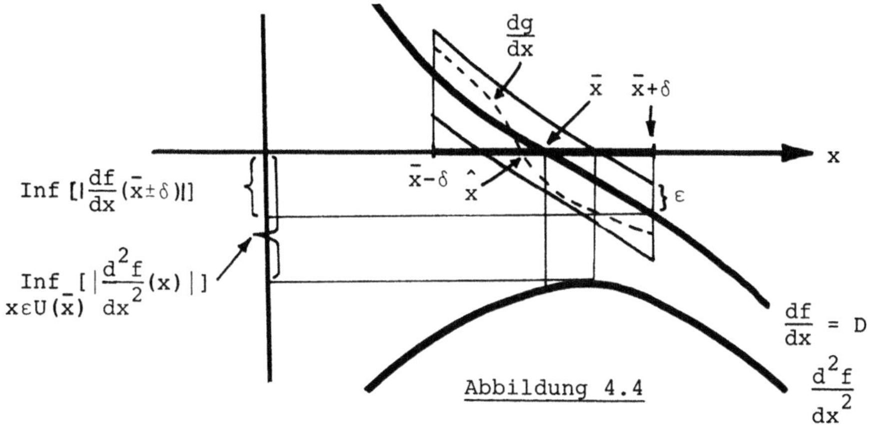

Abbildung 4.4

Der Beweis für den Allgemeinfall $n \in N$ ist schwieriger und wird hier nur angedeutet.

<u>n ε N</u>: Es wird zuerst gezeigt, dass der Graph D der Abbildung ∂f: $R^n \to R^n$ mit $\partial f(x) = ((\partial f/\partial x_1)(x),\ldots,(\partial f/\partial x_n)(x))$ den Graphen E der Nullabbildung $R^n \to 0$ im Punkt $\bar{x}$ <u>transversal</u> schneidet. Für n=1 geht dies unmittelbar aus Abbildung 4.4 hervor. Für $n \in N$ betrachtet man den Tangentialraum $T_{\bar{x}}D$, d.h. den Graphen der $(R^n \to R^n)$-Abbildung $T_{\bar{x}}\partial f$ mit

$$T_{\bar{x}}\partial f(x) = \left(\Sigma\frac{\partial^2 f}{\partial x_1 \partial x_i}(\bar{x})(x_i-\bar{x}_i),\ldots,\Sigma\frac{\partial^2 f}{\partial x_n \partial x_i}(\bar{x})(x_i-\bar{x}_i)\right) =$$

$(H^f_{\bar{x}})(x-\bar{x}) = 0$. Voraussetzungsgemäss ist $H^f_{\bar{x}}$ regulär, d.h. aus $(H^f_{\bar{x}})(x-\bar{x}) = 0$ folgt $x = \bar{x}$. Dies bedeutet aber, dass $T_{\bar{x}}D \cap E = \bar{x}$. Aus $\dim T_{\bar{x}}D + \dim E - 2n = \dim (T_{\bar{x}}D \cap E) = 0$ folgt nun definitionsgemäss $D \pitchfork_{\bar{x}} E$.

In einem zweiten Schritt wendet man nun das <u>Thom Isotopie-Lemma</u> an.[6] Auf das vorliegende Problem angewandt besagt dieses, dass jede E transversal schneidende Abbildung ∂f eine Umgebung $U(\partial f)$ mit folgender Eigenschaft besitzt: Ist

∂g ein Element von $U(\partial f)$, so schneidet ∂g E ebenfalls transversal in genau einem Punkt $\hat{x}\varepsilon U(\bar{x})$ und es gilt Index $(J_{\hat{x}}^{\partial g})$ = Index $(J_{\bar{x}}^{\partial f})$. Dies bedeutet aber, dass f eine Umgebung U(f) von lauter nichtdegenerierten, singulären Keimen g besitzt, die zudem den gleichen Index wie f aufweisen. Es gilt also $f \sim g$ und f ist strukturell stabil. ▲

Im Licht von Lemma 1 und Lemma 2 ist es nun klar, dass strukturell instabile Funktionskeime eine degenerierte Singularität aufweisen müssen. Auf der Suche nach strukturell instabilen $f_{(x,a)}$-Keimen von (F_1,k)-Entfaltungen F(x,a), kann man sich also auf diejenigen Stellen $(x,a)\varepsilon C$ beschränken, bei denen der Korang r der Hesseschen Matrix $H^F_{(x,a)}$ nicht verschwindet, d.h. auf die $f_{(x,a)}$-Keime von der Form $\hat{f}(x_1,\ldots,x_r)+\Sigma\pm x_i^2$ mit $r(H_0^{\hat{f}})=0$.

Bevor nun diese $f_{(x,a)}$-Keime weiter analysiert werden, soll noch geklärt werden, in welchen (F_1,k)-Entfaltungen normalerweise r-fach degenerierte $f_{(x,a)}$-Keime überhaupt vorkommen. Dabei liegt die Vermutung nahe, dass der Grad der normalerweise auftretenden Degeneration von Singularitäten um so grösser ist, je mehr Parameter eine Entfaltung aufweist. Diese durch die in Abschnitt 4.1 angestellten Ueberlegungen gestützte Vermutung wird im Rest dieses Abschnitts überprüft. Das Vorgehen entspricht dabei dem in Abschnitt 4.1 aufgestellten Programm; d.h. anstatt der singulären E(n)-Keime $f_{(x,a)}(y)$ werden die 2-Jets dieser Keime betrachtet.[7] Diese sind von der Form $j_0^2 f_{(x,a)}(y)$ =

$$\frac{1}{2}(y_1, \ldots, y_n) \cdot \left[\frac{\partial^2 f}{\partial y_i \partial y_j}(0)\right] \begin{bmatrix} y_1 \\ \vdots \\ y_n \end{bmatrix} = \frac{1}{2}\, y^t (H_0^f) y.$$

Die 2-Jets der singulären $f_{(x,a)}$-Keime sind also durch die $\frac{1}{2}n(n+1)$ Elemente $b_{ij} = (\partial^2 f_{(x,a)}/\partial y_i \partial y_j)\big|_0$ $(1 \leq i,j \leq n,\ i \leq j)$ der (symmetrischen!) Hesseschen Matrix H_0^f bestimmt und können somit als Punkte im $R^{(1/2)n(n+1)}$ aufgefasst werden. Die Menge $\tilde{C}(F)$ bzw. $\tilde{C}$ der 2-Jets $j_0^2 f_{(x,a)}$ der an den Stellen $(x,a) \varepsilon C$ definierten $f_{(x,a)}$-Keime einer (F_1,k)-Entfaltung $F(x,a)$ entspricht bei dieser Betrachtungsweise offenbar der Bildmenge $\alpha(C)$ der differenzierbaren Abbildung α: $C \to R^{(1/2)n(n+1)}$ mit

$$\alpha(x,a) = \left(\frac{\partial^2 f_{(x,a)}}{\partial y_1^2}(0), \ldots, \frac{\partial^2 f_{(x,a)}}{\partial y_n^2}(0)\right).$$

Da $C \subset R^{n+k}$ gemäss Korollar 1 entweder leer oder eine k-dimensionale Untermannigfaltigkeit ist, gilt dies auch für $\tilde{C} = \alpha(C) \subset R^{(1/2)n(n+1)}$.[8]

Die Mengen $M_r \subset R^{(1/2)n(n+1)}$ der 2-Jets der r-fach degenerierten E(n)-Keime ist folgendermassen definiert:

$$M_r = \{(b_1, \ldots, b_{(1/2)n(n+1)}) \varepsilon R^{(1/2)n(n+1)} \mid \operatorname{cor}(B) = r\}, \text{ wobei}$$

$$B = \begin{bmatrix} b_1 & b_2 & b_3 & \cdots & b_n \\ b_2 & b_{n+1} & b_{n+2} & \cdots & b_{2n-1} \\ b_3 & b_{n+2} & b_{2n} & \cdots & b_{3n-3} \\ \vdots & \vdots & \vdots & & \vdots \\ b_n & b_{2n-1} & b_{3n-3} & \cdots & b_{n(n+1)} \end{bmatrix} = \begin{bmatrix} B_1 \\ B_2 \\ B_3 \\ \vdots \\ B_n \end{bmatrix}.$$

Der Korang von B ist aber gerade dann gleich r, wenn genau r Zeilenvektoren B_j von B - im folgenden werden o.B.d.A. die ersten r gewählt - von den restlichen Zeilenvektoren linear abhängig sind, wenn also

$$B_j = \sum_{i=r+1}^{n} k_{ij} B_i \quad (i = 1,\dots,r) \qquad (*)$$

gilt. Dies entspricht einem Gleichungssystem von $r \times n$ Gleichungen. Da nun aber die Matrix B symmetrisch ist, können einige dieser Gleichungen durchaus von den restlichen Gleichungen abhängig sein. Für $r>1$ tritt dieses Phänomen in der Tat auf. Im Fall $r=2$ ist z.B. eine der $r \times n$ Gleichungen redundant, im Fall $r=3$ sind es deren drei. Diese Behauptung wird im folgenden Beispiel für den Fall $n=4$ nachgeprüft.

BEISPIEL 4.1

Ausgehend von der Matrix B,

$$B = \begin{bmatrix} a & b & c & d \\ b & e & f & g \\ c & f & h & i \\ d & g & i & j \end{bmatrix}$$

kann das Gleichungssystem (*) im Fall $r=2$ folgendermassen geschrieben werden ($k_{31}=\alpha$, $k_{41}=\beta$, $k_{32}=\gamma$ und $k_{42}=\delta$):

(1) $a = \alpha c + \beta d$	(5) $b = \gamma c + \delta d$
(2) $b = \alpha f + \beta g$	(6) $e = \gamma f + \delta g$
(3) $c = \alpha h + \beta i$	(7) $f = \gamma h + \delta i$
(4) $d = \alpha i + \beta j$	(8) $g = \gamma i + \delta j$.

Löst man Gleichung (2) nach g auf ($g = (1/\beta)b-(\alpha/\beta)f$) und ersetzt man in dieser Gleichung b und f durch die entsprechenden Ausdrücke der Gleichungen (5) und (7), so gelangt man zur Gleichung

$$g = \frac{\gamma}{\beta}c + \frac{\delta}{\beta}d - \frac{\alpha\gamma}{\beta}h - \frac{\alpha\delta}{\beta}i.$$

Durch Einsetzen von (3) und (4) gelangt man dann zu (8), d.h. Gleichung (8) ist von den Gleichungen (2),(3),(4), (5) und (7) abhängig.

Im Fall r=3 hat das Gleichungssystem (*) folgende Gestalt ($k_{21}=\alpha$, $k_{31}=\beta$, $k_{41}=\gamma$):

(1) $a = \alpha d$	(5) $b = \beta d$	(9) $c = \gamma d$
(2) $b = \alpha g$	(6) $e = \beta g$	(10) $f = \gamma g$
(3) $c = \alpha i$	(7) $f = \beta i$	(11) $h = \gamma i$
(4) $d = \alpha j$	(8) $g = \beta j$	(12) $i = \gamma j$.

Aus den Gleichungen (2),(4) und (5) erhält man unmittelbar Gleichung (8):

$$g = \frac{b}{\alpha} = \frac{\beta d}{\alpha} = \frac{\beta d}{d} j = \beta j.$$

Ebenso ergibt sich aus (7),(3),(9),(5) und (2) Gleichung (10):

$$f = \beta i = \beta\frac{c}{\alpha} = \frac{\beta}{\alpha}\gamma d = \frac{\beta\gamma}{\alpha}\frac{b}{\beta} = \frac{\gamma}{\alpha}b = \frac{\gamma}{\alpha}\alpha g = \gamma g.$$

Schliesslich ist Gleichung (12) von (7),(10) und (8), d.h. von (7),(3),(9),(5),(2) und (4) abhängig:

$$i = \frac{f}{\beta} = \frac{\gamma g}{\beta} = \frac{\gamma}{\beta}\beta j = \gamma j. \quad \blacktriangle$$

Die Menge M_1 der 2-Jets der einfach degenerierten E(n)-Keime wird also durch n, die der zweifach degenerierten (M_2) durch 2n-1 und die der dreifach degenerierten (M_3) durch 3n-3 Gleichungen in den (1/2)n(n+1)+r(n-r) Variablen b_{ij} und k_{ij} beschrieben. Durch Substitution der r(n-r) Variablen k_{ij} reduziert sich die Anzahl der Gleichungen auf eine im Fall M_1 [n-(n-1)=1], auf drei im Fall M_2 [(2n-1)-2(n-2)=3] und auf sechs im Fall M_3 [(3n-3)-3(n-3)=6]. Betrachtet man dieses Ergebnis im Licht von Theorem 6, so sieht man sofort, dass die Mengen M_r (r=1,2,3) Stratifikationen entsprechen und dass dim M_1 = (1/2)n(n+1)-1, dim M_2 = (1/2)n(n+1)-3 und dim M_3 = (1/2)n(n+1)-6 gilt.

Das elementare Transversalitätstheorem garantiert bekanntlich, dass die Graphen und damit natürlich auch die Bildmengen des

Definitionsbereichs typischer $(C \to R^{(1/2)n(n+1)})$-Abbildungen die Stratifikationen M_r (r=1,2,3) transversal schneiden. Dieser Sachverhalt kann nun aufgrund des Thom Transversalitätstheorems wiederum verallgemeinert werden. Man darf danach nämlich davon ausgehen, dass es für eine (F_1,k)-Entfaltung F mit $C \neq \emptyset$ typisch ist, ein $\alpha(C) = \tilde{C}$ aufzuweisen, das zu M_r (r=1,2,3) transversal verläuft. Wenn ein solches $\tilde{C}$ überhaupt 2-Jets degenerierter E(n)-Keime enthält $(\tilde{C} \cap M_r \neq \emptyset)$, so lässt sich die Dimension von $\tilde{C} \cap M_r$ nach der Formel $\dim(\tilde{C} \cap M_r) = \dim \tilde{C} + \dim M - (1/2)n(n+1)$ berechnen:

$$\dim(\tilde{C} \cap M_1) = k + (1/2)n(n+1) - 1 - (1/2)n(n+1) = k-1,$$
$$\dim(\tilde{C} \cap M_2) = k + (1/2)n(n+1) - 3 - (1/2)n(n+1) = k-3 \text{ und}$$
$$\dim(\tilde{C} \cap M_3) = k + (1/2)n(n+1) - 6 - (1/2)n(n+1) = k-6.$$

Normalerweise enthalten $(F_1,1)$- und $(F_1,2)$-Entfaltungen mithin keine 2-Jets zweifach degenerierter E(n)-Keime und somit auch keine zweifach degenerierten $f_{(x,a)}$-Keime, denn $\dim(\tilde{C} \cap M_2) = k-3 \leq -1$. Demgegenüber können (F_1,k)-Entfaltungen mit $k \leq 5$ zwar zweifach degenerierte, nicht aber dreifach degenerierte $f_{(x,a)}$-Keime aufweisen [dim $(\tilde{C} \cap M_3) = k-6 \leq -1$]. Die in diesem Abschnitt hergeleiteten Ergebnisse werden in Korollar 2 festgehalten.

<u>KOROLLAR 2</u>

Jede Menge $(F_{12},k) = \{F \varepsilon (F_1,k) \mid C(F) \neq \emptyset\}$ der in Korollar 1 beschriebenen (F_1,k)-Entfaltungen, für die $C \neq \emptyset$ gilt, besitzt eine offene und dichte Teilmenge (F_2,k) mit folgender Eigenschaft.

Gilt $k \leq 2$, so sind alle strukturell instabilen $f_{(x,a)}$-Keime von $F(x,a) \varepsilon (F_2,k)$ zu einem E(n)-Keim von der Form $\hat{g}(y) = g(y_1) + \Sigma \pm y_i^2$ mit $(dg/dy_1)(0) = (d^2g/dy_1^2)(0) = 0$ aequivalent.

Gilt $k \leqq 5$, so sind alle strukturell instabilen $f_{(x,a)}$-Keime von $F(x,a) \varepsilon (F_2,k)$ entweder zu einem E(n)-Keim von der Form $\hat{g}(y) = g(y_1) + \Sigma \pm y_i^2$ mit $(dg/dy_1)(0) = (d^2g/dy_1^2)(0) = 0$ oder zu einem E(n)-Keim von der Form $\hat{h}(y) = h(y_1,y_2) + \Sigma \pm y_i^2$ mit $(\partial h/\partial y_1)(0) = (\partial h/\partial y_2)(0) = r(H_0^h) = 0$ aequivalent. ▲

4.3. DIE STRUKTURELL INSTABILEN KEIME TYPISCHER ENTFALTUNGEN II: DIE ORGANISATIONSZENTREN DER SPITZENKATASTROPHEN

Im letzten Abschnitt wurde gezeigt, dass die an einer beliebigen Stelle (x,a) einer $(F_2, k \leq 5)$-Entfaltung F(x,a) definierten $f_{(x,a)}$-Keime zu einem der folgenden E(n)-Keime aequivalent sind:[9]

(a) $f_I(y) = y_1$,

(b) $f_{II}(y) = \Sigma \pm y_i^2$,

(c) $\hat{g}(y) = g(y_1) + \Sigma \pm y_i^2$, $\left.\frac{dg}{dy_1}\right|_0 = \left.\frac{d^2g}{d^2y_1}\right|_0 = 0$,

(d) $\hat{h}(y) = h(y_1, y_2) + \Sigma \pm y_i^2$, $\left.\frac{\partial h}{\partial y_2}\right|_0 = \left.\frac{\partial h}{\partial y_2}\right|_0 = r(H_0^h) = 0$.

Weiter wurde gezeigt, dass nur die beiden letzten Formen strukturell instabil sein können. Zur Klärung der Frage, wie die strukturell instabilen $f_{(x,a)}$-Keime typischer Entfaltungen F(x,a) aussehen, ist es also notwendig erstens die E(1)-Keime $g(y_1)$ und die E(2)-Keime $h(y_1, y_2)$ näher zu spezifizieren und zweitens diese Keime dann auf ihre stukturellen Stabilitätseigenschaften hin zu untersuchen. In diesem Abschnitt soll dies für die E(1)-Keime $g(y_1)$ geschehen. Der nächste Abschnitt befasst sich dann mit den E(2)-Keimen $h(y_1, y_2)$.

Es sei f(x,a) eine (F_2, k)-Entfaltung eines einfach degenerierten Funktionskeims. Aus dem Splitting-Lemma für Entfaltungen folgt dann, dass F(x,a) zu einer E(n+k)-Entfaltung von der Form $G(z_1, a) + \Sigma \pm x_i^2$ aequivalent ist. Dies bedeutet aber, dass jeder degenerierte $f_{(x,a)}$-Keim von F(x,a) zu einem E(n)-Keim $g_{(x,a)}(y_1) + \Sigma \pm y_i^2$ mit $g_{(x,a)}(y_1) = G(z_1(x,a) + y_1, a)$ und $(dg_{(x,a)}/dy_1)(0) =$

$(d^2 g_{(x,a)}/dy_1^2)(0) = 0$ aequivalent ist.

Die 7-Jets der degenerierten E(1)-Keime $g_{(x,a)}(y_1)$ bzw. $g_{(x,a)}(y)$ weisen (an der Stelle null) die Form

$$j_0^7 g_{(x,a)}(y) = \sum_{i=3}^{7} \frac{d^i g_{(x,a)}}{dy^i}(0)\, y^i$$

auf und können somit duch Punkte im Raum R^5 vollständig beschrieben werden. Es wird natürlich nicht an jeder Stelle (x,a) des Definitionsbereichs von F(x,a) ein degenerierter $g_{(x,a)}$-Keim definiert. Die Menge aller Punkte (x,a), wo dies jedoch der Fall ist, wird mit $C_1(F)$ bzw. C_1 bezeichnet. Ganz analog zur Abbildung α kann nun eine differenzierbare Abbildung β erklärt werden, die jedem Punkt (x,a) von C_1 den 7-Jet des an dieser Stelle erklärten $g_{(x,a)}$-Keims zuordnet: $\beta\colon C_1 \to R^5$ mit $\beta(x,a) = ((d^3 g_{(x,a)}/dy^3)(0),\ldots,(d^7 g_{(x,a)}/dy^7)(0))$. Die Menge aller Punkte von R^5, die dem 7-Jet eines degenerierten $g_{(x,a)}$-Keims einer bestimmten Entfaltung F(x,a) entsprechen, wird mit $\tilde{C}_1(F)$ bzw. $\tilde{C}_1$ bezeichnet: $\beta(C_1) = \tilde{C}_1$. Durch das folgende Lemma wird diese Menge $\tilde{C}_1$ näher beschrieben.

<u>LEMMA 3</u>

Die durch eine $(F_2, k \leq 5)$-Entfaltung F erklärte Menge $\tilde{C}_1(F)$ ist entweder leer oder eine (k-1)-dimensionale Untermannigfaltigkeit von R^5.

<u>Beweis</u>:

Definitionsgemäss gilt $C_1 = \alpha^{-1}(\tilde{C} \cap M_1)$ und $\tilde{C}_1 = \beta(C_1)$, woraus $\tilde{C}_1 = \beta\circ\alpha^{-1}(\tilde{C} \cap \tilde{M}_1)$ folgt. $(\tilde{C} \cap \tilde{M}_1)$ ist aber, wie im letzten Abschnitt gezeigt wurde, entweder leer oder eine (k-1)-dimensionale Untermannigfaltigkeit von $R^{(1/2)n(n+1)}$. Diese Eigenschaft wird durch die Abbildungen α^{-1} und β auf R^{n+k} bzw. R^5 übertragen. ▲

Mit Hilfe dieses Lemmas ist es nun nicht schwer, die typischen $g_{(x,a)}$-Keime von $(F_2,k\leq 5)$-Entfaltungen $F(x,a)$ zu klassifizieren.

LEMMA 4

Es sei $(F_3,k\leq 5)$ die Menge der $(F_2,k\leq 5)$-Entfaltungen F, die ein nicht-leeres $\tilde{C}_1(F)$ erklären, das zu den Mengen H_m $(m=1,\ldots,5)$,

$$H_m = \{(u_1,\ldots,u_5)\varepsilon R^5 \mid u_1=\ldots=u_m=0\},$$

transversal verläuft: $(F_3,k\leq 5) = \{F\varepsilon(F_2,k\leq 5) \mid \tilde{C}_1(F)\neq\emptyset$ und $\tilde{C}_1(F) \pitchfork H_m,\ m=1,\ldots,5\}$. Ist (F,k) ein Element von $(F_3,k\leq 5)$, so ist jeder einfach degenerierte $f_{(x,a)}$-Keim von (F,k) zu einem $E(n)$-Keim von der Form

$$f_l(y) = (\pm 1)^{l+1} y^{l+2} + \Sigma \pm y_i^2 \text{ mit } 1\leq l\leq k$$

aequivalent.

Beweis:

Im Fall $k=1$ haben die Untermannigfaltigkeit $\tilde{C}_1(F) \subset R^5$ und die Hyperebene $H_1 = \{(u_1,\ldots,u_5) \mid u_1=0\}$ von R^5 keine Punkte gemeinsam $(\tilde{C}_1(F)\cap H_1 = \emptyset)$, denn

$$\dim(\tilde{C}_1(F)\cap H_1) = \dim \tilde{C}_1(F) + \dim H_1 - 5 = (k-1)+4-5 = -1.$$

D.h. es gilt $u_1\neq 0$ für alle $u\varepsilon\tilde{C}_1(F)$. Dies bedeutet aber, dass die 3-Jets der degenerierten $g_{(x,a)}$-Keime von $F(x,a)$ nicht identisch null sind:

$$j_0^3 g_{(x,a)}(y) = \frac{d^3 g_{(x,a)}}{dy^3}(0)\, y^3 \not\equiv 0.$$

Aus Theorem 14 folgt nun natürlich unmittelbar $g_{(x,a)} \sim y^3$, denn es gilt ja $j_0^1 g_{(x,a)} \equiv j_0^2 g_{(x,a)} \equiv 0$. Nach Korollar 2 entspricht dies aber genau der Behauptung $f_{(x,a)} \sim y_1^3 + \Sigma \pm y_i^2$.

Für die Fälle $k=2$ bis $k=5$ können ganz analoge Ueberlegungen angestellt werden. Der allgemeine Beweis wird deshalb nur sehr konzis dargestellt.

$\dim \tilde{H}_k = 5-k$

$\rightarrow \dim(\tilde{C}_1(F)\cap H_k) = \dim \tilde{C}_1(F) + \dim H_k - 5 = (k-1)+(5-k) =$

$\underset{\sim}{=} (k-1)+(5-k)-5 = -1.$

$\rightarrow C_1(\underset{\sim}{F}) \cap H_k = \emptyset$

$\rightarrow [u \varepsilon C_1(F) \rightarrow \exists\, 1 \leqq l \leqq k \text{ mit } u_l \neq 0 \text{ und } u_j = 0 \text{ für } j < l]$

$\rightarrow j_0^l g_{(x,a)} \neq 0 \text{ und } j_0^j g_{(x,a)} \equiv 0,\ 1 \leqq l \leqq k \text{ und } j < l$

$\rightarrow g_{(x,a)} \sim (\pm 1)^{l+1} y_1^{l+2},\ 1 \leqq l \leqq k$

$\rightarrow f_{(x,a)} \sim (\pm 1)^{l+1} y_1^{l+2} + \Sigma \pm y_i^2,\ 1 \leqq l \leqq k.$ ▲

Verallgemeinert man den Inhalt von Lemma 4 mit Hilfe des Thom Transversalitätstheorems in der nun schon vertrauten Art und Weise, so gelangt man zu Korollar 3.

KOROLLAR 3

Die Menge $(F_{22}, k \leqq 5) = \{F \varepsilon (F_2, k \leqq 5) \mid C_1(F) \neq \emptyset\}$ der in Korollar 2 beschriebenen (F_2, k)-Entfaltungen mit fünf oder weniger Parametern, für die $C_1 \neq \emptyset$ gilt, besitzt eine offene und dichte Teilmenge $(F_3, k \leqq 5)$ mit folgender Eigenschaft. Ist (F,k) ein Element von $(F_3, k \leqq 5)$, so ist jeder einfach degenerierte $f_{(x,a)}$-Keim von (F,k) zu einem $E(n)$-Keim von der Form

$$f_l(y) = (\pm 1)^{l+1} y_1^{l+2} + \Sigma \pm y_i^2$$

mit $1 \leqq l \leqq k$ aequivalent. ▲

Die $E(n)$-Keime $f_l(y)$ $(l=1,\dots,5)$ entsprechen natürlich den Organisationszentren der fünf Spitzenkatastrophen. Es ist nun leicht einzusehen, dass es sich bei diesen Keimen tatsächlich um einen Teil der gesuchten, strukturell instabilen $f_{(x,a)}$-Keime handelt, die in typischen Entfaltungen auftreten können.

LEMMA 5

Die $E(n)$-Keime $f_l(y) = \pm y_1^{l+2} + \Sigma \pm y_i^2$ mit $1 \leqq l \leqq 5$ sind strukturell instabil.

Beweis:

Die E(n)-Keime $f_l(y)$ $(l=1,\ldots,5)$ weisen an der Stelle null eine degenerierte Singularität auf, denn es gilt $(\partial f_l/\partial y_1)(0) = \pm(l+2)y_1^{l+1}(0) = (\partial f_l/\partial y_j)(0) = \pm 2y_j(0) = 0$ für $j=2,\ldots,n$ und

$$\left|H_0^{f_l}\right| = \begin{vmatrix} 0 & & & 0 \\ & \pm 2 & & \\ & & \ddots & \\ 0 & & & \pm 2 \end{vmatrix} = 0.$$

Zu jeder Umgebung $U(f_l)$ in der C^k-Topologie lässt sich ein ε derart finden, dass die E(n)-Keime $\tilde{f}_l(y) = \pm y_1^{l+2} + \varepsilon y_1 + \Sigma \pm y_i^2$ in $U(f_l)$ enthalten sind: $\tilde{f}_l \in U(f_l)$.

Die E(n)-Keime $\tilde{f}_l$ mit $\varepsilon \neq 0$ weisen [in U(0)] keine degenerierten Singularitäten auf, denn es gilt

$$(\partial \tilde{f}_l/\partial y_1) = \pm(l+2)y_1^{l+1} + \varepsilon = 0 \rightarrow \bar{y}_1 = \sqrt[l+1]{\pm\varepsilon/(l+2)} \neq 0,$$

$$(\partial \tilde{f}_l/\partial y_j) = \pm 2y_j = 0 \rightarrow \bar{y}_j = 0 \quad (j=2,\ldots,n) \text{ und}$$

$$\left|H_0^{\tilde{f}_l}\right| = \begin{vmatrix} (l+2)(l+1)\bar{y}_1^{l} & & & 0 \\ & 2 & & \\ & & \ddots & \\ 0 & & & 2 \end{vmatrix} =$$

$$= \pm 2^{n-1}(l+2)(l+1)\sqrt[l+1]{\pm\varepsilon/(l+2)}^{\,l} \neq 0.$$

Da degenerierte und nichtdegenerierte Funktionskeime nicht aequivalent sein können, besitzt also jede Umgebung $U(f_l)$ zu f_l nicht-aequivalente Funktionskeime. Dies bedeutet aber, dass f_l strukturell instabil ist. ▲

4.4. DIE STRUKTURELL INSTABILEN KEIME TYPISCHER ENTFALTUNGEN III: DIE ORGANISATIONSZENTREN DER NABELSCHNURKATASTROPHEN

In Abschnitt 2 dieses Kapitels wurde gezeigt, dass (F_2,k)-Entfaltungen $F(x,a)$ mit $k \geq 3$ zweifach degenerierte $E(n)$-Keime $f_{(x,a)}(y)=F(x+y,a)$ aufweisen können. Diese möglicherweise strukturell instabilen $f_{(x,a)}$-Keime sind zu einem $E(n)$-Keim von der Form $h(y_1,y_2)+\Sigma\pm y_i^2$ aequivalent. Dabei entspricht $h(y_1,y_2)$ einem vollkommen degenerierten $E(2)$-Keim. Ziel der folgenden Ausführungen ist es, die verschiedenen Gestalten, die die $h(y_1,y_2)$-Keime typischer Entfaltungen aufweisen können, vollständig zu bestimmen, sowie die strukturellen Stabilitätseigenschaften dieser Keime zu untersuchen. Als Vorbereitung zu diesem Vorhaben, werden in Abschnitt 4.4.1. programmgemäss zuerst einmal die 3-Jets der zu analysierenden $h(y_1,y_2)$-Keime untersucht. Abschnitt 4.4.2. befasst sich dann mit den $h(y_1,y_2)$-Keimen selbst.

4.4.1. DIE KLASSIFIKATION DER JETS

Es sei $F(x,a)$ eine $(F_3,k\leq 5)$-Entfaltung eines zweifach degenerierten Funktionskeims. Aus dem Splitting-Lemma für Entfaltungen folgt dann, dass $F(x,a)$ zu einer $E(n+k)$-Entfaltung von der Form $H(z_1,z_2,a)+\Sigma\pm z_i^2$ aequivalent ist. Dies bedeutet aber, dass jeder zweifach degenerierte $f_{(x,a)}$-Keim von $F(x,a)$ zu einem $E(n)$-Keim $h_{(x,a)}(y_1,y_2)+\Sigma\pm y_i^2$ mit $h_{(x,a)}(y_1,y_2)=H(z_1(x,a)+y_1,z_2(x,a)+y_2,a)$ und $(\partial h_{(x,a)}/\partial y_1)(0)=(\partial h_{(x,a)}/\partial y_2)(0)=r(H_0^h)=0$ aequivalent ist.

Bei der Analyse der vollkommen degenerierten $h_{(x,a)}$-Keime betrachtet man zunächst einmal, ganz analog zur Analyse der einfach degenerierten $g_{(x,a)}$-Keime, die 3-Jets $j_0^3 h_{(x,a)}$. Diese sind von der Form

$$j_0^3 h_{(x,a)}(y_1,y_2) = \frac{1}{6}\Big(\frac{\partial^3 h_{(x,a)}}{\partial y_1^3}(0)y_1^3 + 3\frac{\partial^3 h_{(x,a)}}{\partial y_1^2 \partial y_2}(0)y_1^2 y_2 + 3\frac{\partial^3 h_{(x,a)}}{\partial y_1 \partial y_2^2}(0)y_1 y_2^2 + \frac{\partial^3 h_{(x,a)}}{\partial y_2^3}(0)y_2^3\Big).$$

Die linearen und quadratischen Terme verschwinden, weil $h_{(x,a)}$ vollkommen degeneriert ist. Die $j_0^3 h_{(x,a)}$-Jets entsprechen also kubischen Formen in zwei Variablen:

$$j_0^3 h_{(x,a)} = \alpha y_1^3 + \beta y_1^2 y_2 + \gamma y_1 y_2^2 + \delta y_2^3.$$

Dies bedeutet, dass jeder 3-Jet von $h_{(x,a)}$ durch einen Punkt im Raum $R^4 = \{(\alpha,\beta,\gamma,\delta)\}$ repräsentiert wird. Die Menge aller Punkte (x,a) des Definitionsbereichs von $F(x,a)$, bei denen ein zweifach degenerierter $f_{(x,a)}$-Keim und damit ein vollkommen degenerierter $h_{(x,a)}$-Keim definiert ist, wird mit $C_2(F)$ bzw. C_2 bezeichnet. Die differenzierbare Abbildung $\gamma\colon C_2 \to R^4$ mit

$$\gamma(x,a) = \Big(\frac{1}{6}\,\frac{\partial^3 h_{(x,a)}}{\partial y_1^3}(0),\ldots,\frac{1}{6}\,\frac{\partial^3 h_{(x,a)}}{\partial y_2^3}(0)\Big),$$

ordnet jedem Punkt (x,a) von C_2 den 3-Jet des an dieser Stelle erklärten $h_{(x,a)}$-Keims zu. Die Menge $\tilde{C}_2(F)$ bzw. $\tilde{C}_2$ aller Punkte von R^4, die dem 3-Jet eines vollkommen degenerierten $h_{(x,a)}$-Keims von $F(x,a)$ entsprechen, wird duch das folgende zu Lemma 3 analoge Lemma charakterisiert.

LEMMA 6

Die durch eine Entfaltung $F\varepsilon(F_3,k\leq 5)$ erklärte Menge $\tilde{C}_2(F)$ ist entweder leer oder eine (k-3)-dimensionale Untermannigfaltigkeit von R^4.

Beweis:

$C_2=\alpha^{-1}(\tilde{C}\cap M_2)$ und $\tilde{C}_2=\gamma(C_2) \rightarrow \tilde{C}_2=\gamma\circ\alpha^{-1}(\tilde{C}\cap M_2)$

$\tilde{C}\cap M_2=\emptyset$ oder $\dim(\tilde{C}\cap M_2)=k-3 \rightarrow \tilde{C}_2=\emptyset$ oder $\dim \tilde{C}_2=k-3$. ▲

Die 3-Jets der vollkommen degenerierten $h_{(x,a)}$-Keime lassen sich endlich klassifizieren, denn aus der linearen Algebra ist bekannt, dass die Menge Q der kubischen Formen in zwei Variablen mittels linearer Koordinatenwechsel in fünf Aequivalenzklassen zerlegt werden kann.[10]

LEMMA 7

Ist $q(y_1,y_2)$ eine kubische Form in zwei Variablen $(q\varepsilon Q)$, so ist $q(y_1,y_2)$ zu einer der folgenden fünf kanonischen Formen aequivalent: $q_1(y_1,y_2)=y_1^2y_2-y_2^3$, $q_2(y_1,y_2)=y_1^2y_2+y_2^3$, $q_3(y_1,y_2)=y_1^2y_2$, $q_4(y_1,y_2)=y_1^3$, $q_5(y_1,y_2)=0$. ▲

Wenn man sich nun fragt, welche dieser fünf Formen die 3-Jets der vollkommen degenerierten $h_{(x,a)}$-Keime von $(F_3,k\leq 5)$-Entfaltungen annehmen, so muss natürlich zuerst geklärt werden, wie die Aequivalenzklassen $Q_i = \{q \varepsilon Q|\ q \sim q_i\}$ $(i=1,\ldots,5)$ im Raum R^4 liegen. Trivialerweise gilt $Q_5=(0,0,0,0)$. Ueber die Mengen Q_3 und Q_4 gibt das folgende Lemma Auskunft.

LEMMA 8

Q_3 und Q_4 sind Stratifikationen von R^4 mit $\dim Q_3 = 3$ und $\dim Q_4 = 2$.

Beweis:

Die Menge der Nullstellen einer beliebigen kubischen Form $q(y_1,y_2)=\alpha y_1^3+\beta y_1^2y_2+\gamma y_1y_2^2+\delta y_2^3$ besteht aus Geraden, die duch den Nullpunkt gehen. Dies darum, weil aus $q(\bar{y}_1,\bar{y}_2)=0$ unmittelbar $q(\lambda\bar{y}_1,\lambda\bar{y}_2)=\alpha\lambda^3\bar{y}_1^3+\beta\lambda^2\bar{y}_1^2\lambda\bar{y}_2+\gamma\lambda\bar{y}_1\lambda^2\bar{y}_2^2+\delta\lambda^3\bar{y}_2^3=\lambda^3 q(y_1,y_2)=0$ folgt. Da die Anzahl der Nullstellengeraden von der Wahl der Koordinaten unabhängig ist, kann der Beweis hier ansetzen.

(1) $Q_3=\{q\varepsilon Q|\ q\sim q_3\}$

Die Menge der Nullstellen der kanonischen Form $q_3(y_1,y_2)=y_1^2y_2$ besteht aus den beiden Geraden $y_1=0$ und $y_2=0$. Jede kubische Form $q\varepsilon Q_3$ weist also genau zwei Nullstellengeraden auf.

Fall 1: Die y_2-Achse ist keine Nullstellengerade von $q\varepsilon Q_3$. Oder anders formuliert: $q(0,y_2)=\delta y_2^3\neq 0$ bzw. $\delta\neq 0$. Die Nullstellengeraden a und b von $q\varepsilon Q_3$ schneiden also die Gerade $y_1=1$ (vgl. Abbildung 4.5.a) und der Graph von $q(1,y_2)=\alpha+\beta y_2+\gamma y_2^2+\delta y_2^3$ weist die in Abbildung 4.5.b dargestellte Form auf. Dies bedeutet aber, dass die Funktion $(dq/dy_2)(1,y_2)=q'(1,y_2)=\beta+2\gamma y_2+3\delta y_2^3$ zwei Nullstellen $y_2^{1,2}$ besitzt, wobei eine der beiden mit einer der beiden Nullstellen von $q(1,y_2)$ zusammenfällt. Es gilt also $\underline{q(1,y_2^{1,2})=0}$ mit $y_2^{1,2}=((-2\gamma\pm\sqrt{4\gamma^2-12\beta\delta})/6\delta)\varepsilon R$ bzw. $4\gamma^2-12\beta\delta>0$.

Fall 2: Die y_2-Achse ist eine Nullstellengerade von $q\varepsilon Q_3$ bzw. $\underline{\delta=0}$. Weil $q\varepsilon Q_3$ zwei Nullstellengeraden aufweist, fallen die beiden Nullstellen $(-\beta\pm\sqrt{\beta^2-4\alpha\gamma})/2\gamma$ von $q(1,y_2)=\alpha+\beta y_2+\gamma y_2^2$ zusammen, d.h. es gilt $\underline{\beta^2-4\alpha\gamma=0}$ (oder aber $\gamma=0$ und $\beta\neq 0$).

Q_3 wird somit in Fall 1 durch eine und in Fall 2 durch zwei Gleichungen in den vier Variablen α bis δ beschrieben. Dies bedeutet aber, dass Q_3 eine 3-dimensionale Stratifikation darstellt.

(2) $Q_4=\{q\varepsilon Q|\ q\sim q_4\}$

$q_4(y_1,y_2)=y_1^3$ weist wie $q_2(y_1,y_2)=y_1^2y_2+y_2^3$ genau eine Nullstellengerade auf, nämlich $y_1=0$. Im Gegensatz zu q_2 sind die Nullstellen von q_4 aber

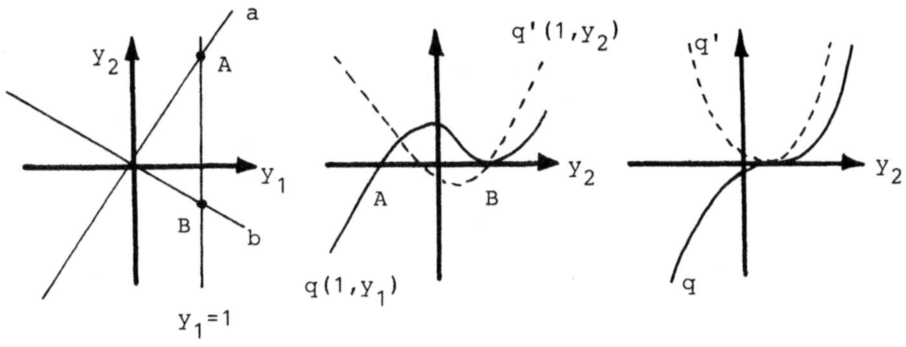

(a) (b) (c)

Abbildung 4.5

zugleich singuläre Stellen von q_4, denn es gilt ja $(\partial q_4/\partial y_1)(0,y_2)=(\partial q_4/\partial y_2)(0,y_2)=0$. Diese Eigenschaft ist ebenso wie die Anzahl der Nullstellengeraden von der Wahl der Koordinaten unabhängig und wird somit von allen $q\varepsilon Q_4$ geteilt.

Fall 1: $(\delta\neq 0)$ Der Graph von $q(1,y_2)\varepsilon Q_4$ weist die in Abbildung 4.5.c dargestellte Form auf, d.h. es gilt $\underline{4\gamma^2-12\beta\delta=0}$ bzw. $y_2^1=y_2^2=-(\gamma/3\delta)$ und $\underline{q(1,-(\gamma/3\delta))=0}$.

Fall 2: $(\underline{\delta=0})$ $q(y_1,1)=\alpha y_1^3+\beta y_1^2+\gamma y_1$, $q'(y_1,1)=3\alpha y_1^2+2\beta y_1+\gamma$, $q'(y_1,1)=0\rightarrow y_1^{1,2}=(-2\beta\pm\sqrt{4\beta^2-12\alpha\gamma})/6\alpha$ $(\alpha\neq 0)$, $y_1^1=y_1^2\rightarrow\underline{4\beta^2-12\alpha\gamma=0}$ bzw. $y_1^1=y_1^2=(-\beta/3\alpha)=0\rightarrow\underline{\beta=0}$.

Q_4 wird also in Fall 1 durch zwei und in Fall 2 durch drei Gleichungen in den vier Variablen α bis δ beschrieben und stellt somit eine 2-dimensionale Stratifikation von R^4 dar. ▲

Die Mengen Q_1 und Q_2 machen natürlich den Rest von R^4 aus, d.h $Q_1\cup Q_2 = R^4\setminus(Q_3\cup Q_4\cup Q_5)$ und $\dim Q_1 = \dim Q_2 = 4$.[11] Mit Hilfe der Lemmata 6 bis 8 ist es nun nicht schwer anzugeben, welche Gestalten typische $j_0^3h_{(x,a)}$-Jets annehmen können (Lemma 9) bzw. (Thom Transversalitätstheorem) welche Gestalten die $j_0^3h_{(x,a)}$-Jets typischer $(F_3,k\leq 5)$-Entfaltungen annehmen können (Korollar 4).

LEMMA 9

Es sei $(F_4,k\leq 5)$ die Menge der $(F_3,k\leq 5)$-Entfaltungen F, die ein nicht-leeres $\tilde{C}_2(F)$ erklären, das zu $\tilde{Q}_i$ $(i=1,\ldots,5)$ transversal verläuft: $(F_4,k\leq 5) = \{F\varepsilon(F_3,k\leq 5) \mid \tilde{C}_2(F)\neq\emptyset$ und $\tilde{C}_2(F)\pitchfork Q_i$ $(1\leq i\leq 5)\}$.[12] Ist $F(x,a)$ ein Element von $(F_4,k\leq 5)$, so ist der 3-Jet jedes zweifach degenerierten $h_{(x,a)}$-Keims von $F(x,a)$ im Fall $k=3$ zu q_1 oder q_2, im Fall $k=4$ zu q_1, q_2 oder q_3 und im Fall $k=5$ zu q_1, q_2, q_3 oder q_4 aequivalent.

Beweis:

Die Dimension von $\tilde{C}_2\cap Q_i$ lässt sich mit Hilfe der Formel $\dim(\tilde{C}_2\cap Q_i)=\dim\tilde{C}_2 + \dim\tilde{Q}_i - \dim R^4$ berechnen. Für $3\leq k\leq 5$ sind die Werte von $\dim(\tilde{C}_2\cap Q_i)$ in der folgenden Tabelle zusammengestellt.

		i				
		1	2	3	4	5
k	3	0	0	-1	-2	-4
	4	1	1	0	-1	-3
	5	2	2	1	0	-2

k=3: Es gilt also $\dim(\tilde{C}_2\cap Q_i)<0$ bzw. $\tilde{C}_2\cap Q_i=\emptyset$ für $i=3,4$ und 5. D.h. $j_0^3h_{(x,a)}$ muss entweder in Q_1 oder in Q_2 liegen: $j_0^3h_{(x,a)}\sim q_1$ oder $j_0^3h_{(x,a)}\sim q_2$.

k=4: $\dim(\tilde{C}_2\cap Q_i)<0$ bzw. $\tilde{C}_2\cap Q_i=\emptyset$ für $i=4$ und 5. D.h. $j_0^3h_{(x,a)}$ ist entweder zu q_1, q_2 oder q_3 aequivalent.

k=5: $\dim(\tilde{C}_2\cap Q_5)<0$ bzw. $\tilde{C}_2\cap Q_5=\emptyset$. $j_0^3h_{(x,a)}$ ist also entweder zu q_1, q_2, q_3 oder q_4 aequivalent. ▲

KOROLLAR 4

Die Menge $(F_{32},k\leq 5)=\{F\varepsilon(F_3,k\leq 5) \mid C_2(F)\neq\emptyset\}$ der in Korollar 3 beschriebenen $(F_3,k\leq 5)$-Entfaltungen, für die $C_2\neq\emptyset$ gilt, besitzt eine offene und dichte Teilmenge $(F_4,k\leq 5)$ mit folgender Eigenschaft. Ist $F(x,a)$ ein Element von $(F_4,k\leq 5)$, so ist der 3-Jet jedes zweifach degenerierten E(2)-Keims $h_{(x,a)}$ von $F(x,a)$ im Fall k=3 zu q_1 oder q_2, im Fall k=4 zu q_1, q_2 oder q_3 und im Fall <u>k=5</u> zu q_1, q_2, q_3 oder q_4 aequivalent. ▲

Mit Korollar 4 ist eine endliche Klassifikation der 3-Jets der vollkommen degenerierten $h_{(x,a)}$-Keime gelungen. Das Ziel dieses Abschnitts ist es jedoch, die $h_{(x,a)}$-Keime bzw. die $f_{(x,a)}$-Keime selbst zu klassifizieren. Dies bedeutet, dass im folgenden die Jet-Klassifikation auf die Keimebene übertragen werden muss. Bei der Klassifikation der degenerierten E(1)-Keime $g_{(x,a)}$ erfolgte die entsprechende Uebertragung mit Hilfe von Theorem 14. Da im vorliegenden Fall die Anzahl der Variablen grösser als eins ist, muss Theorem 14 durch den allgemeineren <u>Determiniertheitstest</u> ersetzt werden.

4.4.2. DIE KLASSIFIKATION DER KEIME

4.4.2.1. 3-Parameter Entfaltungen

Für den Fall k=3 ist die Uebertragung des Inhalts von Korollar 4 von der Jet- auf die Keimebene einfach, wenn man mit dem Determiniertheitstest argumentiert.

LEMMA 10

Ist F(x,a) ein Element der in Korollar 4 beschriebenen Menge $(F_4,3)$, so ist jeder zweifach degenerierte $f_{(x,a)}$-Keim von F(x,a) zu einem E(n)-Keim von der Form

$$f_{6,7}(y) = y_1^2 y_2 \pm y_2^3 + \Sigma \pm y_i^2$$

aequivalent.

Beweis:

$f_{(x,a)} \sim h_{(x,a)}(y_1,y_2)+\Sigma\pm y_i^2$ (Splitting-Lemma)

$j_0^3 h_{(x,a)}(y_1,y_2) \sim y_1^2 y_2 \pm y_2^3$ (Lemma 9)

$y_1^2 y_2 \pm y_2^3$ ist 3-determiniert (Determiniertheitstest, siehe Beispiel 2.5)

$\rightarrow h_{(x,a)}(y_1,y_2) \sim y_1^2 y_2 \pm y_2^3$

$\rightarrow f_{(x,a)}(y) \sim y_1^2 y_2 \pm y_2^3 + \Sigma \pm y_i^2$. ▲

4.4.2.2. 4-Parameter Entfaltungen

Ebenso wie die $j_0^3 h_{(x,a)}$-Jets von $(F_4,3)$-Entfaltungen F(x,a), können natürlich auch die $j_0^3 h_{(x,a)}$-Jets von $(F_4,4)$-Entfaltungen F(x,a) die Formen $q_{1,2}(y_1,y_2)=y_1^2 y_2 \pm y_2^3$ annehmen. Darüber hinaus können im Fall k=4 gewisse $j_0^3 h_{(x,a)}$-Jets zu $q_3(y_1,y_2)=y_1^2 y_2$ aequivalent sein (siehe Korollar 4). Im Gegensatz zu $q_{1,2}$ sind nun aber, wie man mit Hilfe des Determiniertheitstests leicht feststellen kann (siehe Beispiel 2.6), die 3-Jets von der Form $q_3(y_1,y_2)=y_1^2 y_2$ nicht mehr determiniert. Will man trotzdem von der Jet- zur Keimebene gelangen, so muss man anstatt der 3-Jets $j_0^3h_{(x,a)}$ die 4-Jets $j_0^4h_{(x,a)} = \alpha y_1^3+\beta y_1^2y_2+\gamma y_1y_2^2+\delta y_2^3+\hat{a}y_1^4+\hat{b}y_1^3y_2+\hat{c}y_1^2y_2^2+\hat{d}y_1y_2^3+\hat{e}y_2^4$ betrachten. Wenn die kubischen Terme auf die Normalform $y_1^2y_2$ gebracht werden, weist $j_0^4h_{(x,a)}$ folgende Gestalt auf:

$$j_0^4h_{(x,a)} \sim y_1^2y_2+ay_1^4+by_1^3y_2+cy_1^2y_2^2+dy_1y_2^3+ey_2^4 = \psi(y_1,y_2).$$

Das folgende Lemma zeigt, wie der der Ausdruck $\psi(y_1,y_2)$ vereinfacht werden kann.

LEMMA 11

Ist der 4-Jet eines $h_{(x,a)}$-Keims von der Form $j_0^4h_{(x,a)} \sim \psi(y_1,y_2)$, so ist $j_0^4h_{(x,a)}$ zum E(n)-Keim $\mu(u_1,u_2)=u_1^2u_2+eu_2^4$ aequivalent.

Beweis:

(1) $\psi(y_1,y_2) = y_1^2y_2+ay_1^4+2y_1y_2K(y_1,y_2)+ey_2^4$
mit $K(y_1,y_2)=(b/2)y_1^2+(c/2)y_1y_2+(d/2)y_2^2$

(2) $\gamma(y_1,y_2)=(y_1+K(y_1,y_2),y_2+ay_1^2)=(u_1,u_2)$ ist ein Diffeomorphismus in U(0), denn (siehe Theorem 7)

$$|J_0^\gamma| = \begin{vmatrix} 1+by_1+\frac{c}{2}y_2 & \frac{c}{2}y_1+dy_2 \\ 2ay_1 & 1 \end{vmatrix}_0 = \begin{vmatrix} 1 & 0 \\ 0 & 1 \end{vmatrix} = 1 \neq 0.$$

(3) $\mu\circ\gamma=(y_1+K(y_1,y_2))^2(y_2+ay_1^2)+e(y_2+ay_1^2)^4=(y_1^2y_2+ay_1^4+2y_1y_2K(y_1,y_2)+ey_2^4)+(y_2K(y_1,y_2))^2+2ay_1^3K(y_1,y_2)+ay_1^2K(y_1,y_2)^2+4aey_1^2y_2^3+6a^2ey_1^4y_2^2+4a^3ey_1^6y_2+a^4ey_1^8) = \psi(y_1,y_2) + O(5)$, wobei O(5) nur Terme fünfter und höherer Ordnung enthält.

(4) Es gilt also $\mu\circ\gamma=\psi+O(5)$ und damit $j_0^4(\mu\circ\gamma)=j_0^4(\psi+O(5))$. Weiter gilt $j_0^4(\mu\circ\gamma(y_1,y_2))\sim j_0^4\mu(u_1,u_2)=\mu$ und $j_0^4(\psi+O(5))=\psi$. Daraus folgt aber $\psi\sim\mu$ und, weil $j_0^4h_{(x,a)}\sim\psi$, die Behauptung $j_0^4h_{(x,a)}\sim\mu$. ▲

Aus dem Determiniertheitstest geht nun unmittelbar hervor, dass μ 4-determiniert ist, wenn e nicht verschwindet. Damit das Ergebnis von Lemma 11 bei der Analyse der 4-Parameter Entfaltungen in der beabsichtigten Art und Weise verwendet werden kann, bleibt daher nur noch zu zeigen übrig, dass die Voraussetzung $e \neq 0$ bei typischen $(F_4,4)$-Entfaltungen erfüllt ist. Dazu betrachtet man die Menge aller Punkte (x,a) des Definitionsbereichs einer Entfaltung F(x,a), bei denen ein $h_{(x,a)}$-Keim definiert ist, dassen 3-Jet zu $q_3(y_1,y_2)=y_1^2y_2$ aequivalent ist. Diese Menge wird mit $C_2^3(F)$ bzw. C_2^3 bezeichnet: $C_2^3 = \{(x,a) \varepsilon C_2 | \ j_0^3 h_{(x,a)} \sim y_1^2 y_2\}$. Durch die Abbildung $\delta_1 \colon C_2^3 \to R^5$ mit

$$\delta_1(x,a) = (a_{(x,a)}, b_{(x,a)}, c_{(x,a)}, d_{(x,a)}, e_{(x,a)})$$

wird jedem Punkt (x,a) von C_2^3 ein zu $j_0^4 h_{(x,a)}$ aequivalenter ψ-Keim zugeordnet. Die mit $\tilde{C}_2^3$ bezeichnete Bildmenge von C_2^3 wird im folgenden Lemma charakterisiert.

<u>LEMMA 12</u>

Die durch eine $(F_4,4)$-Entfaltung F definierte Menge $\tilde{C}_2^3(F)$ ist entweder leer oder besteht aus isolierten Punkten von R^5.

<u>Beweis:</u>

$C_2^3 = \gamma^{-1}(\tilde{C}_2 \cap Q_3)$ und $\tilde{C}_2^3 = \delta_1(C_2^3) \to \tilde{C}_2^3 = \delta_1 \circ \gamma^{-1}(\tilde{C}_2 \cap Q_3)$

$\tilde{C}_2 \cap Q_3 = \emptyset$ oder $\dim(\tilde{C}_2 \cap Q_3) = 0$, wenn k=4 (Lemma 9)

$\to \tilde{C}_2^3 = \emptyset$ oder $\dim \tilde{C}_2^3 = 0$. ▲

Beliebige isolierte Punkte von R^5 liegen normalerweise nicht auf der Hyperebene $H=\{(a,\ldots,e) \varepsilon R^5 | \ e=0\}$ von R^5. Dies garantiert das elementare Transversalitätstheorem. Genau diese

Eigenschaft weisen nun aber auch die speziellen $\tilde{C}_2^3$-Punkte auf (Thom Transversalitätstheorem). Die Bedingung $e \neq 0$ ist also erfüllt und der Abschnitt über die 4-Parameter Entfaltungen kann mit dem folgenden Lemma bzw. mit dessen Verallgemeinerung abgeschlossen werden.

LEMMA 13

Es sei $(F_5, k=4,5)$ die Menge der $(F_4, k=4,5)$-Entfaltungen, die ein $\tilde{C}_2^3$ erklären, das entweder leer ist oder zur Hyperebene H transversal verläuft: $(F_5, k=4,5) = \{F \in (F_4, k=4,5) \mid C_2^3(F) \pitchfork H\}$. Ist $F(x,a)$ ein Element von $(F_5,4)$, so ist jeder zweifach degenerierte $f_{(x,a)}$-Keim von $F(x,a)$ entweder zu einem $E(n)$-Keim von der Form

$$f_{6,7}(y) = y_1^2 y_2 \pm y_2^3 + \Sigma \pm y_i^2 \quad \text{oder} \quad f_8(y) = \pm(y_1^2 y_2 + y_2^4) + \Sigma \pm y_i^2$$

aequivalent.

Beweis:

(1) Nach Lemma 9 sind die 3-Jets der vollkommen degenerierten $h_{(x,a)}$-Keime von $(F_3,4)$ und damit natürlich auch von $(F_4,4)$-Entfaltungen $F(x,a)$ entweder zu q_1, q_2 oder q_3 aequivalent. Im Fall $j_0^3 h_{(x,a)} \sim q_{1,2}$ ist $j_0^3 h_{(x,a)}$ determiniert, d.h. es gilt $h_{(x,a)} \sim q_{1,2}$ und $f_{(x,a)} \sim y_1^2 y_2 \pm y_2^3 + \Sigma \pm y_i^2$ (vgl. dazu auch den Beweis von Lemma 10).

(2) Enthält eine $(F_5,4)$-Entfaltung $h_{(x,a)}$-Keime deren 3-Jets zu $q_3(y_1,y_2) = y_1^2 y_2$ aequivalent sind $(C_2^3 \neq 0)$, so gilt nach Voraussetzung $\tilde{C}_2^3 \pitchfork H$. Dies bedeutet aber, dass $\tilde{C}_2^3$ und H keine Punkte gemeinsam haben, $\tilde{C}_2^3 \cap H = \emptyset$, denn $\dim \tilde{C}_2^3 + \dim H - 5 = 0+4-5 = -1$. Es gilt also $e \neq 0$ und nach Lemma 11 $j_0^4 h_{(x,a)} \sim \mu(u_1,u_2) = u_1^2 u_2 + e u_2^4$.

(3) Mit dem linearen Koordinatenwechsel $\pi(y_1,y_2) = (|e|^{1/8} y_1, |e|^{-1/4} y_2) = (u_1,u_2)$ wird nun $\mu(u_1,u_2)$ zu $\mu \circ \pi = |e|^{1/4} y_1^2 |e|^{-1/4} y_2 + e|e|^{-1} y_2^4 = y_1^2 y_2 \pm y_2^4$, d.h es gilt $j_0^4 h_{(x,a)} \sim y_1^2 y_2 + e y_2^4 \sim y_1^2 y_2 \pm y_2^4$ und also auch $j_0^4 h_{(x,a)} \sim$

$y_1^2y_2 \pm y_2^4$. $y_1^2y_2 \pm y_2^4$ ist aber, wie mit Hilfe des Determiniertheitstests leicht nachzuprüfen ist, 4-determiniert. Wegen der Koordinatenunabhängigkeit der Determiniertheit ist daher auch $j_0^4 h_{(x,a)}$ determiniert. Mit anderen Worten: Es gilt $h_{(x,a)} \sim j_0^4 h_{(x,a)}$. Da aber $j_0^4 h_{(x,a)}$ zu $y_1^2y_2 \pm y_2^4$ aequivalent ist, trifft dies auch für den $h_{(x,a)}$-Keim selbst zu: $h_{(x,a)} \sim y_1^2y_2 \pm y_2^4$. Daraus folgt aber unmittelbar die Behauptung $f_{(x,a)} \sim y_1^2y_2 \pm y_2^4 + \Sigma \pm y_i^2 \sim \pm(y_1^2y_2 + y_2^4) + \Sigma \pm y_i^2$. ▲

KOROLLAR 5

Die Menge $(F_4, k=4,5)$ der in Korollar 4 beschriebenen $(F_4, k \leq 5)$-Entfaltungen mit 4 oder 5 Parametern besitzt eine offene und dichte Teilmenge $(F_5, k=4,5)$ mit folgender Eigenschaft. Ist $F(x,a)$ ein Element von $(F_5, 4)$, so ist jeder zweifach determinierte $f_{(x,a)}$-Keim von $F(x,a)$ entweder zu einem $E(n)$-Keim von der Form

$$f_{6,7}(y) = y_1^2y_2 \pm y_2^3 + \Sigma \pm y_i^2 \quad \text{oder} \quad f_8(y) = \pm(y_1^2y_2 + y_2^4) + \Sigma \pm y_i^2$$

aequivalent. ▲

4.4.2.3. 5-Parameter Entfaltungen

Den Ausgangspunkt zur Bestimmung der Gestalten der zweifach degenerierten $E(n)$-Keime $f_{(x,a)} \sim h_{(x,a)}(y_1, y_2) + \Sigma \pm y_i^2$ von $(F_5, 5)$-Entfaltungen $F(x,a)$ bildet wiederum Lemma 9. Dieses Lemma besagt, dass die $j_0^3 h_{(x,a)}$-Jets entweder zu q_1, q_2, q_3 oder q_4 aequivalent sind. Ist $j_0^3 h_{(x,a)}$ zu q_1 oder q_2 aequivalent, so ist $f_{(x,a)}$ natürlich von der Gestalt $y_1^2y_2 \pm y_2^3 \Sigma \pm y_i^2$.

Der Fall $j_0^3 h_{(x,a)} \sim q_2(y_1, y_2) = y_1^2 y_2$ wurde im vorhergehenden Abschnitt schon für k=4 analysiert. Für k=5 ergibt sich jedoch eine zusätzliche Schwierigkeit. Die Koeffizienten e der 4-Jets

$j_0^4 h_{(x,a)} \sim y_1^2 y_2 + a y_1^4 + b y_1^3 y_2 + c y_1^2 y_2^2 + d y_1 y_2^3 + e y_2^4$ können nämlich selbst dann verschwinden, wenn $\tilde{C}_2^3$ zu H transversal verläuft. D.h. es kann nicht mehr wie in Lemma 13 argumentiert werden. Dieser Umstand macht einige zusätzliche Ueberlegungen notwendig (Abschnitt 4.4.2.3.1.).

Der letzte Fall, $j_0^3 h_{(x,a)} \sim q_4(y_1, y_2) = y_1^3$, kann nur bei 5-Parameter Entfaltungen auftreten und muss daher ebenfalls hier erörtert werden (Abschnitt 4.4.2.3.2.).

4.4.2.3.1. $j_0^3 h_{(x,a)} \sim y_1^2 y_2$

Abbildung 4.6 zeigt die Punktemenge $\tilde{C}_2^3(F) = \delta \circ \gamma^{-1}(\tilde{C}_2(F) \cap Q_3)$ einer beliebigen $(F_5, 5)$-Entfaltung $F(x,a)$. $\tilde{C}_2^3$ ist leer oder eine eindimensionale Untermannigfaltigkeit, weil $\tilde{C}_2 \cap Q_3$ nach Lemma 9 leer oder eine eindimensionale Untermannigfaltigkeit ist. Man sieht ohne weiteres, dass $\tilde{C}_2^3$ die Hyperebene H schneiden kann und dass der Durchschnitt $\hat{S}$ von $\tilde{C}_2^3$ und H in diesem Fall aus isolierten Punkten von R^5 besteht: $\dim \hat{S} = \dim(\tilde{C}_2^3 \cap H) + \dim H - 5 = 1+4-5 = 0$.

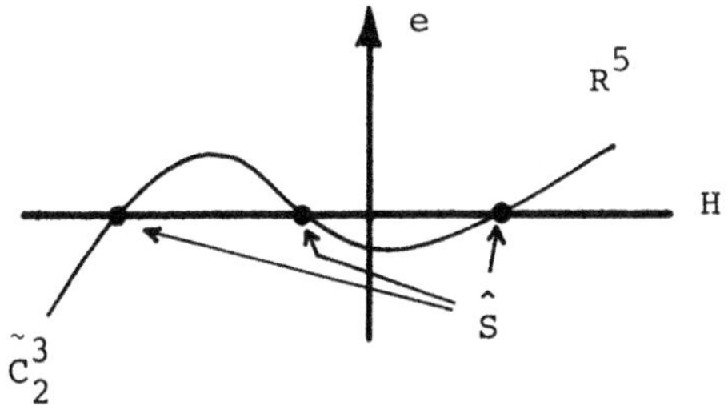

Abbildung 4.6

Entspricht der 4-Jet eines $h_{(x,a)}$-Keims einem Punkt von $\tilde{C}_2^3 \setminus \hat{S}$, gilt also $j_0^4 h_{(x,a)} \sim y_1^2 y_2 + a y_1^4 + \ldots + e y_2^4$ mit $e \neq 0$, so ist nach den Punkten (2) und (3) des Beweises von Lemma 13 der Keim $f_{(x,a)}$

zu $f_8(y)=\pm(y_1^2y_2+y_2^4)+\Sigma\pm y_i^2$ aequivalent. Entspricht hingegen der 4-Jet eines $h_{(x,a)}$-Keims einem Punkt von $\hat{S}$, gilt also $j_0^4h_{(x,a)}\sim y_1^2y_2+ay_1^4+\ldots+dy_1y_2^3$, so ist dieser Jet gemäss Lemma 11 zu $q_3(y_1,y_2)=y_1^2y_2$ aequivalent und somit nicht determiniert (vgl. Beispiel 2.6). Es kann also nicht mehr wie in Lemma 13 argumentiert werden. Der Ausweg aus dieser Situation besteht darin, anstatt der 4- die 5-Jets $j_0^5h_{(x,a)}$ zu betrachten. Die $j_0^5h_{(x,a)}$-Jets sind von der Form

$$j_0^5h_{(x,a)} \sim y_1^2y_2+Ay_1^5+By_1^4y_2+Cy_1^3y_2^2+Dy_1^2y_2^3+Ey_1y_2^4+Fy_2^5 = \phi(y_1,y_2).$$

Diese 5-Jets lassen sich ganz ähnlich wie die 4-Jets in Lemma 11 vereinfachen.

<u>LEMMA 14</u>

Ist der 5-Jet eines $h_{(x,a)}$-Keims von der Form $j_0^5h_{(x,a)}\sim\phi(y_1,y_2)$, so ist $j_0^5h_{(x,a)}$ zum E(2)-Keim $\sigma(u_1,u_2) = u_1^2u_2 + Fu_2^5$ aequivalent.

<u>Beweis</u>:

Der Beweis ist ganz analog zum Beweis von Lemma 11 und wird deshalb nur stichwortartig vorgeführt.

(1) $\phi(y_1,y_2)= y_1^2y_2+Ay_1^5+2y_1y_2L(y_1,y_2)+Fy_2^5$ mit
$L(y_1,y_2)=\frac{1}{2}By_1^3+\frac{1}{2}Cy_1^2y_2+\frac{1}{2}Dy_1y_2^2+\frac{1}{2}Ey_2^3$

(2) $\xi(y_1,y_2)=(y_1+L(y_1,y_2),\ y_2+Ay_1^3)=(u_1,u_2)$ ist ein Diffeomorphismus in U(0), denn

$$|J_0^\xi| = \begin{vmatrix} 1+\frac{3}{2}By_1^2+Cy_1y_2+\frac{1}{2}Dy_2^2 & \frac{1}{2}Cy_1^2+Dy_1y_2+\frac{3}{2}Ey_2^2 \\ 3Ay_1^2 & 1 \end{vmatrix}_0 = 1\neq 0.$$

(3) $\sigma\circ\xi=(y_1+L(y_1,y_2))^2(y_2+Ay_1^3)+F(y_2+Ay_1^3)^5=\phi(y_1,y_2)+O(6)$, wobei O(6) nur Terme sechster und höherer Ordnung enthält.

(4) $\sigma\circ\xi=\phi+O(6)\to j_0^5(\sigma\circ\xi)=j_0^5(\phi+O(6))$
$j_0^5(\sigma\circ\xi(y_1,y_2))\sim j_0^5\sigma(u_1,u_2)=\sigma$
$j_0^5(\phi+O(6))=\phi$
$\to\phi\sim\sigma$
$j_0^5h_{(x,a)}\sim\phi$
$\to j_0^5h_{(x,a)}\sim\sigma$. ▲

Auch die folgende Argumentation ist ganz analog zum Vorgehen bei den 4-Parameter Entfaltungen. Zuerst definiert man die Menge S(F) bzw. S aller Punkte (x,a) des Definitionsbereichs einer $(F_5,5)$-Entfaltung F(x,a), bei denen ein vollkommen degenerierter $h_{(x,a)}$-Keim erklärt ist, dessen 4-Jet zu $y_1^2y_2$ aequivalent ist: $S(F) = \{(x,a)\varepsilon C_2^3(F) \mid j_0^4h_{(x,a)}\sim y_1^2y_2\}$. Es gilt natürlich $S=\delta_1^{-1}(\hat{S})$. Durch die Abbildung δ_2: $S\to R^6$ mit

$$\delta_2(x,a) = (A_{(x,a)},\dots,F_{(x,a)})$$

wird jedem Punkt (x,a) von S ein zu $j_0^5h_{(x,a)}$ aequivalenter ϕ-Keim zugeordnet. Die mit $\tilde{S}$ bezeichnete Bildmenge von S ist entweder leer oder besteht aus isolierten Punkten von R^6, weil $\tilde{S}=\delta_2(S)=\delta_2\circ\delta_1^{-1}(\hat{S})$ gilt und $\hat{S}$, wie weiter oben gezeigt wurde, eben diese Eigenschaft besitzt. Es folgen nun zum Abschluss die zu Lemma 13 und Korollar 5 analogen Sätze.

<u>LEMMA 15</u>

Es sei $(F_6,5)$ die Meng der $(F_5,5)$-Entfaltungen, die ein $\tilde{S}$ erklären, das entweder leer ist oder zur Hyperebene $H'=\{(A,B,C,D,E,F)\varepsilon R^6 \mid F=0\}$ von R^6 transversal verläuft: $(F_6,5) = \{F\varepsilon(F_5,5) \mid \tilde{S}(F)=\emptyset$ oder $\tilde{S}\pitchfork H'\}$. Ist F(x,a) ein Element von $(F_6,5)$, so ist jeder zweifach degenerierte $f_{(x,a)}$-Keim von F(x,a) mit $j_0^3h_{(x,a)}\sim q_{i_2}$ (i=1,2,3) zu einem E(n)-Keim von der Form $f_{6,7}(y)=y_1^2y_2\pm y_2^3+\Sigma\pm y_i^2$, $f_8(y)=\pm(y_1^2y_2+y_2^4)+\Sigma\pm y_i^2$ oder $f_{9,10}(y)=y_1^2y_2\pm y_2^5+\Sigma\pm y_i^2$ aequivalent.

Beweis:

(1) Im Fall $j_0^3 h_{(x,a)} \sim q_{1,2}(y_1,y_2)=y_1^2 y_2 \pm y_2^3$ ist $j_0^3 h_{(x,a)}$ determiniert, d.h. es gilt $h_{(x,a)} \sim y_1^1 y_2 \pm y_2^3$ und $f_{(x,a)} \sim y_1^2 y_2 \pm y_2^3 + \Sigma \pm y_i^2$ (vgl. dazu auch den Beweis von Lemma 10).

(2) Für $j_0^3 h_{(x,a)} \sim q_3(y_1,y_2)=y_1^2 y_2$ werden zwei Fälle unterschieden, nämlich $(x,a)\varepsilon C_2^3 \setminus S$ und $(x,a)\varepsilon S$. Im Fall $(x,t)\varepsilon C_2^3\setminus S$ gilt $j_0^4 h_{(x,a)} \sim y_1^2 y_2 + a y_1^4 + \ldots + e y_2^4$ mit $e\neq 0$ und nach Lemma 9 $j_0^4 h_{(x,a)} \sim y_1^2 y_2 + e y_2^4$ mit $e\neq 0$. Analog zu Punkt (3) des Beweises von Lemma 13 folgt nun:
$j_0^4 h_{(x,a)} \sim y_1^2 y_2 \pm y_2^4$, $y_1^2 y_2 \pm y_2^4$ determiniert
$\rightarrow h_{(x,a)} \sim y_1^2 y_2 \pm y_2 \rightarrow f_{(x,a)} \sim \pm (y_1^2 y_2 + y_2^4) + \Sigma \pm y_i^2$.

Die beiden folgenden Punkte beschäftigen sich mit dem Fall $(x,a)\varepsilon S$. Wegen der Analogie zu den Punkten (2) und (3) des Beweises von Lemma 13 wird wiederum nur stichwortartig argumentiert.

(3) $\tilde{S} \not\pitchfork H'$ (Voraussetzung)
$\rightarrow \tilde{S} \cap H' = \emptyset$, denn $\dim(\tilde{S}\cap H')=0+5-6=-1$ $\rightarrow$ $F\neq 0$
$\rightarrow j_0^5 h_{(x,a)} \sim \sigma(u_1,u_2)=u_1^2 u_2 + F u_2^5$ (Lemma 14)

(4) $\theta(y_1,y_2)=(|F|^{1/10} y_1, |F|^{-1/5} y_2)=(u_1,u_2)$
$\sigma\circ\theta = y_1^2 y_2 \pm y_2^5$, d.h. $\sigma(u_1,u_2) \sim y_1^2 y_2 \pm y_2^5$ $\rightarrow$ $j_0^5 h_{(x,a)} \sim y_1^2 y_2 \pm y_2^5$
$y_1^2 y_2 \pm y_2^5$ ist 5-determiniert (Determiniertheitstest)
$\rightarrow h_{(x,a)} \sim y_1^2 y_2 \pm y_2^5$ $\rightarrow$ $f_{(x,a)} \sim y_1^2 y_2 \pm y_2^5 + \Sigma \pm y_i^2$. ▲

KOROLLAR 6

Die Menge $(F_5,5)$ der in Korollar 5 beschriebenen $(F_5,k=4,5)$-Entfaltungen mit fünf Parametern besitzt eine offene und dichte Teilmenge $(F_6,5)$ mit folgender Eigenschaft. Ist $F(x,a)$ ein Element von $(F_6,5)$, so ist jeder zweifach degenerierte $f_{(x,a)}$-Keim mit $j_0^3 h_{(x,a)} \sim q_i$ $(i=1,2,3)$ zu einem $E(n)$-Keim von der Form $f_{6,7}(y)=y_1^2 y_2 \pm y_2^3 + \Sigma \pm y_i^2$, $f_8(y)=\pm(y_1^2 y_2 + y_2^4)+\Sigma \pm y_i^2$ oder $f_{9,10}(y)=y_1^2 y_2 \pm y_2^5 + \Sigma \pm y_i$ aequivalent. ▲

4.4.2.3.2. $j_0^3 h_{(x,a)} \sim y_1^3$

$q_4(y_1,y_2)=y_1^3$ ist, wie mit dem Determiniertheitstest leicht nachgeprüft werden kann, ebensowenig 3-determiniert wie $q_3(y_1,y_2)= y_1^2 y_2$ im vorhergehenden Abschnitt. Zur Bestimmung der Gestalten von $h_{(x,a)}$ mit $j_0^3 h_{(x,a)} \sim y_1^3$ muss also wiederum der nächsthöhere Jet $j_0^4 h_{(x,a)}$,

$$j_0^4 h_{(x,a)} \sim y_1^3 + a'y_1^4 + b'y_1^3 y_2 + c'y_1^2 y_2^2 + d'y_1 y_2^3 + e'y_2^4 = \tau(y_1,y_2),$$

herangezogen werden. Gilt $e' \neq 0$, so kann der Jet $j_0^4 h_{(x,a)}$ durch einen Koordinatenwechsel in eine einfache Form gebracht werden, für die zudem leicht zu zeigen ist, dass $j_0^4 h_{(x,a)}$ determiniert ist. Es ist eigentlich überflüssig auf die Analogie zu den Lemmata 11 und 14 hinzuweisen.

LEMMA 16

Ist der 4-Jet eines $h_{(x,a)}$-Keims von der Form $j_0^4 h_{(x,a)} \sim \tau(y_1,y_2)$ und gilt $e' \neq 0$, so ist $j_0^4 h_{(x,a)}$ zum E(2)-Keim $\omega(w_1,w_2)=w_1^3 \pm w_2^4$ aequivalent.

Beweis:[13]

(1) $\tau(y_1,y_2)=y_1^3+e'y_2^4+d'y_1y_2^3+3y_1^2 M(y_1,y_2)$

mit $M(y_1,y_2)=(b'/3)y_1y_2+(c'/3)y_2^2+(a'/3)y_1^2$

(2) $\gamma_1(u_1,u_2)=(u_1-M(u_1,u_2),|e'|^{-1/4}u_2)=(y_1,y_2)$ ist ein Diffeomorphismus in U(0), weil

$$\left|J_0^{\gamma_1}\right| = \left|\begin{matrix} 1-\frac{b'}{3}u_2-\frac{2}{3}u_1 & -\frac{b'}{3}u_1-\frac{2}{3}c'u_2 \\ 0 & |e'|^{-1/4} \end{matrix}\right|_0 = e'^{\,-1/4} \neq 0.$$

(3) $\tau\circ\gamma_1=(u_1-M)^3+e'(|e'|^{-1/4}u_2)^4+d'(u_1-M)(|e'|^{-1/4}u_2)^3+ 3(u_1-M)^2M = u_1^3-3u_1^2M+3u_1M^2-M^3\pm u_2^4+d'(u_1-M)(|e'|^{-3/4})u_2^3+ 3(u_1^2-2u_1M+M^2)M = u_1^3\pm u_2^4+|e'|^{-3/4}\,d'u_1u_2^3+O_1(5) = \eta_1(u_1,u_2).$

(4) $\gamma_2(v_1,v_2)=(v_1,v_2\mp mv_1)=(u_1,u_2)$ ist ein linearer Koordinatenwechsel $(m=|e'|^{-3/4})$.
$\eta_1\circ\gamma_2=v_1^3\pm(v_2\mp mv_1)^4+4mv_1(v_2\mp mv_1)^3+O_2(5) = v_1^3\pm v_2^4+$
$3v_1^2(\mp 2m^2v_2^2+(8/3)m^3v_1v_2\mp m^4v_1^2)+O_2(5) = v_1^3\pm v_2^4+3v_1^2N(v_1,v_2)+$
$O_2(5) = \eta_2(v_1,v_2)$.

(5) Mit einem dritten und letzten Koordinatenwechsel $\gamma_3(w_1,w_2)=(w_1-N(w_1,w_2),w_2)=(v_1,v_2)$ $(|H_0^{\gamma_3}|=1)$ gelangt man zur Beziehung $\eta_2\circ\gamma_3=(w_1-N)^3\pm w_2^4+3(w_1-N)^2N+O_3(5) =$
$w_1^3\pm w_2^4-3w_1N^2+2n^3+O_3(5) = w_1^3\pm w_2^4+O_3(5)=\omega+O_3(5)$.

(6) Es gilt also $\tau\circ\gamma_1=\eta_1$ (3), $\eta_1\circ\gamma_2=\eta_2$ (4) und $\eta_2\circ\gamma_3=$ $\omega+O(5)$ (5) oder zusammengesetzt: $\tau\circ\gamma=\omega+O(5)$ mit $\gamma=\gamma_3\circ\gamma_2\circ\gamma_1$. Daraus folgt $j_0^4(\tau\circ\gamma)=j_0^4(\omega+O(5))$ und wegen $j_0^4(\tau\circ\gamma)\sim j_0^4\tau=\tau$ und $j_0^4(\omega+O(5))=\omega$ die Bezeihung $\tau\sim\omega$. Definitionsgemäss ist aber $j_0^4h_{(x,a)}\sim\tau$ und daher $j_0^4h_{(x,a)}\sim\omega$. ▲

Wie bei der Analyse der 4-Parameter Entfaltungen kann nun gezeigt werden, dass die Voraussetzung von Lemma 16 $(e'\neq 0)$ normalerweise bei $(F_6,5)$-Entfaltungen erfüllt ist. Dazu betrachtet man die Menge aller Punkte (x,a) des Definitionsbereichs einer $(F_6,5)$-Entfaltung $F(x,a)$, bei denen ein vollkommen degenerierter $h_{(x,a)}$-Keim definiert ist, dessen 3-Jet zu $q_4(y_1,y_2)=y_1^3$ aequivalent ist. Diese Menge wird mit C_2^4 bezeichnet: $C_2^4 = \{(x,a)\varepsilon C_2|\ j_0^3h_{(x,a)}\sim y_1^3\}$. Durch die Abbildung ε: $C_2^4 \to R^5$ mit

$$\varepsilon(x,a) = (a'_{(x,a)},b'_{(x,a)},c'_{(x,a)},d'_{(x,a)},e'_{(x,a)})$$

wird jedem Punkt (x,a) von C_2^4 ein zu $j_0^4h_{(x,a)}$ aequivalenter τ-Keim zugeordnet. Die mit $\tilde{C}_2^4$ bezeichnete Bildmenge von C_2^4 ist entweder leer oder besteht aus isolierten Punkten von R^5, denn es gilt $\tilde{C}_2^4 = \varepsilon\circ\gamma^{-1}(\tilde{C}_2\cap Q_4)$ und $\tilde{C}_2\cap Q_4=\emptyset$ oder $\dim(\tilde{C}_2\cap Q_4)=0$, wenn $k=5$ (Lemma 9).

Wiederum gilt nun für die speziellen $\tilde{C}_2^4$-Punkte, was für beliebige isolierte Punkte von R^5 vom elementaren Transversalitätstheorem garantiert wird, dass nämlich diese Punkte nicht auf der Hyperebene $H'' = \{(a',\ldots,e')\varepsilon R^5 \mid e'=0\}$ von R^5 liegen (Thom Transversalitätstheorem). Ist dies aber der Fall, so ist die Voraussetzung von Lemma 16 erfüllt und die letzten noch nicht beschriebenen $f_{(x,a)}$-Keime typischer $(\digamma,k\leq 5)$-Entfaltungen können mit Lemma 17 bzw. mit dessen Verallgemeinerung (Korollar 7) klassifiziert werden.

LEMMA 17

Es sei $(\digamma_7,5)$ die Menge der $(\digamma_6,5)$-Entfaltungen, die ein $\tilde{C}_2^4$ erklären, das entweder leer ist oder zur Hyperebene H" transversal verläuft: $(\digamma_7,5) = \{F\varepsilon(\digamma_6,5) \mid \tilde{C}_2^4(F)=\emptyset$ oder $C_2^4(F) \pitchfork H''\}$. Ist F(x,a) ein Element von $(\digamma_7,5)$, so ist jeder zweifach degenerierte $f_{(x,a)}$-Keim von F(x,a) mit $j_0^3 h_{(x,a)} \sim q_4$ zu einem E(n)-Keim von der Form $f_{11}(y)=\pm(y^3+y^4)+\Sigma\pm y_i^2$ aequivalent.

Beweis:

$\tilde{C}_2^4 \pitchfork H''$ (Voraussetzung)

$\rightarrow \tilde{\tilde{C}}_2^4 \cap H''=\emptyset$, denn $\dim(\tilde{C}_2^4 \cap H'')=0+4-5=-1 \rightarrow e'\neq 0$

$\rightarrow j_0^4 h_{(x,a)} \sim y_1^3 \pm y_2^4$ (Lemma 16), $y_1^3 \pm y_2^4$ ist 4-determiniert (D.test)
$h_{(x,a)} \sim y_1^3 \pm y_2^4 \rightarrow f_{(x,a)} \sim \pm(y_1^3+y_2^4)+\Sigma\pm y_i^2$. ▲

KOROLLAR 7

Die in Korollar 6 beschriebene Menge $(\digamma_6,5)$ enthält eine offene und dichte Teilmenge $(\digamma_7,5)$ mit folgender Eigenschaft. Ist F(x,a) ein Element von $(\digamma_7,5)$, so ist jeder zweifach degenerierte $f_{(x,a)}$-Keim von F(x,a) mit $j_0^3 h_{(x,a)} \sim q_4$ zu einem E(n)-Keim von der Form $f_{11}(y)=\pm(y_1^3+y_2^4)+\Sigma\pm y_i^2$ aequivalent. ▲

4.5. ZUSAMMENFASSUNG

Die in Lemma 10 und in den Korollaren 5 bis 7 beschriebenen kanonischen Formen der zweifach degenerierten $f_{(x,a)}$-Keime von typischen $(F_4,k\leq 5)$-Entfaltungen $(y_1^2y_2 \pm y_2^3 + \Sigma \pm y_i^2,\ \pm(y_1^2y_2+y_2^4)+\Sigma\pm y_i^2,$ $y_1^2y_2\pm y_2^5+\Sigma\pm y_i^2$ und $\pm(y_1^3+y_2^4)+\Sigma\pm y_i^2)$ sind mit den Organisationszentren der Nabelschnurkatastrophen identisch. Zugleich handelt es sich dabei um <u>strukturell instabile</u> Funktionskeime, denn die Komponenten y_2^3, y_2^4 und y_2^5 sind allein schon strukturell instabil (siehe Lemma 6).

Eine Analyse der in den Abschnitten 4.2 bis 4.4 erzielten Ergebnisse zeigt nun, dass mit den fünf Organisationszentren der Spitzenkatastrophen und den sechs Organisationszentren der Nabelschnurkatastrophen alle möglichen Gestalten von strukturell instabilen $f_{(x,a)}$-Keimen, die in typischen k-Parameter Entfaltungen mit fünf oder weniger Parametern vorkommen können, gefunden sind. Die Klassifikation der in typischen $(F,k\leq 5)$-Entfaltungen vorkommenden strukturell instabilen $f_{(x,a)}$-Keime ist somit im wesentlichen abgeschlossen. Es bleibt nur noch zu zeigen übrig, woraus die offene und dichte Teilmenge $(F_0,k\leq 5)$ der typischen Entfaltungen von $(F,k\leq 5)$ genau besteht. Dies geschieht anhand des in Abbildung 4.7 dargestellten Venn-Diagramms, in dem die wichtigsten Resultate der Abschnitte 2 bis 4 dieses Kapitel zusammengefasst sind.

<u>zu Korollar 1</u>: Jede Menge (F,k) enthält nach Korollar 1 eine offene und dichte Teilmenge (F_1,k). Dementsprechend füllt in

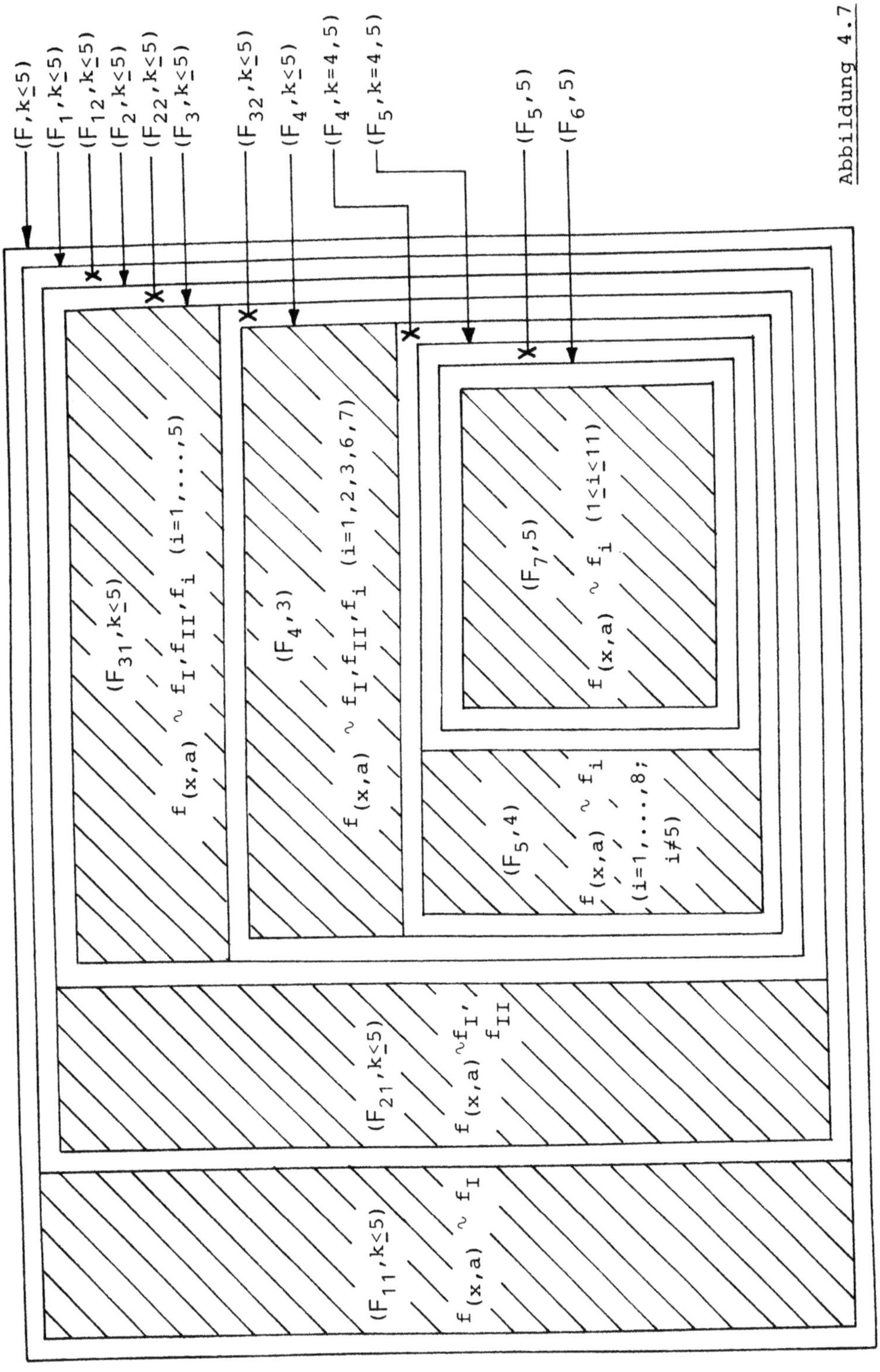

Abbildung 4.7

Abbildung 4.7 $(F_1, k \leq 5)$ fast die ganze Menge $(F, k \leq 5)$ aus. Für die (F_1, k)-Entfaltungen F gilt entweder $C(F) = \emptyset$ oder $C(F) \neq \emptyset$. Deshalb besteht $(F_1, k \leq 5)$ aus den beiden disjunkten Teilmengen $(F_{11}, k \leq 5) = \{F \varepsilon (F_1, k \leq 5) \mid C(F) = \emptyset\}$ und $(F_{12}, k \leq 5) = \{F \varepsilon (F_1, k \leq 5) \mid C \neq \emptyset\}$. Da die (F_{11}, k)-Entfaltungen definitionsgemäss nur reguläre $f_{(x,a)}$-Keime aufweisen, sind alle $f_{(x,a)}$-Keime der $(F_{11}, k \leq 5)$-Entfaltungen $F(x,a)$ von der Gestalt $f_I(y) = y_1$. Dies folgt aus den Theoremen 8 und 9.

<u>zu Korollar 2</u>: Jede Menge (F_{12}, k) enthält eine offene und dichte Teilmenge (F_2, k). Diese Menge lässt sich wiederum in zwei disjunkte Teilmengen zerlegen, nämlich in $(F_{21}, k) = \{F \varepsilon (F_2, k) \mid \tilde{C} \cap M_1 = \emptyset\}$ und $(F_{22}, k) = \{F \varepsilon (F_2, k) \mid \tilde{C} \cap M_1 \neq \emptyset\}$. Die Elemente $F(x,a)$ von $(F_{21}, k \leq 5)$ enthalten also nur reguläre und nichtdegenerierte, singuläre $f_{(x,a)}$-Keime. Diese sind aber zu $f_I(y) = y_1$ bzw. zu $f_{II}(y) = \Sigma \pm y_i^2$ (Morse-Lemma) aequivalent. Die Elemente von $(F_{22}, k \leq 5)$ enthalten neben den nichtdegenerierten auch noch degenerierte $f_{(x,a)}$-Keime. Diese sind aber für $k \leq 2$ höchstens einfach und für $k \leq 5$ höchstens zweifach degeneriert.

<u>zu Korollar 3</u>: $(F_3, k \leq 5)$ ist offen und dicht in $(F_{22}, k \leq 5)$. Die Menge der $(F_3, k \leq 5)$-Entfaltungen $F(x,a)$, die neben den nichtdegenerierten nur einfach-degenerierte $f_{(x,a)}$-Keime aufweisen, wird im Venn-Diagramm mit $(F_{31}, k \leq 5)$ bezeichnet: $(F_{31}, k \leq 5) = \{F \varepsilon (F_3, k \leq 5) \mid \tilde{C}(F) \cap M_2 = \emptyset\}$. Darunter fallen natürlich alle 1- und 2-Parameter (F_3, k)-Entfaltungen. Die Menge der restlichen $(F_3, k \leq 5)$-Entfaltungen wird $(F_{32}, k \leq 5)$ genannt: $(F_{32}, k \leq 5) =$

$\{F\varepsilon(F_3,k\leq 5)\,|\,\tilde{C}\cap M_2\neq\emptyset\}$. Alle einfach degenerierten $f_{(x,a)}$-Keime der $(F_3,k\leq 5)$-Entfaltungen $F(x,a)$ sind von der Gestalt $f_i(y)=(\pm 1)^{i+1}y_1^{i+2}+\Sigma\pm y_j^2$ $(i=1,\ldots,5)$. Da die $(F_{31},k\leq 5)$-Entfaltungen definitionsgemäss neben den nicht degenerierten nur einfach degenerierte $f_{(x,a)}$-Keime aufweisen, sind alle $f_{(x,a)}$-Keime der $(F_{31},k\leq 5)$-Entfaltungen $F(x,a)$ von der Gestalt f_I, f_{II} oder f_i $(i=1,\ldots,5)$.

<u>zu Korollar 4</u>: $(F_4,k\leq 5)$ ist offen und dicht in $(F_{32},k\leq 5)$. Da alle 1- und 2-Parameter Entfaltungen von $(F_3,k\leq 5)$ in $(F_{31},k\leq 5)$ sind, enthält $(F_{32},k\leq 5)$ und damit auch $(F_4,k\leq 5)$ ausschliesslich 3-, 4- und 5-Parameter Entfaltungen. Die Menge der $(F_4,k\leq 5)$-Entfaltungen setzt sich also aus den beiden disjunkten Teilmengen $(F_4,3)$ und $(F_4,k=4,5)$ zusammen. Nach <u>Lemma 10</u> ist nun jeder zweifach degenerierte $f_{(x,a)}$-Keim einer $(F_4,3)$-Entfaltung $F(x,a)$ zu $f_{6,7}(y)=y_1^2y_2\pm y_2^3+\Sigma\pm y_i^2$ aequivalent. Dies bedeutet, dass die $f_{(x,a)}$-Keime der $(F_4,3)$-Entfaltungen $F(x,a)$, die ja spezielle $(F_3,k\leq 5)$-Entfaltungen darstellen, eine der folgenden Gestalten aufweisen müssen: f_I, f_{II}, f_i $(i=1,\ldots,7)$.

<u>zu Korollar 5</u>: $(F_5,k=4,5)$ ist offen und dicht in $(F_4,k=4,5)$ und setzt sich aus den beiden disjunkten Teilmengen $(F_5,4)$ und $(F_5,5)$ zusammen. Die zweifach degenerierten $f_{(x,a)}$-Keime der $(F_5,4)$-Entfaltungen $F(x,a)$ sind von der Gestalt $f_{6,7}$ oder $f_8(y)=\pm(y_1^2y_2+y_2^4)+\Sigma\pm y_i^2$. Da $(F_5,4)\subset(F_3,k\leq 5)$ gilt, sind die nicht bzw. einfach degenerierten $f_{(x,a)}$-Keime von $F(x,a)\varepsilon(F_5,4)$ natürlich zu f_I, f_{II} bzw. zu f_i $(i=1,\ldots,5)$ aequivalent.

zu Korollar 6: Die Menge $(F_5,5)$ enthält eine offene und dichte Teilmenge $(F_6,5)$. Ist der 3-Jet $j_0^3h_{(x,a)}$ eines zweifach degenerierten $f_{(x,a)}$-Keims einer beliebigen $(F_6,5)$-Entfaltung $F(x,a)$ nicht zu $q_4(y_1,y_2)=y_1^3$ aequivalent, so ist der entsprechende $f_{(x,a)}$-Keim von der Gestalt $f_{6,7}$, f_8 oder $f_{9,10}(y)=y_1^2y_2\pm y_2^5+\Sigma\pm y_i^2$.

zu Korollar 7: $(F_7,5)$ ist offen und dicht in $(F_6,5)$. Ist der 3-Jet $j_0^3h_{(x,a)}$ eines zweifach degenerierten $f_{(x,a)}$-Keims einer beliebigen $(F_7,5)$-Entfaltung $F(x,a)$ zu q_4 aequivalent, so ist der entsprechende $f_{(x,a)}$-Keim von der Gestalt $f_{11}(y)=\pm(y_1^3+y_2^4)+\Sigma\pm y_i^2$. Da $(F_7,5)\subset(F_6,5)\subset(F_3,k\leq 5)$ gilt, ist jeder $f_{(x,a)}$-Keim von $F(x,a)\in(F_7,5)$ zu einer der folgenden kanonischen Formen aequivalent: f_I, f_{II} oder f_i $(i=1,\ldots,11)$.

Betrachtet man nun die Vereinigungsmenge $(F_0,k\leq 5) = (F_{11},k\leq 5)\cup(F_{21},k\leq 5)\cup(F_{31},k\leq 5)\cup(F_4,3)\cup(F_5,4)\cup(F_7,5)$, so sieht man sofort, dass diese Menge die beiden folgenden Eigenschaften aufweist. Erstens sind alle $f_{(x,a)}$-Keime beliebiger $(F_0,k\leq 5)$-Entfaltungen $F(x,a)$ zu einer der kanonischen Formen f_i $(i=I,II,1,\ldots,11)$ aequivalent. Zweitens füllt im Venn-Diagramm von Abbildung 4.7 $(F_0,k\leq 5)$ fast die ganze Menge $(F,k\leq 5)$ aus, was die Vermutung, dass $(F_0,k\leq 5)$ in $(F,k\leq 5)$ <u>offen und dicht</u> ist, als sehr plausibel erscheinen lässt. Diese Vermutung erweist sich in der Tat als richtig, denn sie ist eine Konsequenz des <u>Thom Transversalitätstheorems</u> in seiner allgemeinsten Fassung. Damit ist aber das am Anfang von Abschnitt 4.2 gesteckte Ziel erreicht, das Ziel nämlich, die strukturell instabilen $f_{(x,a)}$-

Keime von typischen $(F,k\leq 5)$-Entfaltungen, d.h. von $(F_0,k\leq 5)$-Entfaltungen endlich zu klassifizieren.

Abschliessend sollen nun noch die $(F_0,k\leq 5)$-Entfaltungen selbst endlich klassifiziert, sowie deren strukturelle Stabilitäts-Eigenschaften untersucht werden.

Das erstere ist nicht schwer, besitzen doch die kanonischen Formen f_i $(i=I,II,1,\ldots,11)$ der $f_{(x,a)}$-Keime der $(F_0,k\leq 5)$-Entfaltungen $F(x,a)$ alle eine universelle Entfaltung $F_i(x,a)$. Die universellen Entfaltungen der strukturell stabilen f_I- und f_{II}-Keime sind trivialerweise gleich diesen Keimen selbst $(F_I(x,a)=f_I,\ F_{II}(x,a)=f_{II})$, denn alle Funktionskeime in einer Umgebung von f_I bzw. f_{II} sind ja zu diesen aequivalent. Für die Entfaltungen F_1 bis F_{11}, die den elf Elementarkatastrophen entsprechen,[14] lässt sich die Universalität leicht mit Hilfe des Universalitätstests überprüfen. In Abschnitt 2.4 wurde dies bereits in den Beispielen 2.9 bzw. 2.10 für die Entfaltungen F_1 bis F_5 bzw. F_6 und F_7 getan. Die Ueberprüfung der Universalität der restlichen Entfaltungen F_8 bis F_{11} sei dem Leser überlassen. Definitionsgemäss sind also alle $(F_0,k\leq 5)$-Entfaltungen von einer der dreizehn Entfaltungen F_i $(i=I,II,1,\ldots,11)$ induziert. Dies bedeutet aber, dass sich $(F_0,k\leq 5)$ in die dreizehn Aequivalenzklassen mit den kanonischen Formen F_i zerlegen lässt.

Es bleibt nun nur noch zu zeigen übrig, dass die $(F_0,k\leq 5)$-Entfaltungen strukturell stabil sind. Diese letzte noch nicht verifizierte Aussage des Klassifikationstheorems lässt sich ebenfalls leicht überprüfen. Die Argumentation ist die folgende. Es sei $F(x,a)$ eine beliebige $(F_0,k\leq 5)$-Entfaltung. Der Graph D von $\partial_x F$ verläuft dann voraussetzungsgemäss transversal zu E. Desweitern verlaufen die in den Abschnitten 4.2 bis 4.4 betrachteten Bildmengen $\tilde{C}(F)$, $\tilde{C}_1(F)$, $\tilde{C}_2(F)$, $\tilde{C}_2^3(F)$, $\tilde{S}(F)$ und $\tilde{C}_2^4(F)$ - sofern sie nicht leer sind - ebenfalls transversal zu den entsprechenden Mannigfaltigkeiten bzw. Stratifikationen M_i, H_i, Q_i, H, H' und H". Dies bedeutet aber, dass jede in der C^k-Topologie genügend nahe bei $F(x,a)$ liegende Entfaltung $F'(x,a)$ dieselben Eigenschaften aufweist. Besitzt $F(x,a)$ also einen strukturell instabilen $f_{(x,a)}$-Keim, der zu f_i $(i=1,\ldots,11)$ aequivalent ist, so weist auch $F'(x,a)$ einen derartigen $f'_{(x,a)}$-Keim auf. Es gilt mithin $f_{(\bar{x},\bar{a})} \sim f_i$ und $f'_{(\bar{x}',\bar{a}')} \sim f_i$. Da $F_i(x,a)$ eine universelle Entfaltung von f_i ist, müssen $F(x,a)$ und $F'(x,a)$ [zumindest in einer Umgebung von $(\bar{x},\bar{a})$ bzw. $(\bar{x}',\bar{a}')$] zu $F_i(x,a)$ aequivalent sein: $F(x,a) \sim F_i(x,a)$ und $F'(x,a) \sim F_i(x,a)$. Daraus folgt natürlich unmittelbar $F(x,a) \sim F'(x,a)$ und damit die <u>strukturelle Stabilität</u> von $F(x,a) \in (F_0,k\leq 5)$.

FUSSNOTEN ZU KAPITEL 4

1) Siehe POSTON/STEWART (1978a), S. viii.

2) Vgl. dazu auch CHILLINGWORTH(1976), S. 257ff.

3) Man beachte, dass diese Aussage stärker ist als Aussage (4), denn es wird behauptet, dass alle degenerierten Funktionskeime strukturell instabil sind. Dies ist in der Tat auch richtig. Ein entsprechender Beweis liefert z.B. J. MILNOR: Morse Theory, Annals of Mathematics Studies, 51 (Princeton, Princeton University Press, 1963).

4) Der Grund dafür, dass die (F_0,k)-Entfaltungen nur unter der Voraussetzung $k \leq 5$ endlich klassifiziert werden können, liegt darin, dass die Stratagruppen Σ_i mit codim $\Sigma_i < n+6$ (im Gegensatz zur getroffenen Annahme) unendlich viele Aequivalenzklassen von degenerierten E(n)-Keimen aufweisen. Dies sind aber gerade diejenigen Stratagruppen, die zwar von G(F) mit $F \varepsilon (F_0, k>5)$, nicht aber von G(F) mit $F \varepsilon (F_0, k \leq 5)$ geschnitten werden können.

5) Eine allgemeine Fassung des Thom Transversalitätstheorems findet sich in GOLUBITSKY/GUILLEMIN (1973), S. 54ff.

6) Eine ausführliche Darstellung des Thom Isotopie-Lemmas findet sich in R. ABRAHAM/J. ROBBIN: Transversal Mappings and Flows (New-York, Benjamin, 1967), S. 50ff.

7) Die 2-Jets werden gewählt, weil die 1-Jets identisch null sind.

8) Diese plausible Folgerung lässt sich leicht präzisieren. Es gilt definitionsgemäss $\tilde{C} = \{b \varepsilon R^{(1/2)n(n+1)} \mid (\partial F_a/\partial x_i)(x,a)=0$ $(i=1,\ldots,n)$ und $(\partial^2 F_a/\partial x_i \partial x_j)(x,a)=b_{ij}$ $(1 \leq i,j \leq n,\ i \leq j)\}$. Durch Substitution der Variablen x und a gelangt man zu $(1/2)n(n+1)-k$ Gleichungen in den $(1/2)n(n+1)$ Variablen b_{ij}, woraus unmittelbar dim $\tilde{C} = k$ folgt.

9) Dass reguläre bzw. nichtdegenerierte, singuläre $f_{(x,a)}$-Keime zu f_I bzw. zu f_{II} aequivalent sind, ergibt sich natürlich un-

mittelbar aus den Theoremen 8, 9 und 12.

10) Die enge Vewandtschaft von Lemma 7 und Theorem 11, in dem die quadratischen Formen endlich klassifiziert werden, ist unverkennbar. Der aufwendige aber unkomplizierte Beweis von Lemma 7 wird deshalb hier nicht vorgeführt. Der interessierte Leser sei auf POSTON/STEWART (1976), S. 54ff verwiesen.

11) $q(1,y_2)\varepsilon Q_1$ und $q(1,y_2)\varepsilon Q_2$ sind Polynome von der Form $\alpha+\beta y_2+\gamma y_2^2+\delta y_2^3$. Unter der Voraussetzung $\delta\neq 0$ weisen die Funktionen $q(1,y_2)\varepsilon Q_1$ bzw. $q(1,y_2)\varepsilon Q_2$ genau drei bzw. genau eine Nullstelle auf (vgl. Abbildung 4.8). Dies sind aber genau die beiden Fälle, die normalerweise bei derartigen Funktionen auftreten, d.h. Q_1 und Q_2 sind von der gleichen Mächtigkeit.

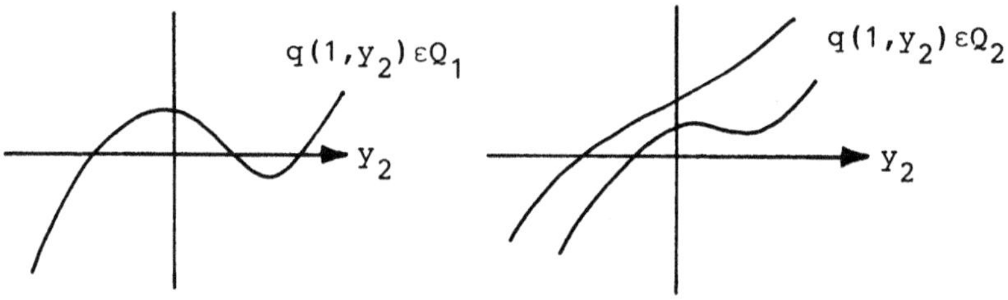

Abbildung 4.8

12) Man beachte, dass $(F_4, k\leq 5)$ keine 1- und 2-Parameter Entfaltungen enthält, denn diese Entfaltungen weisen ja normalerweise keine zweifach degenerierten $f_{(x,a)}$-Keime auf (siehe Korollar 2).

13) Dieser Beweis wurde von RAND (1977a) übernommen.

14) Die Entfaltungen $F_i(x,a)$ $(i=1,...,11)$ sind in Theorem 19 aufgeführt.

"The world may not be a butterfly but then it's probably not a plane either!"

M. GOLUBITSKY *

KAPITEL 5

ZUR ANWENDUNG DER ELEMENTAREN KATASTROPHENTHEORIE

Das zentrale Theorem der elementaren Katastrophentheorie - das Klassifikationstheorem aus der Sicht der qualitativen Theorie dynamischer Systeme - beschäftigt sich mit folgender Frage: Welchen Einfluss üben Parameteränderungen auf die Gleichgewichtskonfigurationen (= Mengen und dynamische Stabilitätseigenschaften der Gleichgewichtszustände) typischer bzw. strukturell stabiler Gradientensysteme aus? Diese Fragestellung ist offensichtlich komparativ-dynamischer bzw. komparativ-statischer Natur.

Betrachtet man das Klassifikationstheorem aus der Sicht der komparativen Dynamik, so muss dessen Aussage zwangsläufig als etwas ärmlich erscheinen, wird doch von der Gestalt des Phasenportraits weitgehend abstrahiert. Im Gegensatz dazu übertrifft die Aussage des Klassifikationstheorems die Anforderungen, die üblicherweise an komparativ-statische Ergebnisse gestellt werden, denn das Klassifikationstheorem beschäftigt sich auch und gerade mit den in der orthodoxen Komparativ-Statik vernachlässigten strukturell instabilen Gleichgewichtskonfigurationen. Die elementare Katastrophentheorie kann somit entweder als ärmliche Komparativ-

Dynamik oder vielleicht besser als erweiterte Komparativ-Statik aufgefasst werden. Man muss dabei aber ganz klar sehen, dass diese Erweiterung erstens nur die typischen Gradientensysteme betrifft und zweitens nur dann bewerkstelligt werden kann, wenn die im Prinzip quantitative Argumentation der orthodoxen Komparativ-Statik auf eine qualitative Argumentation reduziert wird.[1]

Nach dieser kurzen Rekapitulation der Ergebnisse von Kapitel 3 soll nun in diesem Kapitel gezeigt werden, inwiefern die elementare Katastrophentheorie die mathematische Wirtschaftstheorie im einzelnen zu bereichern vermag. Dazu wird in Abschnitt 5.1 der komparativ-statische Aspekt der elementaren Katastrophentheorie anhand des klassischen Modells der individuellen Güternachfrage eingehend erläutert.[2] Darauf geht Abschnitt 5.2 auf die eigentliche Katastrophenmodellierung ein. Der Begriff 'Katastrophenmodellierung stammt von T.J. FARARO und wird von diesem folgendermassen gefasst:

> "Basically, it begins with a phenomenon which is interpreted as exhibiting a catastrophe event or a set of related catastrophe events. It then seeks the appropriate model to directly characterize that catastrophe or system of catastrophes, drawing upon the classification theorem. A certain canonical model is applied, assuming the underlying unspecified dynamic system is gradient. The application usually consists in interpreting the original phenomenon as a certain type of catastrophe... Then a whole train of associated catastrophe events is involved... to locate the given phenomenon amid a nexus of interrelated catastrophe events."[3]

In Abschnitt 5.2.1 wird ein Katastrophenmodell vorgestellt, das auf einem Gradientensystem X [$\dot{x} = X(x,a)$] aufbaut, dessen Potentialfunktion F(x,a) zwar unspezifiziert bleibt, jedoch explizit eingeführt wird. Darüber hinaus wird erklärt warum es sich bei X um ein Gradientensystem handelt, d.h. warum das System die Potentialfunktion F(x,a) minimiert bzw. maximiert. Derartige Katastrophenmodelle kann man mit dem Attribut 'vollständig' versehen. Demgegenüber gibt es auch Katastrophenmodelle, die von der Potentialfunktion F(x,a) vollständig abstrahieren. Diese Modelle werden hier als rudimentär bezeichnet und in Abschnitt 5.2.2 behandelt.

Die Katastrophenmodellierung geht also von Gradientensystemen aus, deren Potentialfunktionen entweder unbekannt oder nicht spezifiziert sind und versucht dann, indem sie sich explizit oder implizit auf das Klassifikationstheorem stützt, direkt zu einer formalen Beschreibung des jeweiligen Modellverhaltens zu gelangen. Da die Modellstruktur bei diesem Vorgehen weitgehend im Dunkeln bleibt, ist das Erklärungspotential derartiger Modelle ziemlich beschränkt. Von der Katastrophenmodellierung ist die sogenannte Katastrophenanalyse zu unterscheiden. Die Katastrophenanalyse versucht von den Strukturgleichungen wohlspezifizierter Modelle auf das Verhalten dieser Modelle zu schliessen. Im Gegensatz zu den traditionellen Analysetechniken richtet sie dabei das Augenmerk - ganz amalog zur Katastrophenmodellierung - insbesondere auf das eventuelle Auftreten qualitativer Systemänderungen. Das Ziel der Katastrophenanalyse besteht somit darin, das Verhalten der betrachteten Modelle nicht bloss zu beschreiben, sondern auf die dem Modell zugrunde liegenden Kräfte zurückzuführen, d.h. zu erklären. Auf die Katastrophenanalyse wird in Abschnitt 5.4 eingegangen.

5.1. KOMPARATIV-STATIK UND ELEMENTARE KATASTROPHENTHEORIE

In diesem Abschnitt soll anhand eines konkreten Beispiels demonstriert werden, inwiefern die elementare Katastrophentheorie die herkömmliche komparativ-statische Analyse ökonomischer Modelle zu erweitern vermag. Dabei steht die Illustration der grundlegenden Idee im Vordergrund und nicht etwa das Aufstellen einer neuen Hypothese. Aus dreierlei Gründen drängt sich bei dieser Zielsetzung die Haushaltstheorie als Demonstrationsfeld geradezu auf: (1) Die Haushaltstheorie basiert auf dem Nutzenmaximierungsparadigma. Man hat es daher mit einem Gradientensystem zu tun. (2) Zumindest in didaktischer Hinsicht wird der Haushaltstheorie allgemein eine grundsätzliche Relevanz attestiert. (3) Die Haushaltstheorie weist ohnehin einen weitgehend illustrativen Charakter auf, denn es lassen sich aus ihr praktisch keine nichttrivialen, falsifizierbaren Hypothesen ableiten.[4]

Das zentrale Modell der Haushaltstheorie ist das Modell der individuellen Güternachfrage. Dieses Modell wird in Abschnitt 5.1.1 in aller Kürze dargestellt und komparativ-statisch analysiert. Dabei tritt die in komparativ-statischen Betrachtungen praktisch unvermeidliche Lokalitätsproblematik auf. Der klassische Ausweg aus dieser Lokalitätsproblematik wird in Abschnitt 5.1.2 erläutert. In den Abschnitten 5.1.3 und 5.1.4 wird schliesslich gezeigt, wie sich die Lokalitätsproblematik mit Hilfe der elementaren Katastrophentheorie bzw. mit Hilfe der erweiterten Komparativ-Statik entschärfen lässt.

5.1.1. DAS MODELL DER INDIVIDUELLEN GUETERNACHFRAGE

Die folgenden Ausführungen beschränken sich auf das Modell der individuellen Güternachfrage im 2-Güter-Fall. Dieses besteht im wesentlichen aus der Maximierungsbedingung $U(x,y) \rightarrow \max!$ und der Nebenbedingung (Budgetrestriktion) $Y \geqq px+y$. Dabei beschreibt die differenzierbare $(R^2 \rightarrow R)$-Funktion $U(x,y)$ den individuellen Nutzen in Abhängigkeit von den (positiven) Gütermengen x und y, Y das individuelle verfügbare Einkommen, ausgedrückt in Einheiten des zweiten Guts, und p den relativen Preis der beiden Güter. Normalerweise wird Nichtsättigung, d.h. $\partial U/\partial y > 0$ und $\partial U/\partial x > 0$ unterstellt.

Man beachte, dass mit diesem statischen Optimierungsmodell verschiedene dynamische Modelle korrespondieren, deren Gleichgewichtsbedingungen mit den Bedingungen erster Ordnung des Optimierungsmodells übereinstimmen. Ein derartiges dynamisches Modell besteht normalerweise aus einem Differentialgleichungssystem $(\dot{x},\dot{y})=X(x,y)$, das von der Potentialfunktion U geleitet wird, und der Nebenbedingung $Y \geqq px+y$. Im einfachsten Fall ist das Gradientensystem X von der Form $(\dot{x},\dot{y})=(\alpha\frac{\partial U}{\partial x}, \beta\frac{\partial U}{\partial y})$ mit $\alpha,\beta>0$.

Die Gleichgewichtsbedingungen der dynamischen Modelle X bzw. die Bedingungen erster Ordnung für ein relatives Maximum des korrespondierenden statischen Optimierungsmodells lassen sich aus der Lagrangefunktion $Z=U(x,y)+\lambda(Y-px-y)$ ableiten.[5]

$$L_1(x,y,\lambda,Y,p) = \frac{\partial Z}{\partial x} = \frac{\partial U}{\partial x} - \lambda p = 0$$

$$L_2(x,y,\lambda,Y,p) == \frac{\partial Z}{\partial y} = \frac{\partial U}{\partial y} - \lambda = 0$$

$$L_3(x,y,\lambda,Y,p) = \frac{\partial Z}{\partial \lambda} = Y-px-y = 0$$

Aus $L_1=L_2=0$ ergibt sich unmittelbar die Optimalitätsbedingung $\frac{\partial U/\partial x}{\partial U/\partial y}=p.$[6] Durch Nullsetzen des totalen Differentials von U gelangt man weiter zu $\frac{\partial y}{\partial x}=-p$, wobei die sogenannte Grenzrate der Substitution $\frac{dy}{dx}$ die Steigung der Indifferenzkurven dU=0 bezeichnet. Zusammen mit $L_3=0$ bedeutet dies, dass bei jedem kritischen Konsumplan [7] (x^*,y^*) eine Indifferenzkurve die Budgetgerade y=Y-px tangiert. Wenn neben den Bedingungen erster Ordnung auch die Bedingung zweiter Ordnung $|J^L|>0$ erfüllt ist, so handelt es sich beim kritischen Konsumplan (x^*,y^*) um ein relatives Nutzenmaximum bzw. um einen optimalen Konsumplan.

$$|J^L| = |\bar{H}| = \begin{vmatrix} \frac{\partial^2 U}{\partial x^2} & \frac{\partial^2 U}{\partial x \partial y} & -p \\ \frac{\partial^2 U}{\partial x \partial y} & \frac{\partial^2 U}{\partial y^2} & -1 \\ -p & -1 & 0 \end{vmatrix} = 2p\frac{\partial^2 U}{\partial x \partial y} - \frac{\partial^2 U}{\partial x^2} - p^2\frac{\partial^2 U}{\partial y^2} > 0$$

Wiederum graphisch interpretiert, besagt diese Bedingung, dass die durch den optimalen Konsumplan (x^*,y^*) gehende Indifferenzkurve in einer Umgebung von (x^*,y^*) streng konvex verläuft,[8] denn es lässt sich leicht zeigen, dass die folgende Beziehung gilt:

$$\frac{d^2y}{dx^2} \gtreqless 0 \Longleftrightarrow |\bar{H}| \gtreqless 0. \qquad (*)$$

Geht man nun davon aus, dass bei der Parameterkonstellation (Y_0,p_0) die nur hinreichende Bedingung zweiter Ordnung für den optimalen Konsumplan (x_0^*,y_0^*) erfüllt ist, so lässt sich mit Hilfe des Impliziten Funktionentheorems, der Kettenregel und der Cramerschen Regel die angestrebte komparativ-statische Analyse problemlos durchführen.[10] Für die Multiplikatoren $\frac{\partial x^*}{\partial Y}\Big|_{(x_0^*,y_0^*)}$ und $\frac{\partial x^*}{\partial p}\Big|_{(x_0^*,y_0^*)}$ erhält man die folgenden Ausdrücke:

$$\frac{\partial x^*}{\partial Y} = \frac{|J^L|_{11}}{|J^L|} = \frac{1}{|J^L|} \cdot \begin{vmatrix} 0 & \frac{\partial^2 U}{\partial x \partial y} & -p \\ 0 & \frac{\partial^2 U}{\partial y^2} & -1 \\ -1 & -1 & 0 \end{vmatrix} = \frac{1}{|\bar{H}|}\left(\frac{\partial^2 U}{\partial x \partial y} - p\frac{\partial^2 U}{\partial y^2}\right) \text{ und}$$

$$\frac{\partial x^*}{\partial p} = \frac{|J^L|_{12}}{|J^L|} = \frac{1}{|J^L|} \cdot \begin{vmatrix} \lambda & \frac{\partial^2 U}{\partial x \partial y} & -p \\ 0 & \frac{\partial^2 U}{\partial y^2} & -1 \\ x & -1 & 0 \end{vmatrix} = \frac{x}{|\bar{H}|}\left(\frac{\partial^2 U}{\partial x \partial y} - p\frac{\partial^2 U}{\partial y^2}\right) - \frac{\lambda}{|\bar{H}|} .$$

Die orthodoxe komparativ-statische Analyse des Modells der individuellen Güternachfrage lässt im wesentlichen drei Schlussfolgerungen zu:[11]

1. In einer (x_0^*,y_0^*,Y_0,p_0)-Umgebung des optimalen Konsumplans (x_0^*,y_0^*) sind alle kritischen Konsumpläne optimal.
2. Die Menge der kritischen bzw. optimalen Konsumpläne nimmt in einer (x_0^*,y_0^*,Y_0,p_0)-Umgebung von (x_0^*,y_0^*) die Gestalt einer Funktion von der Form $x^*=x^*(Y,p)$ an (Implizites Funktionentheorem!). Es kann deshalb in diesem Zusammenhang von einer Nachfragefunktion gesprochen werden.
3. In $U(x_0^*,y_0^*,Y_0,p_0)$ lässt sich x^* mit der Formel
$$x^* = x_0^* + \frac{\partial x^*}{\partial Y}\Big|_{(x_0^*,y_0^*)} \cdot (Y-Y_0) + \frac{\partial x^*}{\partial p}\Big|_{(x_0^*,y_0^*)} \cdot (p-p_0)$$
approximieren. Man beachte jedoch, dass über die Vorzeichen von $\frac{\partial x^*}{\partial Y}\Big|_{(x_0^*,y_0^*)}$ und $\frac{\partial x^*}{\partial p}\Big|_{(x_0^*,y_0^*)}$ a priori nichts ausgesagt werden kann.

Die Einschränkungen dieser drei Aussagen auf beliebig kleine Umgebungen des ursprünglich optimalen Konsumplans (x_0^*, y_0^*) ist notwendig, weil nur in solchen Umgebungen das Implizite Funktionentheorem eine nichtverschwindende begrenzte Hessesche Determinante $|\bar{H}|_{(x^*, y^*)}$ garantiert. Die Aussagen der herkömmlichen Komparativ-Statik sind also allesamt lokaler Natur.[12] Will man zu globalen Aussagen gelangen - und nur solche sind eigentlich von Interesse - so bieten sich im Prinzip zwei Auswege an. Der klassische Ausweg wird im nächsten Abschnitt erörtert.

5.1.2. DAS GESETZ DER ABNEHMENDEN GRENZRATE DER SUBSTITUTION

Der klassische Ausweg aus der Lokalitätsproblematik der komparativ-statischen Analyse besteht darin, die Schwierigkeiten einfach wegzudefinieren, indem man unterstellt, dass $|\bar{H}|_{(x^*, y^*)}$ überall positiv ist. Dies garantiert die globale Existenz einer stetigen Nachfragefunktion $x^*=x^*(Y,p)$. Mit Beziehung (*) auf Seite 210 lässt sich die Annahme $|\bar{H}|_{(x^*, y^*)}$ leicht graphisch interpretieren. Sie impliziert nämlich streng konvexe Indifferenzkurven oder - in der Terminologie von J.R. HICKS - das sogenannte Gesetz der abnehmenden Grenzrate der Substitution.[13]

Der wissenschaftstheoretische Stellenwert dieses Gesetzes kommt am besten in der ursprünglichen Argumentation von J.R. HICKS in 'VALUE AND CAPITAL' zum Ausdruck. J.R. HICKS befürwortet das Gesetz der abnehmenden Grenzrate der Substitution nicht etwa, weil es unmittelbar aus der menschlichen Natur folgen würde oder wegen entsprechender empirischer Evidenz.[14] Nachdem er implizit Randlösungen ausgeschlossen hat, argumentiert er vielmehr folgendermassen:[15]

> "When market conditions change, the consumer moves from one point of equilibrium to another point of equilibrium; at each of these positions the condition of diminishing marginal rate of substitution must hold, or he could not take up such a position at all. So much is clear directly; but to proceed from this to the law of diminishing marginal rate of substitution, as we need it in economic theory, an assumption is necessary. We have to assume that the condition holds at all intermediate points, so that there are no kinks in the curves between the two positions of equilibrium... The general principle of diminishing marginal rate of substitution merely rules out these oddities; by that principle we select the simplest of the various possibilities before us."

Es handelt sich also bei dem Gesetz der abnehmenden Grenzrate der Substitution um eine Modellannahme, die einzig und allein zum Zweck hat, das gewünschte einfache Ergebnis (d.i. die globale stetige Nachfragefunktion) zu erzwingen.[16] Dass es sich beim Gesetz der abnehmenden Grenzrate der Substitution um eine a priori Annahme handelt, geht auch aus der folgenden, etwas überspitzten Formulierung von I.M.D. LITTLE hervor. Er schreibt: "There is, however, no reason whatever why the [indifference curves] should be convex, as they are usually drawn..."[17] Es kann deshalb nicht erstaunen, dass in der einschlägigen Literatur schon verschiedentlich mit nichtkonvexen Indifferenzkurven gearbeitet wurde. Es sei hier lediglich auf SMALE (1973), sowie auf die in DEBREU (1976) zitierte Literatur hingewiesen.[18]

Diese Ausführungen machen deutlich, dass das "Gesetz der abnehmenden Grenzrate der Substitution" durchaus nicht über alle

Zweifel erhaben ist. Es ist also sicher sinnvoll, sich zu fragen, wie das individuelle Konsumverhalten aussieht, wenn man die Konvexitätsannahme fallen lässt. Soviel zur Einleitung des zweiten Auswegs aus der Lokalitätsproblematik der komparativ-statischen Analyse. Dieser Ausweg besteht nämlich im wesentlichen in der Analyse kritischer Konsumpläne (x^*,y^*) mit $|\bar{H}|_{(x^*,y^*)}=0$. Mittels Integration aller kritischen Konsumpläne (x^*,y^*) mit $|\bar{H}|_{(x^*,y^*)} \geq 0$ kann man dann versuchen, zu einer <u>globalen</u> Beurteilung des individuellen Konsumverhaltens zu gelangen.[19]

5.1.3. DIE ERWEITERTE KOMPARATIV-STATIK

Kritische Konsumpläne (x^*,y^*) mit $|\bar{H}|_{(x^*,y^*)}=0$ können wegen Beziehung (*) nur bei nicht streng konvexen Indifferenzkurvensystemen auftreten. Ein derartiges Indifferenzkurvensystem zeigt Abbildung 5.1. Im Gegensatz zum klassischen Ansatz (konvexe Indifferenzkurven) können hier multimodale Nutzenfunktionen $U_{Y,p}(x) = U(x,Y-px)$ auftreten. Die Nutzenfunktion $U_{\bar{Y},\bar{p}}(x)$, die der in Abbildung 5.1 eingezeichneten Budgetrestriktion entspricht, ist in Abbildung 5.2 wiedergegeben. Bei nicht-konvexen Indifferenzkurvensystemen gibt es also im allgemeinen mehrere kritische Konsumpläne, d.h. Güterkombinationen (x^*,y^*), die die Bedingung erster Ordnung für ein relatives Nutzenmaximum erfüllen: $\left(\frac{\partial U/\partial x}{\partial U/\partial y}\right)\Big|_{(x^*,y^*)}=p$ und $y^*=\bar{Y}-\bar{p}x^*$ bzw. $\left(\frac{dU_{\bar{Y},\bar{p}}}{dx}\right)\Big|_{x^*} = 0$.[20]

Bei den kritischen Konsumplänen verschwindet im allgemeinen die begrenzte Hessesche Determinante nicht, denn es ist unwahrscheinlich, dass gerade an einer Stelle x^* die Gleichung $\frac{d^2y}{dx^2}(x) = 0$ er-

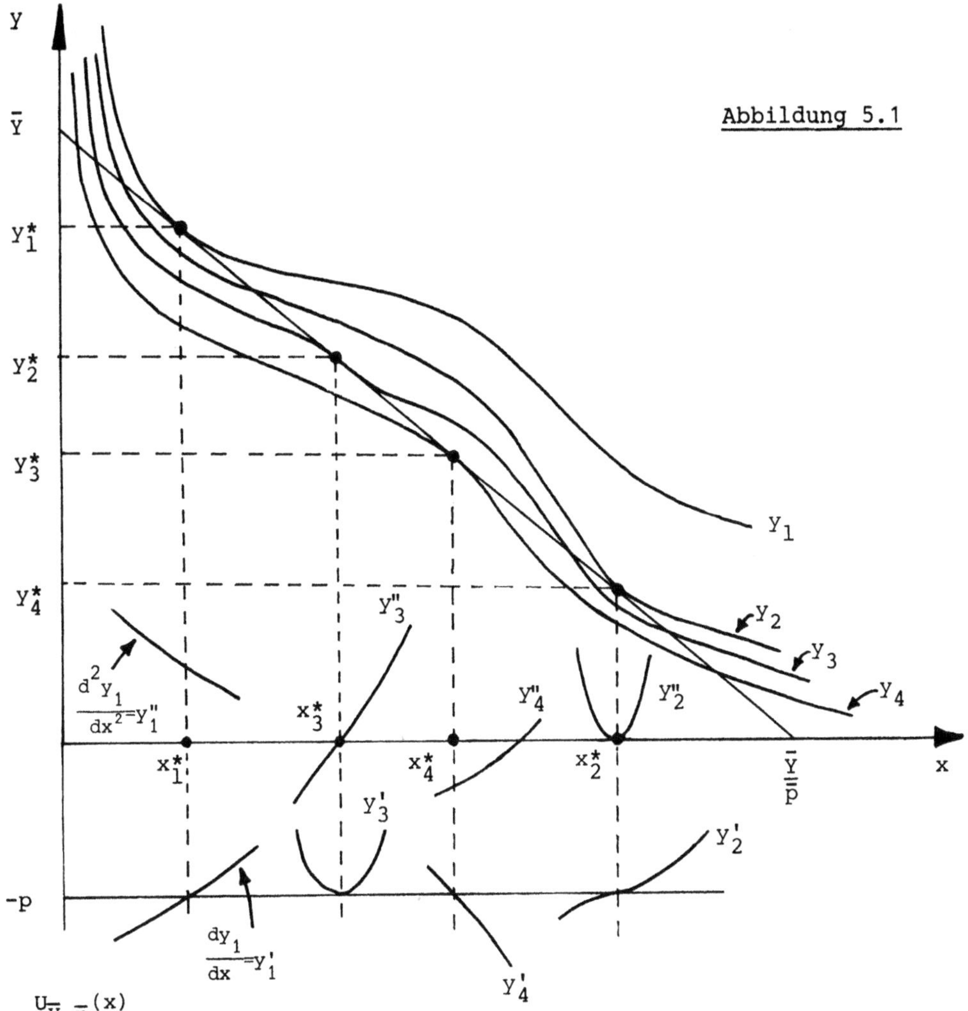

Abbildung 5.1

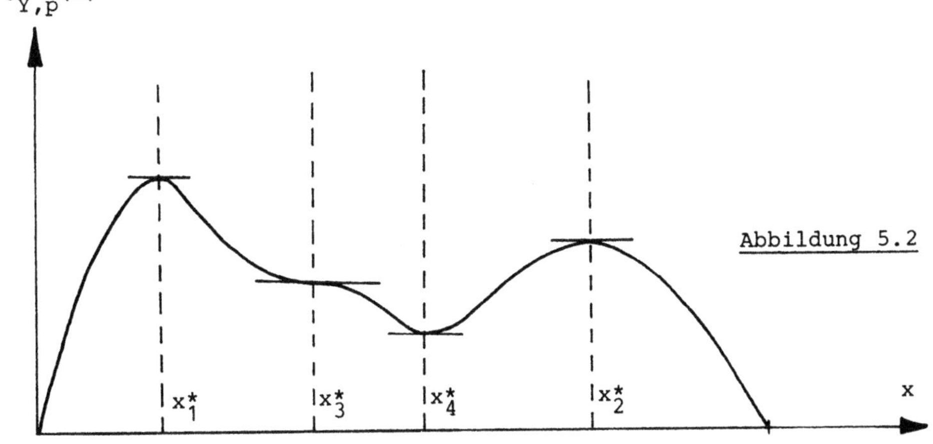

Abbildung 5.2

füllt ist (Transversalitätsprinzip!).[21] Dies müsste aber der Fall sein, denn Beziehung (*) besagt ja, dass $|\bar{H}|$ genau dann verschwindet, wenn dies auch $\frac{d^2y}{dx^2}$ tut. Demnach erklären die meisten kritischen Konsumpläne (nichtdegenerierte) relative Nutzenmaxima ($|\bar{H}|>0$) oder -minima ($|\bar{H}|<0$). In Abbildung 5.1 und 5.2 illustrieren die kritischen Konsumpläne (x_1^*,y_1^*) und (x_4^*,y_4^*) diese Ueberlegung.

Welche Gestalten weisen nun aber die Nutzenfunktionen $U_{Y,p}(x)$ in Umgebungen der hier vor allem interessierenden kritischen Konsumpläne (x^*,y^*) mit $|\bar{H}|_{(x^*,y^*)}=0$ auf? Gemäss Beziehung (*) gilt bei diesen Güterkombinationen $\frac{dy}{dx}\big|_{x^*}=-p$ und $\frac{d^2y}{dx^2}\big|_{x^*}=0$ gleichzeitig. Dies bedeutet, dass in diesen seltenen Fällen die Nutzenfunktion $U_{Y,p}(x)$ entweder einen <u>kritischen Wendepunkt</u> oder aber ein <u>degeneriertes relatives Extremum</u> aufweist.[22] Diese beiden Fälle werden in den Abbildungen 5.1 und 5.2 durch die kritischen Konsumpläne (x_2^*,y_2^*) und (x_3^*,y_3^*) illustriert.

Es stellt sich nun die folgende Frage: Was geschieht, wenn im Zug einer Parameteränderung ein kritischer Konsumplan (x^*,y^*) mit $|\bar{H}|_{(x^*,y^*)}=0$ erreicht wird? Oder anders formuliert: Wie sieht die Menge der kritischen bzw. optimalen Konsumpläne in einer Umgebung einer derartigen Güterkombination aus? Diese Frage soll im folgenden anhand eines Beispiels untersucht werden. Dabei wird vorerst nur einer der beiden Parameter geändert. Es ist dies ohne Beschränkung der Allgemeinheit der Parameter Y.

Abbildung 5.3 zeigt ein einfaches, nichtkonvexes Indifferenzkurvensystem. Bei der Parameterkonstellation $(Y_1,\bar{p})$ wird das

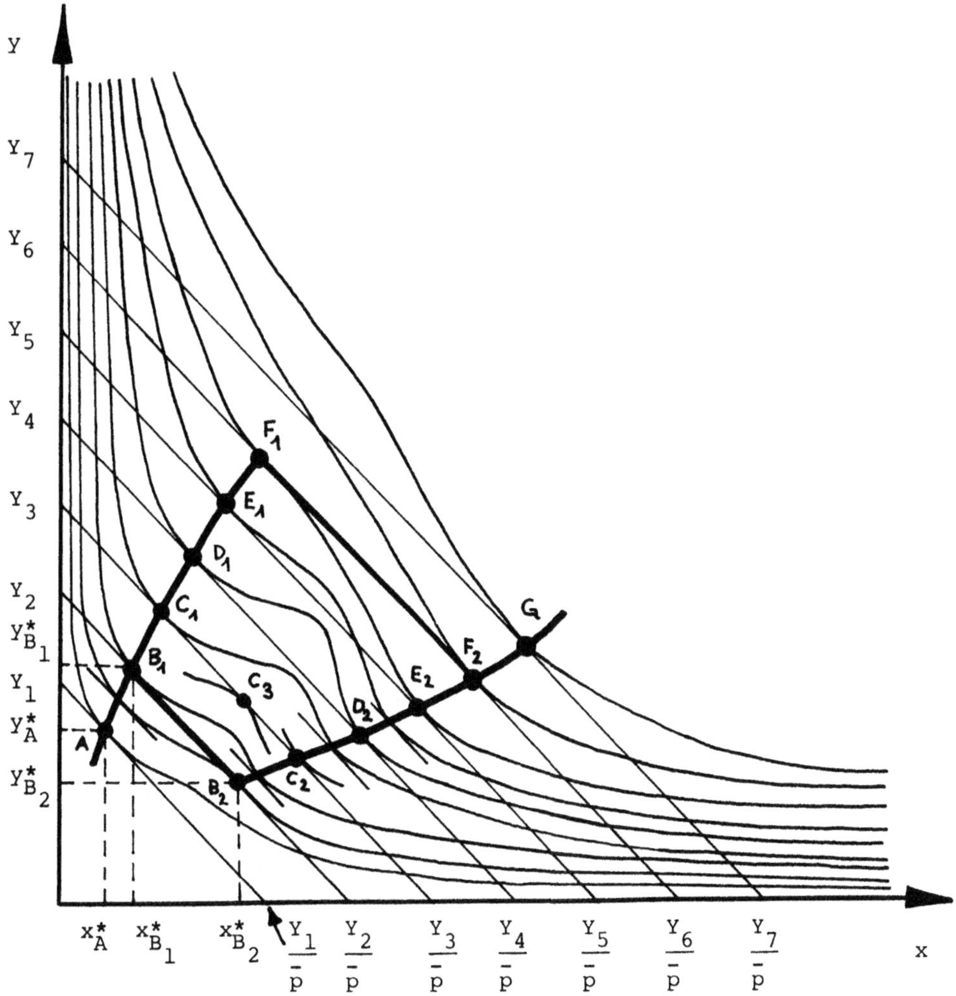

Abbildung 5.3

Abbildung 5.4

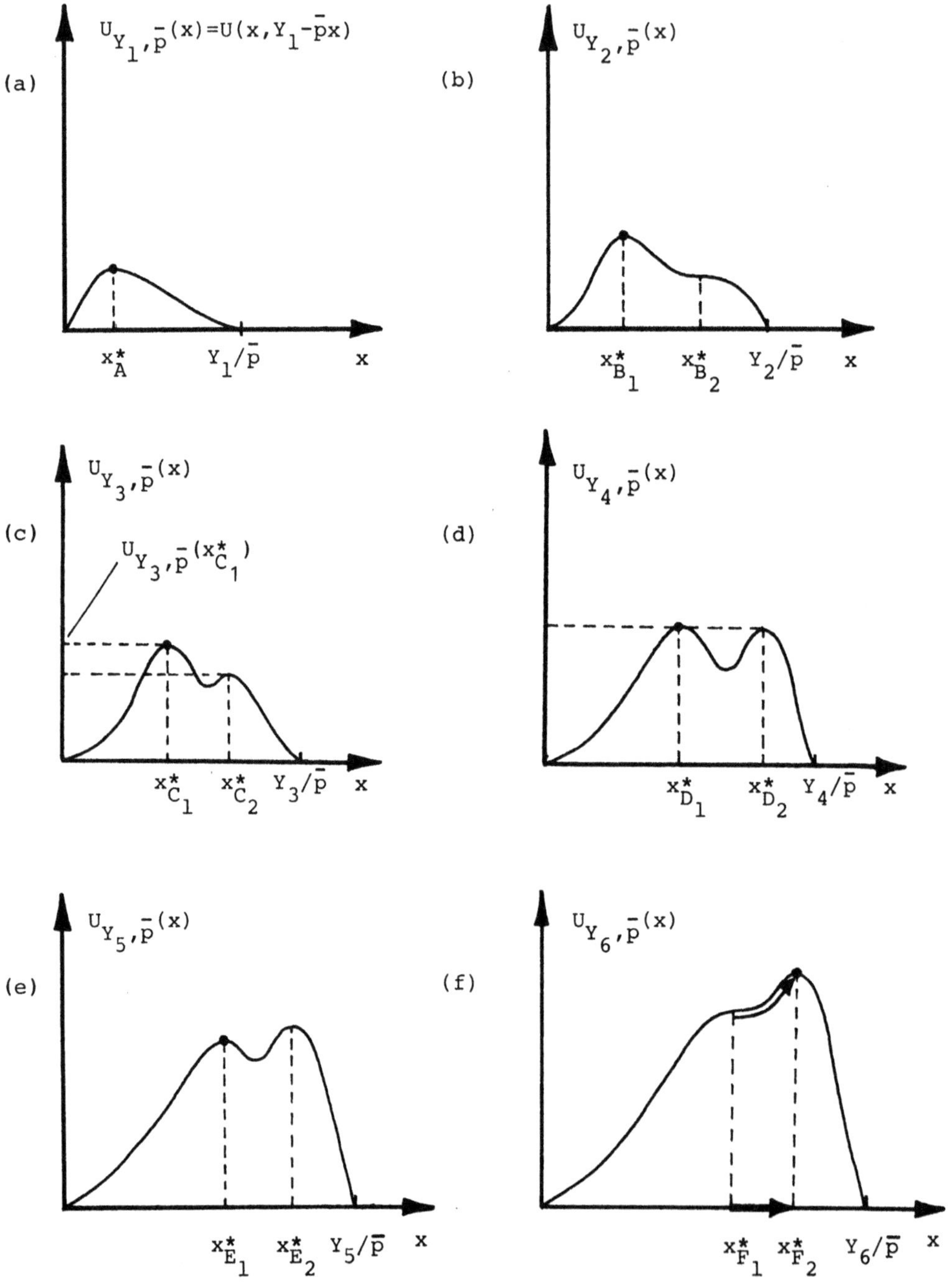

Güterbündel $A=(x_A^*,y_A^*)$ nachgefragt, denn A ist bei dieser Parameterkonstellation der einzige optimale Konsumplan. Dies geht auch aus Abbildung 5.4 (a) hervor. Wird nun das Einkommen exogen auf Y_2 erhöht, so bewirkt dies zweierlei. Erstens verschiebt sich der alte optimale Konsumplan von A nach $B_1=(x_{B_1}^*,y_{B_1}^*)$ und zweitens bildet sich an der Stelle $B_2=(x_{B_2}^*,y_{B_2}^*)$ ein neuer kritischer Konsumplan mit $|\bar{H}|_{B_2}=0$. Es handelt sich dabei um einen kritischen Wendepunkt der Nutzenfunktion $U_{Y_2,\bar{p}}(x)$ und es gilt $U_{Y_2,\bar{p}}(x_{B_1}^*) > U_{Y_2,\bar{p}}(x_{B_2}^*)$ [vgl. Abbildung 5.4 (b)]. Dies bedeutet, dass bei einem Einkommen in der Höhe von Y_2 das Güterbündel B_1 nachgefragt wird. Bei einer weiteren Erhöhung des Einkommens z.B. auf Y_3 spaltet sich der kritische Konsumplan B_2 mit $|\bar{H}|_{B_2}=0$ auf. es resultieren zwei kritische Konsumpläne an den Stellen $C_2=(x_{C_2}^*,y_{C_2}^*)$ bzw. $C_3=(x_{C_3}^*,y_{C_3}^*)$ und es gelte $|\bar{H}|_{C_2}>0$ bzw. $|\bar{H}|_{C_3}<0$. Der mit der Konsumtion des neuen optimalen Konsumplans C_2 verbundene Nutzen $U(C_2)$ ist aber kleiner als $U(C_1)$. Das betrachtete Wirtschaftssubjekt verharrt somit weiterhin beim ersten optimalen Konsumplan, der nun an der Stelle $C_1=(x_{C_1}^*,y_{C_1}^*)$ zu finden ist [vgl. Abbildung 5.4 (c)]. Steigt das Einkommen Y weiter auf Y_4, so ergibt sich ein grundsätzliches Problem. Bei dieser Parameterkonstellation werden nämlich die beiden optimalen Konsumpläne $D_1=(x_{D_1}^*,y_{D_1}^*)$ und $D_2=(x_{D_2}^*,y_{D_2}^*)$ nutzenmässig gleich eingeschätzt, d.h. es gilt $U(D_1)=U(D_2)$ bzw. $U_{Y_4,\bar{p}}(x_{D_1}^*)=U_{Y_4,\bar{p}}(x_{D_2}^*)$ [vgl. Abbildung 5.4 (d)]. Es fragt sich also, welcher der beiden optimalen Konsumpläne gewählt wird. Es sind im Prinzip zwei extreme Verhaltensannahmen denkbar.

1. Die erste Verhaltensannahme ergibt sich unmittelbar, wenn man das gegebene statische Optimierungsmodell als Gleichge-

wichtsbedingung eines korrespondierenden dynamischen Modells interpretiert, eines dynamischen Systems $(\dot{x},\dot{y})=X(x,y)$ also, das (unter der Nebenbedingung $Y=px+y$) von der Potentialfunktion $U(x,y)$ geleitet wird. Dieser Ansatz impliziert offenbar eine lokale Nutzenmaximierung. D.h. es wird unterstellt, dass der betrachtete Entscheidungsträger seine Präferenzen nur in einer Umgebung seines momentanen Konsumvektors (x_0,y_0) kennt, sein Verhalten im Idealfall also nur von den partiellen Ableitungen $\left.\frac{\partial U}{\partial x}\right|_{(x_0,y_0)}$ und $\left.\frac{\partial U}{\partial y}\right|_{(x_0,y_0)}$, sowie von der Parameterkonstellation (Y,p) abhängt.

2. Die zweite Verhaltensannahme kann als globale Nutzenmaximierung bezeichnet werden. Hier kennt der Entscheidungsträger seine Nutzenfunktion auf dem gesamten Definitionsbereich und fragt dementsprechend dasjenige Güterbündel nach, das ihm den absolut grössten Nutzen stiftet.

Unterstellt man im vorliegenden Beispiel lokale Nutzenmaximierung, so wählt das Wirtschaftssubjekt bei einem Einkommen von Y_4 den Konsumplan D_1. Eine qualitative Revision des Konsumplans erfolgt selbst dann nicht, wenn das Einkommen weiter wächst (z.B. auf Y_5) und der zweite optimale Konsumplan $E_2=(x^*_{E_2},y^*_{E_2})$ mehr Nutzen stiften würde als der erste optimale Konsumplan $E_1=(x^*_{E_1},y^*_{E_1})$: $U(E_2) > U(E_1)$ bzw. $U_{Y_5,\bar{p}}(x^*_{E_2}) > U_{Y_5,\bar{p}}(x^*_{E_1})$ [vgl. Abbildung 5.4 (e)].

Dieses Verhalten mag auf den ersten Blick irrational erscheinen, weil man normalerweise davon ausgeht, dass die Individuen ihre Präferenzen vollständig kennen und somit ihren Nutzen (im Rahmen ihrer Möglichkeiten) global zu maximieren vermögen. Zu unterstellen, dass die Individuen jedem beliebigen Güterbündel einen Nutzen zuordnen können, ist aber eine sehr starke Annahme, denn eine derartige Zuordnung ist ja zweifellos nicht a priori möglich, sondern setzt im allgemeinen den Konsum der entsprechenden Güterbündel voraus. Jede individuelle Nutzenfunktion beruht somit auf einschlägigen Informationen. Die Gewinnung derartiger Information ist aber mit Opportunitätskosten verbunden.[23] Hat z.B. ein Wirtschaftssubjekt bis zur Periode t immer das Güterbündel (x_t, y_t) konsumiert, so kennt es von seiner Nutzenfunktion lediglich den Wert $U(x_t, y_t)$. Will dieses Wirtschaftssubjekt nun seine Nutzenfunktion weiter erforschen, so muss es in der nächsten Periode (t+1) ein Güterbündel (x_{t+1}, y_{t+1}) konsumieren, von dem es noch nicht weiss, welchen Nutzen es ihm stiften wird. Gilt $U(x_{t+1}, y_{t+1}) > U(x_t, y_t)$ bzw. $U(x_{t+1}, y_{t+1}) < U(x_t, y_t)$, so fallen negative bzw. positive Opportunitätskosten an. Man darf sicher davon ausgehen, dass der Erwartungswert der bei einem derartigen Suchprozess anfallenden Opportunitätskosten mit zunehmender Information wächst und mit der Zeit positiv wird. Dies bedeutet, dass eine vollständige Information im allgemeinen nicht angestrebt wird. Das Ausmass der Informationsgewinnung unterliegt vielmehr einem planmässigen Nutzen-Kosten Kalkül. Weiss nun ein Wirtschaftssubjekt aus Erfahrung, dass sein Indifferenzkurvensystem überwiegend konvex verläuft, so führt ein Suchprozess nach dem folgenden Muster im allgemeinen zum gewünschten Ergebnis, d.h. zum absoluten Nutzenmaximum:

$$U_{Y,p}(x_{t-1}) \lessgtr U_{Y,p}(x_t) \rightarrow \begin{cases} x_{t+1} = x_t \pm \Delta x, \text{ wenn } x_t \gtrless x_{t-1} \\ x_{t+1} = x_t \mp \Delta x, \text{ wenn } x_t \gtrless x_{t-1} \end{cases} .$$

Es ist daher sehr wohl möglich, dass nach dem Abschluss dieses Suchprozesses weitere Suchinvestitionen nicht mehr rentabel erscheinen, obwohl natürlich die Möglichkeit besteht, dass man sich in einem <u>suboptimalen</u> relativen Nutzenmaximum befindet. Da der durch die obige Formel beschriebene Suchprozess dem Verhalten der lokalen Nutzenmaximierung entspricht, wenn Δx gegen null geht, ist damit aber gezeigt, dass eine lokale Nutzenmaximierung durchaus rational sein kann.

Bei der lokalen Nutzenmaximierung erfährt das individuelle Nachfrageverhalten erst dann eine qualitative Aenderung, wenn der erste optimale Konsumplan verschwindet, d.h. wenn ein <u>kritischer</u> Wendepunkt von $U_{Y,\bar{p}}(x)$ erreicht wird. Dies geschieht im vorliegenden Beispiel bei einem Einkommen in der Höhe von Y_6 [vgl. Abbildung 5.4 (f)]. Die Nachfrage nach dem ersten Gut erhöht sich bei dieser Parameterkonstellation schlagartig von $x^*_{F_1}$ auf $x^*_{F_2}$, wenn man einfachheitshalber von einer <u>sofortigen Anpassung</u> ausgeht.[24] Bei Einkommenserhöhungen über Y_6 hinaus, verstärkt sich die Nachfrage nach dem ersten Gut kontinuierlich weiter [vgl. Abbildung 5.3].

Ein interessantes Phänomen taucht nun auf, wenn man die Einkommenserhöhung von Y_1 auf Y_7 wieder rückgängig macht. Der Konsumplan des betrachteten Haushalts entwickelt sich dann gemäss dem in Abbildung 5.3 eingezeichneten Pfad G-F_2-E_2-D_2-C_2-B_2-B_1-A. Die Diskontinuität im Nachfrageverhalten erfolgt bei dieser Parameterentwicklung also nicht etwa beim Einkommen Y_6, sondern erst dann, wenn der <u>zweite</u> optimale Konsumplan verschwindet, d.h.

beim Einkommen Y_2. Ein derartiges Hysterese-Verhalten wird üblicherweise als Ratchet-Effekt (Sperrklinkeneffekt) bezeichnet. Zusammenfassend kann man also festhalten, dass die in zwei Aeste zerfallende Kurve $A-B_1-C_1-D_1-E_1-F_1$, $B_2-C_2-D_2-E_2-F_2-G$ die Konsumpläne eines seinen Nutzen lokal maximierenden Haushalts bei unterschiedlichen Einkommen beschreibt. Diese Kurve stellt somit im Prinzip eine Engelsche Kurve dar. In Abbildung 5.5, die sich unmittelbar aus Abbildung 5.3 ergibt, kommt die Aussage dieser Engelschen Kurve noch prägnanter zum Ausdruck: $x^*_{\underline{p}}(x^*,Y) = 0$ ist eine Korrespondenz.[25]

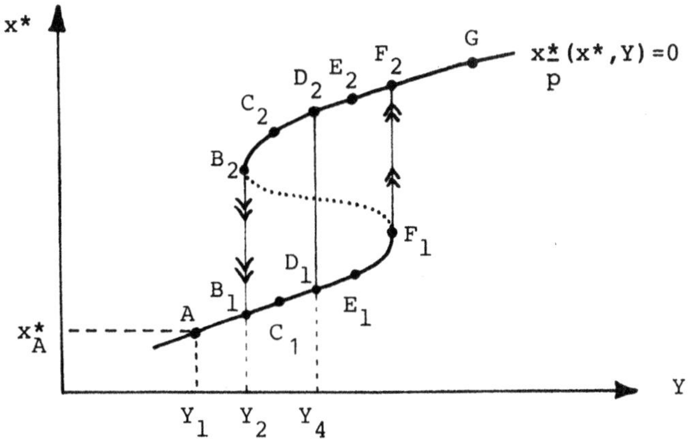

Abbildung 5.5

Aus dieser Abbildung lässt sich auch leicht entnehmen, wie das Konsumverhalten bei Unterstellung globaler Nutzenmaximierung aussieht. Bei diesem Verhalten taucht das Phänomen der Hysterese nicht auf. Die Engelsche Kurve besteht hier aus einer Funktion $x^*=x^*_{\underline{p}}(Y)$, die an der Stelle Y_4 eine einzige Unstetigkeit besitzt und deren Graph durch die Punkte $A, B_1, C_1, D_1, D_2, E_2, F_2$ und G geht.

Aus den bisher angestellten Ueberlegungen lassen sich im wesentlichen zwei Schlussfolgerungen ziehen. Es sind dies die folgenden.

(1) Wird bei dem hier untersuchten Spezialfall im Zuge einer Einkommensänderung ein kritischer Konsumplan (x^*,y^*) mit $|\bar{H}|_{(x^*,y^*)}=0$ erreicht, so ändert sich das Konsumverhalten diskontinuierlich, denn die Menge der kritischen bzw. optimalen Konsumpläne entspricht in einer Umgebung der entsprechenden Konsumpläne F_1 und B_2 jeweils einer Faltenkatastrophe (siehe Abbildung 5.5). Damit ist aber die zu Beginn dieses Abschnitts aufgeworfene Frage für den hier betrachteten Spezialfall beantwortet.

(2) Interpretiert man die in Abbildung 5.5 wiedergegebene Engelsche Kurve als Gleichgewichtskonfiguration eines beliebigen dynamischen Systems, dessen Fluss von der Potentialfunktion $U_{\bar{p}}(x,Y)=U(x,Y-\bar{p}x)$ geleitet wird, so sieht man sofort, dass Schlussfolgerung (1) auch im Allgemeinfall gültig ist, denn die Potentialfunktion $U_{\bar{p}}$ weist nur einen Parameter auf, nämlich Y. Unter diesen Umständen kann aber gemäss Klassifikationstheorem die Gleichgewichtskonfiguration $M_{U_{\bar{p}}}$ neben den regulären Gleichgewichtszuständen nur Faltenkatastrophen enthalten. Mit anderen Worten: Das in Schlussfolgerung (1) festgehaltene Ergebnis der obigen Analyse hätte allein aufgrund <u>theoretischer Ueberlegungen</u>, d.h. mit Hilfe des Klassifikationstheorems auch dann hergeleitet werden können, wenn $U_{\bar{p}}(x,Y)$ bzw. $U(x,y)$ in Abbildung 5.3 <u>nicht</u> vollständig spezifiziert worden wäre. Der nächste Abschnitt enthält einige Anmerkungen zu diesen theoretischen Ueberlegungen.

5.1.4. ANMERKUNGEN ZUR ERWEITERTEN KOMPARATIV-STATIK

Anmerkung 1: Das Klassifikationstheorem lässt nur lokale und qualitative Aussagen zu. So kann z.B. aus dem Umstand, dass der Fluss eines dynamischen Systems $\dot{x}=X(x,a)$ von einer Potentialfunktion mit nur einem Parameter geleitet wird, lediglich geschlossen werden, das die Gleichgewichtskonfiguration M_X dieses Systems normalerweise aus regulären Punkten und Falten zusammengesetzt ist. Die Anzahl der Falten und die Vorzeichen von dx*/da lassen sich also nicht aus dem Klassifikationstheorem deduzieren. Auf das in Abschnitt 5.1.1 vorgestellte haushaltstheoretische Modell bezogen bedeutet dies, dass z.B. die in den Abbildungen 5.6 (a) und (b) dargestellten Gleichgewichtskonfigurationen den getroffenen Annahmen keineswegs widersprechen.

Abbildung 5.6 (a)

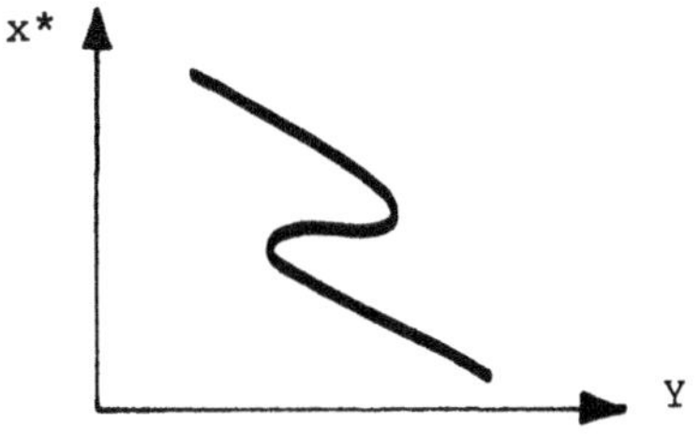

Abbildung 5.6 (b)

Anmerkung 2: Die Aussage des Klassifikationstheorems befasst sich lediglich mit einer offenen und dichten Teilmenge aller Potentialfunktionen. Die erweiterte Komparativ-Statik muss also, wenn sie nicht über weitere Informationen verfügt, davon ausgehen, dass man es mit einer typischen Potentialfunktion bzw. mit einer typischen Gleichgewichtskonfiguration zu tun hat. Diese Annahme gründet nicht nur auf Wahrscheinlichkeitsüberlegungen, sie kann auch damit gerechtfertigt werden, dass atypische Potentialfunktionen bzw. Gleichgewichtskonfigurationen <u>strukturell instabil</u> sind. Strukturell instabile Gleichgewichtskonfigurationen sind aber zur Modellierung im allgemeinen ungeeignet, weil marginale Störungen der Modellstruktur zu qualitativen Aenderungen der Modelleigenschaften führen können und das Modell somit keine qualitative Beständigkeit aufweist.

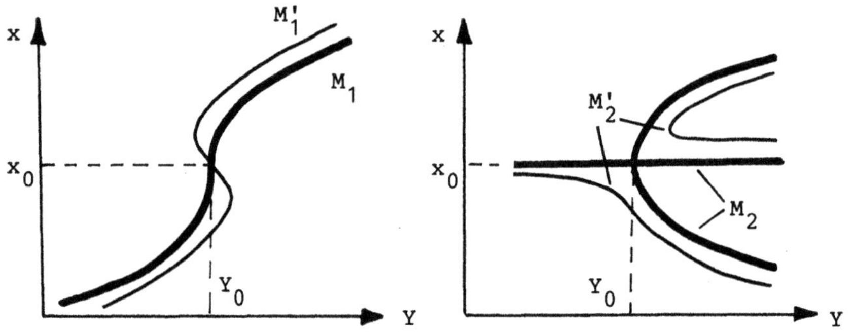

Abbildung 5.7 (a)   Abbildung 5.7 (b)

In den Abbildungen 5.7 (a) und (b) sind die beiden strukturell instabilen Gleichgewichtskonfigurationen $M_1=\{(x,Y) \mid (x-x_0)^3-(Y-Y_0)=0\}$ und $M_2=\{(x,Y) \mid (x-x_0)^3-(Y-Y_0)(x-x_0)=0\}$ wiedergegeben. Beide Gleichgewichtskonfigurationen weisen an der Stelle (x_0,Y_0) einen singulären Gleichgewichtszustand auf, der keiner Faltenkatastrophe entspricht, obwohl nur ein einziger Parameter (Y) vorhanden ist. Es ist jedoch leicht einzusehen, dass beliebig kleine Aenderungen der Systemstruktur zu strukturell stabilen Gleichgewichtskonfigurationen führen, die lediglich aus regulären Punkten und Faltenkatastrophen bestehen. Dies wird in

Abbildung 5.7 durch die Gleichgewichtskonfigurationen $M_1' = \{(x,Y) \mid (x-x_0)^3 - \varepsilon(x-x_0) - (Y-Y_0) = 0\}$ und $M_2' = \{(x,Y) \mid (x-x_0)^3 - (Y-Y_0)(x-x_0) - \varepsilon(Y-Y_0) = 0\}$ $(\varepsilon > 0)$ illustriert.[26]

Anmerkung 3: Das in Abschnitt 5.1.1 vorgestellte haushaltstheoretische Modell arbeitet ganz bewusst mit Indifferenzkurven, die die Koordinatenachsen nicht schneiden.[27] Damit werden implizit Randlösungen (x=0 oder y=0) ausgeschlossen. Der Grund für dieses Vorgehen ist technischer Natur. Werden nämlich bei dynamischen Systemen Nebenbedingungen (Constraints) wirksam, so können sogenannte 'constraint catastrophes' auftreten. Auf diese Konzeption soll aber in der vorliegenden Arbeit nicht eingegangen werden.[28]

Anmerkung 4: Aus der Sicht der Optimierungsprobleme beschäftigt sich das Klassifikationstheorem mit der Frage, wie die kritischen Stellen (insbesondere natürlich die Optimalstellen) einer parametrisierten Funktion auf Parameteränderungen reagieren. Obwohl in der mathematischen Wirtschaftstheorie Optimierungsprobleme eine hervorragende Rolle spielen - man denke nur etwa an die Mikroökonomie oder an die klassische Theorie der Wirtschaftspolitik im Sinne TINBERGENs - kann die Fragestellung des Klassifikationstheorems nicht unbesehen auf jedes beliebige ökonomische Optimierungsproblem übertragen werden. Dies ist so, weil bei den meisten ökonomischen Optimierungsproblemen die Zielfunktion als gegeben betrachtet wird. Eine komparativ-statische Betrachtung ergibt sich hier erst dann, wenn der durch die Nebenbedingungen definierte Handlungsspielraum des Entscheidungsträgers eine Aenderung erfährt.[29] Für die mathematische Wirtschaftstheorie ist es daher von entscheidender Bedeutung, dass Nebenbedingungen in den Ansatz der elementaren Katastrophentheorie integriert werden können. Zu zeigen, dass eine derartige Integration im Prinzip möglich ist, war ein wichtiges Ziel der Ausführungen von Abschnitt 5.1.3.

Anmerkung 5: In Abschnitt 5.1.3 wurden die beiden Verhaltensmuster der lokalen und der globalen Nutzenmaximierung angesprochen. Ganz allgemein bezeichnet man nach R. THOM die lokale bzw. globale Optimierung einer Potentialfunktion als 'Perfect Delay Convention' bzw. als 'Maxwell Convention'.[30] Diese abstrakten Konstruktionen zeichnen sich vor allem durch ihre formale Eleganz aus. Beurteilt man diese Verhaltensmuster jedoch im Hinblick auf ihre ökonomische Relevanz, so muss man sie zweifellos als extreme Idealtypen eines Kontinuums von möglichen Verhaltensmustern verstehen. Dabei darf man plausiblerweise davon ausgehen, dass eine mittlere Variante der Realität am nächsten kommt. Dies bedeutet z.B. für das Modell der individuellen Güternachfrage, dass jeder Haushalt kleine, aber nicht marginale, systematische Variationen seines ihm vorläufig optimal erscheinenden Konsumplans (x^*,y^*) vornimmt, um damit seine Nutzenfunktion in einer gewissen Umgebung $V(x^*,y^*)$ zu erkunden.

Wird unter diesen realistischen Bedingungen das Einkommen im diskutierten Beispiel kontinuierlich von Y_1 auf Y_7 erhöht, so kann sich die Nachfrage nach dem ersten Gut etwa so entwickeln, wie dies in Abbildung 5.8 dargestellt ist.

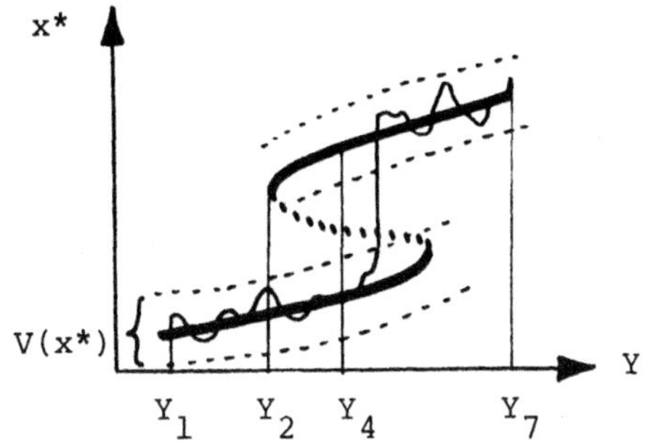

Abbildung 5.8

Neben der Informationsgewinnung ist eventuell auch das Vergessen von Informationen zu berücksichtigen. So kann man sich z.B. fragen, ob der Entscheidungsträger bei einer anschliessenden Einkommensreduktion schon bei Y_4 oder erst in der Nähe von Y_2 auf den unteren Ast der Nachfragekorrespondenz zurückkehrt. All diese Ueberlegungen machen klar, dass bei derartigen Anwendungen der elementaren Katastrophentheorie die Frage nach der vernünftigsten Verhaltensmodellierung immer wieder von Neuem beantwortet werden muss.

Anmerkung 6: Es sei hier noch einmal ausdrücklich darauf hingewiesen, dass die (partielle) Nachfragekorrespondenz $x^*(x^*,Y,\bar{p})=0$ auf der Individual- bzw. Mikroebene hergeleitet wurde. Es ist durchaus möglich, dass man durch eine Aggregation derartiger individueller Nachfragekorrespondenzen zu einer praktisch stetigen Makronachfragefunktion gelangt. In diesem Sinn äussert sich selbst R. THOM: "... when the catastrophes are frequent and close together, each of them, taken individually, will not have a serious effect, and frequently each is so small that even their totality may be unobservable. When this situation persists in time, the observer is justified in neglecting these very small catastrophes and averaging out only those factors accessible to observation."[31]

Anmerkung 7: Die in Abbildung 5.5 wiedergegebene s-förmige Gestalt der partiellen Nachfragekorrespondenz $x^*(x^*,Y,\bar{p})=0$ konnte in Abschnitt 5.1.3 mit elementaren Mitteln, d.h. ohne Zuhilfenahme des Klassifikationstheorems hergeleitet werden. Die Analyse des individuellen Nachfrageverhaltens wird eigentlich erst dann anspruchsvoll, wenn sowohl Einkommens- wie auch Preisänderungen zu berücksichtigen sind. Selbstverständlich kann man auch in diesem Fall konkrete Beispiele graphisch oder analytisch untersuchen, indem man sowohl Verschiebungen wie auch Drehungen der Budgetgeraden vornimmt. Ein derartiges Vorgehen ist aber sehr aufwendig und führt darüberhinaus auch zu keinen allgemeingültigen Aussagen. Mit Hilfe des Klassifikationstheorems gelangt man jedoch unmittelbar zum Ergebnis, dass das individuelle Nachfrageverhalten einer Nachfragekorrespondenz $x^*(x^*,Y,p)=0$ entspricht, deren Graph neben den regulären Punkten nur Falten- und Spitzenkatastrophen aufweist. Ganz allgemein kann man feststellen, dass die Aussagekraft des Klassifikationstheorems erst dann vollumfänglich zum Tragen kommt, wenn zwei oder mehr Parameter gleichzeitig geändert werden.

Anmerkung 8: Betrachtet man nun zum Abschluss das Ergebnis der erweiterten komparativ-statischen Analyse des Modells der individuellen Güternachfrage aus der Sicht der empirischen Ueberprüfbarkeit, so sieht man sofort, dass jede Gleichgewichtsfläche oder gar Punktemenge in $\{(x,Y,p)\}=R^3$ durch eine Gleichgewichtsfläche, die neben den regulären Punkten nur Falten- und Spitzenkatastrophen aufweist, beliebig gut approximiert werden kann.[32] Dies bedeutet natürlich, dass die Aussage des katastrophentheoretischen Ansatzes der Realität keinerlei Restriktionen auferlegt. Sie entzieht sich damit jeglichem Falsifizierungsversuch. Ist aber eine Aussage nicht falsifizierbar, so kann man sie nach K. POPPER als empirisch gehaltlos bezeichnen.[33]

Bevor nun im nächsten Abschnitt gezeigt wird, wie man zu empirisch gehaltvollen Katastrophenmodellen gelangen kann, soll noch demonstriert werden, dass auch der in Abschnitt 5.1.2 beschriebene klassische Ansatz keine empirisch gehaltvollen Aussagen zu liefern vermag.

Aus dem zentralen Resultat des klassischen Ansatzes [der Existenz einer globalen und stetigen Nachfragefunktion $x^*=x^*(Y,p)$] lassen sich im wesentlichen zwei konkrete Aussagen deduzieren. Es sind dies die folgenden.

(1) Eine stetige Aenderung der Systemparameter Y und p kann nicht zu einer diskontinuierlichen Aenderung des nachgefragten Güterbündels (x^*,y^*) führen. Dies ist nur dann möglich, wenn man es mit einer Nachfragekorrespondenz zu tun hat. Es ist allerdings praktisch unmöglich, empirisch zwischen einer Diskontinuität und einer partiell sehr elastischen Nachfragefunktion zu diskriminieren, denn die Anpassungsgeschwindigkeit $\frac{1}{\varepsilon}$ des entsprechenden dynamischen Systems überschreitet nur im Idealfall alle Grenzen.[34] In der Realität stellt die Anpassungsgeschwindigkeit immer eine

endliche Grösse dar. Dies bedeutet aber, dass in der Realität selbst bei einer Nachfragekorrespondenz keine Diskontinuitäten im engen formalen Sinn zu erwarten sind.[35]

(2) Der klassische Ansatz lässt in seiner ursprünglichen Form keine Hysterese- bzw. Ratchteffekte zu. Wird jedoch ein derartiges Verhalten beobachtet, so schliesst man daraus im allgemeinen noch nicht auf nichtkonvexe Indifferenzkurven, sondern versucht vielmehr die Grundstruktur des Modells zu modifizieren, indem man "Gewöhnungseffekte" in die Nutzenfunktion integriert: $U(t) = U(x(t), y(t), \int_0^t x(\tau)e^{-r\tau}d\tau, \int_0^t y(\tau)e^{-r\tau}d\tau)$. Daraus folgt dann eine Nachfragefunktion von der Form $x^*(t) = x^*(Y(t), p(t), \int_0^t x(\tau)e^{-r\tau}d\tau, \int_0^t y(\tau)e^{-r\tau}d\tau)$, die das Hystereseverhalten zu erklären vermag.

Aus diesen Ausführungen wird deutlich, dass jedes in der Realität beobachtbare Konsumverhalten mit dem klassischen Ansatz erklärt werden kann. Ein Ansatz der aber alles "erklärt", erklärt nichts, d.h. er ist empirisch gehaltlos.

5.2. DIE KATASTROPHENMODELLIERUNG

Es sei $\dot{x} = \frac{1}{\varepsilon}X(x,a)$ ein beliebiges differenzierbares dynamisches System. Wenn ε gegen null geht, so befindet sich das System X praktisch immer in einem Gleichgewichtszustand, was eine komparativ-statische Betrachtungsweise nahelegt. Ohne weitere Spezifikation von X sind jedoch im wesentlichen lediglich die beiden folgenden komparativ-statischen Aussagen möglich:

(1) Befindet sich das dynamische System X bei der Parameterkonstellation a_0 in einem regulären bzw. strukturell stabilen Gleichgewichtszustand x_0^*, gilt also $|J^X_{(x_0^*,a_0)}| \neq 0$, so existiert in einer Umgebung $U(x_0^*,a_0)$ eine Funktion $x^*=x^*(a)$, die zeigt, wie der Systemzustand x^* von der Parameterkonstellation a abhängt. Insbesondere induzieren in diesem Fall stetige Parameteränderungen stetige Aenderungen des Systemzustands. Es handelt sich bei dieser Aussage natürlich um das zentrale Resultat der orthodoxen komparativen Statik.

(2) Befindet sich das dynamische System X bei der Parameterkonstellation a_0 in einem singulären bzw. strukturell instabilen Gleichgewichtszustand x_0^*, gilt also $|J^X_{(x_0^*,a_0)}| = 0$, so ist $x^*(x^*,a)=0$ in $U(x_0^*,a_0)$ zur kanonischen Form einer Elementarkatastrophe aequivalent [36] und selbst stetige Parameteränderungen führen zu einem diskontinuierlichen Systemverhalten. Dieses zentrale Resultat der erweiterten Komparativ-Statik gilt allerdings nur dann, wenn die drei folgenden Voraussetzungen erfüllt sind: (a) X ist ein Gradientensystem [37], (b) X ist strukturell stabil [38] und (c) die Anzahl der Parameter von X ist kleiner als sechs.

Im Prinzip ist natürlich allein der globale Zusammenhang von Systemzustand und Parameterkonstellation von Interesse. Die beiden obigen Aussagen beziehen sich jedoch lediglich auf die lokale Gestalt von $x^*(x^*,a)=0$. Diese Informationen sind nun aber leider nicht in dem Sinn integrierbar, dass sie nur eine einzige globale Gestalt von $x^*(x^*,a)=0$ zuliessen. Um trotz dieser Integrationsproblematik zu einer eindeutigen globalen Aussage zu gelangen, werden der Grundstruktur der meisten Katastrophenmodelle weitere sozialwissenschaftliche Hypothesen bezüglich der Eigenschaften von X hinzugefügt. D.h. es wird versucht, durch derartige Hypothesen die Art der Zusammensetzung der lokalen Aussagen derart einzuschränken, dass im Idealfall nur noch eine einzige Möglichkeit übrig bleibt. Dieses Vorgehen wird in den beiden folgenden Abschnitten anhand zweier konkreter Katastrophenmodelle eingehend erläutert.

5.2.1. VOLLSTAENDIGE KATASTROPHENMODELLE: EIN POLITIK-MODELL

Die folgenden Ausführungen beschäftigen sich mit dem Politik-Modell von C.A. ISNARD und E.C. ZEEMAN.[39] Abschnitt 5.2.1.1 enthält eine Darstellung bzw. Interpretation der Grundstruktur dieses Modells aus der Sicht der ökonomischen Theorie der Politik (Public Choice).[40] In Abschnitt 5.2.1.2 werden dann die zusätzlichen politologischen Hypothesen eingeführt und die entsprechenden Schlussfolgerungen gezogen.

5.2.1.1. Die Grundstruktur des Modells

Das Politik-Modell von C.A. ISNARD und E.C. ZEEMAN stellt einen Versuch dar, diskontinuierliche Aenderungen in der Politik zu erklären, wenn die Instrumente, über deren Einsatz entschieden wird, ein kontinuierliches Spektrum bilden. Bei dem konkreten Instrumentarium, das dabei betrachtet wird, handelt es sich um die Massnahmen, die gegen eine äussere Bedrohung eines Landes eingesetzt werden können. Es wird davon ausgegangen, dass man diese Massnahmen als ein eindimensionales Kontinuum auffassen kann, das sich von der 'Kapitulation' bis zum 'maximalen militärischen Einsatz' erstreckt. Bezeichnet man die möglichen Alternativen mit der Variablen x, so lässt sich jedem Wert von x, d.h. jeder Alternative ceteris paribus das Ausmass der öffentlichen Zustimmung y zuordnen. Es resultiert die in Abbildung 5.9 dargestellte Funktion y(x), die man als Popularitätsfunktion bezeichnen kann.[41,42]

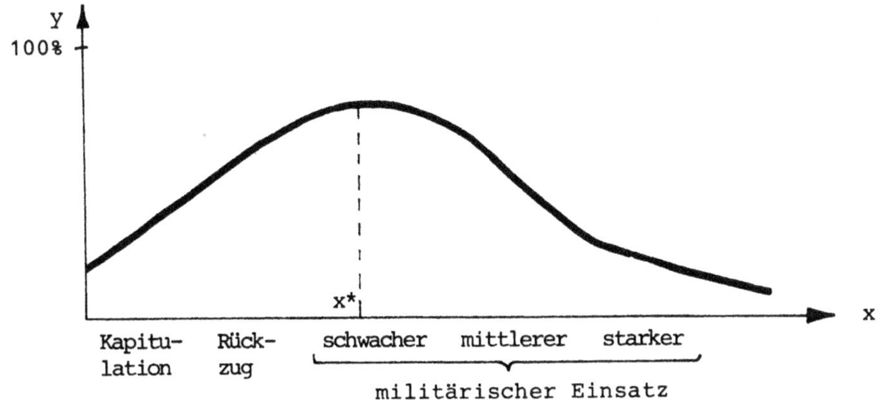

Abbildung 5.9

Die grundlegende Annahme des Modells besteht nun in der Wahl der Zielfunktion der Entscheidungsträger. Es wird unterstellt, dass die politischen Entscheidungsträger diejenige Massnahme ergreifen, die in der Oeffentlichkeit die grösste Zustimmung findet. Formal entspricht dies einer Maximierung von $y(x)$. Bei der in Abbildung 5.9 wiedergegebenen Konstellation wird also z.B. die Massnahme x^* ergriffen.

Die beiden Autoren identifizieren den vorgestellten Entscheidungsträger mit der Verwaltung, denn sie halten es offenbar für verfehlt, der Regierung ein opportunistisches Verhalten zu unterstellen: "We choose to use the word 'administration' rather than 'government' in order to emphasize that we are modelling the spirit of the civil servant rather than the elected leader; the obligation of the administrator is to carry out the wishes of others rather than his own, to follow public opinion rather than to lead it." [43] Diese Interpretation vermag aus zweierlei Gründen nicht zu überzeugen. (1) Es ist trotz des immer grösser werdenden Einflusses der Verwaltung letzlich doch immer noch die Regierung, die die politischen Entscheidungen trifft. Dies gilt insbesondere bei wichtigen Entscheidungen und wenn es darum geht, eine (sofortige) Wende in der bisherigen Politik herbeizuführen. Derartige Entscheidungen sollen hier aber gerade untersucht werden. (2) Die Verhaltenshypothese der beiden Mathematiker basiert auf normativen bzw. funktionalistischen Ueberlegungen. Betrachtet man das Verhalten von Bürokraten (Verwaltung) und Politikern (Regierung) dagegen aus individualistischer Sicht, so sieht man sofort, dass der Bürokrat keine Anreize hat, sich nach der öffentlichen Meinung zu richten, denn er kann von der "Oeffentlichkeit" für sein Verhalten nicht zur Rechenschaft gezogen werden. Demgegenüber wollen Politiker gewählt bzw. wiedergewählt werden. Sie müssen daher eine Politik vertreten, die dies am ehesten gewährleistet. Im Anschluss an die wegweisende Arbeit von A. DOWNS [44] wird deshalb in der ökonomischen Theorie der Politik das Regierungsverhalten mit Hilfe der sogenannten Stimmenmaximierungshypothese modelliert.[45] Aus diesen Gründen erscheint es durchaus angebracht, das Politik-Modell von C.A. ISNARD und E.C. ZEEMAN als Modell des <u>Regierungsverhaltens</u> zu interpretieren.

Bei einer eingipfligen Popularitätsfunktion $y(x)$ wird das Regierungsverhalten durch die Optimierungsbedingung $y(x) \rightarrow \max!$ eindeutig determiniert. Ist die Popularitätsfunktion jedoch mehrgipflig, existieren also mehrere optimale politische Massnahmen x^*, so stellt sich sofort die Frage nach dem sinnvollsten Auswahlkriterium. Die folgende Argumentation spricht für eine <u>lokale Maximierung</u> der Popularitätsfunktion, d.h. für die <u>Delay-Rule</u>.[46]

Die Informationsquellen, die der Regierung zur Beurteilung des globalen Verlaufs der Popularitätsfunktion zur Verfügung stehen - man denke nur z.B. an Verlautbarungen von Interessengruppen oder Meinungsumfragen - liefern immer nur unvollständige und unsichere Informationen. Darüberhinaus hängt $y(x)$ sowohl von der politischen Lage wie auch von den Präferenzen der Wähler ab und ist deshalb im Zeitablauf starken Variationen unterworfen. Dies bedeutet, dass die Regierung vom globalen Verlauf der Popularitätsfunktion höchstens eine vage Vorstellung haben kann.

Demgegenüber kann die Regierung die Popularität y, die sie bei den Wählern geniesst bzw. die durch eine Aenderung ihrer Politik induzierte Popularitätsänderung relativ genau abschätzen. Dieser Umstand befähigt die Regierung die Popularitätsfunktion punktuell zu erkunden. Die Aenderungen Δx der Politik, die bei einem derartigen Erkundungsprozess vorgenommen werden, müssen jedoch relativ klein sein, denn erstens wird eine Regierung, die ihre Politik des öftern merklich ändert, in den Augen der Wähler unglaubwürdig und zweitens erfordern politische Kehrtwendungen viel Zeit und sind darüberhinaus mit erheblichen Kosten verbunden.

Zusammenfassend kann man also festhalten, dass eine Regierung, die die Politik x_0 betreibt, von der Popularitätsfunktion y(x) im wesentlichen bloss die 'Popularitätselastizität' $\eta(x_0) = \frac{dy}{dx}(x_0)\frac{x_0}{y(x_0)}$ kennt, was eine lokale Maximierung der Popularität y nahelegt. Am einfachsten lässt sich dieses lokale Maximierungsverhalten mit der Reaktionsfunktion $\dot{x}=\frac{1}{\varepsilon}\cdot\frac{dy}{dx}$ modellieren.[47] C.A. ISNARD und E.C. ZEEMAN nehmen nun an, dass die Anpassung $\dot{x}$ der Politik durch die Regierung im Vergleich zur Aenderung der politischen Lage relativ schnell vonstatten geht. Formal läuft dies auf eine sofortige Anpassung hinaus. ε geht also gegen null.

Welche politischen Faktoren determinieren nun den Verlauf der Popularitätsfunktion y(x), wenn x den Einsatz der oben geschilderten aussenpolitischen Massnahmen bezeichnet? Die beiden Autoren gehen davon aus, dass hier hauptsächlich zwei Faktoren eine Rolle spielen, nämlich (a) das Ausmass der äusseren Bedrohung[48] und (b) die Höhe der Kosten, die bei einer kriegerischen Auseinandersetzung zu erwarten sind.

Die <u>Grundstruktur</u> des Politik-Modells besteht somit einerseits aus der durch die Parameter a (Bedrohung) und b (Kosten) parametrisierten Familie y=y(x,a,b) der <u>Popularitätsfunktionen</u> und andererseits aus der <u>Reaktionsfunktion</u> $\dot{x}=\frac{1}{\varepsilon}\cdot\frac{dy}{dx}$ mit $\varepsilon\to 0$. Fasst man diese beiden Elemente zusammen, so gelangtman unmittelbar zur Gleichgewichtskonfiguration $M_y=\{(x,a,b)\mid \frac{dy}{dx}=0\}$. Diese beschreibt den Einfluss, den die Parameterkonstellation (a,b) indirekt, d.h. über die Popularitätsfunktion, auf die Regierungspolitik ausübt. Geht man nun davon aus, dass y(x,a,b) <u>strukturell stabil</u> ist, so folgt aus dem <u>Klassifikationstheorem</u>, dass M_y neben den regulären Gleichgewichtszuständen lediglich Falten- und Spitzenkatastrophen enthalten kann.

In Abbildung 5.10 ist die Grundstruktur des Politik-Modells von C.A. ISNARD und E.C. ZEEMAN graphisch dargestellt. Aus diesem Flussdiagramm lässt sich ohne weiteres entnehmen, dass die Grundstruktur des hier betrachteten Modells - sieht man einmal von der unterschiedlichen Rückkopplung des Systems ab - mit der Grundstruktur der <u>politisch-ökonomischen Modelle</u> identisch ist.[49]

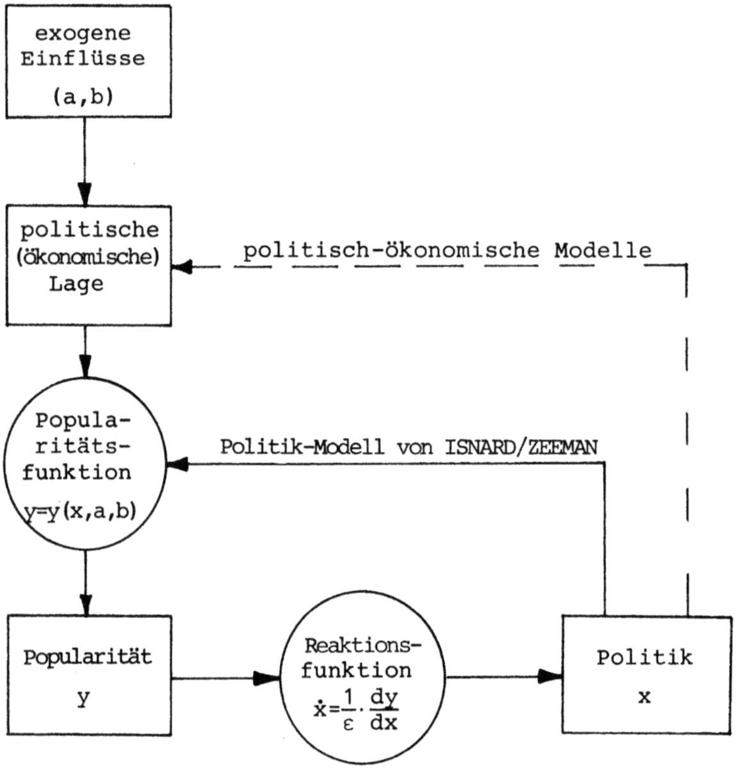

Abbildung 5.10

5.2.1.2. Die zusätzlichen Hypothesen

Im vorhergehenden Abschnitt wurde die Grundstruktur des Politik-Modells von C.A. ISNARD und E.C. ZEEMAN erläutert. Diese Grundstruktur besteht aus folgenden fünf Hypothesen.

1.1. $\{x\},\{a\} = R$: Die Menge $\{x\}$ der zur Verfügung stehenden aussenpolitischen Massnahmen und die Menge $\{a\}$ der möglicherweise auftretenden äusseren Bedrohungen entsprechen eindimensionalen euklidischen Räumen R.

1.2. $y = y(x,a,b)$: Die Popularitätsfunktion $y(x)$ hängt nur vom Ausmass der äusseren Bedrohung und von den Kosten einer kriegerischen Auseinandersetzung ab.

1.3. $y(x,a,b) \varepsilon F_0$: Die Familie $y(x,a,b)$ der Popularitätsfunktionen $y(x)$ ist strukturell stabil.

1.4. $\dot{x} = \varepsilon^{-1}(dy/dx)$: Die Regierung maximiert die Popularitätsfunktion lokal [Reaktionsfunktion], d.h. es gilt die Delay-Rule.

1.5. $\varepsilon \rightarrow 0$: Die Anpassung $\dot{x}$ der Politik durch die Regierung erfolgt sofort.

Aus diesen fünf Hypothesen liess sich mit Hilfe des Klassifikationstheorems aus der Sicht der qualitativen Theorie dynamischer Systeme eine erste Folgerung ziehen.

Folgerung 1: Die Beziehung zwischen der Parameterkonstellation (a,b) und der optimalen bzw. effektiv verfolgten Politik x^* entspricht einer Korrespondenz $x^*(x^*,a,b)=0$, die neben den regulären Punkten lediglich Falten- und Spitzenkatastrophen aufweisen kann.

Folgerung 1 ist eine lokale Aussage. Um zu einer globalen Aussage zu gelangen, erweitern die beiden Autoren das Modell um vier zusätzliche politologische Hypothesen.

2.1. Wenn die Kosten b einer kriegerischen Auseinandersetzung gering sind, so ist $y_{a,b}(x) = y(x,a,b)$ eingipflig, wobei der (einzige) optimale militärische Einsatz x^* steigt, wenn die äussere Bedrohung zunimmt.

2.2. Ist b gross und a mittelmässig, so ist die Popularitätsfunktion $y_{a,b}(x)$ zweigipflig. Der Grund dafür liegt darin, dass sich bei einer mittleren Bedrohung ein militärischer Einsatz nicht unbedingt aufdrängt. Dieser Umstand erlaubt es, dass sich die Wählerschaft aufgrund der hohen Kosten in die zwei Lager der "Falken" und der "Tauben" aufspaltet. Die Regierung kann daher entweder mit einer aggressiven Politik die Unterstützung der Falken gewinnen oder aber mit einer Entspannungpolitik die Tauben zufriedenstellen. Die geringste Popularität geniesst die Regierung, wenn sie einen begrenzten militärischen Einsatz befürwortet, denn dann verliert sie sowohl die Sympathien der Falken wie auch der Tauben.

2.3. Bei hohen Kosten b und einer starken äusseren Bedrohung a ist $y_{a,b}(x)$ eingipflig und der optimale militärische Einsatz x^* relativ gross.

2.4. Sind die Kosten b einer kriegerischen Auseinandersetzung gross, die äussere Bedrohung jedoch gering, so ist die Popularitätsfunktion $y_{a,b}(x)$ eingipflig und lässt eine zurückhaltende Politik als optimal erscheinen.

Der Inhalt dieser vier Hypothesen lässt sich nun leicht graphisch veranschaulichen. Aus Hypothese 2.1 folgt unmittelbar, dass die Korrespondenz $x^*(x^*,a,\bar{b})=0$ für kleine Werte $\bar{b}$ von b einwertig ist, $x^*(x^*,a,\bar{b})=0$ also einer <u>Funktion</u> $x^*=x^*_{\bar{b}}(a)$ mit $\frac{dx^*}{da}>0$ entspricht. Dieses Ergebnis ist in Abbildung 5.11 (a) festgehalten. Bei grossen Werten $\hat{b}$ von b ist die Korrespondenz $x^*(x^*,a,\hat{b})=0$ gemäss Hypothese 2.2 <u>dreiwertig</u> [50] und weist die in Abbildung 5.11 (b) wiedergegebene Gestalt auf. Entsprechend Hypothese 2.3 erstreckt sich nur der obere Ast der Korrespondenz $x^*(x^*,a,\hat{b})=0$ über das rechte Ende der a-Achse. Dies bedeutet, dass der untere Ast von $x^*(x^*,a,\hat{b})=0$ an einer Stelle a" abbrechen muss. Ganz analog folgt aus Hypothese 2.4, dass sich nur der untere Ast von $x^*(x^*,a,\hat{b})=0$ über das linke Ende der a-Achse erstreckt bzw. der obere Ast von $x^*(x^*,a,\hat{b})=0$ an einer Stelle a'<a" abbricht.

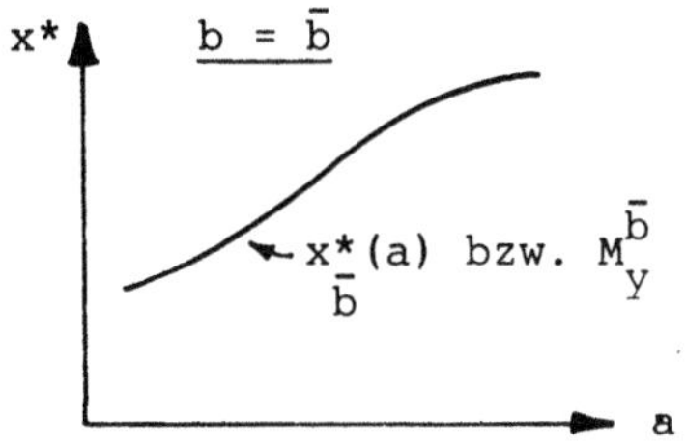

<u>Abbildung 5.11(a)</u>

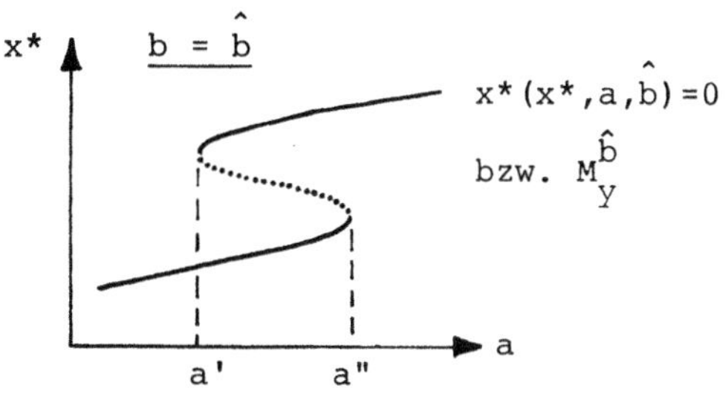

<u>Abbildung 5.11(b)</u>

Die in den Abbildungen 5.11 (a) und (b) dargestellten Schnitte durch den Graphen der Korrespondenz $x^*(x^*,a,b)=0$ bzw. durch die Gleichgewichtskonfiguration M_Y beschreiben natürlich globale Eigenschaften des betrachteten Systems. Mit Hilfe dieser beiden aus den Hypothesen 2.1 bis 2.4 deduzierten Aussagen lässt sich nun - immer gemäss C.A. ISNARD und E.C. ZEEMAN - die angestrebte eindeutige Determinierung der Gleichgewichtskonfiguration M_y bewerkstelligen, d.h. es kann gezeigt werden, wie sich der in Abbildung 5.11 (a) wiedergegebene Schnitt $M_y^{\bar{b}}$ bei wachsendem b zu dem in Abbildung 5.11 (b) wiedergegebenen Schnitt $M_y^{\hat{b}}$ entwickelt. Die Lösung des Problems liefert die Gleichgewichtskonfiguration M_y, die in Abbildung 5.12 dargestellt ist. "Now, consider", so argumentieren C.A. ISNARD und E.C. ZEEMAN, "the plane sections of [M_y] given by b=constant. For $b<b_0$ the sections are equivalent to [Abbildung 5.11(a)], and for $b>b_0$ to [Abbildung 5.11(b)]. Therefore, the cusp catastrophe answers the question how these plane sections can evolve into one another. The deep result is the uniqueness of that evolution, which follows from the main classification theorem...".[51]

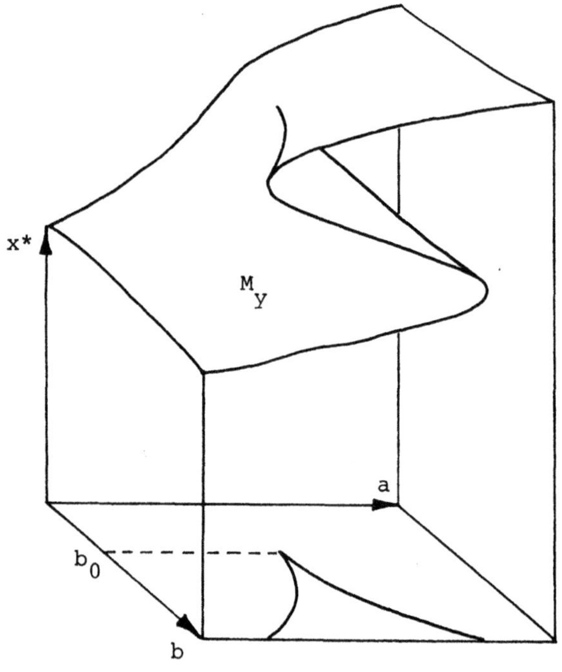

Abbildung 5.12

Zusammenfassend kann man also festhalten, dass die Annahmen, die die Grundstruktur des Politik-Modells bilden - dies sind die Hypothesen 1.1 bis 1.5 - die lokale Gestalt der Korrespondenz x*(x*, a,b)=0 bzw. der Gleichgewichtskonfiguration M_y festlegen (Folgerung 1). Erweitert man diese Grundstruktur um die Hypothesen 2.1 bis 2.4, so gelangt man zur globalen Gestalt von M_y. Diese ist streng aequivalent zur kanonischen Form $M_{F_2} = \{(x,u,v) \mid \frac{dF^2}{dx} = x^3+ux+v = 0\}$ der Spitzenkatastrophe, wobei der Modellparameter a dem sogenannten Normalfaktor v und der Modellparameter b dem sogenannten Spaltfaktor -u entspricht.[52] Dieses Resultat kann man als Folgerung 2 noch konziser formulieren.

Folgerung 2: Der Modellparameter a ist ein Normalfaktor und der Modellparameter b ein Spaltfaktor bezüglich der Bestimmung der Politik x*.

5.2.2. RUDIMENTAERE KATASTROPHENMODELLE: EIN PRISONER'S DILEMMA MODELL

Im vorhergehenden Abschnitt wurde das Politik-Modell von C.A. ISNARD und E.C. ZEEMAN vorgestellt. Dieses Modell basiert auf mehreren Hypothesen, aus denen sich mit Hilfe des Klassifikationstheorems das Modellverhalten qualitativ eindeutig herleiten lässt. Unterstellt man, dass die formale Herleitung der Folgerungen aus den Annahmen fehlerlos ist,[53] so ergeben sich im Prinzip zwei Möglichkeiten, die empirische Relevanz des Modells zu überprüfen.

Die erste Möglichkeit besteht darin, die Modellannahmen auf ihren Realitätsgehalt hin zu untersuchen. Natürlich stellen Modellannahmen immer Abstraktionen der Wirklichkeit dar und sind somit in einem gewissen Grad unrealistisch. Die Falsifikation einer Annahme ist deshalb nicht unbedingt mit einer Falsifikation des ganzen Modells gleichzusetzen.[54] Bestehen jedoch alle Modellannahmen den empirischen Test, so muss auch das daraus abgeleitete Modellverhalten die Realität abbilden. Die zweite Möglichkeit der Modellüberprüfung ergibt sich, wenn man die Modellfolgerungen direkt mit der Realität konfrontiert. Der Nachteil dieser Methode besteht darin, dass selbst bei einer guten Uebereinstimmung des Modellverhaltens mit der Realität, die Modellannahmen nicht unbedingt zuzutreffen brauchen. Die Frage nach der Erlärungskraft des Modells kann mithin nicht abschliessend geklärt werden.

Betrachtet man nun die Annahmen des Politik-Modells, so sieht man sofort, dass insbesondere die Hypothesen 1.2, 1.3 und 1.4 einer empirischen Ueberprüfung nicht zugänglich sind.[55] Dies ist darum so, weil der globale Verlauf der Popularitätsfunktion y(x) nicht bekannt ist (Hypothese 1.2 und 1.3) und die wahren Ziele der Regierung sich nicht direkt eruieren lassen (Hypothese 1.4). Eine empirische Ueberprüfung des Politik-Modells von C.A. ISNARD und E.C. ZEEMAN kann somit nur bei dem in Folgerung 2 festgehaltenen Modellverhalten ansetzen. Dies bedeutet aber, dass bei einer allein an der empirischen Ueberprüfbarkeit orientierten Betrachtungsweise der wissenschaftstheoretische Status von Folgerung 2 einer blossen Hypothese entspricht. Bei einer derartigen Betrachtungsweise müssen die Annahmen des Politik-Modells offenbar dem Hypothesenbildungsprozess zugeordnet werden. Damit entziehen sie sich aber jeder wissenschaftlichen Diskussion. In diesem Sinn äussern sich auch C.A. ISNARD und E.C. ZEEMAN:

> "[Folgerung 2] can play several roles: it can serve as:
> (i) a theorem, provable from simpler hypotheses...
> (ii) a hypothesis (or conjecture) providing the theoretical framework for design of experiment,
> (iii) a law, summarizing experimental results."[56]

Ebenso wie beim Politik-Modell von C.A. ISNARD und E.C. ZEEMAN, ergeben sich bei allen elementaren Katastrophenmodellen dieser Art Probleme bezüglich der empirischen Ueberprüfbarkeit der Eigenschaften, die den jeweiligen Potentialfunktionen unterstellt werden (strukturelle Stabilität, Identifikation der Parameter). Dies mag ein Grund dafür sein, dass viele Katastrophenmodelle nicht den Umweg über die Modellannahmen einschlagen, sondern direkt zur Formulierung eines entsprechenden Modellverhaltens übergehen. Dabei wird oft nicht einmal explizit davon ausgegangen, dass es sich bei dem betrachteten System um ein Gradientensystem handelt. Wird in einem elementaren Katastrophenmodell keine Potentialfunktion spezifiziert, so kann man es als rudimentär bezeichnen.[57]

Als Beispiel eines rudimentären Katastrophenmodells sei hier in aller Kürze die zentrale Hypothese des Prisoner's Dilemma Modells von H. NURMI vorgestellt.[58] Das Ziel dieses Modells besteht darin, das beobachtbare Verhalten der beiden Spieler mit den Parametern a, b, c und d (c>a>b>d) der Auszahlungsmatrix des symmetrischen Prisoner's Dilemmas in Beziehung zu setzen.

Auszahlungsmatrix des symmetrischen Prisoner's Dilemmas

		SPIELER B	
		kooperiert	kooperiert nicht
SPIELER A	kooperiert	(a,a)	(d,c)
	kooperiert nicht	(c,d)	(b,b)

Dabei interessiert natürlich vor allem die Frage, unter welchen Bedingungen beide Spieler die Kooperationsstrategie wählen. Dieses Problem ist in der empirischen und theoretischen Prisoner's Dilemma Literatur schon mehrfach behandelt worden.[59] Die einschlägigen Arbeiten versuchen alle einen von gewissen Parameterkonstellationen (a,b,c,d) funktional abhängigen Index I zu konstruieren,

$$I: \{(a,b,c,d)\} \supset U \to R,$$

der einen möglichst guten Indikator für die Auftretenswahrscheinlichkeit p der kooperativen Lösung abgibt. Zwei recht naheliegende entsprechende Hypothesen sind die folgenden.[60]

(1) Je grösser die 'Belohnung' α = a-b, die bei einem kooperativen Verhalten beider Spieler anfällt, desto höher ist die Wahrscheinlichkeit p, dass es zu einer bilateralen Kooperation kommt.

(2) Je grösser die 'Versuchung' β = c-a den Mitspieler zu hintergehen, desto geringer ist p.

Das Prisoner's Dilemma Modell von H. NURMI basiert nun im Prinzip auf diesen beiden Hypothesen. Im Gegensatz zu den konventionellen Ansätzen geht es jedoch davon aus, dass die Beziehung p=p(a,b,c,d) nicht einer Funktion, sondern vielmehr einer Spitzenkatastrophe - also einer Korrespondenz - entspricht. Als Normal- bzw. Spaltfaktor fungiert dabei der 'Gewinn' α bzw. die 'Versuchung' β. Die aktuelle Wahrscheinlichkeit p wird mit Hilfe der Delay-Rule den Parameterkonstellationen (α,β) zugeordnet. Damit erhält das an und für sich statische Modell eine dynamische bzw. historische Komponente. Abbildung 5.13 illustriert die von H. NURMI aufgestellte Hypothese.

Damit ist die Darstellung der Katastrophenmodellierung abgeschlossen. Einige weitere ökonomische Katastrophenmodelle finden sich z.B. in den folgenden Arbeiten: BLAD (1977), BROWN (1979a und b), CASTI/SWAIN (1975), CHIDLEY, et al. (1978), HARRIS (1979), MENSCH, et al. (1980), OLIVA, et al. (1981), RIBEIL (1976), WOODCOCK/DAVIS (1978) und ZEEMAN (1974b) [Spitzenmodelle]; BENNETT (1978) [Schwalbenschwanzmodell]; BROWN (1977), CASTI/SWAIN (1975), CHIDLEY (1976), ISNARD/ZEEMAN (1976) und ZEEMAN (1973) [Schmetterlingsmodelle].[61]

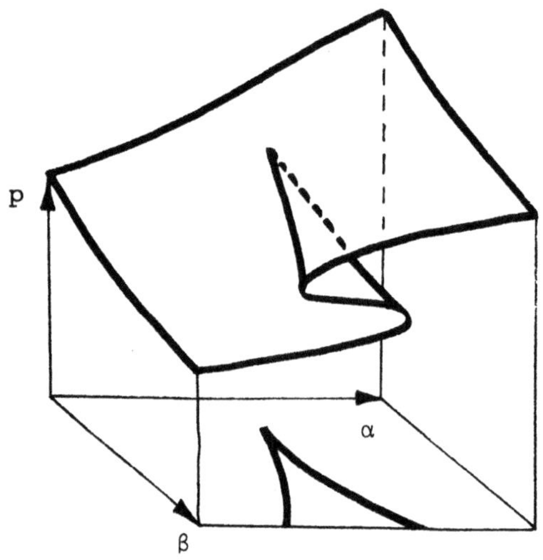

Abbildung 5.13

5.3. EINWAENDE GEGEN DIE KATASTROPHENMODELLIERUNG

Gegen die Katastrophenmodellierung, so wie sie im vorhergehenden Abschnitt dargestellt wurde, sind verschiedene Einwände vorgebracht worden.[62] Die wichtigsten dieser Einwände fassen H.J. SUSSMANN und R.S. ZAHLER folgendermassen zusammen: "...catastrophe theorists have (i) misused the basic mathematics..., (ii) offered models which are based on unreasonable assumptions..., (iii) made predictions which are ... impossible to test experimentally."[63]

In Abschnitt 5.3.1 werden die Einwände gegen die formale Argumentation der Katastrophenmodellierung anhand des Politik-Modells von C.A. ISNARD und E.C. ZEEMAN untersucht. Abschnitt 5.3.2 enthält dann eine entsprechende Analyse der Einwände gegen die Modellannahmen. Mit der empirischen Ueberprüfbarkeit von Katastrophenmodellen beschäftigt sich schliesslich Abschnitt 5.3.3.

5.3.1. DIE FORMALE ARGUMENTATION

Die formale Struktur des Politik-Modells von C.A. ISNARD und E.C. ZEEMAN besteht im wesentlichen aus zwei Hypothesen. Die erste Hypothese besagt, dass das dynamische System $\dot{x}=\frac{1}{\varepsilon}X(x,a,b)$ von einer strukturell stabilen Potentialfunktion geleitet wird.[64] Die zweite Hypothese beschäftigt sich mit der Gleichgewichtskonfiguration $M_X=\{(x,a,b)\varepsilon R^3 | \frac{\partial X}{\partial x} = 0\}$ von X. Es wird unterstellt, dass für kleine bzw. grosse Werte $\bar{b}$ bzw. $\hat{b}$ von b der Schnitt $M_X^{\bar{b}}=M_X \cap \{(x,a,b)\varepsilon R^3 | b=\bar{b}\}$ bzw. $M_X^{\hat{b}}=M_X \cap \{(x,a,b)\varepsilon R^3 | b=\hat{b}\}$ die in

Abbildung 5.11 (a) bzw. (b) wiedergegebene Gestalt aufweist.[65] Aus diesen beiden Hypothesen schliessen C.A. ISNARD und E.C. ZEEMAN ohne weitere Erklärungen, nur unter Hinweis auf das Klassifikationstheorem, dass die globale Gestalt der Gleichgewichtskonfiguration M_X von X einer Spitzenkatastrophe entspricht [vgl. Abbildung 5.12], wobei a dem Normalfaktor und b dem Spaltfaktor entspricht (Folgerung 2).

Die durch dieses Vorgehen beschriebene formale Argumentation wird nun von H.J. SUSSMANN und R.S. ZAHLER unter die Lupe genommen. Dabei gelangen sie zu ihrem zentralen Einwand gegen die Katastrophenmodellierung: "... either the theorem does not follow at all from the hypotheses, or it is a mere restatement of them, and does not require the use of any deep mathematics."[66] Ihre Argumentation ist die folgende.[67]

(1) Die zweite Hypothese, die sich mit der globalen Gestalt von $M_X^{\bar{b}}$ und $M_X^{\hat{b}}$ beschäftigt, ist wegen der Unschärfe der Wörter 'klein' und 'gross' nicht präzis. Es sind zwei Interpretationen möglich.

(i) totale Interpretation:

$$b' \lessgtr b_0 \rightarrow M_X^{b'} \overset{s}{\sim} \begin{cases} M_X^{\bar{b}} & \text{[vgl. Abbildung 5.11 (a)]} \\ M_X^{\hat{b}} & \text{[vgl. Abbildung 5.11 (b)]} \end{cases}$$

$(M_X^{b'} = M_X \cap \{(x,a,b) \in R^3 \mid b=b'\})$

(ii) partielle Interpretation:

$$\exists b' < b_0 \text{ mit } M_X^{b'} \overset{s}{\sim} M_X^{\bar{b}} \text{ und } \quad \exists b'' > b_0 \text{ mit } M_X^{b''} \overset{s}{\sim} M_X^{\hat{b}}$$

(2) Geht man von der totalen Interpretation der zweiten Hypothese aus, so kennt man die Gestalten aller Schnitte M_X^b der Gleichgewichtskonfiguration M_X mit Ausnahme von $M_X^{b_0}$. Da die Korrespondenz x*(x*,a,b)=0 "stetig" ist, muss der Graph M_X von x*(x*,a,b)=0 offensichtlich einer Spitzenkatastrophe entsprechen. Bei dieser 'Folgerung' handelt es sich natürlich um eine triviale Umformulierung der totalen Interpretation der zweiten Hypothese. Mit anderen Worten: Weder die erste Hypothese noch das Klassifikationstheorem werden zur 'Herleitung' der globalen Gestalt der Gleichgewichtskonfiguration M_X von X benötigt.

(3) Unterstellt man die partielle Interpretation der zweiten Hypothese, so kennt man lediglich die Gestalten zweier Schnitte M_X^b der Gleichgewichtskonfiguration M_X von X, nämlich $M_X^{\bar{b}}$ und $M_X^{\hat{b}}$. Desweitern weiss man, dass M_X neben den regulären Gleichgewichtszuständen nur Falten- und Spitzenkatastrophen aufweisen kann. Dies folgt ja aus der ersten Hypothese in Verbindung mit dem Klassifikationstheorem (Folgerung 1).[68] Daraus darf man aber nicht schliessen, dass M_X genau eine Spitzenkatastrophe aufweist, so wie dies im Politik-Modell getan wird, denn man kann ohne weiteres eine Gleichgewichtskonfiguration angeben, die einerseits die partielle Interpretation der zweiten Hypothese befriedigt und andererseits mehrere Spitzenkatastrophen enthält. Ein Beispiel wäre z.B. die Gleichgewichtskonfiguration $M=\{(x,a,b)\varepsilon R^3 \mid x^5-\alpha x^3-bx-a\}$ mit $\alpha>0$, $\bar{b}<-\frac{9}{20}\alpha^2$ und $\hat{b}>0$, die einem Schnitt durch die Gleichgewichtskonfiguration der kanonischen Form der Schmetterlings-

katastrophe entspricht.[69]

Der zentrale Einwand von H.J. SUSSMANN und R.S. ZAHLER ist also an und für sich vollkommen berechtigt. Während jedoch die totale Interpretation der zweiten Hypothese nicht den Intentionen von C.A. ISNARD und E.C. ZEEMAN entspricht,[70] lässt sich die Lücke zwischen der partiellen Interpretation und der Folgerung des Politik-Modells (Folgerung 2) leicht schliessen.

Das grundlegende Problem, das dabei überwunden werden muss, besteht darin, dass das Klassifikationstheorem zwar bei jeder Stelle (a,b) des Definitionsbereichs eine Aussage über die lokale Gestalt der Korrespondenz $x^*(x^*,a,b)=0$ macht, diese lokalen Aussagen sich jedoch zu keiner globalen Aussage irgendwelcher Art integrieren lassen. Wegen dieser Integrationsproblematik sagt die Gestalt von M_X in einem bestimmten Bereich wie z.B. $M_X^{\bar{b}}$ und $M_X^{\hat{b}}$ nichts aus über die Gestalt von M_X in einem andern Bereich.[71] Insofern ist es durchaus richtig, wenn H.J. SUSSMANN und R.S. ZAHLER das Klassifikationstheorem als 'inherently uninformative' bezeichnen [72] und J. CROLL sich folgendermassen äussert: "Despite the attractive asymtotic classification that catastrophe theory affords, it can in no way provide information about anything that is not in one form or another already available."[73]

Das Klassifikationstheorem bzw. die erweiterte Komparativ-Statik vermag also wegen der Integrationsproblematik keine empirisch gehaltvollen Aussagen zu liefern. Daraus auf die Bedeutungslosigkeit dieser Methode zu schliessen, so wie dies H.J. SUSSMANN und

R.S. ZAHHLER zu tun geneigt sind, hiesse allerdings das Kind mit dem Bade ausschütten, denn auch die orthodoxe Komparativ-Statik liefert im allgemeinen keine empirisch gehaltvollen Aussagen. So wurde z.B. in Abschnitt 5.1.4 (Anmerkung 8) gezeigt, dass die orthodoxe komparativ-statische Analyse des Modells der individuellen Güternachfrage selbst mit Hilfe der Konvexitätsannahme zu keinen empirisch gehaltvollen Aussagen führt.

Wie überwindet nun der traditionelle, d.h. der auf der orthodoxen Komparativ-Statik aufbauende Ansatz dieses Problem? Zu einer empirisch gehaltvollen Aussage gelangt man offenbar erst dann, wenn man über die Konvexitätsannahme ($|\bar{H}|>0$) hinaus weitere Annahmen trifft. Diese beziehen sich - wenn man die partielle Nachfragefunktion $x^*=x^*_{\bar{p}}(Y)$ betrachtet - üblicherweise direkt auf den Multiplikator

$$\frac{\partial x^*_{\bar{p}}}{\partial Y} = (\frac{\partial^2 U}{\partial x \partial y} - \bar{p}\cdot\frac{\partial^2 U}{\partial y^2})(2\bar{p}\cdot\frac{\partial^2 U}{\partial x \partial y} - \frac{\partial^2 U}{\partial x^2} - \bar{p}^2\cdot\frac{\partial^2 U}{\partial y^2})^{-1}.$$

Unterstellt man z.B. $\frac{\partial x^*_{\bar{p}}}{\partial Y} < 0$, so ist $x^*=x^*_{\bar{p}}(Y)$ streng monoton fallend. In diesem Fall nennt man das betreffende Gut bekanntlich '<u>inferior</u>'. Die Aussage 'Gut X ist inferior' ist natürlich empirisch ungleich gehaltvoller als die ursprüngliche Aussage 'Die Engelsche Kurve entspricht einer Funktion'. Etwas weniger aussagekräftig, dafür aber in den meisten Fällen realistischer, ist die filgende Annahme, die $x^*=x^*_{\bar{p}}(Y)$ eine <u>Singularität</u> (relatives Maximum) aufzwingt: $Y \gtreqless Y_0 \rightarrow (\partial x^*_{\bar{p}}/\partial Y) \gtreqless 0$. Es ist ohne weiteres einsichtig, dass der empirische Gehalt einer derartigen Hypothese umgekehrt proportional ist zur Anzahl der Singularitäten von $x^*= x^*_{\bar{p}}(Y)$, die mit dieser Hypothese kompatibel sind.

Der traditionelle Ansatz gelangt also zu empirisch gehaltvollen Aussagen, indem er über die Grundstruktur (= Budgetrestriktion und Spezifikation der Nutzenfunktion) hinaus, das Modell der individuellen Güternachfrage mit zusätzlichen Annahmen versieht, die sich direkt auf die globale Gestalt der partiellen Nachfragefunktion $x^*=x_p^*(Y)$ beziehen. Dabei wird danach getrachtet, diese Annahmen erstens möglichst realistisch und zweitens möglichst einfach zu formulieren. Dieses ganz auf das Einfachheitskriterium ausgerichtete induktive Vorgehen entspricht einer ganz allgemeinen wissenschaftstheoretischen Maxime (OCCAM's Razor),[74] die z.B. von L. WITTGENSTEIN folgendermassen gefasst wird: "Der Vorgang der Induktion besteht darin, dass wir das e i n f a c h s t e Gesetz annehmen, das mit unseren Erfahrungen in Einklang zu bringen ist."[75] Der an und für sich arbiträre Einfachheitsbegriff bedarf natürlich noch einer Operationalisierung. Diese wird von K. POPPER geliefert, der den Begriff der Einfachheit mit dem des Falsifizierbarkeitsgrads bzw. mit dem des empirischen Gehalts identifiziert: "Einfachere Sätze sind (wenn wir "erkennen" wollen) deshalb höher zu werten als weniger einfache, weil sie m e h r s a g e n, weil ihr empirischer Gehalt grösser ist, weil sie besser überprüfbar sind."[76] Für die Annahme bezüglich der Gestalt der partiellen Nachfragefunktion $x^*=x_p^*(Y)$ bedeutet dies, dass man die Anzahl der Singularitäten auf das von der empirischen Evidenz vorgeschriebene Ausmass beschränkt. Man könnte in diesem Zusammenhang vom Prinzip der minimalen Singularität der traditionellen Modellierung sprechen.

Aus dieser Argumentation folgt natürlich unmittelbar, dass weder die Grundstruktur des betrachteten Modells, noch die eigentliche komparativ-statische Analyse zur Herleitung der "Modellfolgerungen" notwendig sind. Die Aussage des Modells ist ja identisch mit den zusätzlich getroffenen Annahmen. Es stellt sich daher sofort die Frage nach dem Sinn der komparativ-statischen Analyse der Grundstruktur des Modells. Es sind hier vor allem drei Beiträge der komparativ-statischen Analyse zu nennen.

(1) Die komparativ-statische Analyse der Grundstruktur des Modells der individuellen Güternachfrage liefert eine theoretische Legitimation der funktionalen, d.h. im topologischen Sinn linearen Modellierung des individuellen Konsumverhaltens.

(2) Die Grundstruktur des Modells beschreibt die wesentlichen Kausalzusammenhänge des betrachteten Systems, d.h. sie zeigt, wie die individuelle Nutzenfunktion, die Budgetrestriktion und das Konsumverhalten miteinander verknüpft sind.

(3) Mit Hilfe der komparativ-statischen Analyse lassen sich notwendige und/oder hinreichende Bedingungen formulieren, bei deren Befriedigung die aufgestellte Hypothese zutrifft. So ist z.B. die Bedingung $\frac{\partial^2 U}{\partial x \partial y} > 0$ im Modell der individuellen Güternachfrage hinreichend für die Superiorität und die Bedingung $\sup \{p\frac{\partial^2 U}{\partial y^2}, \frac{1}{2p}(\frac{\partial^2 U}{\partial x^2}+p^2\frac{\partial^2 U}{\partial y^2})\} > \frac{\partial^2 U}{\partial x \partial y} > \inf \{p\frac{\partial^2 U}{\partial y^2}, \frac{1}{2p}(\frac{\partial^2 U}{\partial x^2}+p^2\frac{\partial^2 U}{\partial y^2})\}$ hinreichend und notwendig für die Inferiorität des betrachteten Guts X.[77]

Nach diesem kurzen Exkurs in die Argumentationsweise des traditionellen Modellierungsansatzes, kann nun gezeigt werden, wie die auf der erweiterten komparativ-statischen Analyse aufbauende

Katastrophenmodellierung das ihr inhärente Integrationsproblem überwindet. Das Vorgehen ist nämlich ganz analog zu dem eben geschilderten, denn es fusst ebenfalls auf "OCCAM's razor". Das Vorgehen ist das folgende: Sind bei einem strukturell stabilen Gradientensystem verschiedene Potentialfunktionen bzw. Gleichgewichtskonfigurationen mit der Erfahrungswirklichkeit kompatibel, so wird die einfachste Potentialfunktion F bzw. die einfachste Gleichgewichtskonfiguration M_F als vorläufige Hypothese gewählt.

Die Operationalisierung des Einfachheitskriteriums muss dabei (wegen der topologischen Fundierung der elementaren Katastrophentheorie) komsequenterweise bei den topologischen Eigenschaften von F bzw. M_F ansetzen und nicht etwa bei den qualitativen Eigenschaften im ordinalen Sinn, so wie dies bei der traditionellen Modellierung der Fall war. Da die topologischen Eigenschaften von Funktionen von deren Singularitätsstrukturen abhängen,[78] bedeutet dies, dass auch bei der Katastrophenmodellierung ein Prinzip der minimalen Singularität zum Einsatz gelangt. Im Gegensatz zum traditionellen Ansatz sind aber hier die Singularitäten der Potentialfunktion F gemeint und nicht etwa die Singularitäten der Gleichgewichtskonfiguration M_F. Auf M_F übertragen, bedeutet das Prinzip der minimalen Singularität vielmehr, dass die Anzahl der Katastrophen auf ein Minimum reduziert werden soll. Ganz analog zur traditionellen Argumentation kann auch hier die Anwendung des Prinzips der minimalen Singularität mit Hilfe des POPPERschen Falsifizierbarkeitskriteriums legitimiert werden. In diesem Sinn äussern sich auch T. POSTON und I. STEWART, die das Prinzip der minimalen Singularität erstmals ad hoc formuliert haben.[79,80]

"One good reason for applying the principle is that, if attempts to fit data start to fill [M_F] with a intricate lacework of folds and cusps, then it would probably be better to look for another model, perhaps a stochastic one... [Any] set of data can be fitted by a surface with a large number of cusps and folds to any desired accuracy. A surface with few cusps, in line with the minimal singularity principle, cannot approximate an arbitrary surface, so a fit to data becomes a meaningful test."[81,82]

Welche Konsequenzen ergeben sich nun aus dem Prinzip der minimalen Singularität für das Politik-Modell von C.A. ISNARD und E.C. ZEEMAN? In Abschnitt 5.2.1 wurde aus der Grundstruktur (Hypothese 1) des Politik-Modells eine erste Folgerung gezogen (Folgerung 1). Diese besagt, dass die Gleichgewichtskonfiguration M_Y des Modells neben den regulären Gleichgewichtszuständen nur Falten- und Spitzenkatastrophen enthalten kann. Da diese Folgerung nicht falsifizierbar bzw. empirisch gehaltlos ist, wurde in Abschnitt 5.2.2 die Grundstruktur um einige zusätzliche Hypothesen erweitert (Hypothese 2). Mit Hilfe dieser zusätzlichen Hypothesen darf man nun zwar noch nicht auf eine <u>einzige</u> Spitzenkatastrophe schliessen; dies wurde zu Beginn dieses Abschnitts gezeigt. Aber es ist aus Hypothese 2 unmittelbar ersichtlich, dass M_Y <u>mindestens</u> eine Spitzenkatastrophe aufweist.[83] Aus dem Prinzip der minimalen Singularität, das man als <u>Hypothese 3</u> des Politik-Modells auffassen kann, folgt nun aber, dass M_Y <u>genau</u> eine Spitzenkatastrophe aufweist, deren Lage Hypothese 2 determiniert (Folgerung 2).

HYPOTHESE 1 (Hypothesen 1.1 bis 1.5 bzw. Grundstruktur) → FOLGERUNG 1 (M_y enthält neben den regulären Punkten nur Falten und Spitzen.)

↓

HYPOTHESE 2 (Hypothesen 2.1 bis 2.4 bzw. zusätzliche Hypothesen) → M_y enthält mindestens eine Spitzenkatastrophe.

HYPOTHESE 3 (Prinzip der minimalen Singularität)

} → FOLGERUNG 2 (a ist ein Normalfaktor und b ein Spaltfaktor bez. x*.)

Es zeigt sich somit, dass die in Abschnitt 5.2.2 formulierten zusätzlichen Hypothesen (Hypothese 2) zwei Funktionen erfüllen. Erstens lässt sich daraus folgern, dass M_y mindestens eine Spitzenkatastrophe aufweist und zweitens determinieren diese zusätzlichen Hypothesen die Lage der Katastrophenmenge K_y im Parameterraum $\{(a,b)\}=R^2$, wenn man von genau einer Spitzenkatastrophe in M_y ausgehen darf. Aus den zusätzlichen Hypothesen kann man jedoch nicht auf genau eine Spitzenkatastrophe in M_y schliessen. Dies gelingt erst dann, wenn man das Prinzip der minimalen Singularität unterstellt. In den zusätzlichen Hypothesen wird somit die für das Politik-Modell relevante Erfahrungswirklichkeit konzis zusammengefasst. Das Prinzip der minimalen Singularität hat dann die Aufgabe, von dieser Erfahrungswirklichkeit auf eine empirisch möglichst gehaltvolle Aussage zu schliessen.

Bei einer abschliessenden Beurteilung der formalen Argumentation der von der erweiterten komparativ-statischen Analyse ausgehenden

Katastrophenmodellierung kann man folgende drei Ergebnisse festhalten. Man beachte dabei die Analogie zum traditionellen Modellierungsansatz, der auf der orthodoxen komparativ-statischen Analyse aufbaut.[84]

(1) Ein Katastrophenmodell, das nichtlokale Aussagen anstrebt, muss implizit oder explizit mit einem Einfachheitskriterium (Prinzip der minimalen Singularität) arbeiten. Die vom topologischen Standpunkt aus gesehen einfachsten Gleichgewichtskonfigurationen sind diejenigen, die keine singulären Gleichgewichtszustände (Katastrophen) enthalten. Deise Gleichgewichtskonfigurationen lassen sich mit Hilfe eines geeigneten Koordinatenwechsels linearisieren und gleichen somit aus der Sicht der Topologie (Hyper) Ebenen. Die Gleichgewichtskonfigurationen aller traditionellen Modelle sind von dieser Art. Die Konvexitätsannahme im Modell der individuellen Güternachfrage kann somit als die elementarste Ausprägung des topologischen Prinzips der minimalen Singularität aufgefasst werden.

Die eigentlichen Katastrophenmodelle weisen demgegenüber Gleichgewichtskonfigurationen auf, die durch keinen Koordinatenwechsel linearisiert werden können. Die einfachsten derartigen Gleichgewichtskonfigurationen werden durch die kanonischen Formen der Elementarkatastrophen beschrieben. Ein erster Beitrag der erweiterten komparativ-statischen Analyse bzw. der Katastrophenmodellierung besteht also darin zu zeigen, auf welchen Grundformen die Modellierung eines Phänomens aufbauen kann, wenn die traditionellen 'linearen' Techniken versagen.

Es ist leicht einzusehen, dass das topologische Prinzip der minimalen Singularität allein zu keinen empirisch gehaltvollen Aussagen führen kann. Dass dem so ist, ergibt sich allein schon aus der empirischen Gehaltlosigkeit des traditionellen Modells der individuellen Güternachfrage, das ja implizit mit der schärfsten Form des topologischen Prinzips der minimalen Singularität arbeitet (Konvexitätsannahme). Zu empirisch gehaltvollen Aussagen gelangt man erst dann, wenn das ordinale Prinzip der minimalen Singularität ebenfalls berücksichtigt wird.

(2) Bei rudimentären Katastrophenmodellen wird definitionsgemäss von jeglicher Modellstruktur abstrahiert. Diese Modelle, die eigentlich nur aus einer Finalgleichung von der Form $x^*(x^*,a)=0$ bestehen, kann man somit als reine Beschreibungsmodelle charakterisieren.[85] Demgegenüber kennt man im Prinzip die Strukturen vollständiger Katastrophenmodelle. Sie bestehen bei ökonomischen Modellen im allgemeinen aus einer Zielfunktion $F'=F'(x)$ und einer oder mehrerer Nebenbedingungen $f_i(x,a)=0$. Die Strukturgleichungen F' und f_i sind aber so schwach spezifiziert, dass sie der Realität keinerlei Restriktionen auferlegen. Um trotzdem zu einem empirisch gehaltvollen Modellverhalten zu gelangen, unterstellt man ganz analog zur rudimentären Katastrophenmodellierung direkt ein auf den Elementarkatastrophen aufbauendes Verhalten, das die Erfahrungswirklichkeit entsprechend Punkt (1) möglichst einfach abbildet.

Der zentrale zweite Beitrag der Katastrophenmodellierung besteht somit in der konzisen formalen Beschreibung ökonomischer Phänomene, die nicht mit Hilfe des traditionellen linearen Ansatzes abgebildet werden können. Im Gegensatz zu den rudimentären Katastrophenmodellen besitzen die vollständigen Katastrophenmodelle aber einen gewissen Erklärungsgehalt, denn das unterstellte Modellverhalten lässt sich immer als Ergebnis einer bestimmten Spezifikation der explizit eingeführten Struktur des Modells interpretieren.

(3) Wenn man den letzten Gedanken konsequent weiter verfolgt, so kann man natürlich versuchen, die Spezifikation der Strukturgleichungen eines vollständigen Katastrophenmodells derart zu komplettieren, dass daraus das unterstellte Modellverhalten unausweichlich folgt. Dieses Vorgehen entspricht denn auch genau dem Entstehungsprozess von Modellen, deren Ziel es ist, Erklärungen für bestimmte ökonomische Phänomene zu liefern, d.h. Kausalzusammenhänge aufzudecken.[86] Die erweiterte komparativ-statische Analyse bzw. die Katastrophenmodellierung trägt somit drittens und letztens dazu bei, Bedingungen zu formulieren, bei deren Befriedigung das unterstellte Modellverhalten auftritt.[87] Die Konstruktion und vor allem die Analyse derartiger 'Erklärungsmodelle' ist aber nicht Gegenstand der Katastrophenmodellierung sondern der Katastrophenanalyse, auf die in Abschnitt 5.4 eingegangen wird.

5.3.2. DIE MODELLANNAHMEN

Die Kritik von H.J. SUSSMANN und R.S. ZAHLER an den Annahmen des Politik-Modells von C.A. ISNARD und E.C. ZEEMAN konzentriert sich hauptsächlich auf die in Abschnitt 5.2.1.2 formulierte Hypothese 2.1. Die entsprechende Passage liest sich wie folgt.

> "There is no doubt that Hypothesis [2.2] is quite reasonable. Let us examine why. If a country is under 'moderate threat', then there will be some people that will want to take action and go to war, while others will oppose it. One thing nobody will want - except for traitors and suicides - is to go to war but with such a small military force that the enemy will surely crush it... In other words, you either want war or not, but if you want it, then you want to make the minimum necessary effort. This is why public opinion is polarized. But, once this is seen, we realize that the cost has little to do with the polarization. The reasons we just gave apply equally well whether the cost is high or low. War vs. no war is a discrete set of alternatives. So Hypothesis [2.1], which postulates a unified public opinion, collapses." [88]

Gemäss dieser Argumentation kann die endogene Variable x des Politik-Modells sinnvollerweise nur zwei Werte annehmen, nämlich x^F (Frieden) und x^K (Krieg). Die in der Realität beobachtbaren diskontinuierlichen Uebergänge vom einen Zustand zum andern (Kriegsausbrüche, Friedensschlüsse), haben somit nichts mit den vom Politik-Modell erzeugten Diskontinuitäten zu tun. Diese sind vielmehr auf den <u>dichotomischen</u> Charakter von x zurückzuführen. Dies bedeutet, dass das im Politik-Modell betrachtete, konkrete Instrumentarium mit dem katastrophentheoretischen Ansatz eigentlich nicht kompatibel ist, denn dieser beschäftigt sich ja ausschliesslich mit <u>nicht-diskreten</u> Variablen.[89]

Man kann natürlich aus diskreten Variablen kontinuierliche Variablen generieren, indem man die diskreten Ereignisse mit Wahrscheinlichkeiten verknüpft. So arbeitet z.B. H. NURMI in seinem Prisoner's Dilemma Modell nicht mit der zweiwertigen Kooperationsvariablen, sondern mit der kontinuierlichen Variablen p, d.h. mit der Auftretenswahrscheinlichkeit der Kooperationslösung. Beim Politik-Modell ist ein derartiger Kunstgriff allerdings nicht möglich, denn die Wähler äussern ihre Präferenzen sicher nicht bezüglich der Wahrscheinlichkeit einer kriegerischen Auseinandersetzung. In diesem Zusammenhang kann nur die effektiv verfolgte Politik eine Rolle spielen.

Was bedeutet nun die Kritik an Hypothese 2.1 für das Politik-Modell im speziellen und für die Katastrophenmodellierung im allgemeinen? Es drängen sich vor allem zwei Bemerkungen auf.

1. Es spricht sicher einiges für den von H.J. SUSSMANN und R.S. ZAHLER erhobenen Einwand. Der tiefere Grund dafür dürfte darin zu suchen sein, dass es sich bei der betrachteten Situation nicht eigentlich um ein Optimierungsproblem handelt, bei dem der Entscheidungsträger alle Variablen kontrollieren kann, sondern viel eher um eine spieltheoretische Situation. Deswegen jedoch den Ansatz des Politik-Modells als solchen zu verwerfen, wäre verfehlt, denn die oben geschilderten Einwände kann man ohne weiteres umgehen, wenn man eine zwar weniger spektakuläre, dafür aber wirklich kontinuierliche 'Politikvariable' x betrachtet.[90] Darüber hinaus enthält das Politik-Modell einige Ideen, die sich für die ökonomische Theorie der Politik durchaus als fruchtbar erweisen könnten. Zu nennen sind hier vor allem die Berücksichtigung gewisser Regierungspolitiken als erklärende Variablen der Populari-

tätsfunktion,[91] sowie natürlich die Einführung multimodaler Popularitätsfunktionen bzw. diskontinuierlicher Politikänderungen.

2. Wie immer man das Politik-Modell von C.A. ISNARD und E.C. ZEEMAN bzw. die verschiedenen bisher publizierten sozialwissenschaftlichen Katastrophenmodelle auch einschätzen mag, aus der Qualität dieser Modelle lassen sich keine negativen Rückschlüsse auf die potentielle Leistungsfähigkeit der Katastrophenmodellierung ziehen. Man muss sich nämlich immer vor Augen halten, dass es sich bei der Katastrophenmodellierung um eine formale Methode handelt, die nur in Verbindung mit vernünftigen realwissenschaftlichen Annahmen zu sinnvollen Ergebnissen gelangen kann. Der Formalismus allein, so fruchtbar er für die Oekonomie auch sein mag, kann nie den ökonomischen Sachverstand ersetzen. Es ist deshalb verfehlt, aufgrund angeblicher Mängel verschiedener sozialwissenschaftlicher Katastrophenmodelle die Nützlichkeit der Katastrophenmodellierung für die Sozialwissenschaften an und für sich zu bestreiten, zumal die meisten sozialwissenschaftlichen Katastrophenmodelle bisher eher als Illustrationen der Methode, denn als ernstafte Anwendungen konzipiert wurden.

5.3.3. DIE EMPIRISCHE UEBERPRUEFBARKEIT

Die in Abschnitt 5.2 dargestellte Katastrophenmodellierung geht - ob es sich nun um ein vollständiges oder rudimentäres Katastrophenmodell handelt - von verschiedenen unüberprüfbaren Annahmen aus. Das zu beschreibende Phänomen wird immer als ein Gradientensystem interpretiert, dessen (strukturell stabile) Potentialfunktion F entweder unbekannt oder nicht spezifiziert ist. Desweitern wird ein möglichst einfaches Systemverhalten und im allgemeinen eine sofortige Anpassung unterstellt. Diese Annahmen führen gemäss Klassifikationstheorem zu einer Gleichgewichtskonfiguration, die - zusammen mit einer bestimmten Optimierungsregel - das Modellverhalten vollständig beschreibt.

> "Voices are sometimes raised against this procedure, on the grounds that the force holding us to the catastrophe manifold is unspecified; the same voices, mutatis mutandis, that objected to the unexplained force acting at a distance in Newton's model of gravity. It is quite legitimate to say, with Newton, 'hypotheses non fingo' and proceed to test the model. One may still hope for an improved theory that explains the forces in more detail, as General Relativity does for gravitation, but it is pointless to make it a requirement. (No one asks for the potential which holds social systems to the planes and hyperplanes so diligently sought by current numerical sociology...)"[92]

Dieses Zitat von T. POSTON und I. STEWART macht deutlich, dass jedes Katastrophenmodell, das mehr sein will als eine rein heuristische Konstruktion, einer <u>empirischen Ueberprüfung</u> unterzogen werden muss.[93] Diese positivistische Einstellung geht auf E.C. ZEEMAN zurück,[94] von dem die folgende Aeusserung stammt: "If catastrophe theory is going to be of any use in the human sciences, then its models must not only offer qualitative insight but must also be susceptible to quantitative testing."[95] Bei der empirischen Ueberprüfung bzw. Quantifizierung von sozialwissenschaftlichen Katastrophenmodellen treten allerdings regelmässig erhebliche technische Schwierigkeiten auf.

Die Quantifizierungsprobleme sind darauf zurückzuführen, dass sich soziale Systeme im allgemeinen nicht von ihrer Umwelt isolieren lassen: Sozialwissenschaften sind Beaobachtungswissenschaften. Dies bedeutet, dass man es im Gegensatz zu den Experimentalwissenschaften jeweils mit einer grossen Anzahl von exogenen Einflussfaktoren zu tun hat. Dabei liegt das Problem nicht einmal so sehr darin, dass das Klassifikationstheorem nur Aussagen über Systeme mit weniger als sechs Parametern macht. [Es brauchen ja nicht unbedingt alle Parameter im katastrophentheoretischen Sinn "wesentlich" zu sein. Im Gegenteil: Der Umstand, dass die mathematische Wirtschaftstheorie bis anhin praktisch ausschliesslich auf der untersten katastrophentheoretischen Ebene (keine Katastrophen) operiert hat, weist darauf hin, dass schon die Einbeziehung der ersten vier Elementarkatastrophen (Falte, Spitze, Schwalbenschwanz und Schmetterling) einer erheblichen methodologischen Erweiterung gleichkommt.] Das zentrale Problem besteht vielmehr in der Identifikation und Quantifizierung der relevanten exogenen Einflussfaktoren.[96]

Ein analoges Problem stellt sich im Prinzip natürlich auch bei den traditionellen, d.h. im topologischen Sinn linearen Modellen. Im Gegensatz zur eigentlichen Katastrophenmodellierung existieren jedoch für derartige Modelle ausgearbeitete ökonometrische Schätzverfahren und Testkriterien. Darüber hinaus müssen an die Datenbasen 'linearer' Modelle vergleichsweise weit weniger hohe Anforderungen gestellt werden, da die traditionellen Schätzfunktionen spezieller sind als die "Schätzkorrespondenzen", die aus der Katastrophenmodellierung hervorgehen.[97]

Dieser Sachverhalt impliziert offensichtlich ein schwerwiegendes Dilemma, das von T. POSTON und I. STEWART folgendermassen beschrieben wird:

> "The s t a b l y nonlinear behaviour of catastrophe phenomena, which no reparametrisation or small adjustment can change, points up the absurdity of the simplifying assumptions like linearity or convexity used in most socio-mathematical modelling ... but often increases the data requirements beyond even the presently unattainable needs of the current improbably simple models."[98]

Es ginge aber sicher zu weit, wegen der Quantifizierungsschwierigkeiten vorderhand auf jegliche Katastrophenmodellierung im Bereich der Sozialwissenschaften zu verzichten. So hat sich ja auch die klassische Oekonomie nicht davon abhalten lassen, funktionale Zusammenhänge zu postulieren, bevor R. FRISCH und J. TINBERGEN in der 30er und T.HAAVELMO anfangs der 40er Jahre die wissenschaftliche Basis zur Quantifizierung ('linearer') ökonomischer Beziehungen legten und bevor in den 60er Jahren die elektronische Datenverarbeitung eine wirkliche Quantifizierung derartiger Beziehungen überhaupt erst ermöglichte.

Trotz der beschriebenen Schwierigkeiten sind auch schon verschiedene sozialwissenschaftliche Katastrophenmodelle einer empirischen Ueberprüfung unterzogen worden. Es handelt sich dabei allerdings durchwegs um Falten- bzw. Spitzenmodelle, die nur eine bzw. zwei exogene Variablen aufweisen. Darüber hinaus sind die verwendeten statistischen Methoden äusserst primitiv im Vergleich zu den fortgeschrittenen ökonometrischen Methoden, die bei der empirischen Ueberprüfung bzw. Quantifizierung traditioneller, linearer Modelle zur Verfügung stehen. Zu nennen sind hier vor allem die folgenden Arbeiten:[99] ZEEMAN, et al. (1976), ZEEMAN (1976a),[100] JIOBU/LUNDGREN (1978), BLASE (1979), MENSCH, et al. (1980) und OLIVA, et al. (1981).

Zusammenfassend kann man also festhalten, dass bei der topologisch fundierten Katastrophenmodellierung immer eine empirische Ueberpüfung bzw. Quantifizierung der aufgestellten Hypothese anzustreben ist. Die weitverbreitete Ansicht, dass es sich bei der elementaren Katastrophentheorie um eine rein qualitative Theorie handelt, die zu keinen empirisch überprüfbaren Anwendungen Anlass geben kann, ist ebenso verfehlt wie die kategorische Forderung nach einer theoretischen Untermauerung der den jeweiligen Katastrophenmodellen zugrunde liegenden Potentialfunktionen. Die Katastrophenmodellierung muss vielmehr als eine ebenso natürliche wie auch unumgängliche Erweiterung der traditionellen linearen Modellierung aufgefasst werden. Diese Methode wird allerdings erst dann ihre ganze Leistungsfähigkeit entfalten können, wenn es gelingt, Verfahren zur Quantifizierung von Katastrophenmodellen zu entwikkeln, die mit den traditionellen statistisch-ökonometrischen Techniken vergleichbar sind.

5.4. DIE KATASTROPHENANALYSE

Die in den beiden vorhergehenden Abschnitten vorgestellte Katastrophenmodellierung beschäftigt sich mit Phänomenen, die - als dynamische Systeme interpretiert - ein Verhalten aufweisen, das die Existenz einer oder mehrerer Katastrophen vermuten lässt. Die Katastrophenmodellierung unterstellt explizit oder implizit, dass der Fluss des jeweiligen dynamischen Systems von einer Potentialfunktion geleitet wird. Die Potentialfunktion ist aber entweder unbekannt (rudimentäre Katastrophenmodelle) oder zu schwach spezifiziert, um zu einem empirisch gehaltvollen Modellverhalten Anlass geben zu können (vollständige Katastrophenmodelle). Es wird deshalb direkt ein geeignetes Modellverhalten unterstellt, das auf den kanonischen Formen der Elementarkatastrophen aufbaut. Ausgehend von einer derartigen konzisen Beschreibung des Modellverhaltens kann man dann eventuell dazu übergehen, eine Erklärung dieses Verhaltens zu suchen, d.h. die dem System zugrunde liegende Dynamik abzubilden. Bei rudimentären Katastrophenmodellen steht dabei das Auffinden der dem betrachteten System inhärenten Potentialfunktion im Vordergrund. Bei vollständigen Katastrophenmodellen kann man danach trachten, die Potentialfunktionen bzw. die Strukturgleichungen weiter zu spezifizieren.[101] Diese Art der Anwendung der elementaren Katastrophentheorie nennt R. THOM den 'metaphysischen Weg'. Neben dem 'metaphysischen Weg' kann auch der sogenannte 'physische Weg', der R. THOM allerdings weit weniger vielversprechend erscheint, eingeschlagen werden.[102]

Diese zweite Art der Anwendung der Katastrophentheorie, die man nach T.J. FARARO vielleicht besser mit Katastrophenanalyse bezeichnet,[103] versucht - wiederum von einem bestimmten Phänomen ausgehend - direkt ein passendes dynamisches System $\dot{x} = X(x,a)$ zu modellieren. Die Analyse des Verhaltens eines derart wohlspezifizierten Modells beinhaltet herkömmlicherweise (a) eine dynamische Stabilitätsanalyse und (b) eine komparativ-statische Analyse. Die Katastrophenanalyse untersucht nun darüber hinaus auch (c) die strukturellen Stabilitätseigenschaften des Systems und verwendet dabei die in der mathematischen Katastrophentheorie entwickelten Konzeptionen und, wenn nötig, das Klassifikationstheorem. Im wesentlichen versucht die Katastrophenanalyse die Katastrophenmenge $K_X = \{a \varepsilon R^k | \, X(x,a) = |J^X| = 0\}$ ausfindig zu machen.

Das folgende Zitat von T.J. FARARO fasst diese Ausführungen zusammen.[104]

> "In brief, in catastrophe analysis we move from a phenomenon to a specific dynamic system... and to a complete analysis includig the examination of catastrophe points as one component. In catastrophe model building we move from a phenomenon to a model based directly on the canonical forms of elementary catastrophes."

Es ist klar, dass die Katastrophenanalyse den ehrgeizigeren und wissenschaftlich befriedigenderen Weg beschreitet als die Katastrophenmodellierung. Dies ist darum so, weil sie im Gegensatz zur Katastrophenmodellierung nicht bloss eine Beschreibung, sondern darüber hinaus auch eine Erklärung eines Phänomens zu liefern vermag. Desweitern ist sie nicht auf Gradientensysteme beschränkt, da sie ja z.B. bei parametrisch spezifizierten Modellen nicht mit dem Klassifikationstheorem argumentieren muss. Der Nachteil diese Ansatzes liegt natürlich darin, dass es oft nicht möglich ist, die einem System zugrunde liegende Dynamik vollständig in den Griff zu bekommen.

Die Unterscheidung zwischen Katastrophenmodellierung und Katastrophenanalyse ist allerdings etwas arbiträr, denn die Aussage des Klassifikationstheorems ist durchaus geeignet, die Modellierung der einem System zugrunde liegenden Dynamik zu beeinflussen. So schreibt denn auch T.J. FARARO: "The two approaches shade into each other... Hence, the distinction is useful in initial explication but should not be regarded as rigid."[105]

Im folgenden wird in Abschnitt 5.4.1 das 'Ausbeutungsmodell' von A. RAPOPORT[106] einer Katastrophenanalyse unterzogen.[107] Damit soll gezeigt werden, inwiefern diese Methode die herkömmliche Modellanalyse zu bereichern vermag. In Abschnitt 5.4.2 wird dann das Konjunkturmodell von H.R. VARIAN vorgestellt.[108] Dieses Modell ist sehr gut geeignet, den Zusammenhang, der zwischen dem Klassifikationstheorem und der Modellierung eines 'Erklärungsmodells' bestehen kann, zu veranschaulichen. Das Klassifikationstheorem wird zwar bei der Modellierung nicht direkt verwendet, aber es macht klar, dass (1) diese Art der Modellierung einer natürlichen Erweiterung des linearen Modellierungsansatzes entspricht und dass (2) die dem Modell inhärenten Katastrophen strukturell stabil sind bzw. in der Dimension des Modells typische Phänomene darstellen. Darüber hinaus kann anhand des Konjunkturmodells von H.R. VARIAN die Interaktion von zwei verschiedenen dynamischen Ebenen im Rahmen eines Katastrophenmodells demonstriert werden.[109]

5.4.1. DAS AUSBEUTUNGSMODELL VON A. RAPOPORT

Das Ausbeutungsmodell von A. RAPOPORT betrachtet zwei Wirtschaftssubjekte A und B. A produziert das Gut X und B das Gut Y. Beide Wirtschaftssubjekte sind dazu verpflichtet, einen gewissen, exogen vorgegebenen Anteil q ($0 \leq q \leq 1$) ihrer Produktion dem Mitspieler zukommen zu lassen. Bezeichnet man die Mengen der produzierten Güter mit x und y, so verfügt also A über das Güterbündel $((1-q)x, qy) = (px,qy)$ und B über das Güterbündel (qx,py).

Da die Produktion mit Mühsal verbunden ist, hängt A's bzw. B's Wohlergehen u_A bzw. u_B neben dem konsumierten Güterbündel auch von der Höhe x bzw. y der Produktion ab: $u_A = u_A(px,qy,x)$ mit $\partial u_A/\partial px$ und $\partial u_A/\partial qy > 0$ und $\partial u_A/\partial x < 0$ bzw. $u_B = u_B(qx,py,y)$ mit $\partial u_B/\partial qx$ und $\partial u_B/\partial py > 0$ und $\partial u_B/\partial y < 0$. A. RAPOPORT geht nun davon aus, dass der Güterkonsum mit abnehmendem Grenznutzen verbunden ist, die Arbeit jedoch ein konstantes Grenzopfer zur Folge hat ($\partial^2 u_A/\partial px^2$, $\partial^2 u_A/\partial qy^2$, $\partial^2 u_B/\partial qx^2$, $\partial^2 u_B/\partial py^2 < 0$; $\partial^2 u_A/\partial x^2 = \partial^2 u_B/\partial y^2 = 0$). Die beiden folgenden, parametrisch spezifizierten Nutzenfunktionen u_A und u_B erfüllen diese Bedingungen:

$$u_A(x,y) = \log(1 + px + qy) - \beta x, \qquad \beta > 0$$
$$u_B(x,y) = \log(1 + qx + py) - \beta y.$$

Die Austauschrelation q kann von den beiden Wirtschaftssubjekten annahmegemäss nicht kontrolliert werden. Ihr Handlungsspielraum beschränkt sich somit auf die Bestimmung der jeweiligen Gütermengen. Geht man von einem Nutzenmaximierungsverhalten beider Akteure aus, so gelangt man zu den folgenden Verhaltensgleichungen:[110]

$$\dot{x} = \frac{dx}{dt} = \frac{1}{\varepsilon}\frac{\partial u_A}{\partial x} = \frac{1}{\varepsilon}\left(\frac{p}{1+px+qy} - \beta\right), \qquad \beta>0$$

$$\dot{y} = \frac{dy}{dt} = \frac{1}{\varepsilon}\frac{\partial u_B}{\partial y} = \frac{1}{\varepsilon}\left(\frac{p}{1+qx+py} - \beta\right).$$

Die Gleichgewichtsbedingungen $\dot{x}(x,y)=0$ und $\dot{y}(x,y)=0$ des dynamischen Systems $(\dot{x},\dot{y}) = X(x,y,p,\beta)$,[111] das durch diese beiden nichtlinearen Differentialgleichungen definiert wird, sind linear. Es gilt nämlich

$$\dot{x}=0 \rightarrow y = \frac{p-\beta}{q\beta} - \frac{p}{q}x \quad \text{und}$$

$$\dot{y}=0 \rightarrow y = \frac{p-\beta}{p\beta} - \frac{q}{p}x.$$

Dies bedeutet, dass es normalerweise (d.h. bei $q \neq p$ bzw. $p \neq \frac{1}{2}$) genau einen Gleichgewichtszustand (x^*,y^*) gibt. Wie leicht nachzuprüfen ist, gilt $x^*=y^*= \frac{p}{\beta} - 1$. Wegen der Nebenbedingungen $x \geq 0$ und $y \geq 0$ muss natürlich $p \geq \beta$ erfüllt sein, damit der Gleichgewichtszustand (x^*,y^*) im zulässigen Bereich liegt.

Aus den in den Abbildungen 5.14 (a) und (b) wiedergegebenen Phasendiagrammen wird nun auf intuitive Weise klar, dass der Gleichgewichtszustand (x^*,y^*) genau dann dynamisch stabil ist, wenn $p>q$ gilt.[112] Ist (x^*,y^*) dynamisch instabil, so hängt das langfristige Systemverhalten von der Anfangsbedingung (x_0,y_0) ab. Wie man anhand von Abbildung 5.14 (b) nämlich leicht einsieht, gelten die Beziehungen

$$x_0<y_0 \rightarrow \lim_{t\to\infty} (x,y) = \left(0,\frac{1}{\beta} - \frac{1}{p}\right) \quad \text{und}$$

$$x_0>y_0 \rightarrow \lim_{t\to\infty} (x,y) = \left(\frac{1}{\beta} - \frac{1}{p},0\right).$$

Die sich langfristig ergebenden Systemzustände $(0,\frac{1}{\beta} - \frac{1}{p})$ und $(\frac{1}{\beta} - \frac{1}{p},0)$ stellen (lokal) dynamisch stabile Randgleichgewichte

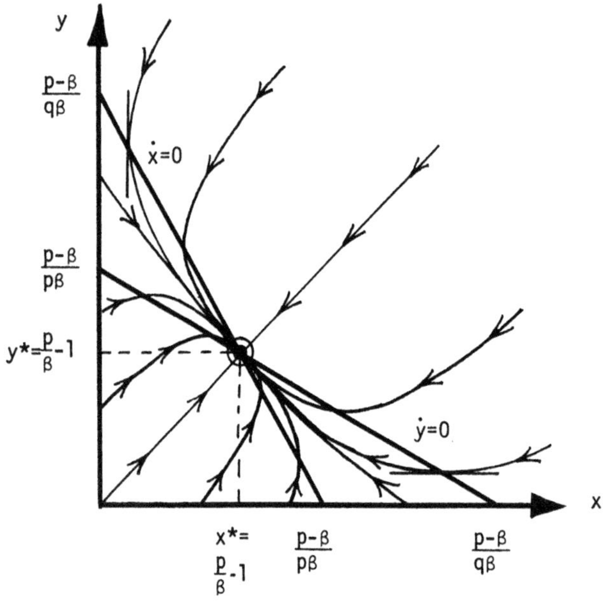

Abbildung 5.14 (a)

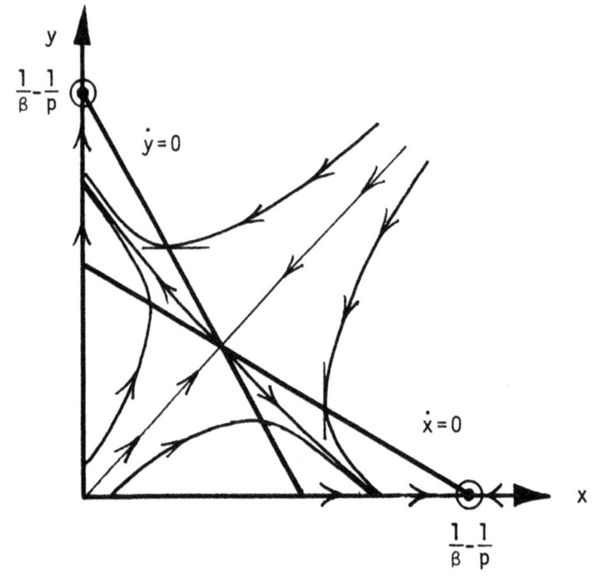

Abbildung 5.14 (b)

dar. Inhaltlich beschreibt A. RAPOPORT diese Gleichgewichtszustände aus naheliegenden Gründen als '<u>Ausbeutungsergebnisse</u>'. Demgegenüber bezeichnet er den (global) dynamisch stabilen Gleichgewichtszustand $(x^*,y^*) = (\frac{p}{\beta} - 1, \frac{p}{\beta} - 1)$ als '<u>kooperatives Ergebnis</u>'.

Interessanterweise beendet A. RAPOPORT die eigentliche Untersuchung des Modellverhaltens mit der <u>dynamischen Stabilitätsanalyse</u>, d.h. mit der Herleitung des Kooperations- und Ausbeutungsergebnisses. Von Parameteränderungen und deren Auswirkungen auf das Systemverhalten wird weitgehend abstrahiert. Die hergeleiteten Gleichgewichtszustände werden also nicht, so wie dies bei derartigen Modellen üblich ist, einer komparativ-statischen Analyse (marginale Parameteränderungen !) unterzogen. Erst recht nicht untersucht werden die Auswirkungen nicht-marginaler Parameteränderungen, denn dies kann nur im Rahmen einer <u>strukturellen Stabilitätsanalyse</u> geschehen, d.h. es muss die Katastrophenmenge bestimmt werden.

Die <u>Katastrophenmenge</u> K_X des dynamischen Systems X ist folgendermassen definiert: $K_X = \{(p,\beta)\varepsilon[0,1]\times R^+ \mid X(x,y,p,\beta) = |J^X| = 0\}$.
Daraus folgt unmittelbar $K_X = \{(p,\beta) \mid p=\frac{1}{2}\}$, denn es gilt

$$|J^X| = \begin{vmatrix} \frac{\partial\dot{x}}{\partial x} & \frac{\partial\dot{x}}{\partial y} \\ \frac{\partial\dot{y}}{\partial x} & \frac{\partial\dot{y}}{\partial y} \end{vmatrix} = \begin{vmatrix} \frac{-p^2}{\varepsilon(1+px+qy)^2} & \frac{-pq}{\varepsilon(1+px+qy)^2} \\ \frac{-pq}{\varepsilon(1+qx+py)^2} & \frac{-p^2}{\varepsilon(1+qx+py)^2} \end{vmatrix} =$$

$$= \frac{p^4-p^2q^2}{\varepsilon^2(1+px+qy)^2(1+qx+py)^2} = \frac{p^2(p^2-q^2)}{\varepsilon^2(1+px+qy)^2(1+qx+py)^2} = 0$$

$$\rightarrow p^2 - q^2 = 0 \quad \rightarrow \quad p = q = 1-p \quad \rightarrow \quad p = 1/2.$$

Die Menge K_X ist nun aber <u>nicht</u> identisch mit der Katastrophenmenge des Ausbeutungsmodells, denn die Nebenbedingungen $x \geq 0$ und $y \geq 0$ wurden bisher noch nicht berücksichtigt. Diese Nebenbedingungen sind aber genau dann von entscheidender Bedeutung, wenn der Gleichgewichtszustand $(x^*, y^*) = (\frac{p}{\beta} - 1, \frac{p}{\beta} - 1)$ nicht im zulässigen Bereich liegt, wenn also $p < \beta$ gilt. Aus den Bestimmungsgleichungen für $\dot{x}$ und $\dot{y}$ ist ohne weiteres ersichtlich, dass in diesen Fällen $\dot{x} < 0$ und $\dot{y} < 0$ gilt und der Systemzustand $(x, y) = (0,0)$ somit ein (global) dynamisch stabiles Randgleichgewicht darstellt. Dies bedeutet, dass die Menge $\{(p, \beta) \varepsilon [0,1] \times R^+ \mid p = \beta\}$ zur Katastrophenmenge K des Ausbeutungsmodells gehört. Nicht in K enthalten ist jedoch $\{(p, \beta) \mid p = 1/2 \text{ und } \beta > 1/2\} \subset K_X$, weil bei allen Parameterkonstellationen (p, β) mit $p < \beta$ überhaupt nichts produziert wird. Die in Abbildung 5.15 wiedergegebene Katastrophenmenge K des Ausbeutungsmodells von A. RAPOPORT ist somit wie folgt definiert: $K = \{(p, \beta) \varepsilon [0,1] \times R^+ \mid p = \beta\} \cup \{(p, \beta) \varepsilon [0,1] \times R^+ \mid p = 1/2 \text{ und } \beta < 1/2\}$.

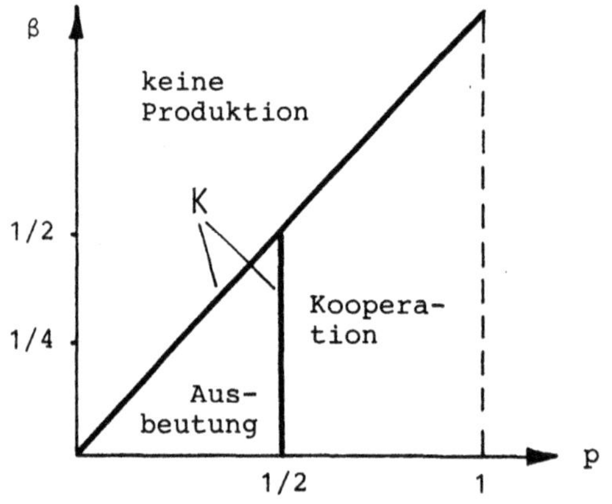

<u>Abbildung 5.15</u>

Welche neuen Aspekte ergeben sich nun aus der Katastrophenanalyse des Ausbeutungsmodells von A. RAPOPORT? Es sind hier vor allem die drei folgenden zu erwähnen.

(1) Die Katastrophenanalyse des Ausbeutungsmodells hat gezeigt, dass die Katastrophenmenge eines dynamischen Systems $\dot{x} = X(x,a)$ nicht mit der Menge $K_X = \{a\varepsilon R^k | \; X(x,a) = |J^X| = 0\}$ übereinstimmen muss, wenn X durch Nebenbedingungen eingeschränkt wird. In diesen Fällen ist das eventuelle Auftreten von Randgleichgewichten zu berücksichtigen. "This complication", so schreibt T.J. FARARO, "is analogous to the fact that, to find the extrema of a function, one can set the derivative to zero and solve, but there may be extrema not found by this method."[113]

(2) Mit der herkömmlichen komparativ-statischen Analyse wird der Einfluss untersucht, den marginale Parameteränderungen auf den Gleichgewichtszustand eines Systems ausüben. Demgegenüber untersucht die Katastrophenanalyse die Auswirkungen nicht-marginaler Parameteränderungen, die - im Gegensatz zu marginalen Parameteränderungen - qualitative Systemänderungen induzieren können. Unterstellt man eine sofortige Anpassung an die jeweiligen Gleichgewichtszustände, so äussern sich derartige qualitative Systemänderungen im allgemeinen in einem diskontinuierlichen Systemverhalten. Wird z.B. im Ausbeutungsmodell von A. RAPOPORT, ausgehend von der Parameterkonstellation $(p,\beta) = (0, 1/4)$, der Parameter p erhöht, so ergibt sich die in Abbildung 5.16 dargestellte Entwicklung des Systemzustands (x,y).[114]

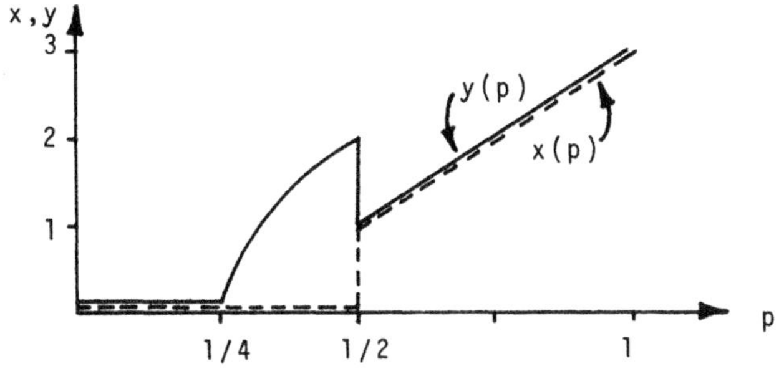

Abbildung 5.16

(3) Indem sich die Katastrophenanalyse mit den Auswirkungen nichtmarginaler Parameteränderungen beschäftigt, lenkt sie die Aufmerksamkeit zwangsläufig auf die Frage nach den Ursachen von systematischen Parameteränderungen. Dies bedeutet letztlich, dass die Parameter a des ursprünglichen Systems $\dot{x} = X(x,a)$ nicht mehr als exogene, sondern vielmehr als endogene Variablen aufgefasst werden. Bei einer derartigen Betrachtungsweise treten zwei Ebenen von dynamischen Systemen auf, nämlich

$$\dot{x} = \frac{1}{\varepsilon} X(x,a) \quad \text{und}$$
$$\dot{a} = \zeta A(x,a).$$

Im allgemeinen wird davon ausgegangen, dass die Anpassungsgeschwindigkeit $\frac{1}{\varepsilon}$ des ursprünglichen Systems X alle Grenzen überschreitet ($\varepsilon=0$), der Systemzustand (x,a) also immer auf der Gleichgewichtsfläche $M_X = \{(x,a) \varepsilon R^n \times R^k | X(x,a) = 0\}$ liegt. Man bezeichnet X deshalb auch als 'schnelle Dynamik'. Demgegenüber wirkt die durch A beschriebene Dynamik, die insbesondere auch Rückkopplungseffekte von x auf a zulässt, relativ langsam. Diese sogenannte 'langsame Dynamik' determiniert natürlich die Entwicklung des Systemzustands auf der Gleichgewichtsfläche M_X. Das Ausbeutungsmodell von A. RAPOPORT ist offensichtlich zu wirklichkeitsfremd um zu einer sinnvollen langsamen Dynamik Anlass geben zu können. Ein konkretes Beispiel für das Zusammenspiel von schneller und langsamer Dynamik liefert aber das Konjunkturmodell von H.R. VARIAN, das im folgenden Abschnitt dargestellt wird.

5.4.2. DAS KONJUNKTURMODELL VON H.R. VARIAN

Das Konjunkturmodell von H.R. VARIAN basiert auf dem wohlbekannten Konjunkturzyklusmodell von N. KALDOR,[115] das sich am einfachsten mit Hilfe der beiden Differentialgleichungen

$$\dot{Y} = \frac{1}{\varepsilon}\cdot(C(Y) + I(Y,K) - Y), \quad \varepsilon>0 \quad \text{und} \qquad (1)$$

$$\dot{K} = I(Y,K) - I_0 \qquad (2)$$

beschreiben lässt. Dabei steht Y für das Volkseinkommen, K für den gesamtwirtschaftlichen Kapitalbestand und I_0 für die autonome effektive Abschreibung. C(Y) ist die Konsumfunktion ($0<\frac{dC}{dY}<1$) und I(Y,K) die Bruttoinvestitionsfunktion ($\frac{\partial I}{\partial Y}>0$, $\frac{\partial I}{\partial K}<0$ und $\frac{\partial I^2}{\partial Y \partial K}=0$ [116]). Gleichung (1) besagt somit, dass die Unternehmer die Produktion bzw. das Volkseinkommen ausdehnen (einschränken), wenn das gewüschte Volkseinkommen C+I grösser (kleiner) ist als das effektive, d.h. wenn ein Nachfrageüberschuss (Angebotsüberschuss) besteht. Gleichung (2) entspricht definitionsgemäss der Nettoinvestitionsfunktion. Die Struktur dieses keynesianischen Modells ist also durchaus konventionell.[117]

Was das Modell attraktiv macht, ist die weitere Spezifikation der Investitionsfunktion I(Y,K). N. KALDOR unterstellt nämlich einen <u>logistischen</u> Verlauf von I(Y,K) in bezug auf die Variable Y, d.h. $\frac{\partial^2 I}{\partial Y^2}>0$ für $Y<\bar{Y}$ und $\frac{\partial^2 I}{\partial Y^2}<0$ für $Y>\bar{Y}$ (vgl. dazu auch Abbildung 5.17).[118] Seine Begründung ist die folgende:[119] In einer Rezession ist die marginale Investitionsneigung $\frac{\partial I}{\partial Y}$ gering, denn die dann vorhandene Ueberschusskapazität hält die Unternehmer bei einer konjunkturellen Belebung vorerst von einem Ausbau der Kapazität ab. $\frac{\partial I}{\partial Y}$ ist aber auch dann gering, wenn sich die Volkswirtschaft in einer

Boom-Phase befindet. Dies ist darum so, weil in dieser Situation sowohl die Reallöhne wie auch die Zinssätze hoch sind, was natürlich die Investitionsneigung beeinträchtigt.

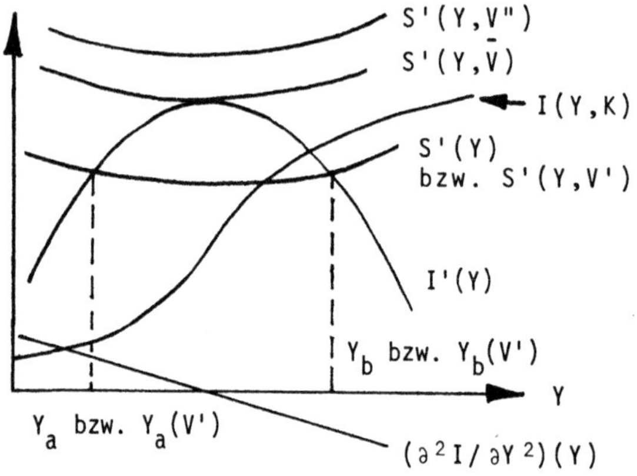

Abbildung 5.17

Das qualitative Verhalten des aus den Differentialgleichungen (1) und (2) bestehenden dynamischen Systems lässt sich nun am besten beschreiben, wenn man in der (Y,K)-Ebene die Graphen der Gleichgewichtsbedingungen $\dot{K}=0$ und $\dot{Y}=0$ betrachtet.[120] Die $\dot{K}=0$-Kurve ist streng monoton steigend, denn es gilt

$$\frac{dK}{dY} = -\frac{\partial F_1/\partial Y}{\partial F_1/\partial K} = -\frac{\partial I/\partial Y}{\partial I/\partial K} > 0 \qquad \text{mit} \qquad F_1(Y,K) = I(Y,K)-I_0 = 0.$$

Der Verlauf der $\dot{Y}=0$-Kurve geht aus dem folgenden Ansatz hervor ($S(Y) = Y - C(Y)$ bezeichnet dabei die Sparfunktion):

$$F_2(Y,K) = C(Y) + I(Y,K) - Y = 0$$

$$\rightarrow \frac{dK}{dY} = -\frac{\partial F_2/\partial Y}{\partial F_2/\partial K} = -\frac{\frac{dC}{dY} + \frac{\partial I}{\partial Y} - 1}{\frac{\partial I}{\partial K}} = \frac{\frac{dS}{dY} - \frac{\partial I}{\partial Y}}{\frac{\partial I}{\partial K}}$$

$$\frac{dK}{dY} \lesseqqgtr 0 \quad \rightleftarrows \quad \frac{dS}{dY} \gtreqqless \frac{\partial I}{\partial Y}. \qquad (*)$$

N. KALDOR geht nun davon aus, dass die marginale Sparneigung nur in einem Intervall (Y_a, Y_b) kleiner ist als die marginale Investitionsneigung:[121] $\frac{dS}{dY} < \frac{\partial I}{\partial Y}$ für $Y \varepsilon (Y_a, Y_b)$ und $\frac{dS}{dY} > \frac{\partial I}{\partial Y}$ für $Y \notin (Y_a, Y_b)$ (vgl. dazu auch Abbildung 5.17). Dies bedeutet, dass die $\dot{Y}$=0-Kurve im Intervall (Y_a, Y_b) streng monoton steigt, ausserhalb des Intervalls $[Y_a, Y_b]$ jedoch streng monoton fällt. Die $\dot{Y}$=0-Kurve entspricht also im katastrophentheoretischen Sinn einer 'Doppelfalte' (vgl. dazu auch Abbildung 5.18 (a) bzw. (b)). Die $\dot{K}$=0- und die $\dot{Y}$=0-Kurve schneiden sich in genau einem Punkt (K^*, Y^*), denn aus $\dot{K}=\dot{Y}=0$ folgt unmittelbar die Beziehung $Y^*=S^{-1}(I_0)$, die wegen $\frac{dS}{dY} = 1 - \frac{dC}{dY} > 0$ (im Normalfall) genau eine Wurzel besitzt. Das betrachtete dynamische System weist somit genau einen Gleichgewichtszustand (K^*, Y^*) auf.

Der Modellansatz von N. KALDOR lässt im Prinzip drei qualitativ unterschiedliche Gleichgewichtszustände zu: (1) ein dynamisch stabiles 'Vollbeschäftigungsgleichgewicht' auf dem oberen Ast der $\dot{Y}$=0-Kurve bei der Parameterkonstellation $I_0 > S(Y_b)$ (vgl. dazu Abbildung 5.18 (b)), (2) ein dynamisch stabiles 'Unterbeschäftigungsgleichgewicht' auf dem unteren Ast der $\dot{Y}$=0-Kurve bei der Parameterkonstellation $I_0 < S(Y_a)$ und (3) ein dynamisch instabiles Gleichgewicht auf der mittleren Schicht der Doppelfalte bei der Parameterkonstellation $S(Y_a) < I_0 < S(Y_b)$ (vgl. dazu Abbildung 5.18 (a)). N. KALDOR unterstellt in seinem Artikel einen dynamisch instabilen Gleichgewichtszustand.[122] Verbindet man diese Annahme mit einer genügend grossen Anpassungsgeschwindigkeit $\frac{1}{\varepsilon}$, so weist das dynamische System immer einen 'limit circle' auf, so wie dies in Abbildung 5.18 (a) dargestellt ist.[123] Am einfachsten sieht man dies, wenn man den Extremfall der <u>sofortigen Anpassung</u> (ε=0) be-

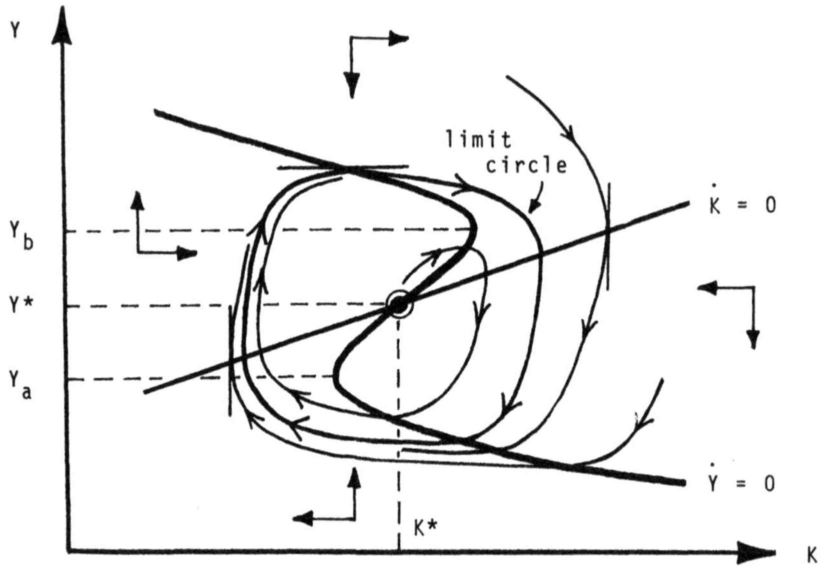

Abbildung 5.18 (a)

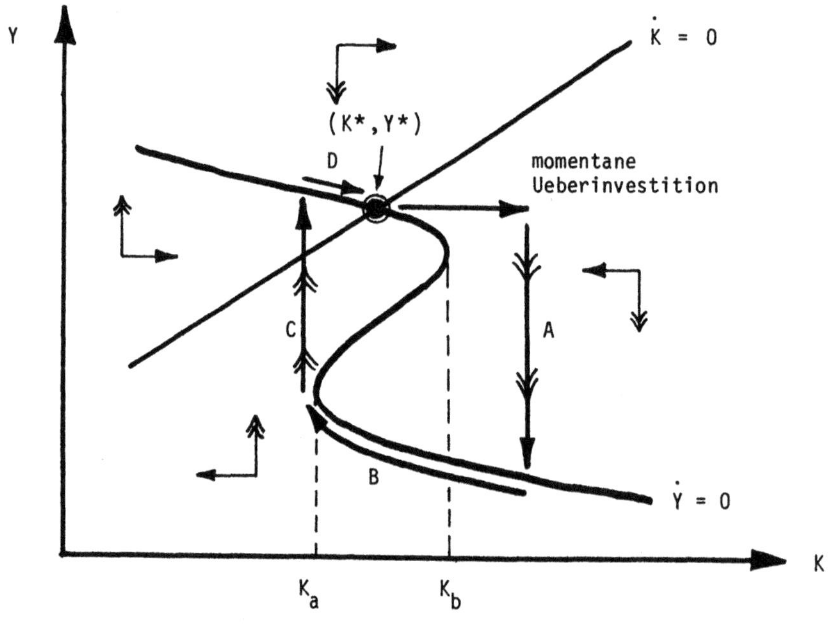

Abbildung 5.18 (b)

trachtet. Die Existenz eines limit circles bedeutet natürlich, dass die modellierte Volkswirtschaft einem sich ständig wiederholenden Konjunkturzyklus unterworfen ist.

Im Gegensatz zu N. KALDOR geht H.R. VARIAN von der in Abbildung 5.18 (b) dargestellten Konstellation, d.h. von einem dynamisch stabilen Vollbeschäftigungsgleichgewicht aus. In diesem Fall liefert der KALDORsche Modellansatz eine adäquate formale Beschreibung der plausiblen, von A. LEIJONHUFVUD stammenden Hypothese der sogenannten 'Korridorstabilität'.[124] Existiert nämlich ein dynamisch stabiles Vollbeschäftigungsgleichgewicht, so werden kleinere Störungen wie z.B. Ueberinvestitionen ohne grössere Einkommensänderungen ausgeglichen. Dies geht unmittelbar aus Abbildung 5.18 (b) hervor, der ohne Beschränkung der Allgemeinheit die Annahme $\varepsilon=0$ zugrunde gelegt wurde. Wächst der Kapitalbestand jedoch im Zuge einer momentanen Ueberinvestition über K_b hinaus, so führt dies zu einer raschen Verminderung des Volkseinkommens (vgl. Pfeil A in Abbildung 5.18 (b)). Auf dem tieferen Einkommensniveau wird dann die Kapazität so lange abgebaut, bis der Kapitalbestand das Ausmass K_a erreicht (Pfeil B). Bei diesem Wert springt das Volkseinkommen auf das höhere Einkommensniveau zurück (Pfeil C), um dann mit der Zeit gegen den Gleichgewichtszustand (K^*,Y^*) zu konvergieren (Pfeil D).

Als erstes Resultat kann man also festhalten, dass der Modellansatz von N. KALDOR bei der Parameterkonstellation $I_0 > S(Y_b)$ eine hübsche formale Beschreibung der sogenannten Ueberinvestitionshypothese der Konjunkturtheorie liefert und darüber hinaus diese Erkärung mit der Konzeption der Korridorstabilität verbindet. Das

Modell weist allerdings auch eine erhebliche Schwäche auf. Es vermag nämlich nur Rezessionen zu beschreiben, d.h. Konjunktureinbrüche, die nach einiger Zeit rasch abgebaut werden. Depressionen, das sind Konjunktureinbrüche, die von einer nur langsamen Erholung gefolgt werden, lassen sich mit diesem Modell nicht erklären. Die von H.R. VARIAN vorgeschlagene Erweiterung besteht nun im wesentlichen darin, das konjunkturelle Muster der Depression in das ursprüngliche Modell zu integrieren.

Die Vorgehensweise von H.R. VARIAN ist aus der Sicht der elementaren Katastrophentheorie eigentlich zwingend. Vernachlässigt man die durch Gleichung (2) beschriebene 'langsame Dynamik' des KALDORschen Modellansatzes indem man den Kapitalbestand K als Parameter interpretiert, so entspricht die Gleichgewichtskonfiguration des derart reduzierten dynamischen Systems einem Schnitt durch die Gleichgewichtskonfiguration einer Spitzenkatastrophe. Es ist deshalb naheliegend, das erweiterte Modell als 'Spitzenmodell' zu konzipieren. Dies bedeutet, dass neben dem Kapitalbestand K ein weiterer geeigneter Parameter von $\dot{Y} = \dot{Y}(Y,K)$ identifiziert werden muss.[125] "It seems natural", so schreibt H.R. VARIAN, "to choose the other stock variable of short run macroeconomic theory, namely private wealth. By wealth here, I mean wealth very broadly construed - including human capital, expectations of future employment, all types of assets, and in fact any type of stock variable that affects consumption decisions up to, and including, 'consumer sentimate'."[126] Die Idee, den gesamtwirtschaftlichen Vermögensbestand V als Parameter bzw. als 'langsame Variable' in den ursprünglichen Modellansatz zu integrieren, lässt sich nun konkret mittels der folgenden plausiblen Verallgemeinerung der Konsumfunktion verwirklichen:

$$C = C(Y,V) \quad \text{mit} \quad \frac{\partial C^2}{\partial Y \partial V} > 0.$$

Dass der Vermögensbestand V die ihm zugedachte Aufgabe wirklich erfüllt, geht aus Abbildung 5.17 hervor, Ist nämlich der Vermögensbestand V' grösser als $\bar{V}$, so gilt $\frac{\partial S}{\partial Y} < \frac{\partial I}{\partial Y}$ für $Y \varepsilon (Y_a(V'), Y_b(V'))$ bzw. $\frac{\partial S}{\partial Y} > \frac{\partial I}{\partial Y}$ für $Y \varepsilon [Y_a(V'), Y_b(V')]$ und der Schnitt $\{(Y,K,V \mid \dot{Y}=0$ und $V=V'\}$ durch die $\dot{Y}=0$-Fläche entspricht gemäss Beziehung (*) wiederum einer Doppelfalte. Ist der Vermögensbestand V" jedoch kleiner als $\bar{V}$, so gilt $\frac{\partial S}{\partial Y} > \frac{\partial I}{\partial Y}$ für alle Y und der Schnitt $\{(Y,K,V) \mid \dot{Y}=0$ und $V=V''\}$ ist einwertig $(\frac{dY}{dK}\big|_{V''} < 0)$. Aus dem Klassifikationstheorem geht nun natärlich unmittelbar hervor, dass die $\dot{Y}=0$-Fläche $\{(Y,K,V) \mid \dot{Y}=0\}$ zur kanonischen Form der Spitzenkatastrophe M_{F_2} aequivalent sein muss (vgl. dazu auch Abbildung 5.19).[127,128]

Um das Modell zu vervollständigen, muss nun nur noch die (langsame) Dynamik der Variablen V beschrieben werden. Hier unterstellt H.R. VARIAN, dass der Vermögensbestand V immer gegen einen 'natürlichen' Wert V* konvergiert. Dieser Vorstellung entspricht z.B. die Differentialgleichung $\dot{V} = \zeta(V^* - V)$ mit $\zeta > 0$.[129]

Das vom ursprünglichen KALDORschen Modellansatz abweichende, interessante Verhalten des Konjunkturmodells von H.R. VARIAN lässt sich am besten aus Abbildung 5.19 entnehmen. Erleidet die betrachtete Volkswirtschaft z.B. eine kleinere Vermögenseinbusse, so resultiert ein ganz ähnliches dynamisches Muster wie bei der Ueberinvestitionshypothese: konjunktureller Einbruch - langsamer Abbau des Kapitalbestands (verbunden mit einer Erhöhung von V) - rasche konjunkturelle Erholung - Rückkehr zum Gleichgewichtszustand.

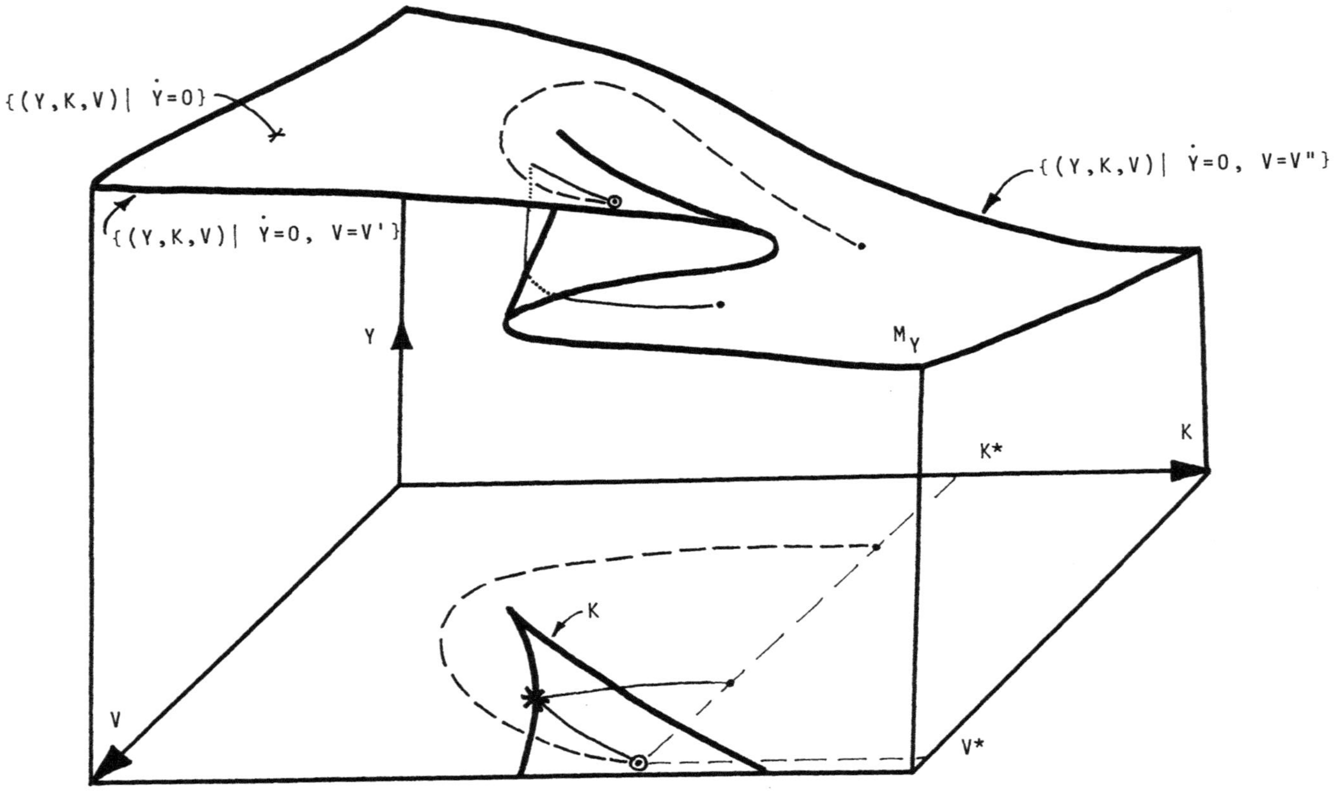

Abbildung 5.19

Dieser 'Rezessionszyklus' wird in Abbildung 5.19 durch den ausgezogenen Pfad illustriert. Geht die exogene Verminderung des Vermögensbestands jedoch über $\bar{V}$ hinaus, so ergibt sich bei einer genügend kleinen Anpassungsgeschwindigkeit ζ der in Abbildung 5.19 durch den unterbrochenen Pfad illustrierte Ablauf, der eine langsame konjunkturelle Erholung impliziert und somit als Depression bezeichnet werden kann. Der qualitative Unterschied zwischen den beiden konjunkturellen Mustern der Rezession und der Depression kommt vielleicht in Abbildung 5.20 am deutlichsten zum Ausdruck.

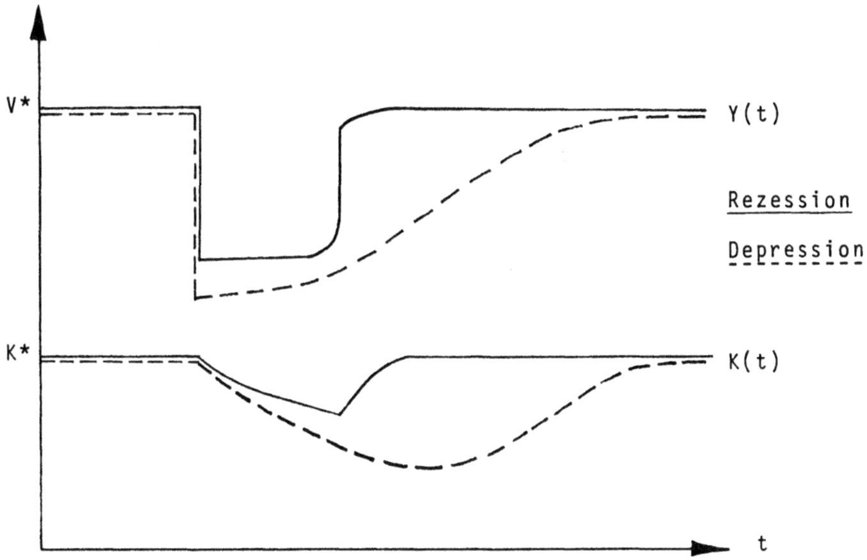

Abbildung 5.20

Das Konjunkturmodell von H.R. VARIAN zeigt also, dass der wesentliche ursächliche Unterschied zwischen einer Rezession und einer Depression im Konsumverhalten zu suchen ist. Wenn eine exogene Verminderung des Vermögensbestands die Konsumfunktion C(Y) nachhaltig verändert, so kann dies eine zwar stetige aber langsame konjunkturelle Erholungsphase zur Folge haben und sich somit vom typischen dynamischen Muster einer Rezession erheblich unterscheiden. Wichtiger als dieses inhaltliche Ergebnis dürfte aber der methodologische Aspekt des Modells sein. Das Konjunkturmodell von H.R. VARIAN zeigt nämlich auf eindrückliche Art und Weise, inwiefern die elementare Katastrophentheorie die Modellierung realwissenschaftlicher Phänomene auch dann zu beeinflussen vermag, wenn bei der Modellierung nicht direkt auf das Klassifikationstheorem zurückgegriffen wird.[130] Darüber hinaus lässt sich anhand dieses Modells demonstrieren, wie sich die an und für sich statische Natur der meisten Katastrophenmodelle dynamisieren lässt, indem die rudimentäre, d.h. nur sogenannte 'Impact Effekte' erzeugende schnelle Dynamik $\dot{x} = \frac{1}{\varepsilon}X(x,a)$ des ursprünglichen Modells um ein wohlspezifiziertes dynamisches System von der Form $\dot{a} = \zeta A(x,a)$ erweitert wird.[131] Währenddem die schnelle Dynamik die 'kurzfristige' Gleichgewichtskonfiguration M_X des Modells definiert, steuert die langsame Dynamik den Fluss auf M_X. Erst durch eine derartige Erweiterung erhalten die meisten Katastrophenmodelle eigentlich eine zeitliche Dimension.[132]

5.5. SCHLUSSFOLGERUNGEN

1. Das Ziel dieser Arbeit bestand darin, die mathematischen Grundlagen der elementaren Katastrophentheorie zu erläutern, sowie die Nützlichkeit dieser Theorie in bezug auf die ökonomische Theoriebildung zu beurteilen. Dabei hat es sich gezeigt, dass die beiden extemen, von E.C. ZEEMAN bzw. H.J. SUSSMANN vertretenen Positionen nicht haltbar sind. Die elementare Katastrophentheorie ist weder eine vollständig neuartige mathematische Sprache für die bisher unexakten Wissenschaften (E.C. ZEEMAN), noch handelt es sich dabei um ein unbrauchbares, abstruses Gedankengebäude (H.J. SUSSMANN). Die elementare Katastrophentheorie stellt vielmehr eine natürliche Erweiterung des Instrumentariums dar, das sich in der mathematischen Wirtschaftstheorie bisher als sinnvoll erwiesen hat. Das Argumentationsmuster der angewandten elementaren Katastrophentheorie entspricht nämlich in jeder Beziehung demjenigen der orthodoxen komparativ-statischen Analyse im Sinne P.A. SAMUELSONS bzw. dem damit eng verwandten 'linearen' Modellierungsansatz. Im folgenden wird noch einmal kurz rekapituliert, inwiefern die elementare Katastrophentheorie die orthodoxe komparativ-statische Analyse erweitert (Punkt 2) bzw. den traditionellen Modellierungsansatz beeinflusst (Punkt 3).

2. Das Ziel jeder komparativ-statischen Analyse besteht darin, die Gleichgewichtskonfiguration M_X eines bestimmten differenzierbaren dynamischen Systems X von der Form $\dot{x} = X(x,a)$ möglichst genau zu beschreiben. Unter der Gleichgewichtskonfiguration M_X versteht man dabei sowohl die Menge wie auch die dynamischen Stabilitätseigenschaften aller Gleichgewichtszustände (x^*,a) von X. Leider ist es

meistens nicht möglich M_X vollständig zu beschreiben, denn die a priori Spezifikation der Strukturgleichungen des betrachteten dynamischen Systems $\dot{x} = X(x,a)$ ist im allgemeinen zu schwach. Normalerweise kennt man nur die Vorzeichen der ersten partiellen Ableitungen von X, d.h. sign (J^X) und sign $(\frac{\partial X}{\partial a})$. Man muss sich deshalb bei der komparativ-statischen Analyse faute de mieux auf die Herleitung <u>qualitativer Eigenschaften</u> von von M_X beschränken.

2.1. In seiner Abhandlung über die 'FOUNDATIONS OF ECONOMIC ANALYSIS' hat P.A. SAMUELSON gezeigt, dass die Herleitungen praktisch aller komparativ-statischen Ergebnisse der traditionellen Wirtschaftstheorie auf dem sogenannten <u>Korrespondenzprinzip</u> beruhen. Dieses Prinzip besagt im wesentlichen, dass jeder beobachtbare Gleichgewichtszustand (x_0^*, a_0) eines dynamischen Systems $\dot{x} = X(x,a)$ dynamisch stabil sein muss. Man darf daher davon ausgehen, dass die Stabilitätsbedingungen für die lineare Approximation $\dot{x} = J^X_{(x_0^*, a_0)} \cdot x$ von X an der Stelle (x_0^*, a_0) erfüllt sind. Diese Bedingungen auferlegen den Eigenwerten bzw. den Elementen der Linearisierungsmatrix J^X Restriktionen, d.h. es gelten für i+1,...,n die Beziehungen sign $(-1)^{n-1} c_i$ = sign $(-1)^n$, wobei die c_i als die Summen aller Hauptunterdeterminanten i-ter Ordnung von $|J^X|$ definiert sind und n die Dimension des Vektors x bezeichnet.[133]

Aus dem Korrespondenzprinzip ergeben sich im Prinzip zwei Konsequenzen für die qualitativen Eigenschaften von M_X. Die erste bezieht sich auf die <u>topologischen Eigenschaften</u>. Aus der Stabilitätsbedingung sign $(-1)^0 c_0$ = sign $|J^X|$ = sign $(-1)^n$ und dem Inversen Funktionentheorem folgt nämlich unmittelbar, dass die Menge $\{(x,a) \mid X(x,a) = 0\}$ aller Gleichgewichtszustände von X in

$U_{(x_0^*,a_0)}$ dem Graphen einer Funktionenfamilie $x^*=x^*(a)$ entspricht. Desweitern lässt sich leicht zeigen, dass alle Gleichgewichtszustände in $U_{(x_0^*,a_0)}$ dynamisch stabil sind.

Die partiellen Ableitungen $\frac{\partial x_i^*}{\partial a_j}$ der Funktionen $x_i^*(a)$ definieren natürlich die Multiplikatoren des betrachteten Systems X und es gilt die Beziehung $(\frac{\partial x^*}{\partial a}) = -(J^X)^{-1}(\frac{\partial X}{\partial a})$ bzw. $\frac{\partial x_i^*}{\partial a_j} = \frac{|J^X|_{i,j}}{|J^X|}$. Das kalkulatorische Problem der orthodoxen komparativ-statischen Analyse besteht somit darin, aus den Vorzeichen der Elemente der Matrizen J^X und $(\frac{\partial X}{\partial a})$ die Vorzeichen der Multiplikatorenmatrix $(\frac{\partial x^*}{\partial a})$ zu deduzieren. Auch bei der Herleitung dieser qualitativen Eigenschaften im ordinalen Sinn von M_X ist das Korrespondenzprinzip von entscheidender Bedeutung, denn die erste Stabilitätsbedingung determiniert ja das Vorzeichen von $|J^X|$. Darüber hinaus lässt sich in manchen Fällen mit Hilfe der weiteren Stabilitätsbedingungen sign $|J^X|_{i,j}$ und damit das Vorzeichen des Multiplikators $\frac{\partial x_i^*}{\partial a_j}$ bestimmen.

2.2. In der ökonomischen Theoriebildung spielen die Optimierungsmodelle eine ganz hervorragende Rolle. Die Struktur dieser Modelle besteht im allgemeinen aus einer Zielfunktion $\bar{F}(x_1,...,x_{n+\ell})$ und ℓ Nebenbedingungen von der Form $f(x_1,...,x_{n+\ell},a_1,...,a_k)=0$. Durch Substitution der Nebenbedingungen in die Zielfunktion lässt sich die Modellstruktur auf die Optimierungsbedingung $F(x_1,...,x_n,a_1,...,a_k) \rightarrow \min!$ reduzieren.[134]

Jedes statische Optimierungsmodell kann natürlich als von einem Gradientensystem Y erzeugt betrachtet werden, wenn die Potentialfunktion von Y mit der Zielfunktion F(x,a) des Optimierungsmodells übereinstimmt. Bei dieser Betrachtungsweise entsprechen den Gleichgewichtsbedingungen von Y definitionsgemäss die Bedingungen erster Ordnung $\frac{\partial F}{\partial x} = 0$ für ein relatives Minimum von F(x,a). Zu den Stabilitätsbedingungen eines Gleichgewichtszustands (x_0^*, a_0) von Y korrespondieren die Bedingungen zweiter Ordnung für ein relatives Minimum von F(x,a) an der Stelle (x_0^*, a_0), d.h. die Bedingungen

$$\left| \begin{matrix} \frac{\partial^2 F}{\partial x_1^2} & \cdots & \frac{\partial^2 F}{\partial x_1 \partial x_2} \\ \vdots & & \vdots \\ \frac{\partial^2 F}{\partial x_i \partial x_1} & \cdots & \frac{\partial^2 F}{\partial x_i^2} \end{matrix} \right|_{(x_0^*, a_0)} > 0 \quad (i=1,\ldots,n).$$

Ganz analog zum Allgemeinfall folgt auch hier aus dem Korrespondenzprinzip bzw. aus der ersten Stabilitätsbedingung ($|H^F| > 0$) und dem Impliziten Funktionentheorem, dass (1) $\frac{\partial F}{\partial x} = 0$ in $U(x_0^*, a_0)$ eine Funktionenfamilie $x^* = x^*(a)$ definiert und dass (2) alle Gleichgewichtszustände (x^*, a) in $U(x_0^*, a_0)$ dynamisch stabil sind. Die Bestimmung der Vorzeichen der Multiplikatoren, die sich aus dem Ansatz $(\frac{\partial x^*}{\partial a}) = -(H^F)^{-1}(\frac{\partial^2 F}{\partial x \partial a})$ bzw. $\frac{\partial x_i^*}{\partial a_j} = \frac{|H^F|_{i,j}}{|H^F|}$ ergeben, gelingt jedoch bei einem Gradientensystem eher, weil die Stabilitätsbedingungen einfacher sind.

2.3. Bei der orthodoxen komparativ-statischen Analyse wird dem Umstand, dass die oben erwähnten Stabilitätsbedingungen nur hinreichend, nicht aber notwendig sind, im allgemeinen zu wenig Beachtung geschenkt. Dies bedeutet, dass die <u>dynamisch stabilen</u> Gleichgewichtszustände, bei denen die Stabilitätsbedingung $|J^X| \neq 0$ bzw. $|H^F| \neq 0$ nicht erfüllt ist, vom Korrespondenzprinzip implizit ausgeklammert werden. Wenn man bloss rein lokale Aussagen gewinnen will, so lässt sich dieses Vorgehen auch durchaus mit Hilfe einer Transversalitätsargumentation rechtfertigen, denn bei typischen, dynamisch stabilen Gleichgewichtszuständen verschwindet die Jacobideterminante $|J^X|$ bzw. die Hessesche Determinante $|H^F|$ nicht.

Rein lokale Aussagen weisen allerdings den Nachteil auf, dass sie praktisch empirisch gehaltlos sind. Empirisch gehaltvolle komparativ-statische Aussagen müssen sich immer auf die Auswirkungen nicht-marginaler, d.h. endlicher Parameteränderungen beziehen. Die orthodoxe komparativ-statische Analyse tut sich jedoch schwer mit der Beurteilung der Auswirkungen endlicher Parameteränderungen. Folgt z.B. aus der a priori Spezifikation und den Stabilitätsbedingungen eines Modells $\frac{\partial x_i^*}{\partial a_j} < 0$, so bedeutet dies nicht etwa, dass zwischen x_i^* und a_j ein globaler funktionaler Zusammenhang besteht, der die entsprechende qualitative Eigenschaft besitzt. Es bedeutet lediglich, dass dort, wo wirklich eine Funktion $x_i^*(a_j)$ definiert ist, $x_i^*(a_j)$ die Eigenschaft $\frac{\partial x_i^*}{\partial a_j} < 0$ aufweisen muss. Der Grund dafür, dass die Funktion $x_i^*(a_j)$ nicht unbedingt bei jedem realisierbaren Gleichgewichtszustand definiert sein muss, liegt darin, dass das Auftreten sowohl dynamisch stabiler wie auch dynamisch instabiler Gleichgewichtszustände mit $|J^X| = 0$ bzw. $|H^F| = 0$ im Zuge endlicher Parameteränderungen durchaus nicht untypisch ist, denn eine nichtverschwindende Determinante $|J^X|$ bzw. $|H^F|$ kann ja nur in einer beliebig kleinen Umgebung des ursprünglichen regulären Gleichgewichtszustands (x_0^*, a_0) garantiert werden. Da sich das Implizite Funktionentheorem und damit die orthodoxe komparativ-statische Analyse jedoch über das gleichgewichtige Systemverhalten in der Umgebung singulärer Gleichgewichtszustände ausschweigt, lässt sich die sogenannte Lokalitätsproblematik des orthodoxen Ansatzes nicht auflösen. Wenn sich die elementare Katastrophentheorie mit singulären Gleichgewichtszuständen befasst, so entspricht dies also geradezu einer Notwendigkeit.

2.4. Das zentrale mathematische Theorem der orthodoxen komparativ-statischen Analyse ist das Implizite Funktionentheorem. Demgegenüber basiert die elementare Katastrophentheorie bzw. die erweiterte komparativ-statische Analyse auf dem Klassifikationstheorem, das sich in einer gewissen Hinsicht als eine verallgemeinerte Version des Impliziten Funktionentheorems interpretieren lässt. Das Klassifikationstheorem besagt nämlich, dass sich die Potentialfunktionen F(x,a) und damit die Gleichgewichtskonfigurationen M_F typischer Gradientensysteme mit fünf oder weniger Parametern in der Umgebung singulärer Gleichgewichtszustände in q Aequivalenzklassen zerlegen lassen, wobei q folgendermassen von der Anzahl der Parameter abhängt.[135]

k	1	2	3	4	5	6
q	1	2	5	7	11	∞

Die durch das Klassifikationstheorem beschriebenen Entfaltungen F(x,a), aber auch die lokalen Gestalten von M_F werden als 'Elementarkatastrophen' bezeichnet. Der wesentliche Unterschied zum orthodoxen Ansatz besteht darin, dass die Gleichgewichtsbedingungen $\frac{\partial F}{\partial x} = 0$ in $U_{(x_0^*,a_0)}$ nicht eine Funktionenfamilie x*=x*(a) definieren, wenn $|H^F|_{(x_0^*,a_0)}$ verschwindet, sondern vielmehr eine Familie x*(x*,a)=0 von Korrespondenzen. Dies bedeutet offensichtlich, dass die Elementarkatastrophen - im Gegensatz zu den Funktionenfamilien in der Umgebung regulärer Gleichgewichtszustände - qualitative Systemänderungen beschreiben. Singuläre Gleichgewichtszustände sind mithin strukturell instabil.

Mit Hilfe der elementaren Katastrophentheorie gelingt es also, die topologischen Eigenschaften der Gleichgewichtskonfigurationen M_F überall in den Griff zu bekommen. (Die Multiplikatoren $\frac{\partial x_i^*}{\partial a_j}\Big|_{(x_0^*, a_0)}$, die die ordinale Struktur von M_F ausmachen, überschreiten im allgemeinen alle Grenzen, wenn $|H^F|_{(x_0^*, a_0)}$ verschwindet). Damit ist aber leider die Lokalitätsproblematik nicht beseitigt, denn die nun vollständig vorhandenen lokalen Aussagen kann man nur dann zu einer globalen Aussage integrieren, wenn sich aus der a priori Spezifikation des betrachteten Systems gewisse Informationen über die Nullstellen von $|H^F|$ entnehmen lassen. Dies ist aber in den meisten Fällen nicht möglich. Wegen dieser sogenannten Integrationsproblematik führt die erweiterte komparativ-statische Analyse, ebenso wie der orthodoxe Ansatz, im allgemeinen zu keinen empirisch gehaltvollen Aussagen.

3.1. Bei der Modellbildung lassen sich in der mathematischen Wirtschaftstheorie im Prinzip zwei Phasen unterscheiden. In einer ersten Phase wird die Grundstruktur des Modells entworfen. Diese beschreibt vor allem die grundlegenden Zusammenhänge, d.h. die endogenen Variablen und Parameter der verschiedenen Strukturgleichungen. Darüber hinaus sollen hier aber auch diejenigen Eigenschaften der Strukturgleichungen, die unzweifelhaft feststehen, der Grundstruktur zugerechnet werden.[136] Diese a priori Spezifikation umfasst zumindest die Vorzeichen der ersten partiellen Ableitungen der Strukturgleichungen.

Da sich aus der Grundstruktur im allgemeinen keine empirisch gehaltvollen Aussagen über das gleichgewichtige Verhalten eines Modells gewinnen lassen, müssen in einer zweiten Modellierungsphase weitere Annahmen getroffen werden. Diese können sich aber offenbar nicht direkt auf die Modellstruktur beziehen, denn alle möglichen a priori Spezifikationen der Strukturgleichungen sind ja schon in der Grundstruktur enthalten. In diesem Dilemma wird die ursprüngliche Argumentationslinie umgekehrt, d.h. es wird nicht mehr versucht, von der Modellstruktur auf das Modellverhalten zu schliessen; man fragt sich vielmehr, welche weitere Spezifikation der Stukturgleichungen ein vorgegebenes gleichgewichtiges Modellverhalten impliziert. Die aus dieser Ueberlegung resultierenden Annahmen bilden dann zusammen mit der Grundstruktur die Gesamtheit der Modellannahmen. Bei der Modellbildung besteht die Aufgabe der komparativstatischen Analyse also eigentlich nicht in der Herleitung, sondern vielmehr in der Erklärung des Modellverhaltens.

Es stellt sich nun natürlich sofort die Frage nach den Kriterien, die das zu erklärende gleichgewichtige Modellverhalten sinnvollerweise erfüllen muss. Es sind dies im wesentlichen die Kriterien der Kompatibilität [das Modellverhalten muss mit der entsprechenden Erfahrungswirklichkeit kompatibel sein], der Einfachheit [das Modellverhalten muss möglichst einfach bzw. empirisch gehaltvoll sein] und der Operationalität [es müssen mathematische Instrumente vorhanden sein, die das unterstellte Verhalten mit der Grundstruktur des Modells verbinden].

3.2. Der Umstand, dass das bei der Modellbildung unterstellte Modellverhalten mathematisch zugänglich sein muss, macht deutlich, dass die Art der verfügbaren mathematischen Instrumente einen wesentlichen Einfluss auf die Art der Modellierung ausübt. Die auf das Implizite Funktionentheorem fixierte orthodoxe komparativstatische Analyse hat so zu der bisher in der Wirtschaftstheorie vorherrschenden 'funktionalen' oder im topologischen Sinn 'linearen' Modellierung Anlass gegeben. Definieren nämlich die sogenannten Finalgleichungen $x^*(x^*,a)=0$ eines dynamischen Systems X eine Funktionenfamilie von der Form $x^*=x^*(a)$, so ergibt sich aus dem Impliziten Funktionentheorem unmittelbar, dass die Modellannahme $|J^X| \neq 0$ dieses Verhalten impliziert. Im Fall eines Optimierungsmodells lautet die entsprechende Annahme $|H^F| \neq 0$, was ökonomisch interpretiert auf eine Eingipfligkeits- oder Konvexitätsannahme hinausläuft.

In Ermangelung eines adäquaten mathematischen Instrumentariums ist es in der Wirtschaftstheorie bisher weitgehend vermieden worden, Modelle zu konstruieren, die bei gewissen Parameterkonstellationen eine qualitative Systemänderung erleiden; Modelle also, die verschiedene Gleichgewichtszustände besitzen und damit ein diskontinuierliches oder divergentes Modellverhalten aufweisen können. Dies gilt interessanterweise auch für (a) parametrisch spezifizierte Modelle, zu deren Analyse eigentlich gar keine tiefliegenden mathematischen Theoreme erforderlich sind und (b) für Modelle, die im Prinzip lediglich aus einer Finalgleichung bestehen, Modelle also, bei denen nicht die Erklärung, sondern die konzise Beschreibung der Erfahrungswirklichkeit im Vordergrund steht.

Mit der Einführung der elementaren Katastrophentheorie in die mathematische Wirtschaftstheorie entfällt natürlich der Zwang, jedes

Gradientensystem bzw. Optimierungsmodell in das Prokrustesbett der herkömmlichen linearen Modellierung einzuspannen, denn mit dem Klassifikationstheorem ist nun ein mathematisches Instrument verfügbar, mit dessen Hilfe sich ein essentiell nichtlineares Modellverhalten ebenso handhaben lässt, wie ein lineares Modellverhalten mit Hilfe des Impliziten Funktionentheorems. Wird bei der Modellierung eine parametrische Spezifikation der Strukturgleichungen gewählt, so ist natürlich das Klassifikationstheorem an und für sich nicht unbedingt erforderlich. Das selbe gilt für die Konstruktion von 'Beschreibungsmodellen'. In diesen beiden Fällen macht das Klassifikationstheorem aber klar, dass die Elementarkatastrophen den einfachsten Erweiterungen des linearen Modellierungsansatzes entsprechen und in der jeweiligen Modelldimension typische bzw. strukturell stabile Phänomene darstellen. Darüber hinaus dürfte die elementare Katastrophentheorie sicher auch bei der Modellierung und Analyse ganz allgemeiner dynamischer Systeme dazu beitragen, das Augenmerk vermehrt auf strukturelle Instabilitäten bzw. qualitative Systemänderungen zu richten.

4.1. Zusammenfassend kan man also festhalten, dass die elementare Katastrophentheorie in bezug auf die ökonomische Theoriebildung im wesentlichen zwei Funktionen erfüllt. Erstens ermöglicht sie es, die herkömmlicherweise auf reguläre bzw. strukturell stabile Gleichgewichtszustände beschränkte komparativ-statische Analyse auf singuläre bzw. strukturell instabile Gleichgewichtszustände einer breiten Klasse von dynamischen Systemen auszudehnen. Insofern kann man die elementare Katastrophentheorie als eine zwingende Erweiterung der orthodoxen komparativ-statischen Analyse betrachten. Zweitens und vielleicht wichtiger ist der heilsame Einfluss, den die elementare Katastrophentheorie auf die Modellierung ökonomischer Systeme auszuüben vermag. Indem sie nämlich die strukturellen Instabilitäten typischer Gradientensysteme erstmals einer systematischen analytischen Durchdringung zugänglich macht, weist sie den natürlichsten und einfachsten Weg zur formalen Beschreibung oder gar Erklärung von bisher inadäquat abgebildeten oder überhaupt vernachlässigten Phänomenen, von Phänomenen nämlich, denen qualitative Systemänderungen inhärent sind. Die wissenschaftslogische Struktur des aus der elementaren Katastrophentheorie hervorgehenden essentiell nichtlinearen Modellierungsansatzes entspricht dabei in jeder Beziehung dem Vorgehen, das auch in der traditionellen mathematischen Wirtschaftstheorie praktiziert wird.

Die elementare Katastrophentheorie eröffnet also gleichsam eine neue Kategorie von ökonomischen Modellen. Mit T. POSTON und I. STEWART darf man zweifellos die Ueberzeugung teilen, "that many catastrophes will be found in mathematical economics, once that subject abandons its concern with ever subtler hypotheses that imply unique optima to which the 'invisible hand of the market' guides us all, and faces the multiple optima to be found in the marketplace."[137] Es ist deshalb mit Sicherheit anzunehmen, dass sich bei der bisher vorherrschenden Fixierung auf 'lineare' Zusammenhänge, gewisse ökonomische Phänomene ganz einfach darum einer befriedigenden Beschreibung und damit natürlich auch jeglicher Erklärung entzogen haben, weil keine 'lineare' Korrelation irgend welcher Art zu sinnvollen Ergebnissen führen kann, wenn das betrachtete Phänomen essentiell nichtlinearer Natur ist. Mit anderen Worten: "No approach which uses any kind of statistical averaging will locate a multi-sheeted graph, even if it actually occurs, because each layer of sheets will be replaced by a single sheet in the average position."[138] Mit Hilfe der Katastrophenmodellierung ist es nun aber durchaus möglich, dass sich derartige Phänomene - man denke z.B. an das leidige Problem der Erwartungsbildung [139] - in den Griff bekommen lassen. In diesem Sinn äussern sich auch T.A. OLIVA und C.M. CAPDEVIELLE in einer Entgegnung auf SUSSMANN/ ZAHLER (1978a). Sie schreiben dort:[140]

> "We believe the single biggest contribution of catastrophe theory to the behavioral sciences is that it moves us away from single-valued response surfaces. For years we have lost the richness found in many behavioral situations because we have mapped them down to single valuedness (which is very much akin to single mindedness). If catastrophe theory does nothing else, it may help to move the behavioral sciences into a new era of modelling, not because of some inherent truth in the theory, but through the realization that response surfaces do not have to be single valued and smooth."

4.2. Obwohl die hauptsächlich von H.J. SUSSMANN und R.S. ZAHLER geübte Kritik an der Katastrophenmodellierung zweifellos übers Ziel hinaus geschossen ist, ist es doch zu einem guten Teil den Arbeiten dieser beiden Autoren zuzuschreiben, dass heute der Stellenwert der angewandten elementaren Katastrophentheorie realistischer eingeschätzt wird als noch vor ein paar Jahren. So dürfte es inzwischen jedermann klar geworden sein, dass die elementare Katastrophentheorie - genau so wie jede andere mathematische Methode - nur in Verbindung mit vernünftigen ökonomischen Annahmen zu sinnvollen Ergebnissen gelangen kann. Die elementare Katastrophentheorie ist ein formales Hilfsmittel und nicht etwa eine omnipotente Wunderwaffe, die den ökonomischen Sachverstand ersetzen könnte.

Desweitern hat die einschlägige Kontroverse zweifellos dazu beigetragen, dass die topologische Fundierung der Katastrophenmodelle nicht mehr als Vorwand für eine mangelnde empirische Ueberprüfung misbraucht wird. Dass eine derartige Argumentation nicht haltbar ist, geht schon daraus hervor, dass auch die überwiegende Mehrzahl der traditionellen Modelle der mathematischen Wirtschaftstheorie qualitativer Natur sind. Modelle, die qualitative Systemänderungen auf einfache Art und Weise erklären, d.h. mittels einer Katastrophenanalyse auf die dem beobachtbaren Verhalten zugrunde liegenden Kräfte zurückführen, mögen vielleicht selbst dann einen gewissen heuristischen Wert aufweisen, wenn die Modellaussagen keiner empirischen Ueberprüfung unterzogen werden. Für die eigentlichen Katastrophenmodelle, bei denen ja die Beschreibung von ökonomischen Zusammenhängen im Vordergrund steht, trifft dies aber sicher nicht zu. Wenn derartige Modelle mehr sein wollen als leere Spekulationen, so müssen sie einer rigorosen Quantifizierung zugänglich gemacht werden. Erst eine empirische Ueberprüfung des aus einer Quantifizierung folgenden Prognosepotentials gibt reinen Beschreibungsmodellen innerhalb der Realwissenschaften eine Existenzberechtigung. Es deutet denn auch einiges darauf hin, dass sich in Zukunft der Schwerpunkt der angewandten elementaren Katastrophentheorie von der blossen Postulierung von Katastrophenmodellen auf deren empirische Ueberprüfung verlagern wird.[141]

5. Mit der Einbeziehung qualitativer Systemänderungen in die komparativ-statische Analyse weist die elementare Katastrophentheorie also den Weg zur essentiell nichtlinearen Modellierung. Damit eröffnet sie der mathematischen Wirtschaftstheorie eine neue Kategorie von Modellen. Die Katastrophenmodelle sind natürlich nicht per se den traditionellen linearen Modellen überlegen. Ihre Einführung gibt aber zur berechtigten Hoffnung Anlass, dass sich mit ihnen in

Zukunft bisher unzulänglich abgebildete oder überhaupt vernachlässigte ökonomische Phänomene befriedigender beschreiben oder gar erklären lassen. Die Modellierung qualitativer Systemänderungen mit Hilfe der elementaren Katastrophentheorie vermag den Erfolg eines Modells selbstverständlich nicht zu garantieren, denn es gibt in der Wissenschaft keinen Königsweg. Im Gegenteil: Die meisten Katastrophenmodelle werden einer rigorosen empirischen Ueberprüfung nicht standhalten. Aber, um mit den Worten von R.THOM zu schliessen, "(i)t is only because we accept the risk of error that we can get new discoveries."[142]

FUSSNOTEN ZU KAPITEL 5

*) Siehe GOLUBITSKY (1976), S. 61.

1) Meistens begnügt sich natürlich auch die orthodoxe komparativ-statische Analyse mit einer qualitativen Argumentation im ordinalen Sinn. Vgl. dazu auch Abschnitt 3.2, S. 98f.

2) Vgl. dazu auch HARRIS (1979).

3) Siehe FARARO (1978), S. 311.

4) Vgl. dazu z.B. SAMUELSON (1948), Kapitel 5, S. 90-124.

5) Dass im Optimum bzw. Gleichgewicht die Gleichung $Y=px+y$ befriedigt sein muss, folgt unmittelbar aus der Nichtsättigungsbedingung.

6) Man beachte, dass hier implizit Randlösungen ausgeschlossen werden. Eine hinreichende Bedingung für das Nichtauftreten von Randlösungen ist z.B. die Annahme $U(x,0)=U(0,y)=0$.

7) Ein Konsumplan wird hier als 'kritisch' bezeichnet, wenn er die Bedingungen erster Ordnung $F_1=F_2=F_3=0$ befriedigt.

8) Eine Indifferenzkurve $y=y(x)$ heisst genau dann streng konvex an der Stelle x', wenn $(d^2y/dx^2)(x')\neq 0$ gilt. $y=y(x)$ heisst streng konvex, wenn y an allen Stellen $x\varepsilon R^+$ streng konvex ist.

9) Beziehung (*) kann folgendermassen hergeleitet werden:

$$\frac{dy}{dx} = -\frac{\partial U/\partial x}{\partial U/\partial y}$$

$$\frac{d^2y}{dx^2} = -\frac{(d(\partial U/\partial x)/dx)(\partial U/\partial y) - (d(\partial U/\partial y)/dx)(\partial U/\partial x)}{(\partial U/\partial y)^2}$$

$$d(\partial U/\partial x) = \frac{\partial^2 U}{\partial x^2}dx + \frac{\partial^2 U}{\partial x \partial y}dy$$

$$d(\partial U/\partial y) = \frac{\partial^2 U}{\partial x \partial y}dx + \frac{\partial^2 U}{\partial y^2}dy$$

$$\frac{d^2y}{dx^2} = -\frac{\left(\frac{\partial^2 U}{\partial x^2} + \frac{\partial^2 U}{\partial x \partial y}\frac{dy}{dx}\right)\frac{\partial U}{\partial y} - \left(\frac{\partial^2 U}{\partial x \partial y} + \frac{\partial^2 U}{\partial y^2}\frac{dy}{dx}\right)\frac{\partial U}{\partial x}}{(\partial U/\partial y)^2}$$

$$\frac{dy}{dx} = -p, \qquad \frac{\partial U}{\partial x} = p \cdot \frac{\partial U}{\partial y}$$

$$\frac{d^2y}{dx^2} = - \frac{\left(\frac{\partial^2 U}{\partial x^2} - \frac{\partial^2 U}{\partial x \partial y}p\right)\frac{\partial U}{\partial y} - \left(\frac{\partial^2 U}{\partial x \partial y} - \frac{\partial^2 U}{\partial y^2}p\right)p\frac{\partial U}{\partial y}}{(\partial U/\partial y)} =$$

$$\frac{2p\frac{\partial^2 U}{\partial x \partial y} - \frac{\partial^2 U}{\partial x^2} - p^2\frac{\partial^2 U}{\partial y^2}}{\partial U/\partial y} = \frac{|\bar{H}|}{\partial U/\partial y} \rightarrow \left(\frac{d^2y}{dx^2} \gtreqless 0 \rightleftarrows |\bar{H}| \gtreqless 0\right). \blacktriangle$$

10) Vgl. dazu auch Abschnitt 3.2.

11) Vgl. dazu auch Abschnitt 3.5, S. 119f.

12) Dies gilt natürlich nur für unvollständig spezifizierte Systeme. In den seltenen Fällen, in denen man es mit einem parametrisch - oder gar vollständig spezifizierten System zu tun hat, führt die komparativ-statische Analyse selbstverständlich zu globalen Aussagen.

13) Siehe HICKS (1941), S. 20.

14) Man beachte, dass das Gesetz der abnehmenden Grenzrate der Substitution zumindest partiell, d.h für bestimmte Güter, Individuen und Zeitpunkte falsifizierbar ist.

15) Siehe HICKS (1941), S. 23.

16) Dies ist natürlich ein durchaus legitimes Vorgehen, zumal die Absicht - zumindest in der ursprünglichen Argumentation von J.R. HICKS - klar zum Ausdruck kommt. So schreibt z.B. W.A. JOEHR in seiner 'EINFUEHRUNG IN DIE WISSENSCHAFTSTHEORIE': "Bei der Modellkonstruktion geht man sehr oft vom 'Modellergebnis und nicht etwa von den Prämissen aus. Man möchte zeigen, unter welchen Bedingungen ein bestimmtes 'Ergebnis' eintritt und wählt im Modell die Prämissen so, dass dieses 'Ergebnis'... daraus folgt." Siehe JOEHR (1979), S. 79.

17) Siehe I.M.D. LITTLE: A Critique of Welfare Economics (Oxford, Clarendon Press, 1950), S. 22.

18) In den gängigen Lehrbüchern wird kaum je auf die Auswirkungen

nicht-konvexer Indifferenzkurven eingegangen. Eine Ausnahme bildet jedoch P.J. SIMMONS: Choice and Demand (London, Macmillan Student Editions, 1974), S. 35f.

19) Die kritischen Konsumpläne (x^*,y^*) mit $|\bar{H}|_{(x^*,y^*)}<0$ kann man ausser Acht lassen, da es sich dabei um relative Nutzenminima handelt.

20) Die Bedingung $(dU_{\bar{Y},\bar{p}}/dx)(x^*)=0$ ergibt sich unmittelbar aus den beiden Bedingungen $(\partial U/\partial y)/(\partial U/\partial x)=p$ und $y=Y-px$.

$$\frac{\partial U/\partial x}{\partial U/\partial y} = p \rightarrow \frac{\partial U}{\partial x} - p\frac{\partial U}{\partial y} = 0$$

$$y = Y-px \rightarrow dy = -p\cdot dx$$

$$dU = \frac{\partial U}{\partial x}dx + \frac{\partial U}{\partial y}dy = \frac{\partial U}{\partial x}dx + \frac{\partial U}{\partial y}(-p\cdot dx) = dx(\frac{\partial U}{\partial x}-p\frac{\partial U}{\partial y})$$

$$\frac{dU_{\bar{Y},\bar{p}}}{dx} = \frac{\partial U}{\partial x} - p\frac{\partial U}{\partial y} = 0. \blacktriangle$$

21) $y=y(x)$ bezeichnet hier diejenige Indifferenzkurve, die die Budgetgerade an der Stelle (x^*,y^*) tangiert.

22) Diese plausible Argumentation lässt sich leicht präzisieren, denn es gilt $d^2U_{Y,p}/dx^2=-|\bar{H}|$. Dies kann folgendermassen hergeleitet werden.

$$\frac{dU_{Y,p}}{dx} = \frac{\partial U}{\partial x} - p\frac{\partial U}{\partial y} \quad \text{(vgl. Fussnote 20)}$$

$$\frac{d^2U_{Y,p}}{dx^2} = \frac{d(\partial U/\partial x)}{dx} - p\frac{d(\partial U/\partial y)}{dx}$$

$$d(\partial U/\partial x) = \frac{\partial^2 U}{\partial x^2}dx + \frac{\partial^2 U}{\partial x\partial y}dy = \frac{\partial^2 U}{\partial x^2}dx - p\frac{\partial^2 U}{\partial x\partial y}dx$$

$$d(\partial U/\partial y) = \frac{\partial^2 U}{\partial x\partial y}dx + \frac{\partial^2 U}{\partial y^2}dy = \frac{\partial^2 U}{\partial x\partial y}dx - p\frac{\partial^2 U}{\partial y^2}dx$$

$$\frac{d^2U_{Y,p}}{dx^2} = \frac{\partial^2 U}{\partial x^2} - 2p\frac{\partial^2 U}{\partial x\partial y} + p^2\frac{\partial^2 U}{\partial y^2} = -|\bar{H}| \blacktriangle$$

23) Ein Kauf von derartigen Informationen ist nicht möglich, weil Präferenzen intersubjektiv nicht vergleichbar sind.

24) In Wirklichkeit erfordert die Anpassung natürlich Zeit, denn sie beruht ja auf dem oben beschriebenen Suchprozess. Unterstellt man jedoch, dass die Anpassung im Vergleich zur Einkommensänderung relativ schnell erfolgt, so ergeben sich aus dieser Abstraktion keinerlei Verzerrungen.

25) Man beachte, dass die Korrespondenz $x_p^*(x^*,Y)=0$ auch die relativen Nutzenminima umfasst.

26) Die Gleichgewichtskonfigurationen M_1 und M_2 entsprechen natürlich Schnitten durch die kanonische Form der Spitzenkatastrophe M_{F_2}.

27) Siehe Abbildung 5.3 und Fussnote 6.

28) 'Constraint catastrophes' werden z.B. in POSTON/STEWART (1978a), S. 389-393 bzw. RENFREW/POSTON (1979) behandelt bzw. angewandt.

29) Vgl. dazu z.B. B.S. FREY: Oekonomie als Verhaltenswissenschaft, Jahrbuch für Sozialwissenschaft 31, 1980, S.21-35, S. 24.

30) Vgl. dazu THOM (1975c), S. 46ff.

31) Siehe THOM (1975b), S. 43.

32) Vgl. dazu auch POSTON/STEWART (1978b), S. 323 oder SUSSMANN/ZAHLER (19778b), S. 161.

33) Siehe POPPER (1966), Abschnitt 35, S. 83ff.

34) Vgl. dazu auch Fussnote 24.

35) Man beachte, dass eine sofortige Anpassung bzw. das Auftreten von Diskontinuitäten für die Katastrophenmodellierung nicht essentiell ist, so wie dies R.S ZAHLER und H.J. SUSSMANN fälschlicherweise behaupten [vgl. dazu ZAHLER/SUSSMANN (1977), S. 760]. Richtig ist vielmehr, dass komparativ-statische Er-

gebnisse im allgemeinen und Katastrophenmodelle im speziellen dann den grössten logischen Gehalt aufweisen, wenn man sofortige Anpassung unterstellen darf [vgl. dazu auch S. 119 und den Leserbrief von M. DODSON in Nature 270, 22/29 Dezember 1977].

36) $x^*(x^*,a)=0$ ist demnach in $U(x_0^*,a_0)$ eine Korrespondenz.

37) Es gilt demnach $|J^X_{(x_0^*,a_0)}| = |H^F_{(x_0^*,a_0)}| = 0$, wobei $F(x,a)$ die Potentialfunktion von X bezeichnet.

38) Die strukturelle Stabilität von X ist nicht zu verwechseln mit der strukturellen Instabilität des Gleichgewichtszustands (x_0^*,a_0)!

39) Vgl. dazu ISNARD/ZEEMAN (1976).

40) Eine Einführung in die ökonomische Theorie der Politik findet sich z.B. in P. BERNHOLZ: Grundlagen der Politischen Oekonomie, insbesondere in Band 2 (Tübingen, J.C.B. Mohr, 1975), 1. Teil, S. 7-122. Den besten Ueberblick über die einschlägige Literatur vermittelt D.C. MUELLER: Public Choice, Cambridge Surveys of Economic Literature (Cambridge, Cambridge University Press, 1979).

41) In ISNARD/ZEEMAN (1976) wird die Funktion $y(x)$ eigentlich als Häufigkeitsverteilung bzw. als Dichtefunktion aufgefasst (siehe S. 46). Bei dieser Interpretation ergeben sich aber neben den offensichtlichen inhaltlichen Nachteilen auch technische Probleme. Vgl. dazu ISNARD/ZEEMAN (1976), S. 68ff.

42) Die Konzeption der Popularitätsfunktion stammt ebenso wie die später verwendete Konzeption der Reaktionsfunktion aus der Theorie der politischen Konjunkturzyklen. Vgl. dazu z.B. B.S. FREY und F. SCHNEIDER: "On the Modelling of Politico-Economic Interdependence", European Journal of Political Research 3, 1975, S. 339-360.

43) Siehe ISNARD/ZEEMAN (1976), S. 47.

44) A. DOWNS: An Economic Theory of Democracy (New-York, Harper, 1957).

45) Die Stimmenmaximierungshypothese ist verschiedentlich modifiziert worden. Vgl. dazu z.B. B.S. FREY: "Entwicklung und Stand der Neuen Politischen Oekonomie", in H.P. WIDMAIER (Hg.): Politische Oekonomie des Wohlfahrtsstaates (Frankfurt, Athenäum Fischer Taschenbuchverlag, 1974), S. 46.

46) Vgl. dazu auch ISNARD/ZEEMAN (1976), S. 51f.

47) Siehe Fussnote 43.

48) Man beachte, dass hier implizit unterstellt wird, dass das Ausmass der äusseren Bedrohung mit einer reellen Zahl hinreichend beschrieben werden kann.

49) Vgl. dazu z.B. B.S. FREY: "Politisch-ökonomische Modelle: Uebersicht und Stand der Forschung", in E. HELMSTAEDTER (Hg.): Neuere Entwicklungen in den Wirtschaftswissenschaften (Berlin, 1978), S. 503-517.

50) Einer der Werte entspricht der relativen Minimalstelle der Popularitätsfunktion.

51) Siehe ISNARD/ZEEMAN (1976), S. 72.

52) Die Termini 'Normalfaktor' und 'Spaltfaktor' (splitting factor) wurden von E.C. ZEEMAN eingeführt. Vgl. ZEEMAN (1973), S. 16.

53) H.J. SUSSMANN und R.S. ZAHLER bezweifeln die Richtigkeit dieser Herleitung. Vgl. dazu Abschnitt 5.3.1.

54) Diese Argumentation entspricht natürlich der instrumentalistischen Position der Wissenschaftstheorie, die z.B. von M. FRIEDMAN vertreten wird. Vgl. dazu z.B. J. FRANK: Kritische Oekonomie (Hamburg, rororo-studium, 1976), S. 80-86 oder JOEHR (1979), S. 94f.

55) Dasselbe gilt auch für die Hypothese 3, die in Abschnitt 5.3.1 diskutiert wird.

56) Siehe ISNARD/ZEEMAN (1976), S. 74.

57) Verschiedene sozialwissenschaftliche Katastrophenmodelle gehen anstatt von einer Potentialfunktion F(x,a) von einer Wahrscheinlichkeitsfunktion p(x,a) aus [vgl. z.B. ZEEMAN (1974a), S. 534f; SEWELL (1977), S. 416ff und BROWN (1979a und b)]. Damit stehen sie gleichsam zwischen den vollständigen und den rudimentären Katastrophenmodellen, denn die Wahrscheinlichkeitsfunktion liefert - im Gegensatz zu den Potentialfunktionen vollständiger Katastrophenmodelle - keinerlei Aufschluss über die systemimmanenten Kausalzusammenhänge. Desweitern ist zu beachten, dass es sich bei derartigen Katastrophenmodellen nicht um dynamisch-deterministische, sondern vielmehr um stochastische Systeme handelt [vgl. dazu auch COBB (1978)]. Diesem Umstand wird bei der Interpretation der Modelle oft zu wenig Rechnung getragen.

58) Vgl. dazu NURMI (1977). Als Einführung in die Prisoner's Dilemma Literatur kann z.B. R.D. LUCE und H. RAIFFA: Games and Decisions (New-York, Wiley, 1957), S. 94-102 empfohlen werden.

59) Vgl. dazu z.B. A. RAPOPORT und A.M. CHAMMAH: Prisoner's Dilemma (Ann Arbor, University of Michigan Press, 1965) und R. AXELROD: Conflict of Interest (Chicago, Markham, 1970), Kapitel 3, S. 58-75.

60) Vgl. dazu auch P. BONACICH: "Putting the Dilemma back into Prisoner's Dilemma", Journal of Conflict Resolution 14, 1970, S. 379-387.

61) Der Aufbau der Schwalbenschwanz- bzw. Schmetterlingsmodelle ist ganz analog zu demjenigen der Spitzenmodelle. Der Unterschied besteht lediglich darin, dass nicht zwei, sondern drei bzw. vier Parameter einen wesentlichen Einfluss auf das betrachtete Systemverhalten ausüben. Die entsprechenden Gleichgewichtskonfigurationen enthalten deshalb Schwalbenschwanz- bzw. Schmetterlingskatastrophen.

62) Vgl. dazu z.B. BERLINSKY (1978a); CROLL (1976); KOLATA (1977); POSTON/STEWART (1978a), Kapitel 17, S. 409-425; ROSENHAED (1977); SMALE (1978); SUSSMANN (1976); SUSSMANN/ZAHLER (1978a und b); THOM (1975c); THOM/ZEEMAN (1975) und ZAHLER/SUSSMANN (1977).

63) Siehe SUSSMANN/ZAHLER (1978b), S. 118.

64) Die erste Hypothese entspricht also den Hypothesen 1.1 bis 1.5 von Abschnitt 5.2.1.2 (S. 241) bzw. der Grundstruktur des Politik-Modells (siehe Abschnitt 5.2.1.1).

65) Die zweite Hypothese entspricht also den Hypothesen 2.1 bis 2.4 von Abschnitt 5.2.1.2 (S. 242f), die als zusätzliche Hypothesen bezeichnet werden.

66) Siehe SUSSMANN/ZAHLER (1978b), S. 157.

67) Vgl. dazu SUSSMANN/ZAHLER (1978b), S. 157ff.

68) Siehe S. 239 bzw. 241.

69) Man beachte, dass M keine Schmetterlingskatastrophe enthält, denn es gilt ja $\alpha>0$.

70) Die unpräzise Argumentation von C.A. ISNARD und E.C. ZEEMAN hat aber zu entsprechenden Misverständnissen Anlass gegeben; so z.B. in CHIDLEY (1976), S. 67f.

71) Vgl. dazu auch SUSSMANN/ZAHLER (1978b), S. 161.

72) Siehe SUSSMANN/ZAHLER (1978b), S. 160.

73) Siehe CROLL (1976), S. 632.

74) William OCCAM, 1300-1349, englischer Philosoph und Logiker.

75) Siehe L. WITTGENSTEIN: Tractatus logico-philosophicus (Frankfurt, edition suhrkamp 12, 1971), Satz 6.363, S. 109.

76) Siehe POPPER (1966), S. 103.

77) Man könnte an dieser Stelle einwenden, dass sich mit Hilfe der komparativ-statischen Analyse aus gewissen Modellannahmen auch Modellfolgerungen bzw. zu testende Hypothesen ableiten lassen. Dies entspricht der gängigen Lehrbuchinterpretation der komparativ-statischen Analyse. Es ist jedoch leicht einzusehen, dass es praktisch unmöglich ist, allein auf Grund plausibler, d.h. intersubjektiv gut abgestützter Annahmen, das Vorzeichen eines Multiplikators zu bestimmen [vgl. dazu S. 97 oder SAMUELSON (1948), S. 23-29]. Wenn man aus den Annahmen eines nichttrivialen Modells eindeutige Folgerungen herleiten kann, so bedeutet dies in den meisten Fällen, dass die Annahmen entsprechend formuliert wurden [vgl. dazu auch S. 213 und Fussnote 16]. Zwischen den Modellannahmen und den Modellfolgerungen besteht also ('historisch' gesehen) meistens keine einseitige, sondern vielmehr eine wechselseitige Beziehung, die durch Punkt (3) abgedeckt werden soll.

78) Vgl. S. 44.

79) Man beachte jedoch, dass T. POSTON in "THE ELEMENTS OF CATASTROPHE THEORY OR THE HONING OF OCCAM'S RAZOR" [POSTON (1979)] den Begriff der Einfachheit mit dem der <u>strukturellen Stabilität</u> identifiziert.

80) Ein 'Vorläufer' des Prinzips der minimalen Singularität findet sich in ZEEMAN (1977), S. 158f und S. 276. Dies wird von H.J. SUSSMANN und R.S. ZAHLER geflissentlich übersehen bzw. inhaltlich nicht verstanden [vgl. SUSSMANN/ZAHLER (1978b), S. 188ff und S. 213].

81) Siehe POSTON/STEWART (1978b), S. 323.

82) Vgl. dazu aber auch Anmerkung (2) auf S. 264.

83) Vgl. dazu POSTON/STEWART (1978b), S. 326 und die dort zitierte Literatur.

84) Vgl. dazu die entsprechenden Anmerkungen auf S. 259.

85) Man beachte, dass auch die traditionellen linearen Modelle oft keine Struktur aufweisen und somit als rudimentär bezeichnet werden können.

86) Vgl. dazu auch Abschnitt 5.5.

87) So tritt z.B. - um noch einmal auf das Modell der individuellen Güternachfrage zurückzukommen - bei der Engelschen Kurve $x^*_{\bar{p}}(x^*,Y)=0$ genau dann eine Faltenkatastrophe auf, wenn an einer kritischen Stelle x^* die Potentialfunktion $U_{Y,\bar{p}}(x)$ des Systems folgende Eigenschaften aufweist (vgl. dazu auch Abbildung 5.1): $\partial^2 U_{Y,\bar{p}}/\partial x^2=0$ und $\partial^3 U_{Y,\bar{p}}/\partial x^3 \neq 0$. Dies ist, wie man leicht nachprüfen kann, genau dann der Fall, wenn bei einer kritischen Stelle $(x^*,y^*) = (x^*,Y-\bar{p}x^*)$ die beiden folgenden Bedingungen befriedigt sind: $2\bar{p}U_{xy}=U_{x^2}+\bar{p}^2U_{y^2}$ und $U_{x^3}-3\bar{p}U_{x^2y}+3\bar{p}^2U_{xy^2}-\bar{p}^2U_{y^3}\neq 0$.

88) Siehe SUSSMANN/ZAHLER (1978b), S. 194.

89) Dieser Vorwurf trifft z.B. auch auf die Arbeit von BROWN (1979b) zu.

90) In Frage käme hier z.B. ein Konjunkturpolitikindikator.

91) Man beachte, dass in den herkömmlichen Modellen der ökonomischen Theorie der Politik nur die Auswirkungen der betriebenen Politik, nicht aber die ergriffenen Massnahmen selbst die Popularität der Regierung beeinflussen.

92) Siehe POSTON/STEWART (1978a), S. 413.

93) Vgl. dazu auch POSTON (1979), S. 434f.

94) Vgl. dazu auch die Kontroverse zwischen R. THOM und E.C. ZEEMAN in THOM/ZEEMAN (1975).

95) Siehe ZEEMAN (1976d), S. 402.

96) Vgl. dazu auch POSTON/STEWART (1978a), S. 413ff.

97) So kann man sich z.B. bei einem linearen Modell, das nur eine exogene Variable aufweist, mit der Schätzung zweier Parameter begnügen (α und β), währeddem bei einem entsprechenden Kata-

strophenmodell mindestens vier Parameter geschätzt werden müssen (α,β,γ und δ).

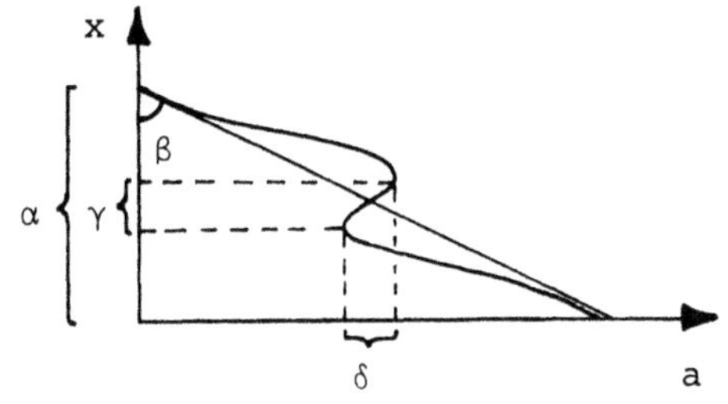

98) Siehe POSTON/STEWART (1978a), S. 428.

99) Mit der empirischen Ueberprüfung stochastischer Katastrophenmodelle [vg. Fussnote 57] beschäftigt sich COBB (1978).

100) Das in ZEEMAN (1976a) vorgestellte, quantitative Katastrophenmodell wirkt etwas gezwungen. Eine gute kritische Beurteilung dieses Modells findet sich in POSTON/STEWART (1978a), S. 420ff.

101) So könnte man z.B. beim Politik-Modell von C.A. ISNARD und E.C. ZEEMAN versuchen, die Popularitätsfunktion mittels einer Mikrofundierung parametrisch zu spezifizieren.

102) Siehe THOM (1976), S. 235.

103) Vgl. FARARO (1978), S. 311.

104) Siehe FARARO (1978), S. 311.

105) Siehe FARARO (1978), S. 312.

106) Vgl. dazu RAPOPORT (1970), S. 60-74.

107) Vgl. dazu auch FARARO (1978), S. 299-302.

108) Vgl. dazu VARIAN (1979).

109) Vgl. dazu auch ZEEMAN (1972b und 1974a).

110) In der eher statischen Analyse von A. RAPOPORT werden diese beiden Verhaltensgleichungen nicht eingeführt.

111) Das dynamische System X besitzt nur zwei Parameter (z.B. p

und β), denn es gilt ja q = 1-p.

112) Diese Behauptung lässt sich leicht beweisen. Dazu betrachtet man die Eigenwerte λ_1 und λ_2 der Linearisierungsmatrix A von X an der Stelle (x*,y*):

$$A=\begin{pmatrix} \frac{\partial\dot{x}}{\partial x} & \frac{\partial\dot{x}}{\partial y} \\ \frac{\partial\dot{y}}{\partial x} & \frac{\partial\dot{y}}{\partial y} \end{pmatrix}_{(x^*,y^*)} = \begin{pmatrix} \frac{-p^2}{\varepsilon(1+px+qy)^2} & \frac{-pq}{\varepsilon(1+px+qy)^2} \\ \frac{-pq}{\varepsilon(1+qx+py)^2} & \frac{-p^2}{\varepsilon(1+qx+py)^2} \end{pmatrix}_{(x^*,y^*)} =$$

$$= \begin{pmatrix} -\frac{\beta^2}{\varepsilon} & -\frac{\beta^2 q}{\varepsilon p} \\ -\frac{\beta^2 q}{\varepsilon p} & -\frac{\beta^2}{\varepsilon} \end{pmatrix}.$$

λ_1 und λ_2 ergeben sich aus folgendem Ansatz:

$$\begin{vmatrix} -\frac{\beta^2}{\varepsilon}-\lambda & -\frac{\beta^2 q}{\varepsilon p} \\ -\frac{\beta^2 q}{\varepsilon p} & -\frac{\beta^2}{\varepsilon}-\lambda \end{vmatrix} = \lambda^2 + \frac{2\beta^2}{\varepsilon}\lambda + \frac{\beta^4}{\varepsilon^2} - \frac{\beta^4 q^2}{\varepsilon^2 p^2} = 0$$

$$\rightarrow \lambda_{1,2} = -\frac{\beta^2}{\varepsilon}\left(1 \pm \frac{p}{q}\right).$$

Ist nun p grösser (kleiner) als q, so gilt $\lambda_{1,2} < 0$ ($\lambda_1 > 0$, $\lambda_2 < 0$). Dies bedeutet, dass das Linearisierungssystem $(x,y)^t = A(x,y)^t$ an der Stelle (0,0) einen dynamisch stabilen Knotenpunkt (Sattelpunkt) aufweist [vgl. dazu HIRSCH/SMALE (1974), S. 89-97 und Theorem 17, S. 106]. Daraus folgt aber, dass (x*,y*) ebenfalls einem dynamisch stabilen Knotenpunkt (Sattelpunkt) entspricht [vgl. dazu Theorem 17, S. 106].

113) Siehe FARARO (1978), S. 301.

114) Es wird hier ohne Beschränkung der Allgemeinheit davon ausgegangen, dass B von A ausgebeutet wird.

115) Siehe N. KALDOR: "A Model of the Trade Cycle", Economic Journal 50, 1940, S. 78-92.

116) Diese letzte Bedingung wird in der rein graphischen Analyse von

N. KALDOR nicht explizit eingeführt. Sie ist für die Herleitung des Ergebnisses auch etwas zu stark, d.h. hinreichend aber nicht notwendig.

117) Einige Probleme, die sich aus dieser Art der Modellierung ergeben, werden in VARIAN (1979), S. 18f diskutiert.

118) Darüber hinaus unterstellt N. KALDOR auch einen logistischen Verlauf der Sparfunktion $S(Y) = Y - C(Y)$. Diese Annahme ist aber für die Herleitung des Ergebnisses nicht notwendig.

119) Vgl. dazu KALDOR (1940), op. cit., S. 81.

120) Man beachte, dass die Gleichung $\dot{K}=0$ bzw. $I(Y,K)=I_0$ in diesem auf die kurze Frist ausgerichteten Modell eine Gleichgewichtsbedingung darstellt. $\dot{Y}=0$ entspricht natürlich der Gleichgewichtsbedingung $I=S$.

121) Vgl. dazu KALDOR (1940), op. cit., S. 85, Punkt (1) und (2).

122) Vgl. dazu KALDOR (1940), op. cit., S. 85, Punkt (3).

123) Ein rigoroser Beweis dieser Aussage findet sich z.B. in W. CHANG und D. SMITH: "The Existence and Persistence of Cycles in a Nonlinear Model: Kaldor's 1940 Model Re-examined", Review of Economic Studies 38, 1971, S. 37-44.

124) Vgl. dazu A. LEIJONHUFVUD: "Effective Demand Feilures", Swedish Journal of Economics, 1973, S. 27-48.

125) Eine ganz ähnliche Vorgehensweise findet sich z.B. auch in POSTON/STEWART (1978a), S. 325ff. In POSTON/STEWART (1978a), S. 419f, bemerken die beiden Autoren dazu folgendes: "Notice that while (the $\dot{Y}=0$ curve in Figure 5.19) need not be a slice of a cusp... the cusp is very common... It is therefore a reasonable practice, whenever investigating a bistable phenomenon which displays hysteresis, to look for another dimension that provides a smooth 'way around the back' of a cusp that organizes the two folds."

126) Siehe VARIAN (1979), S. 22.

127) Das Klassifikationstheorem wird bei diesem stark spezifizierten

Modell eigentlich nur dazu benötigt zu zeigen, dass die Katastrophenmenge K 'spitzenförmig' ist und nicht etwa eine Parabel darstellt.

128) In Abbildung 5.22 fungieren die Parameter K und V nicht als Normal- bzw. Spaltfaktoren, sondern als sogenannte 'Konfliktfaktoren' [vgl. dazu ZEEMAN (1973), S. 16]. Diese Konstellation ist aber bei der vagen Spezifikation des Modells nicht zwingend. Man beachte jedoch, dass bei der etwas stärkeren Spezifikation von H.R. VARIAN - er geht von einer linearen Konsumfunktion von der Form $C(Y,V) = c(V) \cdot Y + D(V)$ mit $dc/dV>0$ und $dD/dV>0$ aus - der Parameter V kein Spaltfaktor sein kann, so wie dies H.R. VARIAN irrtümlicherweise annimmt [vgl. dazu Fussnote 4 und Abbildung 6 in VARIAN (1979)].

129) Man beachte, dass die langsame Dynamik von K, d.h. Gleichung (2), unverändert bleibt. Die entsprechende Passage in VARIAN (1979) auf S. 23 ist irreführend.

130) Weitere ökonomische 'Erklärungsmodelle', die Katastrophen implizieren, finden sich z.B. in AMSON (1973), POSTON/WILSON (1977), POSTON/STEWART (1978a), S. 348ff und RENFREW/POSTON (1979).

131) Man beachte jedoch, dass die sofortige Anpassung der schnellen Variablen x keine notwendige Bedingung eines Katastrophenmodells darstellt.

132) Wird in einem Katastrophenmodell ein Parameter a_i von X mit der Zeit t identifiziert, so weist das Modell natürlich auch dann eine zeitliche Dimension auf, wenn ε verschwindet.

133) Siehe GANDOLFO (1972), S. 352.

134) Anstatt mit $F(x,a)$ könnte man im folgenden auch mit $\bar{F}(x)$ und $f_i(x,a)$ argumentieren. Die Hessesche Determinante $|H^F|$ wird dann durch die begrenzte Hessesche Determinante $|\bar{H}^F|$ ersetzt.

135) Für $n=1$ gilt $q=k$.

136) Man beachte, dass hier der Begriff 'Grundstruktur' enger gefasst wird als in Abschnitt 5.3, wo z.B. auch die nicht un-

mittelbar einsichtige Konvexitätsannahme als Element der Grundstruktur des Modells der individuellen Güternachfrage betrachtet wurde.

137) Siehe POSTON/STEWART (1978a), S. 413.

138) Siehe STEWART (1975), S. 453.

139) Vgl. dazu HARRIS (1979), S. 278ff.

140) Siehe OLIVA/CAPDEVIELLE (1980), S. 230.

141) Vgl. dazu den kürzlich erschienenen Artikel von L. COBB [COBB (1981)] oder die folgenden, noch nicht publizierten Arbeiten:

- COBB, L. (1980): "Estimation Theory for the Cusp Catastrophe Model", erscheint in: "1980 Proceedings of the Section on Survey Research Methods", American Statistical Association.

- COBB, L. (1980): "Moment Relations and Estimators for Multimodal Exponential Families", erscheint in Journal of the American Statistical Association.

- COBB, L. (1981): "The Multimodal Exponential Families of Statistical Catastrophe Theory", erscheint in: C. TAILLE, G.P. PATIL und B. BALDESSARI (Hrsg.): Statistical Distributions in Scientific Work (Reidel Press).

- COBB, L. und B. WATSON (1980): "Statistical Catastrophe Theory: An Overview", erscheint in Mathematical Modelling.

142) Siehe THOM (1976), S. 251.

LITERATURVERZEICHNIS

AMSON, J.C. (1973): "Equilibrium and Catastrophic Modes of Urban Growth", in E.L. CRIPPS (Hrsg.): London Papers of Regional Science 4 (London, Pion), S. 108-128.

AMSON, J.C. (1975): "Catastrophe Theory: A Contribution to the Study of Urban Systems?", Environment and Planning B, 2, S. 177-221.

BALASKO, Y. (1978a): "Economic Equilibrium and and Catastrophe Theory", Econometrica, 46, S. 557-569.

BALASKO, Y. (1978b): "The Behavior of Economic Equilibria: A Catastrophe Theory Approach", Behavioral Science, 23, S. 357-382.

BENNETT, J.P. (1978): "Imperialism on a Swallowtail: Applications of Catastrophe Theory to International Relations", Quality and Quantity, 12, S 1-17.

BERLINSKI, D. (1978a): "Catastrophe Theory and its Applications: A Critical Review", Behavioral Science, 23, S. 402-419.

BERLINSKI, D. (1978b): On Systems Analysis: An Essay Concerning the Limitations of some Mathematical Methods in the Social, Political, and Biological Sciences (Cambridge, MIT Press).

BERTALANFFY, L. von (1971): General System Theory (London, The Penguin Press).

BLAD, M.C. (1977): Catastrophe Theory and Economic Theory, unveröffentlichtes Diskussionspapier (vorläufige Fassung), University of Warwick.

BLAD, M.C. (1981): "Exchange of Stability in a Disequilibrium Model", Journal of Mathematical Economics, 8, S. 121-145.

BLAD, M.C. und E.C. ZEEMAN (1981): "Oscillations Between Repressed Inflation and Keynesian Equilibria", erscheint in Journal of Economic Theory.

BLASE, J.H. (1979): "Hysteresis and Catastrophe Theory: Empirical Identification in Transport Modelling", Environment and Planning A, 11, S. 675-688.

BROECKER, T. und L. LANDER (1975): Differential Germs and Catastrophes, London Mathematical Society Lecture Note Series 17 (Cambridge, Cambridge University Press).

BROWN, W.S. (1977): An Economic Application of Catastrophe Theory, unveröffentlichte Dissertation, Colorado University.

BROWN, W.S. (1979a): "A Discontinuous Macro Investment Model", Atlantic Economic Journal, 7, S. 26-32.

BROWN, W.S. (1979b): A Discontinuous Model of Consumer Choice, unveröffentlichtes Diskussionspapier, University of Wisconsin-Oshkosh.

BROWN, W.S. (1979c): Buchbesprechung von WOODCOCK/DAVIS (1978), Journal of Economic Literature, 17, S. 1020f.

BROWN, W.S. und D.K. HOOVER (1979): "Institutional Change and Catastrophe Theory", Journal of Economics, 5, S. 235-237.

BRUTER, C.P. (1974): Topologie et perception, Tome I: Bases philosophiques et mathématiques (Paris, Doin/Maloine).

BRUTER, C.P. (1978): "The Theory of Catastrophes: Some Epistemological Aspects", Synthese, 39, S. 293-315.

BRUTER, C.P. (1979): "La théorie des catastrophes: défense et illustration", Economie Appliquée, 32, S.441-467.

CALLAHAN, J.J. (1974): "Singularities and Plane Maps", American Mathematical Monthly, 81, 211-240.

CALLAHAN, J.J. (1976): "Sngularities and Plane Maps II: Sketching Catastrophes", Discussion Paper, Mathematics Institute of the University of Warwick, April 1976.

CASTI, J. und H. SWAIN (1975): "Catastrophe Theory and Urban Process", Research Memorandum, IIASA RM-75-14, Laxenburg.

CHIANG, A.C. (1974): Fundamental Methods of Mathematical Economics (Tokyo, McGraw-Hill).

CHIDLEY, J. (1976): "Catastrophe Theory in Consumer Attitude Studies", Journal of the Market Research Society, 18, S. 64-92.

CHIDLEY, J., P. LEWIS und P. WALKER (1978): "The Cusp Catastrophe as a Market Planning Aid", Behavioral Science, 23, S. 351-359.

CHILLINGWORTH, D. (1975): "Elementary Catastrophe Theory", Bulletin of the Institute of Mathematics and its Applications, 11, S. 155-159.

CHILLINGWORTH, D. (1976a): Differential Topology With a View to Applications (London, Pitman).

CHILLINGWORTH, D. (1976b): "Structural Stability of Mathematical Models: The Role of the Catastrophe Method", in J.G. Andrews und R.R. McLone (Hrsg.): Mathematical Modelling (London, Butterwoths), S. 231-258.

CHILVER, H. (1975): "Wider Implications of Catastrophe Theory". Nature, 254, S. 381.

COBB, L. (1978): "Stochastic Catastrophe Models and Multimodal Distributions", Behavioral Science, 23, S. 360-374.

COBB, L. (1981): "Parameter Estimation for the Cusp Catastrophe Model", Behavioral Science, 26, S. 75-78.

CROLL, J. (1976): "Is Catastrophe Theory Dangerous?", New Scientist, 17. Juni, S. 630-632.

DEAKIN, M.A.B. (1978): "An Elementary Approach to Catastrophe Theory", Bulletin of Mathematical Biology, 40, S.429-450.

DEBREU, G. (1976): "Regular Differential Economies", American Economic Review, 66, 280-287.

DENDRINOS, D.S. (1981): "Individual Lot and Neighborhood Competitive Equilibria: Some Extensions from the Theory of Structural Stability", Journal of Regional Science, 21, S. 37-49.

DOCKENS III, W.S. (1979): "Induction/Catastrophe Theory: A Behavioral Ecological Approach to Cognition in Human Individuals", Behavioral Science, 23, S. 94-111.

DODSON. C.T.J. und M.M. DODSON (1977): "Simple Nonlinear Systems and the Cusp Catastrophe", Bulletin of the Institute of Mathematics and its Applications, 13, S. 77-85.

EKELAND, I. (1977): "La théorie des catastrophes", La Recherche, 8, S. 745-754.

FARARO, T.J. (1978): "An Introduction to Catastrophe Theory", Behavioral Science, 23, S. 291-317.

FLAY B.R. (1978): "Catastrophe Theory in Social Psychology: Some Applications to Attitudes and Social Behaviour", Behavioral Science, 23, S. 335-350.

FOERSTER, W. (1974): "Katastrophentheorie", Acta Physiaca Austriaca, 39, S. 201-211.

FOWLER, D.H. (1972): "The Riemann-Hugoniot Catastrophe and van der Waals Equation", in C.H. WADDINGTON (Hrsg.): Towards a Theoretical Biology, Vol. 4 (Edinburgh, Edinburgh University Press), S. 1-7.

FREEDLE, R. (1977): "Psychology, Thomian Toplogies, Deviant Logics, and Human Development", in N. DATAN und H.W. REESE (Hrsg.): Life-Span Developmental Psychology (NY, Academic Press), S.317-341

FREI, G. (1976): "Die Katastrophentheorie", Neue Zürcher Zeitung, 14.7.1976, S. 33.

FREI, G., W. BLUMER und J. GUT (1977): Katastrophentheorie (Zürich, Forschungsinstitut für militärische Bautechnik).

FREY, P.W. und R.J. SEARS (1978): "Model of Conditioning Incorporating the Rescorla-Wagner Associative Axiom, a Dynamic Attention Process, and a Catastrophe Rule", Psychological Review, 85, S. 321-340.

FUNG, K.K. (1980): "Benefits and Costs of Confidential Information: An Application of Systems Theory and Catastrophe Theory", Behavioral Science, 25, S. 192-204.

GALATZER-LEVY, R.M. (1978): "Qualitative Change From Quantitative Change: Mathematical Catastrophe Theory in Relation to Psychoanalysis", Journal of the American Psychoanalytical Association, 26, S. 921-935.

GANDOLFO, G. (1972): Mathematical Methods and Models in Economic Dynamics (Amsterdam, North-Holland).

GEORGE, D. (1981): "Equilibrium and Catastrophes in Economics", Scottish Journal of Political Economy, 28, S. 43-61.

GOLUBITSKY, M. (1976): An Introduction to Catastrophe Theory and its Applications, Lecture Notes, Queens College, New-York.

GOLUBITSKY, M. und V. GUILLEMIN (1973): Stable Mappings and Their Singularities, Graduate Texts in Mathematics (New-York, Springer).

GOODWIN, R. (1978): "Wicksell and the Malthusian Catastrophe", Scandinavian Journal of Economics, 80, S. 190-198.

GRAHAM, R.J. und J. SELTZER (1979): "An Application of Catastrophe Theory to Management Science Process", OMEGA, The International Journal of Management Science, 7, S. 61-66.

GUASTELLO, S.J. (1981): "Catastrophe Modelling of Equity in Organizations", Behavioral Science, 26, S. 63-74.

HARRIS, L. (1979): "Catastrophe Theory, Utility Theory and Animal Spirit Expectations", Australian Economic Papers, 18, S. 268-282.

HICKS, J.R. (1938): Value and Capital (Oxford, Clarendon Press).

HIRSCH, M.W. und S. SMALE (1974): Differential Equations, Dynamical Systems, and Linear Algebra (New-York, Academic Press).

HO, T. und A. SAUNDERS (1980): "A Catastrophe Model of Bank Failure", The Journal of Finance, 15, S. 1189-1207.

HOLT, R.T., B.L. JOB und L. MARKUS (1978): "Catastrophe Theory and the study of War", Journal of Conflict Resolution, 22, S. 171-208.

HUGHES, A. (1977): "An Application of Catastrophe Theory", Mathematical Gazette, 61, S. 1-20.

ISNARD, C.A. und E.C. ZEEMAN (1976): "Some Models From Catastrophe Theory in the Social Sciences", in L. COLLINS (Hrsg.): Models in the Social Sciences (Boulder, Westview Press), S. 44-100.

JIOBU, R.M. und T.D. LUNDGREN (1978): "Catastrophe Theory: A Quasi Quantitative Methodology", Sociological Methods and Research, 7, S. 29-54.

JOEHR, W.A. (Hrsg.) (1979): Einführung in die Wissenschaftstheorie für Nationalökonomen, Band 1 (St. Gallen, Verlag W. Surbir).

JONES, D.D. (1975): "The Application of Catastrophe Theory to Ecological Systems", Research Memorandum, IIASA RR-75-15, Laxenburg.

KILMISTER, C.W. (1976): "Population in Cities", Mathematical Gazette, 60, S. 174-210.

KOLATA, G. (1977): "Catastrophe Theory: The Emperor Has No Clothes", Science, 196, S. 287 und 350-351.

KUPPERMAN, R.H. und H.A. SMITH (1978): "A Catastrophe Surface in Mutual Deterrence Theory: Arms Limitations and Crisis Instability", Journal of Peace Science, 3, S. 111-130.

LEVY-LEBLOND, J.-M. (1977): "Des mathématiques catastrophiques", Critique, 359, S. 431-441.

LU, Yung-Chen (1976): Singularity Theory and an Introduction to Catastrophe Theory (New-York, Springer).

MAGIL, M.J.P. (1977): "Some New Results on the Local Stability of the Process of Capital Accumulation", Journal of Economic Theory, 15, S. 174-210.

MANNING, A. (Hrsg.) (1975): Dynamical Systems - Warwick 1974, Lecture Notes in Mathematics, 468 (Berlin & New-York, Springer).

MARKUS, L. (1975): "Catastrophe Theory in Differentiable Games", in J.D. GROTE (Hrsg.): The Theory and Application of Differential Games (Dordrecht, D. Reidel), S. 301-310.

MARKUS, L. (1976): "Catastrophes and Economic Equilibria", in D.L. RUSSELL (Hrsg.): Calculus of Variations and Control Theory (New-York), S. 73-91.

MATHER, J.N. (1968-1971): "Stability of C^{∞}-Mappings"
- I: The Division Theorem, Annals of Mathematics, 87, 1968a, S. 89-104.
- II: Infinitesimal Stability Implies Stability, Annals of Mathematics, 89, 1969a, S. 254-291.
- III: Finitely Determined Map Germs, Publ. Math. IHES, 35, 1968b, S. 127-156.
- IV: Classification of Stable Germs by R-Algebras, Publ. Math. IHES, 37, 1969b, S. 223-248.
- V: Transversality, Adv. Math., 4, 1970, S. 301-336.
- VI: The Nice Dimensions, in C.T.C. WALL (Hrsg.): Proceedings of the Liverpool Singularities Symposium, Lecture Notes in Mathematics, 192, 1971 (New-York, Springer), S. 207-253.

McCAIN, R.A. (1981): "Cultivation of Taste, Catastrophe Theory, and the Demand for Work of Art", American Economic Review, P&P, 71, S. 332-334.

MEES, A.I. (1975): "The Revival of Cities in Medieval Europe (An Application of Catastrophe Theory)", Regional Science and Urban Economics, 5, S. 403-425.

MENSCH, G., K. KARSCH, A. KLEINKNECHT und R. SCHNOPP (1980): "Innovation Trends, and Switching Between Full- and Under-Employment Equilibria, 1950-1978", Diskussionspapier, Internationales Institut für Management und Verwaltung, Wissenschaftszentrum Berlin.

MICHOR, P. (1976): "Classification of Elementary Catastrophes of Co-Dimension 6", Institutsbericht Nr. 51, Institut für Mathematik, Johannes Keppler Universität, Linz.

MIKLAS, W.E. (1979): "Measuring Customer Response to Stock-Outs", International Journal of Physical Distribution and Material Management, 15, S. 213-242.

NEWBOULD, G.D. (1980): "A Catastrophe Theory Analysis: City Government Finances", Public Finance Quarterly, 8, S. 307-321.

NEWSWEEK (1976): Catastrophe Theory, 19. Januar.

NURMI, H. (1977): "The Cusp Catastrophe Model of the Prisoner's Dilemma", in H. NURMI: Rationality and Public Goods: Essay in Analytic Political Theory, Commentationes Scientiarum Socialium, Nr. 9 (Helsinki, Societas Scientiarum Fennica), S. 68-79.

OLIVA, T.A. und C.M. CAPDEVIELLE (1980): "Sussmann and Zahler: Throwing the Baby out with the Bathwater", Behavioral Science, 25, S. 229-230.

OLIVA, T.A., M.H. PETERS und H.S.K. MURTHY (1981): "A Preliminary Empirical Test of a Cusp Catastrophe Model in the Social Sciences", Behavioral Science, 26, S. 153-162.

O'SHEA, D. (1977): "An Exposition of Catastrophe Theory and its Application to Phase Transitions", Queen's Papers in Pure and Applied Mathematics Nr. 47, Queen's University, Kingston, Ontario, Canada.

PHILLIPS, W. und R. RIMKUNAS (1978): "The Concept of Crisis in International Politics", Journal of Peace Research, 15, S. 259-272

POPPER, K.R. (1966): Logik der Forschung, zweite erweiterte Auflage (Tübingen, J.C.B. Mohr).

POPPER, K.R. (1979): Ausgangspunkte: Meine intellektuelle Entwicklung (Hamburg, Hoffmann und Campe).

POSTON, T. (1976): "The Computational Rules of Catastrophe Theory", in BILLETTER, CUENOD und KLACZKO (Hrsg.): Overlapping Tendencies in Operations Research, Systems Theory, and Cybernetics (Basel, Birkhäuser), S. 461-469.

POSTON, T. (1979): "The Elements of Catastrophe Theory or the Honing of Occam's Razor", in RENFREW/COOKE (1979), S.425-436.

POSTON, T. und I. STEWART (1976): Taylor Expansions and Catastrophes (London, Pitman).

POSTON, T. und I. STEWART (1978a): Catastrophe Theory and its Applications (London, Pitman).

POSTON, T. und I. STEWART (1978b): "Nonlinear Modelling of Multistable Perception", Behavioral Science, 23, S. 318-334.

POSTON, T. und A.G. WILSON (1977): "Facility Size Versus Distance Travelled: Urban Services and the Fold Catastrophe", Environment and Planning A, 9, S. 681-686.

POSTON, T. und A.E.R. WOODCOCK (1973): "Zeeman's Catastrophe Machine", Proceedings of the Cambridge Philosophical Society, 74, S. 217-226.

QUIRK, J. und R. SAPOSNIK (1968): Introduction to General Equilibrium Theory and Welfare Economics (New-York, McGraw-Hill).

RAND, D. (1976): "Thresholds in Pareto Sets", Journal of Mathematical Economics, 3, S. 139-154.

RAND, D. (1977a): "Arnold's Classification of Simple Singularities of Smooth Functions", Diskussionspapier, Mathematics Institute of the University of Warwick.

RAND, D. (1977b): "Catastrophes and Economic Models", in Systèmes dynamiques et modèles économiques, Editions du Centre National de la Recherche Scientifique, 259 (Paris), S. 77-88.

RENFREW, C. (1978): "Trajectory Discontinuity and Morphogenesis: The Implications of Catastrophe Theory for Archeology", American Antiquity, 43, S. 203-222.

RENFREW, C. (1979): "System Collapse as Social Transformation: Catastrophe and Anastrophe in Early State Societies", in RENFREW/COOKE (1979), S. 481-506.

RENFREW, C. und K.L. COOKE (1979): Transformations: Mathematical Approach to Cultural Change (New-York, Academic Press).

RENFREW, C. und T. POSTON (1979): "Discontinuities in the Endogenous Change of Settlement Pattern", in RENFREW/COOKE (1979), S. 437-461.

RAPOPORT, A. (1970): Fights, Games, and Debates (Ann Arbor, the University of Michigan Press).

RIBEIL, G. (1976): Théorie des catastrophes de Thom: une illustration économique", Metra, 14, S. 499-527.

ROSENHEAD, J. (1977): "Prison 'Catastrophe'", New Scientist, 15. Juli.

SAARI, D.G. (1977): "Qualitative Model for Dynamics of Cognitive Processes", Journal of Mathematical Psychology, 15, S. 145-168.

SAMUELSON, P.A. (1948): Foundations of Economic Analysis (Cambridge, Harvard University Press).

SAUNDERS, P.T. (1980): An Introduction to Catastrophe Theory (Cambridge, Cambridge University Press).

SCHOFIELD, N. (1977): "The Logic of Catastrophe", Human Ecology, 5, S. 261-271.

SCHOFIELD, N. (1979): Catastrophe Theory and Dynamic Games, unveröffentlichtes Diskussionspapier, University of Essex.

SEWELL, M.J. (1975): "Kitchen Catastrophe", Mathematical Gazette, 59, S. 246-259.

SEWELL, M.J. (1976): "Some Mechanical Examples of Catastrophe Theory", Bulletin of the Institute of Mathematics and its Applications, 12, S. 163-172.

SEWELL, M.J. (1977): "Elementary Catastrophe Theory", in F.H. BRANIN und K. HUSEYIN (Hrsg.) : Problem Analysis in Science and Engineering (New-York, Academic Press), S. 391-426.

SMALE, S. (1973): "Global Analysis and Economics I: Pareto Optimum and a Generalization of Morse Theory", in M.M. PEIXOTO (Hrsg.): Dynamical Systems (New-York, Academic Press), S. 531-544.

SMALE, S. (1978): "Catastrophe Theory: Selected Papers, 1972-1977, by E.C. ZEEMAN", Bulletin of the American Mathematical Society, 84, S. 1360-1368.

DER SPIEGEL (1976): Vergnügen am Knick, Nr. 4, S. 115-117.

STEEN, L.A. (1977): "Catastrophe Theory: The First Decade", Science News, 111, S. 218-219 und S. 223.

STEWART, I. (1975): "The Seven Elementary Catastrophes", The New Scientist, 20.11.1975, S. 447-454.

STEWART, I. (1977): "Catastrophe Theory", Mathematical Cronicle, 5, S. 140-165.

SUSSMANN, H.J. (1975): "Catastrophe Theory", Synthese, 31, S. 229-270.

SUSSMANN, H.J. (1976): "Catastrophe Theory: A Preliminary Critical Study", in Biennal Meeting of the Philosophy of Science Association, Vol. 1, S. 256-286.

SUSSMANN, H.J. (1977): "Essay Concerning the Limitations of Some Mathematical Methods", Human Ecology, 5, S. 383-385.

SUSSMANN, H.J. und R.S. ZAHLER (1978a): "A Critique of Applied Catastrophe Theory in the Behavioral Sciences", Behavioral Science, 23, S. 383-389.

SUSSMANN, H.J. und R.S. ZAHLER (1978b): "Catastrophe Theory as Applied to the Social and Biological Sciences: A Critique", Synthese, 37, S. 117-216.

THOM, R. (1968): "Une théorie dynamique de la morphogénèse", in C.H. WADDINGTON (Hrg.): Towards a Theoretical Biology, Vol. 1 (Edinburgh, Edinburgh University Press), S. 152-179.

THOM, R. (1970): "Topological Models in Biology", in C.H. WADDINGTON (Hrg.): Towards a Theoretical Biology, Vol. 3 (Edinburgh, Edinburgh University Press), S. 89-116.

THOM, R. (1973): "Langage et catastrophes: Eléments pour une sémantique topologique", in M.M. PEIXOTO (Hrg.): Dynamical Systems (New-York, Academic Press), S. 619-654.

THOM, R. (1974): Modèles Mathématiques de la Morphogénèse (Paris, Editions 10/18)

THOM, R. (1975a): "D'un modèle de la science à une science des modèles", Synthese, 31, S. 359-374.

THOM, R. (1975b): Structural Stability and Morphogenesis (New-York, Benjamin-Addison Wesley).

THOM, R. (1975c): "Temporal Evolution of Catastrophes", in S. THOMEIER (Hrg.): Topology and its Applications, Lecture Notes in Pure and Applied Mathematics, 12 (New-York, Dekker), S. 27-74.

THOM, R. (1975d): "Was Newton's Apple a Cusp or a Swallowtail?", The Times Higher Educational Supplement, 5.12.1975, S. 13.

THOM, R. (1976): "The Two-Fold Way of Catastrophe Theory", in P. HILTON (Hrsg.): Structural Stability, the Theory of Catastrophes and Application in the Sciences, Lecture Notes in Mathematics, 525 (New-York, Springer), S. 235-252.

THOM, R. (1977a): "Rôle et limites de la mathematisation en sciences", Pensée, S, 36-42.

THOM, R. (1977b): "Structural Stability, Catastrophe Theory, and Applied Mathematics", SIAM Review, 19, S. 189-201.

THOM, R. (1977c): "Théorie des catastrophes, sciences sociales et prospectives", Furutibles, 9, S. 83-103.

THOM, R., J.-F. FOGEL und J.-L. HUE (1977): "La planète de l'oncle Thom", Le Sauvage, Januar, S. 74-80.

THOM, R. und E.C. ZEEMAN (1975): "Catastrophe Theory: Its Present State and Future Perspectives", in MANNING (1975), S. 366-401.

THOMPSON, J.M.T. (1975): "Experiments in Catastrophe", Nature, 254, S. 392-395.

THOMPSON, J.M.T. und G. W. HUNT (1977): "Bifurcation Theory for Instabilities of Optimization and Design", Synthese, 36, S. 315-351.

VARIAN, H.L. (1979): "Catastrophe Theory and the Business Cycle", Economic Inquiry, 17, S. 14-28.

WALGATE, R. (1975): "René Thom Clears up Catastrophes", New Scientist, 68, S. 578.

WALLACE, A. (1968): Differential Topology: First Steps (New-York, Benjamin).

WILSON, A.G. (1976): "Catastrophe Theory and Urban Modelling: An Application to Modal Choice", Environment and Planning A, 8, S. 351-356.

WOODCOCK, A.E.R. (1977): "Catastrophe Theory: Predicting Unpredictable", Machine Design, 49, S. 80-91.

WOODCOCK, A.E.R. (1978a): "Landscapes of Change: Catastrophe Theory and Biological Processes", Behavioral Science, 23, S. 390-401.

WOODCOCK, A.E.R. (1978b): "On the Geometry of Space and Time-Equivalent Catastrophes", Bulletin of Mathematical Biology, 40, S. 1-25.

WOODCOCK, A.E.R. und M. DAVIS (1978): Catastrophe Theory (New-York, Dutton).

WOODCOCK, A.E.R. und T. POSTON (1974): A Geometrical Study of the Elementary Catastrophes, Lecture Notes in Mathematics, 373 (New-York, Springer).

YANNACOPOULOS, N.A. (1981): "Rosa Luxemburg's Theory of Capitalist Catastrophe", Journal of Post Keynesian Economics, 3, S. 452-456.

ZAHLER, R.S. und H.J. SUSSMANN (1977): "Claims and Accomplishments of Applied Catastrophe Theory", Nature, 269, S. 759-763.

ZEEMAN, E.C. (1971): "The Geometry of Catastrophe", Times Literary Supplement, 10.12.1971, S. 1556-1557.

ZEEMAN, E.C. (1972a): "A Catastrophe Machine", in C.H. WADDINGTON (Hrsg.): Toward a Theoretical Biology, Vol. 4 (Edinburgh, Edinburgh University Press), S. 276-282.

ZEEMAN, E.C. (1972b): "Differential Equations for the Heartbeat and Nerve Impulse", in C.H. WADDINGTON (Hrsg.): Towards a Theoretical Biology, Vol. 4 (Edinburgh, Edinburgh University Press), S. 8-67.

ZEEMAN, E.C. (1973): "Applications of Catastrophe Theory", in Proceedings of the Tokyo International Conference on Manifolds and Related Topics in Topology, S. 11-23.

ZEEMAN, E.C. (1974a): "Levels of Structure in Catastrophe Theory Illustrated by Applications in the Social and Biological Sciences", in Proceedings of the International Congress of Mathematics, Vancouver 1974, S. 533-546.

ZEEMAN, E.C. (1974b): "On the Unstable Behaviour of Stock Exchanges Exchanges", Journal of Mathematical Economics, 1, S. 39-49.

ZEEMAN, E.C. (1976a): "A Mathematical Model for Conflicting Judgements Caused by Stress Applied to Possible Misestimations of Speed Caused by Alcohol", British Journal of Mathematical and Statistical Psychology, 29, S. 19-31.

ZEEMAN, E.C. (1976b): "Brain Modelling", in P. HILTON (Hrsg.): Structural Stability, the Theory of Catastrophes, and Applications in the Sciences, Lecture Notes in Mathematics, 525 (New-York, Springer), S. 367-372.

ZEEMAN, E.C. (1976c): "Catastrophe Theory", Scientific American, 234, S. 65-83.

ZEEMAN, E.C. (1976d): "Prison Disturbances", in P. HILTON (Hrsg.): Structural Stability, the Theory of Catastrophes, and its Applications in the Sciences, Lecture Notes in Mathematics, 525 (New-York, Springer), S. 402-406.

ZEEMAN, E.C. (1977): Catastrophe Theory (Selected Papers, 1972-1977) (Reading(Mass.), Addison-Wesley).

ZEEMAN, E.C., C. HALL, P.J. HARRISON, H. MARRIAGE und P.A. SHAPLAND (1976a): "A Model for Institutional Disturbances", British Journal of Mathematical and Statistical Psychology, 29, S. 66-80.

ZEEMAN, E.C. und D.J.A. TROTMAN (1976b): "The Classification of Elementary Catastrophes of Codimension ≦5", in P. HILTON (Hrsg.): Structural Stability, the Theory of Catastrophes , and its Applications in the Sciences, Lecture Notes in Mathematics, 525 (New-York, Springer), S. 263-327.

Vol. 83: NTG/GI-Gesellschaft für Informatik, Nachrichtentechnische Gesellschaft. Fachtagung „Cognitive Verfahren und Systeme", Hamburg, 11.–13. April 1973. Herausgegeben im Auftrag der NTG/GI von Th. Einsele, W. Giloi und H.-H. Nagel. VIII, 373 Seiten. 1973.

Vol. 84: A. V. Balakrishnan, Stochastic Differential Systems I. Filtering and Control. A Function Space Approach. V, 252 pages. 1973.

Vol. 85: T. Page, Economics of Involuntary Transfers: A Unified Approach to Pollution and Congestion Externalities. XI, 159 pages. 1973.

Vol. 86: Symposium on the Theory of Scheduling and its Applications. Edited by S. E. Elmaghraby. VIII, 437 pages. 1973.

Vol. 87: G. F. Newell, Approximate Stochastic Behavior of n-Server Service Systems with Large n. VII, 118 pages. 1973.

Vol. 88: H. Steckhan, Güterströme in Netzen. VII, 134 Seiten. 1973.

Vol. 89: J. P. Wallace and A. Sherret, Estimation of Product. Attributes and Their Importances. V, 94 pages. 1973.

Vol. 90: J.-F. Richard, Posterior and Predictive Densities for Simultaneous Equation Models. VI, 226 pages. 1973.

Vol. 91: Th. Marschak and R. Selten, General Equilibrium with Price-Making Firms. XI, 246 pages. 1974.

Vol. 92: E. Dierker, Topological Methods in Walrasian Economics. IV, 130 pages. 1974.

Vol. 93: 4th IFAC/IFIP International Conference on Digital Computer Applications to Process Control, Part I. Zürich/Switzerland, March 19–22, 1974. Edited by M. Mansour and W. Schaufelberger. XVIII, 544 pages. 1974.

Vol. 94: 4th IFAC/IFIP International Conference on Digital Computer Applications to Process Control, Part II. Zürich/Switzerland, March 19–22, 1974. Edited by M. Mansour and W. Schaufelberger. XVIII, 546 pages. 1974.

Vol. 95: M. Zeleny, Linear Multiobjective Programming. X, 220 pages. 1974.

Vol. 96: O. Moeschlin, Zur Theorie von Neumannscher Wachstumsmodelle. XI, 115 Seiten. 1974.

Vol. 97: G. Schmidt, Über die Stabilität des einfachen Bedienungskanals. VII, 147 Seiten. 1974.

Vol. 98: Mathematical Methods in Queueing Theory. Proceedings 1973. Edited by A. B. Clarke. VII, 374 pages. 1974.

Vol. 99: Production Theory. Edited by W. Eichhorn, R. Henn, O. Opitz, and R. W. Shephard. VIII, 386 pages. 1974.

Vol. 100: B. S. Duran and P. L. Odell, Cluster Analysis. A Survey. VI, 137 pages. 1974.

Vol. 101: W. M. Wonham, Linear Multivariable Control. A Geometric Approach. X, 344 pages. 1974.

Vol. 102: Analyse Convexe et Ses Applications. Comptes Rendus, Janvier 1974. Edited by J.-P. Aubin. IV, 244 pages. 1974.

Vol. 103: D. E. Boyce, A. Farhi, R. Weischedel, Optimal Subset Selection. Multiple Regression, Interdependence and Optimal Network Algorithms. XIII, 187 pages. 1974.

Vol. 104: S. Fujino, A Neo-Keynesian Theory of Inflation and Economic Growth. V, 96 pages. 1974.

Vol. 105: Optimal Control Theory and its Applications. Part I. Proceedings 1973. Edited by B. J. Kirby. VI, 425 pages. 1974.

Vol. 106: Optimal Control Theory and its Applications. Part II. Proceedings 1973. Edited by B. J. Kirby. VI, 403 pages. 1974.

Vol. 107: Control Theory, Numerical Methods and Computer Systems Modeling. International Symposium, Rocquencourt, June 17–21, 1974. Edited by A. Bensoussan and J. L. Lions. VIII, 757 pages. 1975.

Vol. 108: F. Bauer et al., Supercritical Wing Sections II. A Handbook. V, 296 pages. 1975.

Vol. 109: R. von Randow, Introduction to the Theory of Matroids. IX, 102 pages. 1975.

Vol. 110: C. Striebel, Optimal Control of Discrete Time Stochastic Systems. III. 208 pages. 1975.

Vol. 111: Variable Structure Systems with Application to Economics and Biology. Proceedings 1974. Edited by A. Ruberti and R. R. Mohler. VI, 321 pages. 1975.

Vol. 112: J. Wilhelm, Objectives and Multi-Objective Decision Making Under Uncertainty. IV, 111 pages. 1975.

Vol. 113: G. A. Aschinger, Stabilitätsaussagen über Klassen von Matrizen mit verschwindenden Zeilensummen. V, 102 Seiten. 1975.

Vol. 114: G. Uebe, Produktionstheorie. XVII, 301 Seiten. 1976.

Vol. 115: Anderson et al., Foundations of System Theory: Finitary and Infinitary Conditions. VII, 93 pages. 1976

Vol. 116: K. Miyazawa, Input-Output Analysis and the Structure of Income Distribution. IX, 135 pages. 1976.

Vol. 117: Optimization and Operations Research. Proceedings 1975. Edited by W. Oettli and K. Ritter. IV, 316 pages. 1976.

Vol. 118: Traffic Equilibrium Methods, Proceedings 1974. Edited by M. A. Florian. XXIII, 432 pages. 1976.

Vol. 119: Inflation in Small Countries. Proceedings 1974. Edited by H. Frisch. VI, 356 pages. 1976.

Vol. 120: G. Hasenkamp, Specification and Estimation of Multiple-Output Production Functions. VII, 151 pages. 1976.

Vol. 121: J. W. Cohen, On Regenerative Processes in Queueing Theory. IX, 93 pages. 1976.

Vol. 122: M. S. Bazaraa, and C. M. Shetty, Foundations of Optimization VI. 193 pages. 1976

Vol. 123: Multiple Criteria Decision Making. Kyoto 1975. Edited by M. Zeleny. XXVII, 345 pages. 1976.

Vol. 124: M. J. Todd. The Computation of Fixed Points and Applications. VII, 129 pages. 1976.

Vol. 125: Karl C. Mosler. Optimale Transportnetze. Zur Bestimmung ihres kostengünstigsten Standorts bei gegebener Nachfrage. VI, 142 Seiten. 1976.

Vol. 126: Energy, Regional Science and Public Policy. Energy and Environment I. Proceedings 1975. Edited by M. Chatterji and P. Van Rompuy. VIII, 316 pages. 1976.

Vol. 127: Environment, Regional Science and Interregional Modeling. Energy and Environment II. Proceedings 1975. Edited by M. Chatterji and P. Van Rompuy. IX, 211 pages. 1976.

Vol. 128: Integer Programming and Related Areas. A Classified Bibliography. Edited by C. Kastning. XII, 495 pages. 1976.

Vol. 129: H.-J. Lüthi, Komplementaritäts- und Fixpunktalgorithmen in der mathematischen Programmierung. Spieltheorie und Ökonomie. VII, 145 Seiten. 1976.

Vol. 130: Multiple Criteria Decision Making, Jouy-en-Josas, France. Proceedings 1975. Edited by H. Thiriez and S. Zionts. VI, 409 pages. 1976.

Vol. 131: Mathematical Systems Theory. Proceedings 1975. Edited by G. Marchesini and S. K. Mitter. X, 408 pages. 1976.

Vol. 132: U. H. Funke, Mathematical Models in Marketing. A Collection of Abstracts. XX, 514 pages. 1976.

Vol. 133: Warsaw Fall Seminars in Mathematical Economics 1975. Edited by M. W. Loś, J. Loś, and A. Wieczorek. V. 159 pages. 1976.

Vol. 134: Computing Methods in Applied Sciences and Engineering. Proceedings 1975. VIII, 390 pages. 1976.

Vol. 135: H. Haga, A Disequilibrium – Equilibrium Model with Money and Bonds. A Keynesian – Walrasian Synthesis. VI, 119 pages. 1976.

Vol. 136: E. Kofler und G. Menges, Entscheidungen bei unvollständiger Information. XII, 357 Seiten. 1976.

Vol. 137: R. Wets, Grundlagen Konvexer Optimierung. VI, 146 Seiten. 1976.

Vol. 138: K. Okuguchi, Expectations and Stability in Oligopoly Models. VI, 103 pages. 1976.

Vol. 139: Production Theory and Its Applications. Proceedings. Edited by H. Albach and G. Bergendahl. VIII, 193 pages. 1977.

Vol. 140: W. Eichhorn and J. Voeller, Theory of the Price Index. Fisher's Test Approach and Generalizations. VII, 95 pages. 1976.

Vol. 141: Mathematical Economics and Game Theory. Essays in Honor of Oskar Morgenstern. Edited by R. Henn and O. Moeschlin. XIV, 703 pages. 1977.

Vol. 142: J. S. Lane, On Optimal Population Paths. V, 123 pages. 1977.

Vol. 143: B. Näslund, An Analysis of Economic Size Distributions. XV, 100 pages. 1977.

Vol. 144: Convex Analysis and Its Applications. Proceedings 1976. Edited by A. Auslender. VI, 219 pages. 1977.

Vol. 145: J. Rosenmüller, Extreme Games and Their Solutions. IV, 126 pages. 1977.

Vol. 146: In Search of Economic Indicators. Edited by W. H. Strigel. XVI, 198 pages. 1977.

Vol. 147: Resource Allocation and Division of Space. Proceedings. Edited by T. Fujii and R. Sato. VIII, 184 pages. 1977.

Vol. 148: C. E. Mandl, Simulationstechnik und Simulationsmodelle in den Sozial- und Wirtschaftswissenschaften. IX, 173 Seiten. 1977.

Vol. 149: Stationäre und schrumpfende Bevölkerungen: Demographisches Null- und Negativwachstum in Österreich. Herausgegeben von G. Feichtinger. VI, 262 Seiten. 1977.

Vol. 150: Bauer et al., Supercritical Wing Sections III. VI, 179 pages. 1977.

Vol. 151: C. A. Schneeweiß, Inventory-Production Theory. VI, 116 pages. 1977.

Vol. 152: Kirsch et al., Notwendige Optimalitätsbedingungen und ihre Anwendung. VI, 157 Seiten. 1978.

Vol. 153: Kombinatorische Entscheidungsprobleme: Methoden und Anwendungen. Herausgegeben von T. M. Liebling und M. Rössler. VIII, 206 Seiten. 1978.

Vol. 154: Problems and Instruments of Business Cycle Analysis. Proceedings 1977. Edited by W. H. Strigel. VI, 442 pages. 1978.

Vol. 155: Multiple Criteria Problem Solving. Proceedings 1977. Edited by S. Zionts. VIII, 567 pages. 1978.

Vol. 156: B. Näslund and B. Sellstedt, Neo-Ricardian Theory. With Applications to Some Current Economic Problems. VI, 165 pages. 1978.

Vol. 157: Optimization and Operations Research. Proceedings 1977. Edited by R. Henn, B. Korte, and W. Oettli. VI, 270 pages. 1978.

Vol. 158: L. J. Cherene, Set Valued Dynamical Systems and Economic Flow. VIII, 83 pages. 1978.

Vol. 159: Some Aspects of the Foundations of General Equilibrium Theory: The Posthumous Papers of Peter J. Kalman. Edited by J. Green. VI, 167 pages. 1978.

Vol. 160: Integer Programming and Related Areas. A Classified Bibliography. Edited by D. Hausmann. XIV, 314 pages. 1978.

Vol. 161: M. J. Beckmann, Rank in Organizations. VIII, 164 pages. 1978.

Vol. 162: Recent Developments in Variable Structure Systems, Economics and Biology. Proceedings 1977. Edited by R. R. Mohler and A. Ruberti. VI, 326 pages. 1978.

Vol. 163: G. Fandel, Optimale Entscheidungen in Organisationen. VI, 143 Seiten. 1979.

Vol. 164: C. L. Hwang and A. S. M. Masud, Multiple Objective Decision Making – Methods and Applications. A State-of-the-Art Survey. XII, 351 pages. 1979.

Vol. 165: A. Maravall, Identification in Dynamic Shock-Error Models. VIII, 158 pages. 1979.

Vol. 166: R. Cuninghame-Green, Minimax Algebra. XI, 258 pages. 1979.

Vol. 167: M. Faber, Introduction to Modern Austrian Capital Theory. X, 196 pages. 1979.

Vol. 168: Convex Analysis and Mathematical Economics. Proceedings 1978. Edited by J. Kriens. V, 136 pages. 1979.

Vol. 169: A. Rapoport et al., Coalition Formation by Sophisticated Players. VII, 170 pages. 1979.

Vol. 170: A. E. Roth, Axiomatic Models of Bargaining. V, 121 pages. 1979.

Vol. 171: G. F. Newell, Approximate Behavior of Tandem Queues. XI, 410 pages. 1979.

Vol. 172: K. Neumann and U. Steinhardt, GERT Networks and the Time-Oriented Evaluation of Projects. 268 pages. 1979.

Vol. 173: S. Erlander, Optimal Spatial Interaction and the Gravity Model. VII, 107 pages. 1980.

Vol. 174: Extremal Methods and Systems Analysis. Edited by A. V. Fiacco and K. O. Kortanek. XI, 545 pages. 1980.

Vol. 175: S. K. Srinivasan and R. Subramanian, Probabilistic Analysis of Redundant Systems. VII, 356 pages. 1980.

Vol. 176: R. Färe, Laws of Diminishing Returns. VIII, 97 pages. 1980.

Vol. 177: Multiple Criteria Decision Making-Theory and Application. Proceedings, 1979. Edited by G. Fandel and T. Gal. XVI, 570 pages. 1980.

Vol. 178: M. N. Bhattacharyya, Comparison of Box-Jenkins and Bonn Monetary Model Prediction Performance. VII, 146 pages. 1980.

Vol. 179: Recent Results in Stochastic Programming. Proceedings, 1979. Edited by P. Kall and A. Prékopa. IX, 237 pages. 1980.

Vol. 180: J. F. Brotchie, J. W. Dickey and R. Sharpe, TOPAZ – General Planning Technique and its Applications at the Regional, Urban, and Facility Planning Levels. VII, 356 pages. 1980.

Vol. 181: H. D. Sherali and C. M. Shetty, Optimization with Disjunctive Constraints. VIII, 156 pages. 1980.

Vol. 182: J. Wolters, Stochastic Dynamic Properties of Linear Econometric Models. VIII, 154 pages. 1980.

Vol. 183: K. Schittkowski, Nonlinear Programming Codes. VIII, 242 pages. 1980.

Vol. 184: R. E. Burkard and U. Derigs, Assignment and Matching Problems: Solution Methods with FORTRAN-Programs. VIII, 148 pages. 1980.

Vol. 185: C. C. von Weizsäcker, Barriers to Entry. VI, 220 pages. 1980.

Vol. 186: Ch.-L. Hwang and K. Yoon, Multiple Attribute Decision Making – Methods and Applications. A State-of-the-Art-Survey. XI, 259 pages. 1981.

Vol. 187: W. Hock, K. Schittkowski, Test Examples for Nonlinear Programming Codes. V. 178 pages. 1981.

Vol. 188: D. Bös, Economic Theory of Public Enterprise. VII, 142 pages. 1981.

Vol. 189: A. P. Lüthi, Messung wirtschaftlicher Ungleichheit. IX, 287 pages. 1981.

Vol. 190: J. N. Morse, Organizations: Multiple Agents with Multiple Criteria. Proceedings, 1980. VI, 509 pages. 1981.

Vol. 191: H. R. Sneessens, Theory and Estimation of Macroeconomic Rationing Models. VII, 138 pages. 1981.

Vol. 192: H. J. Bierens: Robust Methods and Asymptotic Theory in Nonlinear Econometrics. IX, 198 pages. 1981.

Vol. 193: J. K: Sengupta, Optimal Decisions under Uncertainty. VII, 156 pages. 1981.

Vol. 194: R. W. Shephard, Cost and Production Functions. XI, 104 pages. 1981.

Vol. 195: H. W. Ursprung, Die elementare Katastrophentheorie: Eine Darstellung aus der Sicht der Ökonomie. VII, 332 pages. 1982.